Internet pour les Nuls

14e édition

Internet pour Les Nuls

14e édition

John R. Levine, Margaret Levine Young,
Carole Baroudi,

Internet pour les Nuls 14e édition
Titre de l'édition originale : Internet For Dummies
Publié par Wiley Publishing, Inc.
111 River Street
Hoboken, NJ 07030-5774

Edition française publiée en accord avec Wiley Publishing, Inc.
© 2007 Éditions First
27, rue Cassette
75006 Paris - France
Tél. 01 45 49 60 00
Fax 01 45 49 60 01
E-mail : firstinfo@efirst.com
Web : www.efirst.com

ISBN : 978-2-754-00420-6

Dépôt légal : 2e trimestre 2007
Collection dirigée par Jean-Pierre Cano
Edition : Pierre Chauvot
Traduction : Bernard Jolivalt
Mise en page : Volga Multimédia

Imprimé en France

Sommaire

Introduction

Il existe quantité d'ouvrages sur Internet, mais la plupart présupposent que vous êtes informaticien, que vous tenez à connaître ses moindres détails, qu'un de vos plaisirs les plus inavouables consiste à apprendre d'innombrables commandes aussi ésotériques que difficiles à retenir. Cet ouvrage se veut très différent.

Notre objectif est ici de vous expliquer, le plus simplement du monde, comment devenir un internaute capable de surfer librement sur la vague d'Internet. Vous apprendrez à vous débrouiller et acquérir de l'expérience pour surfer tout seul. Et cela dans la langue de tous les jours, une langue claire et intelligible (sauf le jour où le Beaujolais village arrive).

Cette quatorzième édition tient compte du développement rapide d'Internet, surtout du haut débit. Quand fut publiée la première édition, l'utilisateur moyen (« normal », pourrait-on dire, si la normalité avait un sens, sur Internet ou ailleurs) était un étudiant états-unien (plutôt que français) se connectant au Net à partir de son université ou, à la rigueur, un ingénieur travaillant dans une grande entreprise ayant une connexion directe à Internet. Une décennie plus tard, tout cela a bien changé. Internet s'est banalisé au même titre que le téléphone ou le Minitel. Aussi allons-nous centrer ce livre sur les domaines du Net les plus intéressants pour l'utilisateur moyen, c'est-à-dire celui qui n'est pas un technicien de la « chose » (la « chose » ? Oui, la « chose »). C'est pourquoi il sera surtout question du Web et des outils de navigation qui permettent de l'explorer, autrement dit les *navigateurs* : Internet Explorer de Microsoft et Firefox. Nous verrons également comment envoyer et recevoir du courrier électronique (*courriel*), comment converser (*chatter*) en ligne, c'est-à-dire en temps réel avec d'autres internautes, comment créer et gérer un *blog*, comment acheter en ligne et télécharger ce que l'on trouve sur le Net, mais aussi comment y rencontrer l'homme ou la femme de sa vie (ou d'un soir si la vie, c'est trop long).

À propos de ce livre

C'est plutôt en tant qu'assistant, conseiller ou aide-mémoire que nous avons conçu ce livre. Lorsqu'un problème vous embarrasse (par exemple : « Je *croyais* savoir comment retrouver les coordonnées de quelqu'un sur le Net, mais... »), parcourez le sommaire, consultez l'index, feuilletez ! En bref, cherchez et vous trouverez !

Voici quelques-uns des sujets abordés :

- Comprendre ce qu'est Internet.
- Comment se connecter à Internet.
- Comment surfer à l'aise sur le Web.
- Comment trouver des personnes, des sites et toutes sortes de choses.
- Comment communiquer par courrier électronique.
- Comment entrer dans l'univers en pleine expansion des blogs.
- Comment papoter avec des amis par messagerie instantanée.
- Comment vous télécharger les trésors du Net.
- Comment faire des rencontres affectives (sérieuses).

Comment utiliser ce livre

Pour commencer, nous vous suggérons de lire d'affilée les trois premiers chapitres. Vous aurez ainsi un aperçu d'ensemble d'Internet et vous découvrirez le vocabulaire de base sans lequel la suite de l'ouvrage serait cabalistique.

Lorsque vous vous estimerez prêt à vous connecter au « réseau des réseaux » (l'un des surnoms d'Internet), rendez-vous à la deuxième partie et choisissez l'option qui vous convient le mieux pour réaliser cette connexion.

Les parties trois à six vous aident dans l'utilisation pratique des ressources du Net (ah oui ! « Net » est le petit nom donné à Internet).

Bien que nous fassions de notre mieux pour éviter le jargon technique, il arrive que certains termes abscons nous échappent. Par ailleurs, si vous lisez un chapitre sans avoir parcouru les précédents, vous risquez d'avoir manqué certaines définitions. Reportez-vous alors au glossaire, à la fin du livre.

Les commandes et adresses Web que vous devez saisir à l'aide de votre clavier sont signalées en **gras**. Saisissez ce que nous vous indiquons tel que c'est écrit. Respectez les MAJUSCULES et les minuscules, notamment dans les adresses des sites Internet. Et surtout, n'oubliez pas qu'il faut terminer toute commande par la touche Entrée. Cette action se nomme « Valider » : on valide un choix, un paramètre, une option.

Les étapes des procédures un peu longues ou compliquées sont expliquées pas à pas. Nous vous indiquons alors ce qui se passe en réponse à vos saisies et les options envisageables.

Quand vous devez exécuter des commandes à partir de menus, nous utilisons des barres obliques (/) pour indiquer les subdivisions de ces menus. Lorsque nous vous demandons de cliquer sur Fichier/Ouvrir, par exemple, cela signifie qu'il faut cliquer sur la commande Ouvrir du menu Fichier. Pour cela vous cliquez d'abord sur le mot Fichier de la barre des menus. Le menu se déroule. Cliquez alors sur la commande Ouvrir. C'est long à lire, mais cela s'effectue intuitivement en un clin d'œil.

Qui êtes-vous ?

En écrivant ce livre, nous avons présumé que :

- Vous avez accès ou désirez avoir accès à Internet.
- Vous souhaitez vous en servir dans un but pratique (que ce soit au travail, pour vous divertir ou vous instruire).
- Vous ne cherchez pas à devenir le plus grand expert de la planète dans ce domaine. Enfin, pas encore...

Comment est organisé ce livre

Cet ouvrage contient six parties indépendantes les unes des autres. Vous pouvez commencer par n'importe laquelle, sachant que si vous êtes un débutant absolu, mieux vaut commencer par les deux premières.

Voici comment se présentent ces six parties :

- Dans la première partie, **Bienvenue dans le cybermonde !**, vous apprenez ce qu'est Internet et en quoi il est si intéressant (tout au moins, pourquoi nous pensons qu'il est si intéressant). Vous découvrez le vocabulaire de base, les concepts indispensables ainsi que quelques conseils concernant l'utilisation du Net dans un cadre tant privé que professionnel. Nous verrons aussi comment éviter et bloquer les mauvais esprits du Web que sont les virus et les courriers non sollicités, ou *spams*.

- La deuxième partie, **Internet, me voilà !**, vous explique plus en détail comment fonctionnent les ressources d'Internet les plus importantes et les plus utilisées. Pour la plupart des utilisateurs, le plus difficile est, de loin, de réaliser leur première connexion : installer les programmes indispensables, les configurer correctement, utiliser un modem – ou de préférence une connexion haut débit – et télécharger des logiciels. Ces tâches accomplies, le reste est (relativement) facile.
- Dans la troisième partie, **Webmania**, vous plongerez dans le *World Wide Web* (la toile d'araignée mondiale, familièrement désignée par le raccourci Web). C'est la composante d'Internet qui a le plus contribué à sa popularité. Comment l'exploiter, y glaner des informations – ce qui n'est pas toujours aussi facile qu'on pourrait le penser – faire des achats en ligne, accéder à la musique et à la vidéo sur le Web, comprendre les différents aspects des réseaux d'échanges de fichiers, télécharger des données à partir d'Internet...
- La quatrième partie, **Courrier électronique, chat** (dialogue en direct) **et autres papotages en ligne**, aborde les services de communication importants d'Internet : le courrier électronique et sa sécurisation, les systèmes de messages instantanés, les salons de conversation (*chat*) et, d'une façon générale, les moyens d'y découvrir une foule de choses intéressantes comme les listes de diffusion.
- La cinquième partie, **Autres aspects essentiels d'Internet**, couvre deux sujets importants qui n'ont pas trouvé place dans les quatre premières parties : comment apporter votre contribution au Web sous la forme d'une ou de plusieurs pages personnelles ou d'un *blog*.
- La sixième partie, **Les dix commandements**, propose un résumé des références essentielles. Ce qui ne signifie pas que le reste du livre soit dépourvu d'intérêt !

Suivez le guide !

Ce pictogramme vous signale qu'il s'agit d'une information technique plutôt pointue qu'il vous est loisible de ne pas lire.

Vous découvrirez là une (brillante ?) astuce, un raccourci ou toute autre info qui vous facilitera la vie et vous fera gagner du temps.

Attention, danger ! Faites tout pour que cela ne vous arrive pas !

Ce pictogramme pointe vers une ressource du Web accessible avec votre navigateur.

Et maintenant ?

Eh bien, c'est tout ce que vous devez savoir pour commencer. Lorsque l'air féroce vous tombez sur un os, jetez-vous sur le sommaire ou sur l'index (mais pas sur l'auteur de ce livre) ! Internet ne cessant d'évoluer, ne vous en faites pas si vous avez l'impression de passer pas mal d'heures à feuilleter le livre avant de vous sentir à l'aise. Internet ne s'est pas fait en un jour – il en va de même de votre apprentissage !

ATTENTION !

Avertissement aux lecteurs

Les éditions First Interactive attirent l'attention de leurs lecteurs sur les risques encourus par le téléchargement illégal, sur Internet, ou la gravure de fichiers protégés par des droits d'auteur.

Les éditions First Interactive rappellent que la copie partielle ou totale et, par voie de conséquence, le téléchargement d'œuvres littéraires, cinématographiques ou musicales sont strictement interdits sans autorisation expresse des ayants droit. En l'absence d'une telle autorisation, les utilisateurs d'Internet téléchargeant des œuvres protégées s'exposent aux peines prévues à l'article L. 335-4 du Code de la propriété intellectuelle.

Quel que soit le pays d'où ils téléchargent, les lecteurs sont invités à prendre connaissance des lois locales portant sur la protection des œuvres intellectuelles.

Première partie

Bienvenue dans le cybermonde !

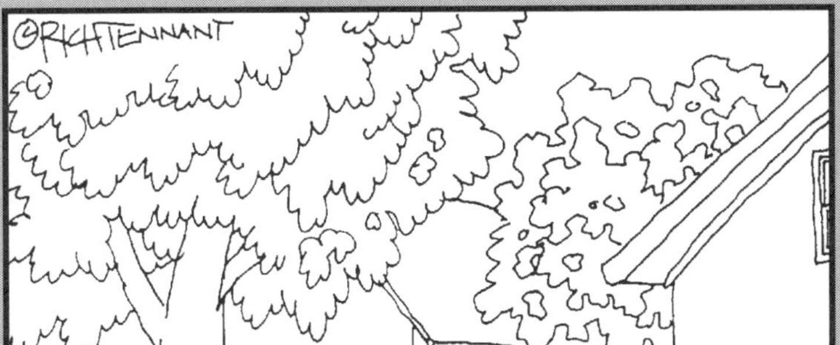

"Accès Internet... 0,50 € la minute."

Dans cette partie...

À chaque instant, il se passe quelque chose sur Internet. Mais comme c'est un monde plein d'ordinateurs, rien n'y est jamais simple. Commençons par voir ce qu'est Internet et comment il est devenu ce qu'il est. Vous découvrirez ce qui s'y passe, ce que les internautes y font et en quoi cela peut vous intéresser. Nous aborderons également l'utilisation d'Internet dans le cadre privé, y compris l'usage que les enfants peuvent en faire. Qui que vous soyez, femme ou homme, actif ou retraité, ce chapitre démythifie un univers qui impressionne le néophyte tout en l'attirant.

Chapitre 1

Le Net, qu'est-ce que c'est ?

Dans ce chapitre :

- Qu'est-ce qu'Internet, au fond ?
- Qu'est-ce qu'un réseau ?
- Quel est l'intérêt d'Internet ?
- Internet est-il un lieu sûr ?
- D'où vient Internet ?

Qu'est-ce qu'Internet ? La réponse à cette intéressante question – merci de me l'avoir posée – dépend de votre interlocuteur. Internet, le Web et les technologies sur lesquelles ils reposent, changent si vite qu'il est bien difficile de se tenir au courant de tout. Dans ce chapitre, nous commencerons par le commencement, vous apprendre ce que sont Internet et le Web, et comment ils ont évolué durant ces dernières années.

Une grande partie de ce que vous découvrirez est sans doute entièrement nouveau pour vous. Prenez le temps de lire, de relire et de comprendre. C'est un monde particulier, avec ses us et coutumes, son langage, et il faut un peu de temps pour s'y sentir à l'aise. Vous n'êtes pas censé tout comprendre du premier coup. Même ceux qui ont « de la bouteille » en informatique, n'en finissent pas de découvrir des aspects nouveaux.

Internet n'est pas un logiciel et ne se prête pas facilement à une explication sous forme d'instructions et de commandes à exécuter scrupuleusement dans un ordre précis. Le Net ressemble davantage à un organisme vivant en incessante transformation qu'à un quelconque Word ou Excel qui, sagement installés dans un coin de votre machine, s'occupent de faire leur travail et rien d'autre. Avec un peu d'habitude, le Net deviendra pour vous une seconde nature. Mais les premiers pas dans ce nouveau monde risquent de vous intimider, voire vous dérouter.

C'est bien joli tout ça mais Internet, c'est quoi au juste ?

La Figure 1.1, donne une idée de ce qu'est Internet. Décevant n'est-ce pas ? Rassurez-vous, cette austérité n'est qu'apparente, et vous aurez tôt fait de comprendre les mille et une merveilleuses choses que vous pouvez y lire, y contempler, y écouter, en deux mots : y découvrir.

Figure 1.1 : Mais non, Internet ne se limite pas à l'austérité d'un site technique !

Internet est un réseau de réseaux (une interconnexion de réseaux, *inter-network* en anglais : le plus grand réseau mondial d'ordinateurs). « Ah ? Et un réseau, qu'est-ce que c'est ? » me demanderez-vous. Même si vous pensez connaître la réponse, lisez donc les deux paragraphes qui suivent. Comme ça, nous serons sûrs de parler la même langue.

Un *réseau* d'ordinateurs est un ensemble d'ordinateurs connectés les uns aux autres. On peut comparer un réseau d'ordinateurs à un réseau d'émetteurs de télévision ou de radio. Radio Classique, par exemple, dispose d'émetteurs locaux un peu partout en France, dont les fréquences se répartissent sur la bande FM – Paris, c'est 101.10 –, qui diffusent tous le même programme. France 3 a des réémetteurs régionaux qui, à l'exception de décrochages ponctuels, diffusent, eux aussi, les mêmes films, émissions et autres. Il en va de même pour la TNT, la télévision numérique terrestre.

Mais n'allez surtout pas prendre cette analogie au pied de la lettre. Les réseaux de radio ou de télévision diffusent la même musique, les mêmes informations, les mêmes feuilletons, alors que dans un réseau informatique, chaque machine conserve son individualité. À la différence des réseaux de réémetteurs, les réseaux d'ordinateurs fonctionnent *à l'alternat* : quand la machine A envoie un message à la machine B, B peut renvoyer une réponse à A. Et à A seulement. Mais, comme nous le verrons, on peut aussi s'adresser à la collectivité.

Certains réseaux d'ordinateurs sont constitués d'un ordinateur central et d'un tas de satellites qui communiquent avec lui. C'est le cas, par exemple, d'un système de réservation aérienne où les satellites sont répartis sur les aéroports et dans les agences de voyages. D'autres, comme Internet lui-même, sont plus égalitaires et permettent à n'importe quel ordinateur du réseau de prendre l'initiative de communiquer avec qui il veut sur le réseau.

En fait, Internet n'est pas vraiment un réseau : c'est un réseau de réseaux, tous sur un pied d'égalité. Ces réseaux vont des réseaux nationaux, comme RENATER en France, JANET en Angleterre et AT&T aux États-Unis, à celui que le petit Julien a construit dans son garage en reliant deux vieux PC qu'il a achetés aux puces, en passant par le réseau local de l'entreprise qui interconnecte des dizaines, voire des milliers de machines situées dans le même immeuble ou dans des filiales, ou encore par la technologie Wi-Fi qui permet à des ordinateurs distants de moins de cent mètres de communiquer entre eux sans fil. Les universités sont depuis longtemps connectées à Internet, et c'est aujourd'hui le cas de beaucoup d'écoles, de collèges et de lycées.

Selon un `document` publié en 2005 par Eurostat (Office statistique des Communautés européennes), 41 % des ménages français et 94 % des entreprises françaises disposaient d'un accès à l'Internet, dont respectivement 30% et 86% en haut débit (source : `www.journaldunet.com/chiffres-cles.shtml`)

WORLD WIDE WEB

Si vous disposez déjà d'une connexion à Internet et que vous savez utiliser Internet Explorer par exemple, visitez le site (ou plutôt la page) Web `www.afnic.fr/actu/stats`, illustrée Figure 1.2, pour connaître un grand nombre de chiffres concernant Internet.

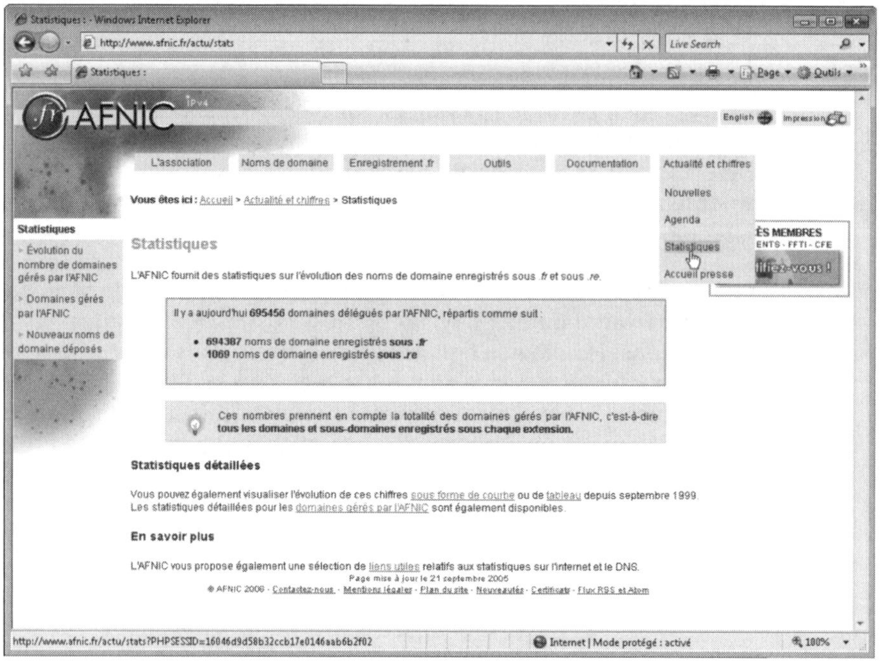

Figure 1.2 : Le site de l'AFNIC.

Posez ça par terre, on va trier !

Tout ça reste bien vague. Ne pourrait-on pas être un peu plus... pratique ? Vous avez sans doute remarqué que de plus en plus de gens échangent maintenant, non plus leurs *coordonnées* (adresse postale, numéro de téléphone), mais leurs *adresses électroniques*. L'adresse des sites Web fleurit à l'arrière des camions de livraison et sur les voitures d'entreprise. Les gens sont aujourd'hui branchés dans tous les sens du terme. Vous avez même entendu votre voisin ou votre voisine célibataire jurer avoir rencontré le grand amour sur Internet (voir le Chapitre 17). Mais parlent-ils bien du même « réseau de réseaux » ? Oui, et de plus encore.

Internet est un nouveau moyen de communication qui affecte notre existence au même titre que le téléphone et la télévision. Si vous vous servez d'un téléphone, que vous écrivez du courrier, que vous lisez un journal ou un magazine, que vous vous adonnez aux jeux vidéo ou au travail, Internet changera radicalement votre perception du monde, et peut-être même votre façon de penser.

Aujourd'hui, lorsque les gens évoquent Internet, ils parlent de ce qu'ils y font, de ce qu'ils y trouvent et des personnes qu'ils y ont rencontrées. Les possibilités d'Internet évoluent si rapidement que nous ne saurions en donner une liste exhaustive dans ce chapitre (en fait, il faudrait plusieurs livres plus épais que celui-ci). Nous n'aborderons donc que quelques aspects d'Internet :

- **Le courrier électronique** (*e-mail,* « mél », ou « courriel »)**.** C'est sans doute le service le plus largement utilisé. Il permet de correspondre avec des gens partout dans le monde. Vous l'utilisez comme vous utilisiez hier le fax, les services de coursiers, le téléphone ou le courrier postal : pour travailler, bavarder, échanger des recettes de cuisine, parler d'amour, colporter des ragots, à vous de choisir... Il existe aussi des listes de diffusion permettant d'envoyer le même message, en même temps, à un groupe de personnes partageant le même centre d'intérêt. Des serveurs de courrier ou serveurs de *mail*, des programmes répondant automatiquement aux messages *e-mail*, permettent de recevoir toutes sortes d'informations. Pour plus de détails, reportez-vous aux Chapitres 13 à 16.

- **Le *World Wide Web*** (le Web, en abrégé, ou à la rigueur la *Toile*)**.** Ces gens-là prétendent surfer sur le Net ? Cela signifie tout simplement que vos interlocuteurs se branchent sur (attention le jargon !) des *sites informatiques de type multimédia interconnectés afin de constituer une hyperbase de données mondiale*. En fait, les gens parlent plus du Web que du Net. Est-ce la même chose ? Techniquement, non. Mais ça l'est devenu à l'usage pour de nombreuses personnes. Nous vous dirons la vérité, toute la vérité, rien que la vérité (pour cette année), au Chapitre 6.

  Le Web, contrairement à d'autres services Internet plus anciens, propose du texte, des images, du son, de la vidéo, des animations, des programmes, des jeux, *etc.*, tout ce que vous pouvez désirer ou presque. Et tout cela à portée de souris. Le taux de croissance du Web est supérieur à tout ce que vous pouvez imaginer. De nouveaux sites apparaissent à chaque instant. En 1993, lors de la première édition de cet ouvrage, on en comptait cent trente. Aujourd'hui, on parle de centaines de millions, et les statistiques indiquent que ce nombre double en quelques mois.

- Le programme qui permet de parcourir le Web est appelé *navigateur* (nos cousins du Québec affectionnant particulièrement les termes de *butineur* ou d'*explorateur*). Les navigateurs les plus répandus sont Firefox (Figure 1.3), et Internet Explorer (de Microsoft). Il existe aussi Opera et Netscape mais, bien que ce dernier ait connu son heure de gloire à la fin du siècle dernier, ces navigateurs ne sont plus très répandus. Pour plus de détails, consultez le Chapitre 6.

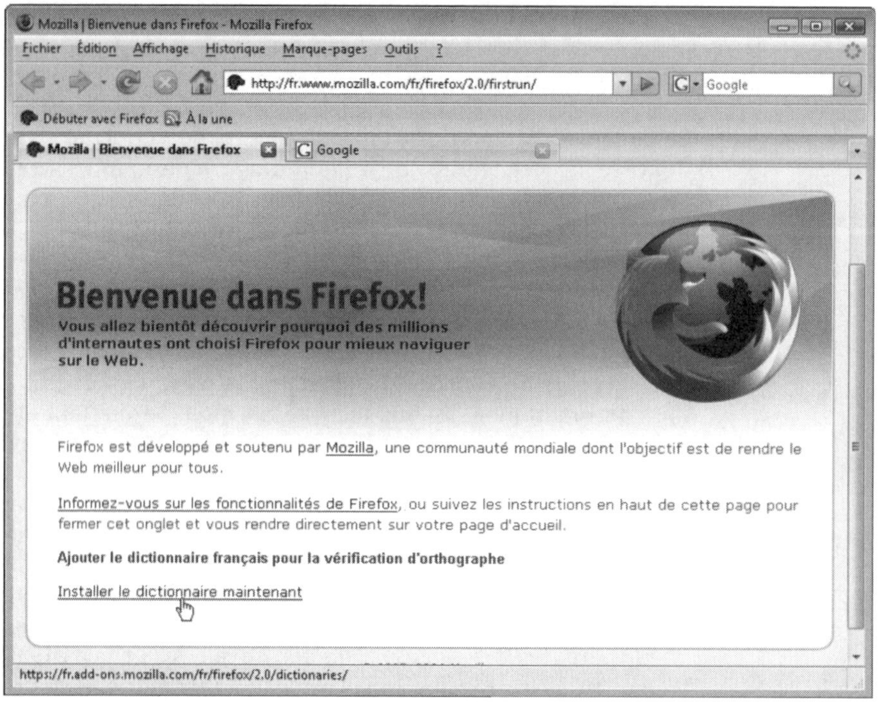

Figure 1.3 : Un exemple de navigateur : ici Firefox.

- **Les conversations en ligne** ou *chat* (prononcez « tchate »)**.** Avec un ordinateur et une connexion Internet, les gens peuvent communiquer d'un point du globe à l'autre pour discuter de n'importe quel sujet. Pour cela, ils « entrent » dans des salons de conversation virtuels (*chat rooms*) dans lesquels se trouvent déjà leurs interlocuteurs, que ce soit grâce aux moyens proposés par des services en ligne ou à une technique particulière appelée IRC (*Internet Relay Chat,* conversations relayées par Internet).

- **La messagerie instantanée.** À l'aide de programmes installés sur votre ordinateur et celui de votre interlocuteur, vous entamerez une conversation en un clin d'œil. Les programmes de messagerie instantanée comme Windows Messenger (votre fils ou votre fille vous a probablement déjà bassiné avec MSN… c'est pareil !), Yahoo! Messenger, AOL Messagerie instantanée (AIM, c'est-à-dire *AOL Instant Messenger*), et tout autre serveur de *chat* de votre fournisseur d'accès Internet, permettent l'envoi de messages qui apparaissent sur l'écran du destinataire. La messagerie instantanée sera bien entendue étudiée dans cet ouvrage (Chapitre 16).

- Dans le même ordre d'idée, le Chapitre 17 s'intéresse aux sites de rencontre, basant sa démonstration sur le célèbre meetic.com. Là, vous discutez en direct avec des personnes en quête de l'âme sœur, d'une aventure, ou d'un simple contact platonique (si si, ça existe encore), en dialoguant directement sur le site... moyennant finances Messieurs ! Car, comme dans les discothèques, la gent féminine est dispensée d'obole.

- **Les blogs.** Sorte d'extension de la page Web personnelle, à l'origine, le *blog*, comprenez *weblog*, « journal Web » était un journal intime publié sur le Web (bonjour la confidentialité quand on sait que des millions d'internautes peuvent y accéder). Désormais, les blogs prennent davantage l'aspect d'un forum personnel où un internaute lance un sujet sur lequel tous les autres réagissent. Il peut s'agir d'actualités, de jeux vidéo, de Formule 1, d'éducation, ou tout autre thème qui vous tient à cœur. Au Chapitre 19, vous apprendrez à créer un blog. La Figure 1.4 présente celui des correcteurs du journal *Le Monde* (tout abonné au célèbre quotidien journal peut d'ailleurs créer son propre blog, hébergé par le journal).

Figure 1.4 : Un exemple de blog. Finalement, ce n'est pas si différent d'un site Web.

Quelques faits

Des élèves d'un collège de San Diego utilisent Internet pour échanger des messages et des histoires avec des enfants en Israël. Si cet exercice apporte à ces élèves un moyen de s'amuser et de se faire des amis dans un pays étranger, une étude scientifique a montré que, lorsque les enfants peuvent s'adresser à un véritable auditoire, ils écrivent bien mieux (ô surprise !).

Dans de nombreux cas, Internet constitue le moyen de communication le plus rapide et le plus fiable. En septembre 1998, lorsque le procureur Kenneth Starr a soumis à la Chambre des députés son rapport sur le scandale Clinton/Lewinski, le texte se retrouva le même jour *in extenso* sur le Web, permettant ainsi aux internautes du monde entier de le lire. Nous pouvons certes débattre encore et encore sur l'intérêt d'une telle divulgation à si grande échelle, mais le fait est qu'elle a été rendue possible par Internet. Depuis, beaucoup d'autres événements politiques, sociaux ou autres ont été étalés à foison sur la toile.

Dans les heures qui suivirent l'attentat du 11 septembre 2001, les gens abandonnèrent le réseau téléphonique surchargé (les téléphones portables étaient inutilisables) et se tournèrent vers le courrier électronique pour obtenir des nouvelles de leurs proches. Le Web a fourni aux Américains des informations provenant du monde entier, leur permettant d'apprendre rapidement comment le reste du monde percevait l'événement.

En Irak, soldats et civils américains gardent le contact avec leurs proches par courrier électronique. À Bagdad, un jeune homme tint un blog (voir le Chapitre 19) très lu qui montrait la guerre telle qu'elle était perçue au quotidien par ceux qui la font (de telles initiatives s'étant multipliées, le Pentagone surveille désormais de près les états d'âme de ces informateurs improvisés [*Le Monde* du 27 octobre 2005]).

La recherche médicale se sert d'Internet pour mettre à jour les bases de données en continuelle évolution. Des gens qui ont des problèmes de santé utilisent Internet pour communiquer *via* des groupes d'assistance et pour comparer leurs expériences. Aux États-Unis, les médecins encouragent les patients à communiquer les questions non urgentes par courrier électronique au lieu de téléphoner.

Il existe aussi des utilisations plus prosaïques d'Internet. En voici quelques-unes tirées de notre expérience personnelle.

- Lorsque nous nous sommes lancés dans la rédaction de ce livre, nous avons posté sur le Web des appels au peuple pour compléter notre documentation. Nous avons reçu des réponses d'un peu partout dans le monde, et la plupart de ceux qui nous ont répondu sont devenus des amis. Nous savons chez qui aller lorsque nous voyageons à l'étranger.

- Nous recevons tous les jours des messages du monde entier, envoyés par des lecteurs de nos livres *Pour les Nuls*. Souvent, c'est le tout premier message qu'ils envoient par Internet !

- Internet est une des meilleures sources de logiciels. Lorsque nous voulons tester un nouveau logiciel, il ne nous faut que quelques minutes pour nous en procurer un exemplaire pour Mac ou PC (nous avons ici plusieurs PC sous Windows et un Mac). Et presque tous les programmes que l'on trouve sur le Net sont gratuits ou sont des *sharewares* (logiciels contributifs) dont le prix défie toute concurrence.

- Internet est également intéressant en local et en régional. Lorsque John a voulu vendre son minibus toujours utilisable mais fatigué, une annonce sur un site de vente de proximité lui a permis de trouver un acheteur en deux jours. Le mari de Margy a vendu rapidement son ordinateur en publiant un message dans un forum Usenet consacré à l'informatique. Carol se renseigne sur les séances de cinéma et les événements culturels.

En quoi ce média diffère-t-il des autres ?

Internet est différent des autres médias que nous connaissons. On y côtoie des gens de tous les âges et de tous les pays qui y échangent librement leurs idées, leurs histoires, leurs données, leurs opinions et leurs produits.

Tout le monde peut y accéder

Internet est sans doute le moyen de communication le plus ouvert de la planète. Des milliers d'ordinateurs en dispensent des informations et des fichiers à tous ceux qui disposent d'un ordinateur personnel et une ligne téléphonique. L'usage d'Internet n'est cependant pas gratuit, car il faut – sous une forme ou une autre – payer pour s'y raccorder, à la durée avec un modem classique, ou par un abonnement pour une connexion à haut débit. Si vous ne disposez pas d'un accès Internet dans votre entreprise, votre école ou tout autre lieu, vous devrez recourir aux bons offices d'un fournisseur d'accès (FAI), intermédiaire obligé entre vous et le Net. Au Chapitre 4, nous verrons ce qu'est le haut débit et tenterons de soulever le mystère qui plane sur les vitesses de connexion, les tarifs, la téléphonie gratuite, la télévision par Internet et le fameux dégroupage total qui permet de se passer des services de France Télécom, l'opérateur historique en France.

Les avantages du Net

Internet est autour de vous, de moi, de nous. Si vous n'avez pas pris le train en marche, vous risquez d'accuser rapidement un certain retard, car tout va extrêmement vite. Les nouveautés sortent sur Internet avant même d'être réellement disponibles. Dans de telles circonstances, les laissés-pour-compte du cyberespace – excusez l'expression – vont bel et bien rester sur le carreau (ou sur la touche, c'est pareil).

Voici quelques-uns des usages les plus fréquents d'Internet :

- **Recherche d'informations :** Les sites Web sont riches en informations, la plupart gratuites. Cela va des formulaires de déclaration d'impôts que vous pouvez remplir en ligne, aux offres d'emploi et autres annonces immobilières en passant par les recettes de cuisine ; des décisions de la Cour de justice de l'Union européenne aux catalogues de bibliothèques, en passant par des textes divers et variés, des photos, des logiciels en tout genre (jeux, systèmes d'exploitation, utilitaires, *etc.*). Il est possible de consulter la météo du monde entier, les horaires des séances de cinéma et même l'heure de fin des cours. Vous trouverez tout sur le Net !

  Des outils spéciaux, connus sous le nom de *moteurs de recherche*, *répertoires* et *index*, aident à trouver des informations sur le Web. Un grand nombre de personnes essaient de créer le moteur de recherche le plus rapide, le plus intelligent et l'index Web le plus complet. Nous parlerons de l'outil le plus complet, Google (voir la Figure 1.5), pour vous permettre d'en comprendre les principes, et peut-être même de gagner un peu d'argent avec. Comme nous l'avons mentionné dans l'introduction de ce livre, lorsque vous rencontrez une icône Web en marge, c'est que nous décrivons à cet endroit des ressources auxquelles vous accéderez sur Internet (habituellement le Web).

- **Recherche de personnes :** Si vous avez perdu la trace de votre ami(e) d'enfance, vous avez maintenant une chance de le ou la retrouver. Vous pouvez utiliser à cette fin un des nombreux services de recherche pour consulter tous les annuaires téléphoniques ou écumer les sites d'anciens des écoles et lycées (`http://copainsdavant.linternaute.com/`). Cependant, ne fondez pas trop d'espoir comme nous le verrons au Chapitre 8.

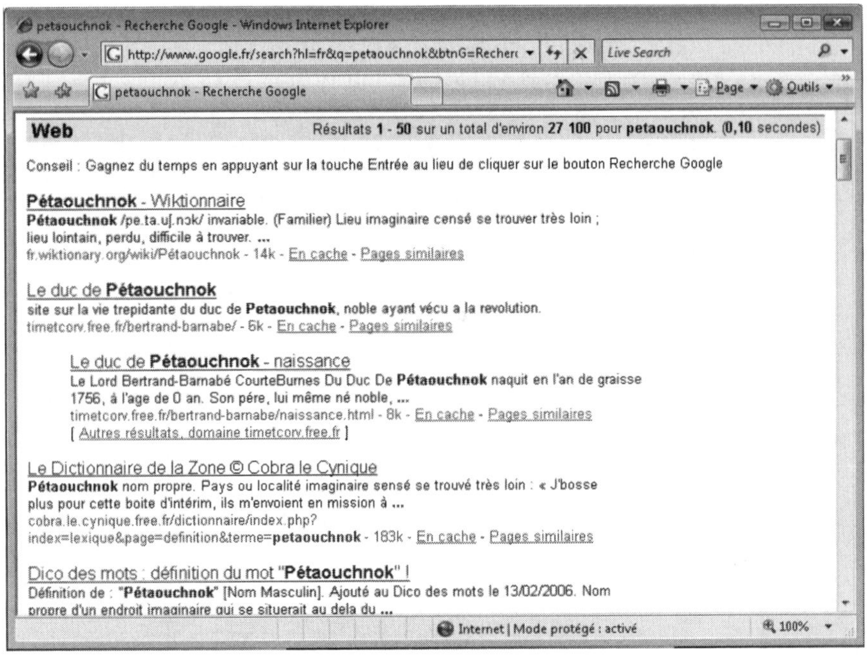

Figure 1.5 : Le moteur de recherche, l'arme absolue de votre soif de connaissance. Difficile de le prendre à défaut car il a réponse à tout.

- **Recherche d'adresses de commerces et de prestataires de services :** De nouveaux types d'annuaires vous permettent de trouver une entreprise en faisant une recherche par type d'activité. Vous pouvez spécifier l'indicatif téléphonique ou le code postal. De nombreuses personnes s'en servent pour trouver des objets rares. Une de nos amies nous a raconté sa recherche d'un pendentif en patte d'ours qui l'a conduite jusqu'à une entreprise basée en Alaska, qui avait ce qu'elle cherchait. En France, le site `www.pagesjaunes.fr` (qui propose également un lien vers les pages blanches) remplace l'annuaire de France Télécom et le Minitel. Les résultats obtenus sont illustrés par des photos, proposent des liens vers les sites Web d'entreprises ou de magasins et permettent de consulter un itinéraire d'accès.

- **Recherche :** Les scientifiques échangent leurs travaux. Les cabinets d'avocats ont découvert qu'une grande partie des informations qu'ils payaient une fortune se trouvait sur le Net. Les investisseurs immobiliers utilisent des données démographiques associées à des statistiques de chômage pour savoir où ils peuvent créer des commerces avec un maximum de chances de réussite. Sous couvert de veille technique ou scientifique, les entreprises « espionnent » sans vergogne leurs concurrents sur le Net. Les gouvernements font de même mais avec des moyens d' »écoute » autrement plus efficaces.

- **Enseignement :** Des enseignants intègrent, dans leurs projets pédagogiques, un échange avec des classes du monde entier. Les étudiants font des recherches à l'aide de leur ordinateur familial. Certaines encyclopédies sont en ligne (pas toujours gratuitement). Les étudiants éloignés de leur famille communiquent avec celle-ci par le courrier électronique ou mieux, grâce à la téléphonie par Internet, ce qui diminue considérablement leurs frais de téléphone.

- **Achat et vente d'objets :** Sur Internet, vous pouvez tout acheter, des livres aux voitures en passant par des vêtements. Faites un grand nettoyage dans vos placards et tiroirs en vendant vos vieilleries sur eBay, PriceMinister, ou encore 2xmoinscher (pour ne citer qu'eux).

- **Voyages :** La plupart des agences de voyages utilisent le Web pour informer leurs clients de leurs voyages organisés ou des vols secs dont ils disposent. On y trouve aussi des informations météorologiques, des horaires de train et les heures d'ouverture des musées. Le site de la SNCF permet d'imprimer les billets en ligne et propose sur certains trains des prix extrêmement bas.

- **Intranet :** Quèsaco ? Les entreprises ont compris qu'Internet est réellement utile. Avec l'Intranet, elles utilisent la messagerie électronique en interne et en externe pour communiquer avec les employés, les clients et autres relations d'affaires. De nombreuses sociétés utilisent des pages Web uniquement en interne pour diffuser des informations au personnel, leur permettre de déclarer les notes de frais et les heures de présence, ou encore pour commander des fournitures. L'Intranet, qui est en quelque sorte un Internet réservé à l'entreprise, contribue à réduire la paperasserie.

- **Marketing et vente :** Les éditeurs de logiciels vendent leurs produits et proposent des mises à jour sur le Net. Même des bouquets de fleurs peuvent être commandés en ligne ! Les ventes de livres et de disques par correspondance permettent de choisir à domicile, sans avoir à se déranger. On peut se procurer ainsi des DVD de zone 1 (en principe réservés aux États-Unis) dont la vente est interdite en France. Mais attention aux éventuels frais de douane ! On se rend compte aujourd'hui que posséder un ordinateur sans connexion Internet rend difficiles les mises à jour de Windows et empêche le téléchargement des correctifs nécessaires à bon nombre de programmes.

- **Jeux et bavardage :** Les jeux multi-utilisateurs basés sur Internet, absorberont tout votre temps libre, au risque d'en perdre le sommeil. Vous vous confronterez à d'autres joueurs répartis dans le monde entier. Le Web propose quantité de jeux, y compris des jeux traditionnels comme le bridge, les échecs, les dames, *etc*. Vous verrez au Chapitre 21 où les trouver.

Figure 1.6 : Et si vous refaisiez votre vie grâce à Internet ?!

- **Amour :** Le Net pousse aussi à la romance. Les sites pour célibataires et les agences matrimoniales fleurissent un peu partout, tant il est vrai que la solitude est un marché porteur. La Figure 1.6 présente la page d'accueil d'un des sites de rencontre les plus connus : meetic (largement traité au Chapitre 17).

- **Santé :** Patients et médecins se tiennent au courant des derniers progrès de la médecine, les malades partagent leur expérience et se réconfortent mutuellement. Personnellement, je connais quelqu'un qui, atteint d'une grave maladie, a réussi à entrer en contact avec un spécialiste de sa pathologie grâce à un groupe de discussion sur le Web, regroupant des cas identiques au sien.

- **Investissements :** Les achats et ventes d'actions se font couramment sur Internet. Certaines entreprises ont pignon sur le Web et y vendent directement leurs actions. Les investisseurs sont à la recherche de nouvelles occasions de faire fortune et les jeunes entreprises dynamiques à la recherche de capitaux.

- **Organisation de manifestations :** Pour les organisateurs de conférences et de salons commerciaux, le Web est un excellent moyen de diffuser leurs informations, de contacter les services de communication et d'enregistrer les inscriptions des participants. Les informations diffusées sont toujours à jour et les frais postaux considérablement réduits.

- **Organisations sans but lucratif :** Les associations utilisent abondamment le Web pour communiquer entre elles et préparer leurs actions.
- **Réseaux P2P** (*peer-to-peer*) **:** Ils sont décriés par l'industrie du disque qui s'estime lésée par les internautes qui partagent gratuitement des millions de morceaux de musique. Ces réseaux permettent à plusieurs serveurs de mettre en connexion directe les ordinateurs de millions d'internautes qui échangent des fichiers sans transiter par des sites spécialisés. Quel internaute féru de musique moderne n'a jamais entendu parler de Kazaa, eMule, Morpheus, ou encore Grokster. Nous en traitons plus en détail au Chapitre 9, en montrant l'évolution de la législation dans ce domaine.

D'où vient Internet ?

L'ancêtre d'Internet est ARPANET, un projet financé en 1968 par le département de la Défense des États-Unis pour expérimenter un système de liaison fiable entre le ministère et les organisations titulaires de contrats militaires, et un certain nombre d'universités faisant de la recherche financée sur ces crédits. Notez qu'ARPA signifie *Advanced Research Projects Agency*, c'est-à-dire agence de projets de recherche avancée. Cette agence officielle est maintenant connue sous le nom de DARPA (avec un *D* comme *Defense*). L'ARPANET a commencé par connecter trois petits ordinateurs situés en Californie avec un autre installé dans l'Utah, mais le réseau a bien vite grossi pour couvrir tout le continent nord-américain.

Au début des années 1980, l'ARPANET a commencé à ressembler davantage à Internet : un groupe de réseaux interconnectés reliant à la fois des sites de recherche et d'éducation financés par la *National Science Foundation* (NSF) et les sites militaires d'origine. En 1990, il est devenu clair qu'Internet avait un avenir autre que militaro-scientifique, et les deux organismes constitutifs (DARPA et NSF) accueillirent pour la première fois des réseaux commerciaux, formant ainsi l'embryon de l'Internet que nous connaissons aujourd'hui. Certains de ces réseaux sont le fruit de grandes entreprises comme AT&T, WorldCom/MCI, IBM et bien d'autres. Quel que soit le réseau auquel votre ordinateur est relié, tous les réseaux sont interconnectés pour former cette gigantesque toile mondiale appelée Internet. Pour plus d'informations à ce sujet, consultez le site `www.commentcamarche.net/histoire/internet.php3` ou, si l'anglais vous est familier, `http://net.gurus.com/history`.

Quelques idées sur la sécurité et la confidentialité

Internet est un lieu étrange. D'une certaine façon, il est totalement anonyme, et d'une autre, il ne l'est pas du tout. Autrefois, les gens adoptaient des noms d'utilisateurs plus ou moins proches de leur véritable identité, ce qui avait un côté sympathique. Mais aujourd'hui, ces noms d'utilisateurs attribués aux internautes par leur fournisseur d'accès sont générés par des logiciels. Pire, ils sont formés d'un arrangement aléatoire de chiffres et de lettre, d'où une regrettable dépersonnalisation.

Sur Internet, vous pourrez cependant souvent choisir un pseudonyme plus approprié à votre personnalité. Les moins imaginatifs, ou ceux qui ne veulent pas d'un pseudo plus ou moins ridicule, choisissent leur prénom suivi le l'initiale du nom de famille, ou le numéro de leur département de résidence ou de leur âge. Voici quelques raisons parfaitement légitimes d'utiliser un pseudo :

- Vous exercez une profession bien spécifique (médecin, par exemple) et vous voulez participer à un forum de discussion sans avoir à donner de consultation gratuite.
- Vous voulez parler d'un problème personnel, sans que votre entourage puisse se douter que c'est de vous qu'il s'agit.
- Vous faites du commerce sur le Net et vous utilisez aussi votre nom d'utilisateur à des fins personnelles, mais vous ne souhaitez pas que les deux activités soient confondues.

Un petit avertissement cependant à tous ceux qui envisageraient d'exploiter la nature anonyme du Net : il est techniquement possible de remonter à la source de la plupart des actions effectuées sur le Net. Si vous commencez à abuser du Net, vous découvrirez que vous n'êtes pas si anonyme que cela. En cas de délit (pédocriminalité, piratage...) les spécialistes informatiques de la police et de la gendarmerie sauront remonter jusqu'à vous. Il suffit de lire les faits divers ou la page judiciaire pour s'en convaincre.

Sécurité d'abord

L'anonymat d'Internet étant illusoire, nous vous recommandons de ne jamais utiliser votre nom complet et encore moins de fournir vos coordonnées, nom, adresse et numéro de téléphone, à un étranger, *a fortiori* sur le Net. Ne faites jamais confiance à qui que ce soit prétendant faire partie de l'assistance technique de votre fournisseur d'accès ou à tout autre organisme vous demandant votre mot de passe. Aucune entité légale ni bancaire ne vous demandera jamais votre mot de passe ou un code. Méfiez-vous également des organismes et commerçants qui pourraient se servir de vos coordonnées personnelles pour vous inonder de publicités.

Des internautes connaissent parfois de pénibles désillusions avec leur âme sœur du Net dès lors qu'il s'agit de se confronter à la réalité. D'autres, au contraire, ont plus de chance. Le mariage à la suite d'une rencontre en ligne est devenu chose courante, qui n'étonne plus personne. Voici cependant quelques conseils si vous projetez une rencontre physique avec une personne rencontrée sur le Net :

- Conversez au téléphone avant de convenir d'un véritable rendez-vous. Si un détail vous intrigue ou pire, vous inquiète (le ton de la voix, la manière de s'exprimer, le tour que prend la conversation…) ne donnez pas suite.

- Si vous êtes une femme, convenez d'un rendez-vous dans un endroit public, un café ou une brasserie. Jamais dans un parc peu fréquenté ou un lieu mal éclairé.

- Parents, ne laissez jamais un mineur converser sans surveillance sur Internet ! Les maniaques usent et abusent du Net pour extirper des renseignements aussi vagues que le nom d'une ville, celui d'un sport pratiqué, le jour d'un entraînement sportif, qu'ils sauront exploiter le moment venu. Il est important de sensibiliser les enfants aux problèmes d'Internet, leur dévoiler les pièges et surtout contrôler leurs conversations (on peut les enregistrer automatiquement avec certaines messageries instantanées comme Windows Messenger). Conseillez-leur d'utiliser un nouveau pseudonyme à chaque connexion. Vous mesurez mal les risques ? Connectez-vous à un *chat* pour adolescents et faites-vous passer pour une gamine de 13 ans. Vous comprendrez très vite !

Le Net est un endroit merveilleux qui permet d'agrandir le cercle de ses relations, mais où la candeur et la naïveté peuvent se payer très cher.

Chapitre 2

Internet est-il aussi sûr que cela ? Virus, espiogiciels, spams et autres saletés

Dans ce chapitre :

- Tour d'horizon des dangers qui vous guettent.
- Protéger votre vie privée.
- Comment les virus infectent votre ordinateur.
- Se prévenir contre l'installation de programmes à votre insu (*espiogiciels*).
- Juguler l'invasion des courriers non sollicités.
- Protéger votre navigation sur le Web et celle de votre famille.

Internet fait désormais partie de notre quotidien. Nous aimerions affirmer que toutes les critiques négatives d'Internet ne sont qu'une vaste campagne d'intoxication, mais ce n'est hélas pas le cas. Le succès d'Internet et sa technologie ont attiré des truands de tous acabits qui en veulent à nos sous. Dans certains pays, la fraude sur Internet est une véritable économie parallèle.

De plus, nombre d'informations sur vos pérégrinations sur le Web et sur vos habitudes de consommation sont collectées, au mépris du respect de votre vie privée. Sans parler des pirates capables de s'introduire dans votre ordinateur à des fins évidemment malhonnêtes. Lorsqu'un ordinateur est connecté à Internet, la question n'est pas de savoir s'il sera victime d'une cyberattaque, mais quand il en sera victime : dans six mois, six jours, six heures, ou seulement six minutes ?

Internet n'est heureusement pas qu'un lieu de tous les dangers, de toutes les arnaques. C'est comme se promener dans une grande ville : un minimum de prudence s'impose, ce qui n'empêche pas de profiter de tous ses attraits.

Ce chapitre aborde les problèmes du respect de la vie privée, de sécurité et aussi d'exaspération :

- **Le respect de la vie privée :** Il est battu en brèche par des techniques sophistiquées permettant de recueillir des informations plus ou moins sensibles lors de vos navigations sur le Web.

- **La sécurité :** Ce sont les techniques permettant notamment de contrôler étroitement l'activité des programmes qui tournent sur votre ordinateur et détecter ceux qui sont malfaisants (virus, espiogiciels...).

- **L'exaspération :** C'est le sentiment grandissant lorsque votre boîte à lettres virtuelle regorge de courriers non sollicités, les fameux *spams* dont vous avez probablement entendu parler, ou encore lors de l'ouverture intempestive de fenêtres qui vous assaillent de publicité ou de contenu graveleux, ce qui est encore plus répréhensible lorsque des enfants sont devant l'écran.

Tout au long de ce livre, nous vous expliquerons comment naviguer avec un maximum de sécurité. Vous apprendrez à utiliser un pare-feu, un antivirus, un anti-espiogiciel, et à mettre votre bon sens à contribution. Le Chapitre 3 propose des règles lorsque des enfants utilisent Internet (certaines valent aussi pour les adultes).

Que peut-on savoir de vous ?

Les nouvelles technologies nous rendent certes de grands services mais elles contribuent aussi à nous espionner. Nous sommes surveillés, à tel point qu'il est aujourd'hui possible de reconstituer la journée d'une personne à partir de ses transactions. Tout participe à cette surveillance que n'aurait pas renié le célèbre Big Brother inventé par Georges Orwell : les cartes bancaires, les téléphones mobiles, les cartes de fidélité électroniques, le GPS, et bien sûr Internet. Dès que l'ordinateur est connecté, vous êtes surveillé. Le plus souvent, ce suivi n'est effectué que pour des raisons purement techniques, sans incidence sur votre vie, mais parfois elles peuvent être détournées pour des raisons lucratives ou, dans certains états, politiques.

À la grande époque des archives sur papier (mais si, rappelez-vous, ces feuilles rectangulaires sur lesquelles on écrivait ou imprimait du texte), la consultation des documents se faisait généralement sur place, dans un lieu officiel, souvent une administration. Il fallait signer un registre, ce qui permettait de connaître l'identité de la personne qui collectait des informations. Aujourd'hui, tout le monde peut consulter des informations, et accéder parfois à des données qui n'auraient pas dû sortir de leur domaine administratif ou privé.

Les techniques de collecte d'informations par le biais d'Internet et celles permettant de fournir ces informations, sont présentées dans les prochaines sections.

La pêche aux gogos, ou hameçonnage

L'*hameçonnage* (ou *phising,* contraction de *phreaking,* piratage du réseau téléphonique et de *fishing,* pêche) est une nouvelle forme de délit sur Internet, dont chacun peut être victime. Il est heureusement facile à déjouer tant la ficelle et grosse et l'hameçon visible.

Qu'est-ce que l'hameçonnage ?

Vous trouvez dans votre courrier électronique un message comme celui-ci (voir Figure 2.1), envoyé à des millions d'internautes en espérant que dans la masse, il y ait quelques clients des banques en question et parmi eux, quelques-uns assez naïfs ou inconséquents pour cliquer un des liens. Voici la traduction de cette prose :

```
Cher membre de [liste des banques]
Ce courrier électronique vous a été envoyé par notre serveur
de banque pour vérifier les adresses de courrier électronique.
Vous devez achever la procédure en cliquant sur le lien ci-
dessous afin d'obtenir dans une petite fenêtre les détails
pour l'accès en ligne à [liste des banques]. Ceci est fait
pour votre protection, car certains de nos membres n'ont plus
accès à leurs adresses de courrier électronique et que nous
devons les vérifier. Pour vérifier votre adresse de messagerie,
cliquez sur le lien ci-dessous.
Si vous avez un compte [banque] : [lien]
```

Ce genre de courrier est souvent envoyé avec un en-tête reproduisant exactement le logo de l'établissement financier, voire la mise en page de son site, et il peut être en français. Les raisons invoquées pour cliquer le lien sont très variées mais reposent toujours sur une vérification. Parfois, pour paniquer le client, le message signale que, faute d'avoir cliqué le lien, le compte bancaire sera annulé et les sommes perdues.

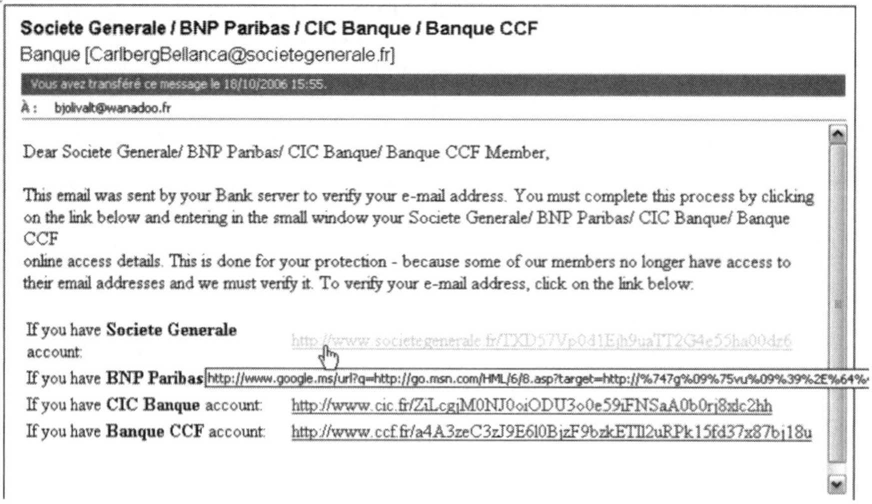

Figure 2.1 : Méfiance lorsque ce genre de message échoue dans votre messagerie.

À la lecture d'un message de ce genre, quelques indices devraient vous mettre la puce à l'oreille :

- Le message de la Figure 2.1 est en anglais. De plus, il est question de « membres » et non de « clients ».
- L'adresse de l'expéditeur (CarlbergBellanca@societegenerale.fr) est usurpée. Difficile de savoir si cette personne existe ou pas.
- Une connaissance approximative de la langue française (fautes d'orthographe et de grammaire, jargon technique abscons, anglicisme...) révèle un message concocté à l'étranger.
- Le message demande de cliquer des liens. Or, jamais – et ce « jamais » est impératif – une banque ne demandera de cliquer un lien. Ce sera toujours à vous de taper l'adresse dans le navigateur Web, ce qui est le moyen le plus sûr d'aller directement vers le site Web visé. Examinez, dans la Figure 2.1, l'info-bulle qui apparaît en immobilisant le pointeur de la souris sur le lien : l'adresse qui s'y trouve est complètement différente et pointe vers un site totalement inconnu, qui disparaîtra dans quelques heures, le temps de pigeonner les gogos. Sans entrer dans les détails techniques, sachez que l'adresse google.ms – `ms` indique l'île de Montserrat, dans les Antilles britanniques – est elle-même un leurre, la véritable destination, après `target=http`, étant codée en hexadécimal (mais elle est facile à déchiffrer).

Si vous cliquez un des liens, vous arrivez sur une page Web imitant parfaitement celle de la banque. Dès que vous avez saisi votre nom d'utilisateur et votre mot de passe, une autre page à l'aspect tout aussi officiel s'affiche. Elle vous invite à entrer votre numéro de carte bancaire, un PIN (c'est-à-dire un numéro d'identification personnel, *Personal Identification Number*), une adresse de facturation, le détail de votre compte, votre numéro de sécurité sociale, voire le code confidentiel de votre carte bancaire. Cette page frauduleuse est suffisamment intelligente pour refuser un numéro de carte bancaire non valide. Si vous communiquez toutes les informations demandées et que vous cliquez le bouton Suivant ou Poursuivre, une page affiche un message indiquant que vous êtes déconnecté du site. Et maintenant ? C'est aux fraudeurs de jouer, et sans perdre de temps. Ils utiliseront les informations dans un jour, mais peut-être aussi plus tard. Ils paieront leurs achats avec votre numéro de carte bancaire.

Des millions de messages semblables à celui-ci sont envoyés chaque jour sur Internet et, incroyable mais vrai, des gens se font avoir, surtout aux États-Unis.

Ne mordez pas à l'hameçon !

Tôt ou tard, vous recevrez un message parfaitement bien orthographié, plus vrai que nature, dont vous serez tenté de suivre les recommandations. Ne vous laissez pas piéger. Suivez plutôt ces quelques conseils :

- Des courriers contenant des liens renvoyant vers une page Web demandant des informations aussi confidentielles que votre numéro de carte bancaire sont assurément frauduleux.
- Si le courrier électronique provient d'une société dont vous n'avez jamais entendu parler, ignorez-le et supprimez-le aussitôt.
- S'il prétend émaner d'une société où vous avez ouvert un compte, allez sur son site Web officiel en tapant son adresse directement dans votre navigateur Web (jamais en cliquant le lien affiché dans le courrier électronique). Une fois sur le site, cliquez le lien Mon compte. Si la connexion au compte se solde par un échec, envoyez une copie du message au service clients du site, ou mieux téléphonez à l'établissement.

Notez que Windows Mail est capable de détecter les tentatives d'hameçonnage. Dans la boîte de réception, l'objet du message est affiché en rouge et en gras et un panneau (Figure 2.2) signale que le message est douteux. Par la suite, lorsque vous cliquez sur ce même message, un bandeau rouge rappelle qu'il est peut-être frauduleux.

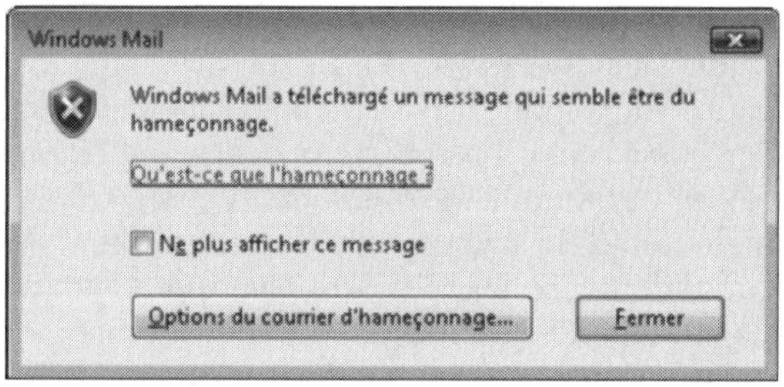

Figure 2.2 : Windows Mail vient de détecter un message douteux.

L'usurpation d'adresse est une autre technique délictueuse qui se développe rapidement. Elle consiste à afficher une adresse dans la barre d'adresse de votre navigateur Web alors que vous êtes en réalité sur un autre site. Certains navigateurs Web n'affichent que l'adresse principale d'un site. Ils ne paraissent donc pas fallacieux. Les adeptes de l'hameçonnage profitent de cette fonctionnalité. Les meilleurs navigateurs comme Firefox et Internet Explorer 7 protègent l'internaute contre les sites Web usurpés. Ils affichent constamment l'adresse réelle de la page que vous visitez. Internet Explorer analyse systématiquement toutes les pages que vous visitez, comme le révèle la Figure 2.3. L'icône que l'on y voit n'apparaît que quelques secondes lors du téléchargement de la page.

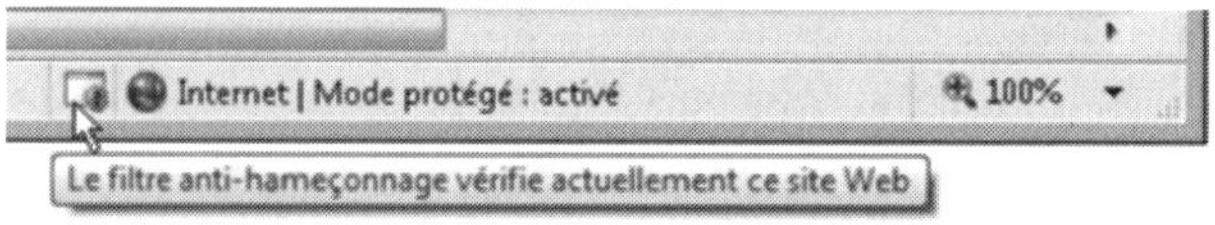

Figure 2.3 : Internet Explorer 7 se méfie de tous les sites.

La règle de sécurité fondamentale est simple : il ne faut jamais, je dis bien **jamais,** tapez des mots de passe, des numéros de carte bancaire, ou toute autre information personnelle sur une page Web à laquelle vous avez accédé par un clic sur un lien situé dans un courrier électronique.

Ces petites choses qui vous traquent

D'abord lieu de liberté et de gratuité où régnait un certain esprit libertaire, le Web – la partie grand public d'Internet – a rapidement suscité la convoitise des marchands : une zone de chalandise à l'échelle planétaire ne pouvait les laisser indifférents.

Mais pour bien vendre, il faut connaître le client. Et pour bien le cibler, il faut connaître ses habitudes : les liens sur lesquels il clique le plus volontiers, le site qui a conduit jusqu'au site marchand. Pour collecter ces informations, des informaticiens mettent au point de petits programmes qui suivent pas à pas votre navigation sur le Web. Très rapidement, les sociétés spécialisées dans l'étude des internautes dressent un profil du type de consommateur que vous êtes. Elles sauront si vous êtes plutôt consumériste et tenté par les achats impulsifs (les « ventes flash ») ou si vous prenez le temps de vous décider (un panier d'achats où vous conservez des articles pendant des semaines est un excellent indice). Ainsi, il sera plus simple pour elles de vous proposer les produits correspondant à vos centres d'intérêt. Par exemple, si vous visitez le rayon DVD d'un magasin virtuel et que l'on sait que vous venez du site TF1, peut-être vous proposera-t-on la sortie DVD des *Bidasses en folie* ; tandis que si vous venez du site d'Arte, on vous fera part de la disponibilité de l'intégrale des films de Robert Bresson ou de Jean-Luc Godard. Ces programmes sont conçus pour établir des statistiques. Toutefois, vous constaterez que, sur certains sites Web, une partie de la page affiche les derniers produits dont vous avez consulté la fiche. Et, lorsque vous y revenez quelques semaines plus tard, ces mêmes derniers produits consultés sont à nouveau affichés : c'est dire si l'on vous connaît bien...

Les cookies ne sont pas si néfastes

Lorsque vous naviguez sur le Web, certains sites ont besoin de vous identifier afin de vous connecter en tant qu'utilisateur de ce site. Cette identification n'est pas forcément dommageable ou à visée commerciale. Elle évite parfois d'avoir à saisir plusieurs fois votre mot de passe et nom d'utilisateur pour accéder à certaines pages. Les éléments informatiques qui permettent ce suivi sont des petits fichiers de texte appelés *cookies* (rien à voir avec les gâteaux) que le serveur du site installe dans votre ordinateur. Ils contiennent l'adresse du site Web ainsi que des codes d'identification. En règle générale, les *cookies* ne comportent pas d'informations personnelles ou de nature dangereuse. Ils sont uniquement là pour faciliter la navigation dans des sites spécifiques.

Les internautes sont très partagés sur les *cookies*. Certains ne s'en soucient pas, pour d'autres se sont des nuisances. À vous de juger. Contrairement aux rumeurs, les *cookies* ne divulguent pas les informations stockées dans votre ordinateur. Ils ne collectent que des informations que vous avez sciemment communiquées. Internet Explorer et Firefox permettent de savoir si des *cookies* ont été stockés dans votre ordinateur et en assurent la gestion. Nous y reviendrons plus loin dans cet ouvrage.

Googlez-vous !

Aujourd'hui, il est assez facile de trouver des données sur les sujets qui vous intéressent. Certains d'entre vous ne tarderont pas à créer leur propre site Web, à participer à des groupes de discussion, à s'inscrire à des lettres de diffusion, ou encore à créer leur propre blog. L'important est de savoir si tout ce que vous publiez sur Internet va être facilement accessible au reste de la planète. Peut-être même existe-t-il déjà des données vous concernant sans que vous le sachiez ! Alors, effectuez une recherche sur vous-même en bon détective privé du Web. Allez sur le moteur de recherche Google à l'adresse `www.google.fr`. Dans le champ de saisie du texte, entrez votre nom entre guillemets et cliquez le bouton Recherche Google. Vous découvrirez peut-être que vous êtes répertorié sur le site d'un ancien élève de la même classe que vous, il y a dix, vingt ou trente ans.

Comment peut-on prendre le contrôle de votre PC ?

Internet est idéal pour télécharger des logiciels que vous installerez dans votre ordinateur. C'est génial ! Plus besoin d'attendre, notamment pour mettre à jour le pilote d'un périphérique ou accéder à la dernière version d'un logiciel. Nous en reparlerons au Chapitre 12.

Il est toutefois possible que des programmes soient installés à votre insu dans votre ordinateur. Ils s'introduisent notamment au travers du courrier ou de votre navigateur Web.

Les virus arrivent par courrier électronique

Les virus informatiques sont des programmes qui se transmettent d'un ordinateur à un autre. L'infection se produit par l'intermédiaire de n'importe quel système de communication, comme un réseau, des disquettes, et même une liaison infrarouge. Cela fait bien longtemps que les virus écument le Web. À l'origine, ils se trouvaient dans des fichiers programme que les internautes téléchargeaient *via* un logiciel de transfert de fichiers ou leur navigateur Web. Aujourd'hui, les virus sont principalement diffusés par courrier électronique, sous forme de pièces jointes ou par la messagerie instantanée.

En revanche, un message sans pièce jointe ne peut pas transporter de virus. Ce n'est que du texte, rien de plus. Mais se passer de pièces jointes réduit considérablement l'intérêt du courrier électronique.

Comment agissent les virus ?

Le virus est un miniprogramme informatique. Pour fonctionner, il doit être exécuté, c'est-à-dire démarré. Ce démarrage peut être spontané dès le téléchargement, déclenché par vous-même en cliquant dessus, ou déclenché par un événement extérieur comme une date ou, beaucoup plus rarement, la présence de tel ou tel fichier.

Un virus conçu pour le Web commence par localiser le carnet d'adresses. Il s'auto-expédie ensuite vers chacun des contacts qu'il trouve dans le carnet afin de les infecter à leur tour. Ce premier forfait accompli, il exécute la mission pour laquelle il a été réellement créé. Il mémorisera par exemple toutes les séquences de touches du clavier sur lesquelles vous appuyez (y compris vos mots de passe) afin de les transmettre à son seigneur et maître, qui en fera assurément un usage répréhensible. Il peut également lancer une attaque sur des cibles spécifiques ou aléatoirement choisies tandis que vous surfez sur le Web. Il peut aussi transformer votre PC en PC zombie qui envoie ou relaie à votre insu des millions de spams. Si votre ordinateur se comporte étrangement, révèle une lenteur anormale, il est probablement infecté par un ou plusieurs virus.

Un de mes amis a vu son ordinateur devenir de plus en plus lent et erratique, au point de rendre tout travail impossible. Les temps de connexion Internet étaient interminables, les affichages de pages d'une lenteur exaspérante, les déconnexions intempestives fréquentes. Après avoir réussi à installer un antivirus sur son système, nous avons constaté qu'il n'abritait pas moins de 180 virus dans 2 800 fichiers. Une fois les virus localisés et éradiqués, l'ordinateur retrouva une seconde jeunesse.

Que faire contre les virus ?

Ne paniquez pas à l'idée que des virus puissent sévir par courrier électronique. Il suffit d'installer un programme antivirus pour être à l'abri de leurs méfaits. Vous trouverez des versions gratuites de certains antivirus, moins performantes que leurs versions payantes, mais se présentant comme un premier barrage contre les virus.

WORLD WIDE WEB

Connectez-vous au site `www.grisoft.com` et téléchargez AVG Free Edition, un antivirus gratuit des plus corrects. Cependant, n'oubliez pas que sa version payante bénéficie de technologies avancées, notamment au niveau de la mise à jour de son moteur. Si AVG vous séduit, connectez-vous au site français à `www.avgfrance.com` (Figure 2.4). À notre connaissance, la version gratuite de cet antivirus n'est pas téléchargeable depuis le site français.

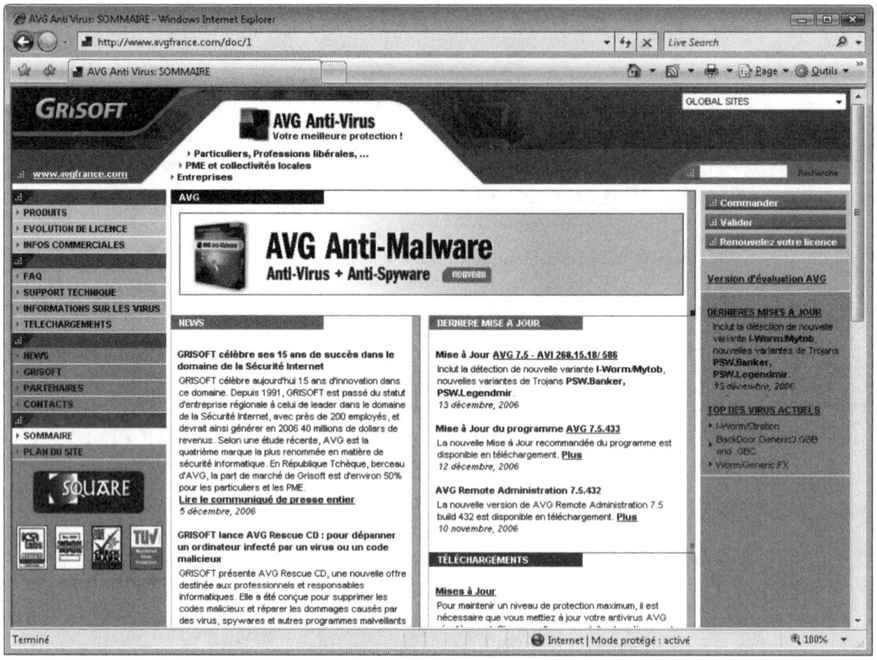

Figure 2.4 : Un antivirus est indispensable.

Les vers viennent du Net

Un *ver* est comme un virus, sauf qu'il ne se transmet pas par courrier électronique. Il s'introduit dans votre machine directement par la connexion Internet. Pour y pénétrer, il lui faut une porte d'accès. Ces portes sont des canaux spéciaux appelés ports d'entrée/sortie (rien à voir avec les ports USB, parallèle, série ou autres...) Ces ports, qui sont numérotés, sont autant d'ouvertures vers un réseau local ou vers Internet. Les vers savent les détecter et s'y introduire en moins d'une minute.

Pour limiter cette invasion, vous devez mettre Windows régulièrement à jour. Ces correctifs comblent les failles de sécurité par lesquelles les vers s'introduisent. Cependant, ces mises à jour ne s'installent pas en moins d'une minute. Je vous encourage donc vivement à utiliser une connexion Internet protégée par un pare-feu logiciel (Windows en possède un) ou matériel (boîtier installé entre le modem et l'ordinateur). Les routeurs placés entre un réseau local et Internet sont équipés d'un pare-feu. Vérifiez que c'est bien le cas du vôtre, si vous en possédez un.

Les espiogiciels proviennent des sites Web

Un *espiogiciel* (c'est-à-dire un *logiciel espion*) est un virus un peu particulier. Ils arrivent dans l'ordinateur par téléchargement depuis votre navigateur Web. Il suffit, sur un site, de cliquer par curiosité un lien pour lancer le téléchargement et l'installation d'un espiogiciel.

Que font les espiogiciels ?

L'espiogiciel mémorise ce que vous saisissez au clavier et même ce sur quoi vous cliquez. L'ensemble des informations ainsi collectées est envoyé à votre insu vers des destinataires peu scrupuleux. Le plus connu des espiogiciels est le logiciel publicitaire. Une fois installé dans l'ordinateur, il vous assaille de fenêtres publicitaires qui surgissent chaque fois que vous activez votre navigateur Web. Ces fenêtres sont parfois appelées *popups*.

Note : Bien sûr, ces publicités sont assez faciles à bloquer ou du moins à limiter. Des navigateurs comme Internet Explorer sont dotés d'un bloqueur de publicités intempestives.

Les espiogiciels sont également capables d'envoyer des courriers indésirables, ou *spams,* depuis votre ordinateur.

Empêcher l'installation d'un espiogiciel

La gratuité de certains programmes découverts sur des sites Web ou reçus par courrier électronique, n'oblige pas à les installer. La tentation est cependant forte de télécharger à outrance n'importe quoi et n'importe comment : un économiseur d'écran par-ci, une barre d'outils par-là, des icônes rigolotes (*émoticônes* ou *smileys*), et bien d'autres babioles qui sont souvent de véritables nids à espiogiciels. De plus, ces programmes accaparent les ressources de l'ordinateur, le rendant de ce fait moins performant. Si vous avez un doute sur un programme gratuit qui vous tente, renseignez-vous à son sujet sur Internet (tapez son nom dans Google et recherchez sur les sites francophones, c'est souvent édifiant).

Se protéger des espiogiciels

Les espiogiciels sont des programmes très difficiles à désinstaller. Donc, avant d'en arriver à des extrêmes, évitez purement et simplement leur installation. Pour bloquer un espiogiciel, il suffit d'être attentif aux éléments sur lesquels vous cliquez. Installez également un programme anti-espiogiciels comme Spybot dont l'interface est illustrée à la Figure 2.5 et lancez régulièrement l'analyse de votre ordinateur afin de déloger ces logiciels de votre machine. Vous en saurez davantage au Chapitre 4.

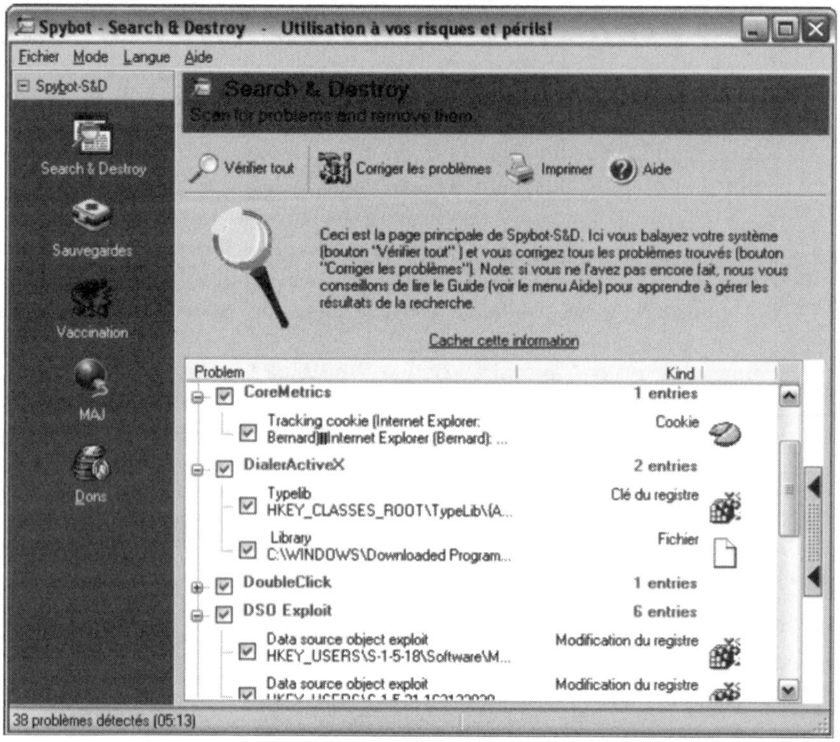

Figure 2.5 : Un logiciel gratuit et efficace. Installé ici dans Windows XP, Spybot a découvert bon nombre d'espiogiciels qui seront éradiqués d'ici peu.

Le logiciel publicitaire : un espiogiciel comme les autres

Le logiciel publicitaire est un type de logiciel très controversé que de nombreuses personnes assimilent à un espiogiciel. Il s'installe souvent comme une fonction d'un programme distribué gratuitement et surveille ensuite votre activité sur l'ordinateur, diffusant des publicités très ciblées, même lorsque vous exécutez d'autres programmes. Pour les détracteurs du logiciel publicitaire, il est intolérable d'installer des programmes à l'insu du consommateur dans le seul but de faire monter sa fièvre acheteuse. Ils réclament une loi interdisant cette pratique, dénonçant le logiciel publicitaire comme un parasite. Les défenseurs du logiciel publicitaire – en général ceux qui les suscitent – soutiennent qu'il permet à des petites entreprises de faire connaître leur activité. La connaître est une chose, cependant l'apprécier en est une autre.

Les popups

Les *popups,* ces fenêtres qui s'ouvrent inopportunément et envahissent votre espace de travail lors de vos pérégrinations sur le Web, sont l'invention la plus exécrable de ces dernières années. Cette irruption abusive se produit soit quand vous cliquez un lien hypertexte, soit lorsque vous fermez une fenêtre de votre navigateur Web. Bien souvent, elles délivrent des messages publicitaires, notamment pour des offres de crédit, des billets d'avion, des tirages de photos numériques ou des mises sur des casinos en ligne.

Plusieurs mécanismes déclenchent l'ouverture de *popups* :

- Un site Web peut ouvrir une nouvelle fenêtre de votre navigateur Web. Parfois, elle affiche une publicité, d'autres fois des informations dénuées d'intérêt. Dans des circonstances particulières, le popup est utile à l'internaute car il lui explique comment utiliser le site.
- Les espiogiciels ou d'autres programmes peuvent afficher des *popups*.

Heureusement, comme vous le découvrirez au Chapitre 7, les navigateurs Web comportent des fonctions de contrôle de ces fameux popups.

Spam, pourriel, polluriel...

Spam, pourriel, polluriel, courrier indésirable et bien d'autres noms sont des appellations de cette véritable nuisance que sont les courriers non sollicités. C'est l'équivalent, mais en beaucoup plus agaçant, des publicités qui envahissent votre boîte à lettres (la vraie, celle de la poste). Comme de surcroît les spams reçus par courrier électronique ne coûtent rien à l'expéditeur, vous en êtes submergés.

Les spams sont des millions de copies d'un même message envoyées à autant de millions d'internautes, ou de groupes de discussion, de bulletins d'information, et même de messageries instantanées. Généralement, le message de ces mails est pauvre : comment devenir riche en un rien de temps, comment hypertrophier telle ou telle partie de son anatomie que l'on estime peu avantagée par la nature (il y en a pour les hommes et pour les dames), comment frimer avec une montre de prestige, évidemment contrefaite, acheter des médicaments au risque de mettre sa santé en péril...

Le spam a généré un vocabulaire un peu particulier qui est entré dans le langage courant des internautes : le message est un *spam*, qui s'inscrit dans la pratique du *spamming*, perpétrée par des *spammers*. Dans le même ordre d'idée, les espiogiciels sont souvent appelés *spyware,* les logiciels publicitaires *adware,* et pour les autres, il faut voir...

Le *spamming* est un fléau car de nombreuses entreprises y voient un moyen simple et économique de pratiquer une publicité extrêmement agressive, qui prend souvent l'acheteur potentiel pour un demeuré. Nous recevons des centaines de spams quotidiennement, et leur nombre ne cesse d'augmenter.

En quoi les spams sont-ils si mauvais ?

Certains vous coûtent de l'argent. Car si envoyer un courrier électronique est gratuit – un PC peut expédier des milliers de messages par heure –, pour l'internaute, la réception de quantité de spams peut prendre un certain temps (gênant lors d'une connexion facturée à la minute) ou saturer la boîte aux lettres virtuelle gérée par votre fournisseur d'accès à Internet. Des messages importants peuvent ainsi se perdre. Il devient rapidement difficile de distinguer les courriers essentiels des spams (fort heureusement, la plupart sont en anglais, ce qui facilite considérablement le tri pour ceux qui ne communiquent que dans une autre langue : une sélection multiple des messages en anglais et hop ! à la poubelle vite fait, bien fait !).

Auprès de certains fournisseurs d'accès à Internet (FAI), le dépassement du volume de la boîte aux lettres entraîne une surtaxe. AOL indique par exemple qu'une bonne moitié des mails entrants sont des spams et qu'il en coûte entre 2 et 20 dollars par mois et par internaute. Un filtre antispam peut être souscrit auprès de votre FAI, mais le filtrage n'est pas totalement sûr : vous pourriez perdre des courriers importants considérés par erreur comme des spams (ce que l'on appelle des faux négatifs) et voir quand même arriver des courriers indésirables (les faux positifs).

ATTENTION !

De nombreux spams affichent un lien pour supprimer votre adresse courrier électronique de leur liste. Confiant et naïf, vous pensez vous libérer ainsi de cette occupation excessive et vider enfin le contenu de votre boîte de réception. Or, très souvent, ce lien sert simplement à vérifier que l'adresse est toujours active, autrement dit qu'il existe un gogo au bout de la ligne. Ces adresses involontairement « confirmées » par leur destinataire sont très prisées des *spammers*. En croyant se désinscrire, le malheureux internaute devient en réalité la proie d'un nombre encore plus grand de *spammers*.

Que faire contre les spams ?

Pas grand-chose... Les filtres empêchent bon nombre de spams d'arriver jusqu'à vous, mais pas les *spammers* de les envoyer. Pour savoir comment mettre en œuvre un filtre antispam – qui équipe peut-être votre messagerie électronique – ou pour apprendre à installer un filtre séparé, consultez le Chapitre 14.

Quel est le mot de passe ?

Sur Internet, vous serez souvent, très souvent, amené à saisir des mots de passe. Voici quelques conseils émanant des experts en sécurité informatique :

- Créez des mots de passe aléatoires, longs et compliqués de manière que personne ne puisse en découvrir la logique donc le contenu. N'utilisez jamais un mot du dictionnaire, encore moins un nom se rapportant à votre entourage (un prénom, le nom du chien ou du chat...). Faites un savant mixage de lettres et de chiffres.
- N'utilisez jamais le même mot de passe pour tous vos comptes.
- Mémorisez vos mots de passe. Ne les inscrivez nulle part.
- Changez régulièrement vos mots de passe.

L'approche la plus intelligente pour créer des mots de passe consiste à les définir selon l'importance des informations à sauvegarder. Sur des sites où vous consultez simplement des informations générales, sans saisie de données personnelles, les mots de passe peuvent être simples, voire simplistes, et faciles à retenir. En revanche, pour des sites plus sensibles, comme des sites d'achats ou des sites bancaires, vous devez créer des mots de passe complexes ne répondant à aucune logique. Si vous craignez d'oublier un mot de passe compliqué, inscrivez-le dans un carnet que vous cacherez en lieu sûr.

Méfiez-vous des mots de passe oubliés !

Depuis quelques années, les sites Web s'efforcent de vous aider à retrouver un mot de passe perdu. Lorsque vous créez un mot de passe sur un site, le formulaire affiche une liste dans laquelle sont proposées un certain nombre de questions, par exemple « Quel est le nom de jeune fille de ma mère ? », à laquelle vous répondez. Quelques instants plus tard vous recevez le mot de passe, car vous seul connaissiez la réponse à la question.

Le problème est qu'un cyberdélinquant opérant comme s'il s'agissait de vous sera confronté au même système. Si vous avez choisi une question aussi simple que « Quelle est ma couleur préférée ? », cet individu ne sera pas long à en tester plusieurs et finira par trouver la bonne. Alors qu'il aurait eu les pires difficultés à trouver un mot de passe compliqué, le pirate le recevra par courrier électronique. Génial !

Conclusion : chaque fois qu'un site propose ce service, refusez-le. Si le refus n'est pas possible, choisissez systématiquement une question dont vous seul avez la réponse, ou alors une question dont la réponse n'aura rien à voir avec l'interrogation d'origine. Par exemple, si vous choisissez la question « Quelle est ma couleur préférée ? », indiquez le nom de jeune fille de votre mère comme réponse.

Sortez couverts sur le Web

Avec tous ces virus, espiogiciels, hameçonnage, *popups* et spams, Internet ne peut apparaître que comme un lieu de tous les dangers. Il suffit pourtant d'un peu de vigilance pour vagabonder en toute sécurité sur le Web. Voici quelques bonnes attitudes :

- **Soyez toujours sur vos gardes.** Personne en Afrique ne partagera avec vous les 25 millions d'euros ou de dollars ayant appartenu à un dictateur sanguinaire, qu'un courrier électronique vous propose de faire transiter par votre compte bancaire. Et pourtant, de nombreux pigeons y ont laissé des plumes (convoiter de l'argent sale n'est jamais payant).
- **Mettez vos programmes à jour.** Les correctifs des systèmes d'exploitation, y compris Windows Vista, comblent de nombreuses failles de sécurité. Il suffit de se connecter au site Microsoft Windows Update illustré à la Figure 2.6. Le système d'exploitation est aussitôt analysé et les mises à jour proposées. Windows Vista effectue automatiquement ces mises à jour lorsque le PC est connecté, sans que l'utilisateur ait à intervenir.

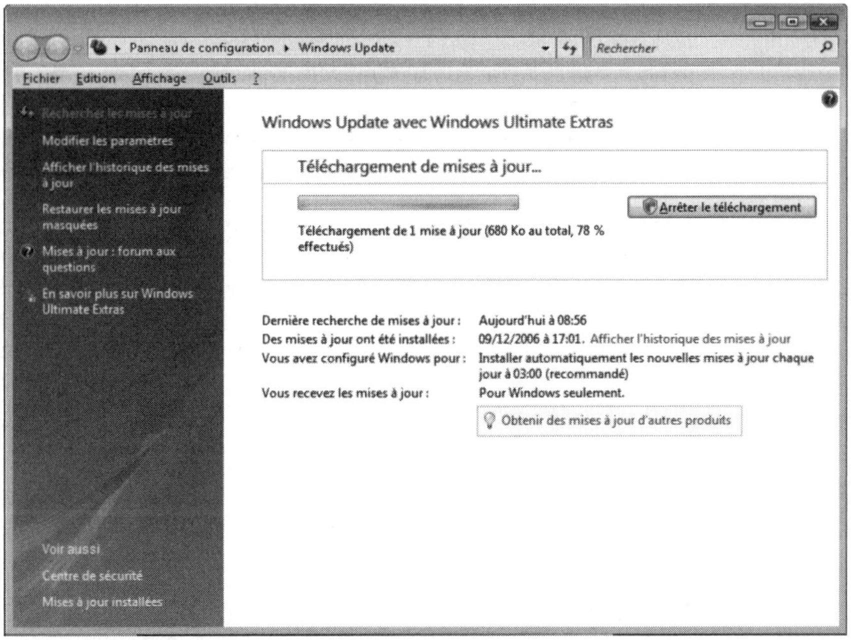

Figure 2.6 : Une première précaution consiste à mettre Windows à jour.

- **Activez un pare-feu.** Par défaut, le pare-feu de Windows Vista est actif. Le routeur d'un réseau intègre souvent un pare-feu bien plus puissant, donc plus difficile à contourner par les logiciels malfaisants (espiogiciels et logiciels publicitaires), que celui de Windows. Vous en saurez plus à ce sujet au Chapitre 5.
- **Installez des antivirus et anti-espiogiciels fréquemment mis à jour.** D'excellents antivirus ne coûtent guère plus de 40 euros, et de nombreux programmes anti-espiogiciels sont gratuits. Le Chapitre 4 explique où trouver ces deux types de logiciels, et le Chapitre 12, comment les télécharger et les installer.

  Savez-vous que beaucoup de gens croient qu'un antivirus est installé une fois pour toutes et qu'il protège à tout jamais leur ordinateur contre les infections ? Ce n'est évidemment pas le cas : la mise à jour des définitions de virus doit être effectuée plusieurs fois par semaine (quotidiennement serait l'idéal). De même, vous devez lancer régulièrement une analyse complète de l'ordinateur pour détecter et détruire d'éventuels virus qui auraient pu s'y introduire.
- **N'ouvrez jamais une pièce jointe d'un message électronique sauf si vous en connaissez l'expéditeur et qu'il vous a dûment informé que cet envoi comporte une pièce jointe.** En cas de doute, envoyez une demande de confirmation à l'expéditeur.

- **Dans un courrier électronique, ne cliquez un lien que si vous savez exactement vers quel site il va vous conduire.** Si vous cliquez et que le site demande la saisie d'un mot de passe, d'un numéro de carte bancaire, ou le nom de votre chien, fermez la fenêtre de votre navigateur Web. Ne communiquez jamais la moindre information à des sites auxquels vous accédez par un clic sur un lien contenu dans un message.
- **Créez des mots de passe compliqués et ne les communiquez à personne.** Ne faites aucune confiance à cette belle blonde aux formes généreuses qui, se faisant passer pour une collaboratrice très compétente, n'est en réalité qu'un agent d'une puissance étrangère cherchant à s'emparer de votre mot de passe pour aller dépenser tout votre argent sur des sites marchands dont les promotions lui ont déjà coûté un interdit bancaire.
- **Communiquez !** Ne gardez pas ces conseils pour vous. Au contraire, développez une politique d'information dans votre entourage afin que chacun comprenne bien les règles à suivre.

Le Mac est-il la solution ?

Vous entendrez les utilisateurs Mac dire : « Moi, sur Mac, je n'ai jamais ce genre de problème ! » Il est vrai que le Macintosh est plus à l'abri des virus, car son parc installé n'est, dans le monde, que de 5% (les programmeurs de virus préfèrent s'attaquer aux 95% restant). En revanche, l'utilisateur Mac n'est pas plus à l'abri que les autres des spams.

Or la politique Apple étant de proposer des machines de moins en moins chères, plus il y aura d'utilisateurs de Mac, plus les programmeurs de virus s'intéresseront à ce système. Force est de constater que, pour le moment, un système d'exploitation comme Mac OS X est bien moins vulnérable que Windows. Pour l'infecter, il faut travailler dur et les programmeurs de virus n'ont pas de temps à perdre. La solution est peut-être d'acheter un Mac uniquement pour surfer sur le Web. Vos autres programmes tourneront sur un PC ne disposant d'aucune connexion à Internet.

Apple équipant désormais ses ordinateurs de processeur Intel, l'un des deux fournisseurs de processeurs pour PC, les logiciels Windows sont utilisables sur Mac. Les virus sont déjà sur le pied de guerre.

Nous connaissons des sociétés dont les équipes techniques n'utilisent que des Mac, car les risques d'infection sont minimes. Lorsqu'ils doivent se servir d'un PC, ils le font dans une fenêtre qui s'affiche sur l'écran du Mac. Sympa, non ?

Chapitre 3

Les enfants et le Net

Dans ce chapitre :

- Aspects positifs d'Internet pour les enfants.
- Quelques problèmes à propos d'Internet.
- Conseils aux parents.
- Listes de messagerie et sites Web pour enfants.
- Aide aux parents et aux enfants en difficulté.
- Internet à l'école et l'école sur le Net.
- Internet pour se divertir.

Des millions d'enfants surfant sur le Net, une petite discussion sur l'Internet familial s'impose. Bien évidemment, si cela ne vous concerne pas, n'hésitez pas à passer au Chapitre 4.

Et si on causait un peu ?

Aujourd'hui, et il suffit que je regarde ma fille pour cela, ce sont surtout les enfants qui se servent de la connexion Internet familiale. Aussi, dans ce chapitre, c'est à vous, les enfants, que nous nous adressons. Nous continuons de penser qu'il est préférable que vos parents aient un mot à dire sur ce que vous faites en ligne mais ne nous le cachons pas : ils n'en savent pas grand-chose. Et si cette fois vous les éduquiez en les incitant à vous protéger sur le Net ? Nous nous adressons donc aux enfants, en ajoutant quelques commentaires à l'attention des parents, au cas où ils liraient ces pages.

Qu'y a-t-il pour vous ?

Les enfants sont souvent les premiers à découvrir les innombrables aspects intéressants d'Internet car :

- Il fournit des informations sur d'innombrables sujets.
- C'est un bon moyen de papoter avec les amis tout en restant à la maison.
- C'est un lieu de prédilection pour chercher et trouver de la musique et des vidéos.
- Il permet de rencontrer des gens et découvrir de nouvelles cultures.
- Il facilite la lecture, l'écriture, les recherches et l'apprentissage des langues étrangères.
- Il peut aider les familles dans bien des domaines.
- Il offre un nouveau moyen d'expression artistique.

Toutefois, tout ce qui est nouveau n'est pas forcément merveilleux, et tout ce qui est merveilleux n'est pas forcément nouveau. Nombre d'entre vous passeront, dans le cadre professionnel, beaucoup de temps devant l'ordinateur. Il est important de s'adonner à d'autres choses : pratiquer un sport, lire des livres, jouer de la musique, cuisiner, peindre, marcher, faire du vélo, skier ou sculpter, et surtout rencontrer ses amis en chair et en os.

Voici quelques activités en ligne classées en quatre catégories : trop cool, pas mal, pas terrible et vraiment naze.

Moyens trop bien d'utiliser Internet

Vous impressionnerez vos parents en utilisant Internet pour les activités suivantes :

- **Effectuer des recherches pour les devoirs :** Internet est un incroyable moyen de repousser les murs de l'école. Le Net peut vous connecter à d'autres écoles, bibliothèques, ressources de recherche, musées et autres entités. Vous pouvez visiter le Louvre sur `www.louvre.fr` (Figure 3.1) ou contempler une impressionnante photo panoramique à 360° des chutes du Niagara à l'adresse `www.bigeyeinthesky.com` (Figure 3.2), observer des tritons dans leur habitat, écouter de nouveaux morceaux et vous faire de nouveaux amis.

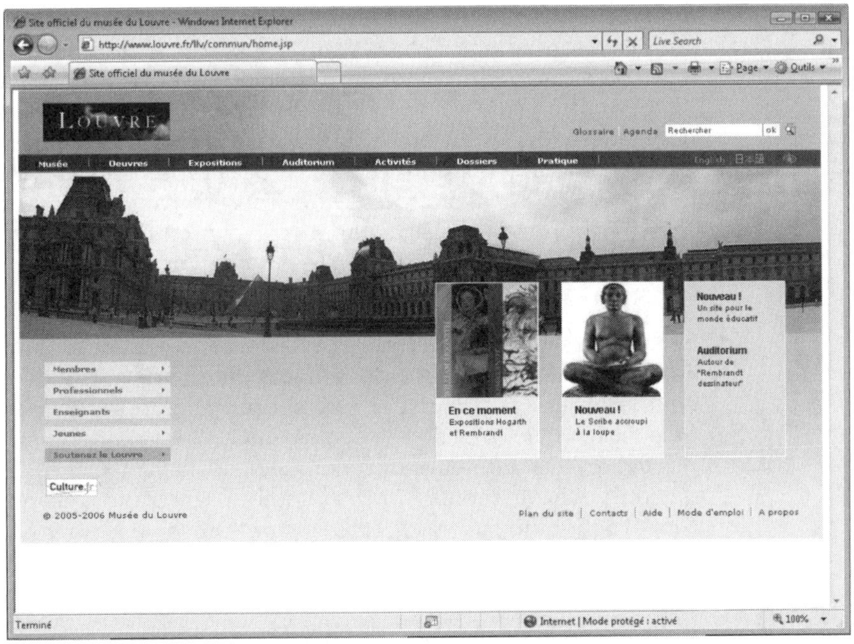

Figure 3.1 : Trésors des âges, en direct de Paris.

Figure 3.2 : Ce panorama orientable utilise la technique QTVR (QuickTime Virtaul Reality).

- **Évaluer les informations :** Au cours de vos recherches, vous tomberez sur des informations rédigées par le spécialiste mondial du sujet tout aussi bien que par un illuminé, des écoliers ou un véritable nul se prenant pour un génie. Certains sites Web au contenu haineux ou dépravé doivent être évités. Attention aussi aux canulars et rumeurs qui circulent abondamment sur le Web. Un site les répertorie à l'adresse `www.hoaxbuster.com/`. Vous y trouverez tous les canulars en vogue sur le Net et vous pourrez aussi soumettre le contenu d'un de vos courriers au moteur de recherche de ce site pour savoir si le curieux message que vous venez de recevoir en est un.

- **Se faire des *e-amis* à l'étranger :** Les projets d'école, comme Global Schoolhouse, proposent à des enfants du monde entier de travailler en équipe sur divers projets. Le premier projet d'apprentissage a attiré plus de 10 000 élèves de 360 écoles dans 30 pays différents. Depuis, des cyberfêtes annuelles ont réuni plus de 500 000 élèves de centaines d'écoles dans au moins 37 pays ! Pour en savoir plus, visitez le site Web Global Schoolhouse, `www.globalschoolhouse.org`, où vous pourrez aussi vous inscrire à un grand nombre de listes de messagerie. Vous trouverez des explications au Chapitre 16.

- **Pratiquer des langues étrangères :** Vous pouvez vous rendre dans des salons de *chat* pour pratiquer votre allemand, anglais, espagnol, portugais, russe, japonais ou même l'espéranto (rien pour le volapük ?).

- **Télécharger légalement de la musique :** Les sites commerciaux consacrés à la musique sont légion sur Internet. Qui n'a jamais entendu parler d'iTunes, un logiciel conçu pour le Mac mais dont vous pouvez télécharger une version pour Windows à l'adresse `www.apple.com/fr/itunes/store/` (Figure 3.3) ? Il vous donnera accès au magasin iTunes Music Store où vous trouverez des titres et des albums à des prix très réduits. Si vous utilisez Kazaa ou un autre logiciel de partage de fichiers pour télécharger de la musique, pensez à rémunérer les artistes. Un site Web, `www.musiclink.com`, a été spécialement mis en place à cette fin. Le Chapitre 9 explique ce qu'est le P2P (*peer-to-peer*), un système d'échange de fichiers de musique très controversé.

- **Contribuer à une encyclopédie géante :** Wikipédia, que vous découvrirez à l'adresse `http://fr.wikipedia.org/wiki/Accueil`, est une encyclopédie en ligne gratuite à laquelle chacun peut contribuer (ce qui est à la fois son point fort, mais aussi son point faible, le risque d'erreur n'étant pas négligeable). C'est un excellent outil de recherche. Il permet de centraliser les résultats de vos recherches pendant que vous en effectuez d'autres. Vous avez également la possibilité d'enrichir le contenu de certains articles. De plus, une équipe de rédacteurs et d'éditeurs maintiennent constamment ce site à jour, et rien ne vous empêche de les rejoindre.

Figure 3.3 : Téléchargez gratuitement iTunes.

- **Créer son propre site Web :** Une page Web peut être sérieuse ou marrante, cela ne tient qu'à vous. Placez-y des articles ou des dessins que votre famille et vos amis pourront admirer. Vous pouvez aussi créer une page Web pour une cause que vous soutenez. Vous en saurez plus au Chapitre 18.

- **Créer un blog :** D'abord journal personnel, mais aussi lieu d'échange entre l'auteur du blog et ceux qui réagissent à ses propos, le blog est le moyen le plus simple et le plus rapide de regrouper une communauté d'idées, d'échanges, voire de contestations. Un blog répond désormais à une thématique, alors qu'autrefois il était le prolongement, en ligne, des journaux personnels. Nouvelle liberté d'expression, la dérive de certains blogs incite les FAI à une certaine prudence car en ce domaine, c'est la législation de la presse qui est appliquée : gare aux propos diffamants ou tombant sous le coup de la loi, car cette dernière est sans pitié (*Dura Lex sed Lex,* comme on dit du côté de Petibonum).

Moyens moyens d'employer le Net

Voici quelques idées que vos parents peuvent considérer comme une perte de temps, mais on ne peut être sérieux tout le temps. S'ils font des difficultés, demandez-leur les fichiers journaux consignant le temps qu'ils passent sur le Web. Il n'y en a pas mais ils ne le savent pas.

- **Jouer :** De nombreux jeux tant traditionnels (comme les échecs, le bridge, les dames, *etc.*) que vidéo permettent de se mesurer à d'autres joueurs sur Internet.
- **Échanger des messages instantanés avec vos amis :** La messagerie instantanée est devenue le moyen cool pour être en contact – instantanément. Attention toutefois aux tarés de tous poils qui pointent leur sale museau dans les messageries d'adolescents pour assouvir leurs bas instincts. Surveillance parentale obligatoire car les médiateurs ne peuvent pas tout contrôler !
- **Communiquer par visiophone :** Des logiciels comme Yahoo! Messenger, Windows Messenger, AIM ou Skype permettent de voir vos amis tout en leur parlant (peu recommandé les jours où vous vous êtes coiffé avec un pétard). Le Chapitre 16 présente les programmes gratuits pour la webcam.
- **Acheter :** Le shopping sur Internet ressemble au shopping en galerie commerciale, sauf que c'est toujours ouvert, que le parking est gratuit, et qu'il peut se dérouler dans un autre pays. Le Chapitre 10 vous fera entrer dans ce temple virtuel de la consommation.
- **Pratiquer les jeux de rôle :** De nombreux sites Internet vous permettent d'incarner un personnage de roman de science-fiction de récit fantastique.

Moyens pas cools d'employer le Net

Ne vous laissez pas tenter par ces comportements qui ne peuvent que vous attirer des ennuis :

- **Plagier :** Le plagiat consiste à vous approprier le travail d'un autre (ses textes, ses photos, sa musique...). Le plagiat à partir d'Internet est aussi incorrect que le plagiat d'un livre et beaucoup plus facile à détecter par les enseignants.

- **Tricher :** Utiliser un logiciel de traduction pour faire vos devoirs n'est pas bon non plus. Non seulement ils sont approximatifs (pour ne pas dire nuls) mais en plus, vous vous ferez prendre, alors épargnez-vous l'humiliation !

- **En révéler trop sur vous-même :** Lorsque vous « chattez » sur le Net avec des personnes que vous ne connaissez pas, il est tentant de donner des informations susceptibles de vous identifier, vous ou votre famille, mais c'est risqué. Des questions à première vue innocentes ne le sont pas tant que cela. Nous y reviendrons en détail plus loin dans ce chapitre. Même révéler votre adresse e-mail peut déclencher la réception de courriers dont vous vous passeriez certainement.

- **Échanger des musiques et des vidéos commerciales :** Il est devenu très facile d'acheter de la musique en ligne. De ce fait, l'adhésion aux réseaux P2P dans le seul but d'échanger, en toute illégalité, musiques et vidéos ne trouve plus aucune excuse. Ces comportements illégaux sont sévèrement punis par la loi, qui n'a pas fini de faire des exemples. Un artiste vit de sa création. Spolié de ses revenus, il sera vite découragé et n'aura plus les moyens de créer. Nous y reviendrons plus loin dans cet ouvrage.

- **Visiter des sites pornographiques et d'incitation à la haine :** C'est le côté obscur de la Force, je veux dire, du Web. Il faut avoir une bien piètre opinion de soi et des autres pour mettre les pieds là dedans (et en plus, ça pue et ça colle aux godasses).

- **Se faire passer pour quelqu'un d'autre :** Le pseudonyme évite d'utiliser son vrai nom, ce qui ne vous autorise toutefois pas à prétendre que vous êtes Britney Spears, en quête de nouveaux musiciens, ou une nouvelle star à la recherche d'une fiancée. D'ailleurs, qui vous croira ?

- **Intervenir dans les salons de chat (miaou !) pour adultes :** Cela peut vous attirer de gros ennuis, ainsi qu'aux membres du salon.

- **Laisser Internet envahir votre existence :** Si la seule chose qui vous intéresse après les cours est de vous scotcher à votre ordinateur pour surfer sur le Web, il est peut-être temps de vous interroger sur vous-même. Il y a eu une vie avant Internet, il y aura une vie après Internet, et il y a une vie malgré Internet. Profitez de la vraie vie car après – c'est-à-dire bientôt – il sera trop tard.

Idées vraiment nazes (eh ! ça s'fait pas !)

Voici quelques idées à ne jamais, jamais envisager. Nous insistons.

- **Rencontrer en personne des e-amis sans le dire à vos parents :** Si vous rencontrez en ligne quelqu'un d'intéressant et que vous voulez le rencontrer en personne, ce n'est pas un problème en soi. Mais prenez des précautions ! Tout d'abord, dites-le à vos parents et décidez avec eux de la marche à suivre. Ensuite, ne rencontrez jamais dans un lieu privé quelqu'un que vous avez contacté en ligne : donnez toujours vos rendez-vous dans un lieu public, un café par exemple. Enfin, venez accompagné(e) (de préférence de vos parents).

- **Tomber dans l'illégalité :** Internet paraît totalement anonyme mais ne l'est pas. En cas de délit, la police peut accéder aux journaux de connexion Internet auprès de votre fournisseur d'accès à Internet (FAI) et découvrir qui était connecté tel jour à telle heure, avec tel modem et telle adresse numérique Internet (IP). Elle remonte une piste virtuelle avec autant de flair qu'un chien policier.

- **S'introduire dans les ordinateurs d'autrui ou programmer des virus :** Certes, cela exige de bonnes connaissances en informatique, mais ne vous mettra pas à l'abri des poursuites si vous êtes découvert. Le petit génie du piratage ne fait plus l'admiration des foules, il en subit la vindicte.

Internet pour les tout-petits

Nous recommandons de ne pas laisser les très jeunes enfants – en dessous de sept ans – devant un écran. Les ordinateurs font de bien piètres *baby-sitters*, pire encore que la télévision. Les plus petits profitent beaucoup mieux de la vie en jouant avec des ballons, des crayons, de la peinture, de la pâte à modeler, des vélos, mieux encore avec d'autres enfants…

Selon nous, Internet convient plutôt aux enfants un peu plus âgés (à partir de dix ans), mais ce n'est pas une limite absolue. Quoique, là encore, nous pensons que le temps passé par vos enfants sur le Net doit être contrôlé. Il n'est pas bon de laisser un enfant devant un écran toute la journée, que ce soit celui d'un ordinateur ou celui d'une télévision.

Les enfants doivent pouvoir communiquer. L'écran est souvent un refuge, la fuite d'un mal-être qui ne favorise pas la sociabilité. Bien au contraire, cette attitude aurait plutôt tendance à accentuer les difficultés. Voici quelques conseils :

- Consignez les durées passées devant l'écran pendant une semaine et comparez avec tout ce que vous auriez pu faire de plus marrant pendant ce temps.
- Trouvez un loisir qui ne soit pas électronique. Intégrez une équipe de sport. Montez un groupe. Faites de l'art.
- Prévoyez au moins une journée par semaine sans l'ordinateur.
- Prenez vos repas en commun et conversez.

Surf sécurisé

La règle numéro un est de ne jamais révéler votre véritable identité : n'utilisez que votre prénom, jamais votre nom. Ne divulguez ni votre adresse, ni votre numéro de téléphone, ni le nom de votre école. Ne communiquez jamais votre mot de passe. Aucune personne honnête ne vous le demandera.

Les enfants sont candides et confiants. Ils révèlent beaucoup d'eux-mêmes sans s'en rendre compte. Ils citeront par exemple le nom de l'équipe de foot de leur ville. Ils parleront d'un enseignant qu'ils détestent. Ils dévoileront la profession de leurs parents. De telles informations peuvent être distillées au long de nombreux messages, sur des semaines ou des mois. Ces bribes d'information qui semblent sans importance permettent à une personne déterminée de localiser peu à peu un enfant. Faites très attention à ce que vous dites en ligne lorsque vous « chattez » dans un salon, sur une messagerie instantanée ou par courrier électronique. Méfiez-vous des étrangers qui semblent en savoir long sur vous. Ils affirmeront par exemple qu'ils sont un ami de vos parents à qui l'on a demandé de venir vous chercher après l'école, ou de venir prendre un paquet à la maison. Ne partez jamais avec un étranger, ne le laissez jamais entrer dans la maison.

Voici quelques autres règles :

- **Réfléchissez avant de donner votre adresse électronique.** De nombreux sites Web vous demandent de vous inscrire, bon nombre réclame aussi de fournir une adresse électronique valide, qui sera vérifiée par l'envoi d'un message. Avant de vous inscrire sur un site Web, vérifiez qu'il est tenu par une entreprise réputée qui ne vous inondera pas de spams.
- **N'acceptez pas de parler à quelqu'un au téléphone ou de le rencontrer en personne sans en aviser préalablement vos parents.** La majorité des gens rencontrés en ligne sont corrects mais quelques individus peu recommandables ont fait d'Internet leur terrain de chasse.

- **Ne partez pas du principe que les gens disent nécessairement la vérité**. Cet enfant de votre âge qui partage les mêmes centres d'intérêt et les mêmes loisirs que vous est peut-être une personne d'âge mûr, voire plus, qui a une idée peu avouable derrière la tête.
- **Si quelqu'un vous inquiète ou vous met mal à l'aise, dites-le à vos parents** (tout particulièrement si cette personne vous dit de n'en rien faire). Demandez à vos parents de signaler l'incident à votre fournisseur d'accès à Internet. Cessez de fréquenter le site que cette personne hante.

Un site à visiter absolument si vous avez des enfants : Internet sans Crainte (`www.internetsanscrainte.fr`) explique tout ce qu'il faut savoir pour les protéger sur Internet.

Internet pour les étudiants

Internet est un outil remarquable pour les étudiants, qui peuvent non seulement se documenter sur d'innombrables sujets, mais aussi échanger des informations.

- De nombreuses universités proposent à leurs étudiants et à leur personnel des accès Internet gratuits ou à très bas prix. Certaines facultés et grandes écoles proposent des sites sur lesquels professeurs et étudiants peuvent partager et mettre à jour des fiches de renseignements ou des cours, ce qui est généralement fort apprécié (finis, les « polycops » délavés et illisibles).
- Internet, et plus particulièrement le courrier électronique et la téléphonie, est un très bon moyen pour les parents et leurs enfants de conserver le contact pendant les études de ces derniers dans une autre ville ou un autre pays.
- C'est un moyen de communication plus économique que le téléphone, et le courrier peut facilement circuler entre tous les membres de la famille.

Si vous êtes étudiant, vous savez déjà à quel point Internet est présent dans l'enseignement. Tout ce qui concerne les Intranets au travail s'applique *mutatis mutandis* à l'université (la locution latine *mutatis mutandis* signifie : « en modifiant ce qui doit l'être »). Dans la majorité des universités d'aujourd'hui, l'Intranet est prépondérant. En fait, de nombreuses universités utilisaient de la sorte Internet avant que le terme « Intranet » ne soit inventé : descriptions de cours, profils des enseignants et des étudiants, inscription aux cours, devoirs... Dans certaines universités, des cours sont même gérés en ligne.

Classe virtuelle ?

Avec la puissance d'Internet, vous n'avez même plus à être présent en classe pour suivre des cours. Vous trouverez en ligne des cours sur la plupart des sujets. Dans certains cas, le Net *est* l'université.

WORLD WIDE WEB

Le répertoire des universités

La plupart des écoles et des universités ont aujourd'hui leur site Web sur le Net. Si vous cherchez une université, vous pouvez faire le tour d'une dizaine de campus en une soirée sur Internet. La visite des sites des universités est un bon moyen de découvrir la personnalité de chaque institution et de trouver quelqu'un avec des intérêts similaires aux vôtres avec lequel vous pourrez correspondre de façon électronique. Pour une liste des sites créés par les universités françaises, par exemple, vous pouvez consulter la page Web `www.education.gouv.fr/sup/univ.htm` du ministère de l'Éducation nationale. N'hésitez pas à visiter ce site qui contient une multitude d'informations et d'autres liens utiles dans le domaine éducatif.

Revenir à l'école

Lorsque vous quittez le lycée ou l'université, l'acquisition du savoir ne cesse pas pour autant : vous pouvez continuer à apprendre, à approfondir vos connaissances et à élargir vos horizons... sur le Net. Par ailleurs, il est à présent possible de suivre toutes sortes de formations en ligne, de la formation professionnelle continue aux diplômes supérieurs. Certains cours existent uniquement en ligne, d'autres se font à la fois en salle, en laboratoire et en ligne.

Il existe dans le monde entier des écoles qui offrent des enseignements en ligne. Si le cours est sur le Net, il importe peu que l'école soit de l'autre côté de la rue ou de l'océan (sauf pour des raisons de langue). Pour en savoir plus, visitez `www.formasup.education.fr/index.php` (Figure 3.4).

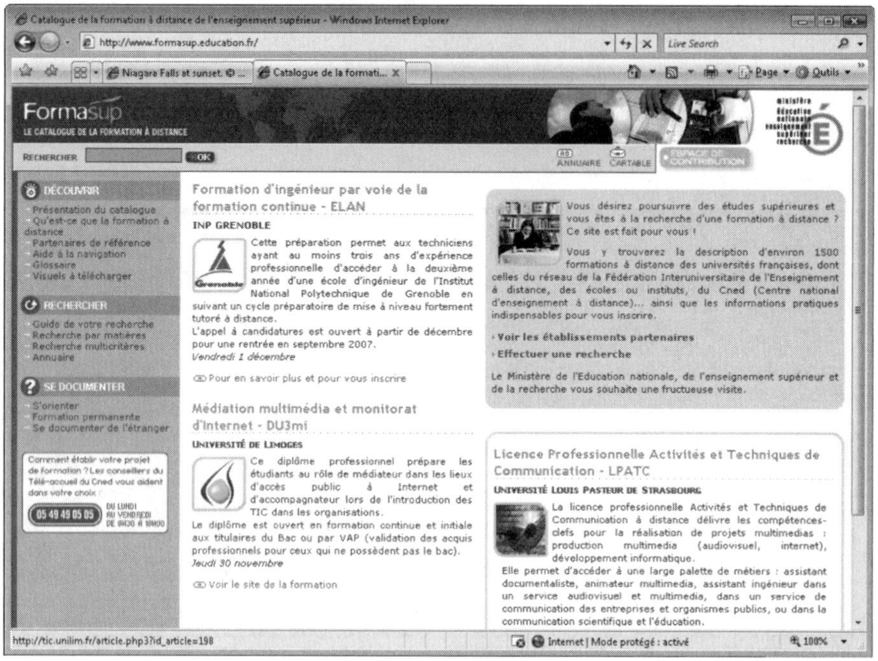

Figure 3.4 : Formez-vous sur Internet.

Vendez, vendez, vendez !

Tout internaute finit par se rendre compte que pour les sites marchands, avant d'être un internaute, il est un consommateur potentiel. Les jeunes, particulièrement ceux des familles de revenus moyens à supérieurs, sont considérés comme un marché des plus lucratif, et le Net est devenu un des moyens privilégiés pour le conquérir.

Séduire les enfants dans le but de vendre à papa et maman n'est pas nouveau : il suffit de regarder la télévision.

Les publicitaires ont conçu des logiciels permettant de mieux cibler et séduire les enfants, par l'intermédiaire notamment de leurs personnages de dessin animé favoris. La CNIL (Commission Nationale de l'Informatique et des Libertés, `www.cnil.fr`) surveille la situation de près.

Qui est en ligne ?

Un grand nombre d'enfants – et des adultes – créent des sites Web sur eux et leur famille. C'est sympa, mais nous encourageons fortement les familles qui utilisent le Net pour des raisons personnelles (à distinguer des gens qui utilisent le Net pour des raisons professionnelles) à ne pas employer leur vrai nom ou tout au moins pas complet. Nous conseillons également de ne jamais indiquer vos adresses, numéro de téléphone, numéro de sécurité sociale ou mots de passe à ceux qui demandent ce genre d'information en ligne ou hors ligne. Ce conseil est particulièrement valable lorsque vous recevez des demandes d'information émanant de personnes qui revendiquent une position d'autorité, par exemple des messages instantanés émanant soit-disant de l'assistance technique du fournisseur d'accès.

TRUC

Les gens réellement investis d'une autorité ne demandent **jamais** ce genre de renseignements.

Plus que jamais, les enfants doivent développer une capacité critique. Ils doivent être capables d'évaluer ce qu'ils lisent et voient, particulièrement sur le Web.

C'est regrettable, mais nous avons reçu ces derniers temps beaucoup de spams. Cette situation risque d'empirer jusqu'à ce que les lois américaines et d'autres pays contre les courriels non sollicités (pourriels) soient vraiment efficaces (en France, le *spamming* est interdit, ce qui n'empêche pas le déferlement de pourriels provenant de l'étranger, notamment des États-Unis). Le Chapitre 14 explique comment endiguer les spams.

Le choix du consommateur

Les parents payent pour les services en ligne. Aussi les prestataires soucieux de rester compétitifs fournissent-ils des fonctions pour aider les parents à contrôler l'accès à Internet. AOL, par exemple, permet aux parents de bloquer l'accès aux salons de « chat » non appropriés pour les enfants et de restreindre l'accès aux forums et groupes de discussions en se basant sur des mots-clés choisis. Le contrôle parental n'est pas facturé en plus.

Internet Explorer bloque systématiquement les fenêtres *popups*, mais laisse à l'utilisateur la possibilité de les voir quand même (Figure 3.5). Les *popups* sont ces fenêtres qui s'ouvrent instantanément sans que vous fassiez quoi que ce soit. Souvent, elles délivrent des publicités, ce qui n'est pas trop grave, mais parfois un contenu pornographique. Protégez vos enfants contre cette pollution en ne désactivant pas le système de blocage des *popups*.

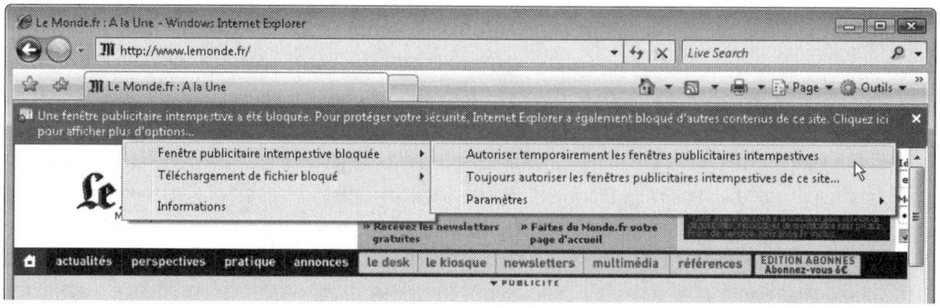

Figure 3.5 : Internet Explorer bloque toujours les popups, sauf si vous l'autorisez à les afficher, et seulement pour la session en cours.

Logiciels sentinelles

Un nombre grandissant de logiciels aident les parents à restreindre l'accès au Net ou à en contrôler l'utilisation. Si vous choisissez d'utiliser l'un de ces systèmes, sachez qu'ils ne peuvent en aucun cas se substituer à votre propre attention : ils filtrent les informations en fonction de mots-clés et de listes prédéfinies par les auteurs du programme, et dont vous ne connaissez pas exactement les critères. De plus, l'idée que vous vous faites de ce qui est approprié ou non pour votre enfant peut être très différente de la leur.

Le Net à la maison, pour les parents aussi

Le Net modifie de bien des façons notre mode de vie. Si vous êtes à la recherche d'un logement, vous pouvez directement prospecter de chez vous en visitant les sites Web des agences immobilières, simuler des prêts, consulter la météo de votre nouveau lieu de résidence et rechercher un nouvel emploi. Dès votre arrivée dans votre nouvelle demeure, vous pourrez même la décorer avec toutes sortes de meubles dénichés sur le Net ou y trouver les entrepreneurs qui viendront la repeindre, la réparer et vous livrer les stères de bois pour l'hiver.

Internet peut également vous aider à faire vos comptes. Vous pouvez télécharger des logiciels de comptabilité très performants ou même les utiliser directement sur le Web si vous ne tenez pas à les installer sur votre ordinateur. Vous pouvez calculer et déclarer vos impôts en ligne et obtenir des conseils pour remplir votre déclaration, sans avoir à perdre des heures au téléphone ou vous déplacer jusqu'à votre centre des impôts. La plupart des banques ont développé un système de consultation et de téléchargement des relevés de compte en ligne. Votre budget ne sera plus jamais pris au dépourvu. Si vous possédez plusieurs comptes, rien ne vous empêche de réaliser des virements d'un compte à l'autre, l'ordre étant passé à la banque par simple connexion Internet sécurisée.

Vous pouvez tout acheter sur le Net, des chaussures à la maison en passant par les cadeaux de Noël. Cependant, pour les chaussures, mieux vaut les acheter sur place, dans un magasin où vous pourrez les essayer. Sur le Net, vous trouverez aussi des recettes de cuisine, des billets d'avion, de train, et toutes sortes d'informations sur tous les sujets. Vous pourrez même acheter vos produits à l'autre bout du monde.

Ressources Internet pour les enfants

Rien n'est plus temporaire que des adresses Internet. En dépit de notre souci d'être à jour, rien ne garantit qu'elles existeront encore quand vous lirez ce livre.

Listes de diffusion pour parents et enfants

Le Chapitre 16 explique comment s'abonner aux lettres de diffusion. Ces lettres sont d'un grand secours pour certains enfants, comme nous le verrons plus loin dans la section « Aide aux parents et aux enfants en difficulté ».

Sites Web pour les enfants

D'accord, je l'admets : les sites Web sont ce qu'il y a de plus sympathiques depuis l'invention de la tartine à la confiture. Pour les visiter – y compris ceux destinés aux enfants –, il faut un logiciel appelé *navigateur Web*. Dans Windows Vista, c'est Internet Explorer. Nous verrons également comment utiliser son concurrent, Firefox. Les navigateurs sont décrits aux Chapitres 6 et 7.

Aide aux parents et aux enfants en difficulté

Certains enfants présentent des handicaps ou rencontrent des difficultés pour apprendre et retenir les choses essentielles à une scolarité normale. L'aspect le plus frappant et le plus émouvant du Web est cette unité et cette solidarité qui se créent autour des enfants en difficulté. Il est facile d'y trouver des aides gratuites, des bénévoles qui donnent de leur temps pour assurer un soutien et un suivi de ces enfants. Nous encourageons chacun d'entre vous à partager votre expérience pour aider les autres. Vous pouvez le faire dans l'anonymat le plus strict si vous dévoiler davantage vous pose le moindre problème.

Tous ceux qui donnent des conseils ne sont pas des experts. Quel que soit le domaine, rien ne vous empêche de faire part de votre propre expérience. En revanche, ne faites aucune révélation personnelle ou confidentielle, ne laissez rien filtrer de votre vie privée, comme le nom de vos enfants, car vous ne savez jamais dans quelles mains peuvent tomber vos informations.

Le Net à l'école

En quelques années, Internet s'est tranquillement (aux États-Unis) ou péniblement (en France) frayé un chemin dans la plupart des établissements scolaires, même si nous n'en voyons pas vraiment l'intérêt pour les plus petits.

Certaines écoles se servent de logiciels pour filtrer l'accès à Internet des enfants. Il existe divers systèmes de filtrage, à des prix variables et de différents niveaux de difficulté d'installation, qui promettent de filtrer le Web pour bloquer l'accès aux sites inappropriés et dangereux. C'est alléchant mais de nombreux jeunes sont suffisamment doués pour trouver les moyens de contourner les règles et les logiciels conçus pour les « protéger ». Certaines institutions fonctionnent bien sur la base d'un contrat signé avec l'élève. Ce contrat détaille explicitement les usages admis et non admissibles du système. L'élève qui enfreint son contrat perd son accès à Internet ou ses privilèges informatiques.

Utilisé efficacement, Internet est une incroyable ressource éducative. Exploité de façon inappropriée, c'est une terrible perte de temps et d'argent. La différence tient dans la recherche et l'organisation.

Deuxième partie

Internet, me voilà !

"Depuis qu'il bouffe de l'Internet toute la journée, il a pris 20 kilos".

Dans cette partie...

Une fois que vous serez prêt, dans quelle direction irez-vous ? La plus grande difficulté dans l'utilisation d'Internet, c'est probablement de réussir à s'y connecter, ensuite, il suffit de cliquer de-ci de-là. Dans cette partie, nous vous expliquons quel type de service Internet vous convient le mieux et nous vous aidons à établir une connexion en vous donnant des instructions spécifiques aux systèmes d'exploitation les plus courants. Nous vous prodiguons également des conseils avisés sur le haut débit et la Wi-Fi (le fameux sans-fil).

Chapitre 4

Surfer sur le Net : quels sont vos besoins ?

Dans ce chapitre :

- Choisir un ordinateur.
- Un modem, dites-vous ?
- Notre configuration préférée : le routeur.
- Rester en vie avec des pare-feu, des antivirus et des anti-espiogiciels.
- Les types d'accès.
- Accès bas débit et accès haut débit.
- Choix des fournisseurs d'accès.
- Les offres haut débit.
- Logiciels nécessaires.
- Que faire une fois connecté ?

Bon, alors, comment rejoindre Internet ? La réponse est : « Ça dépend. » Internet n'est pas un simple réseau, c'est un conglomérat de centaines de milliers de réseaux distincts mais reliés ensemble et ayant chacun ses propres règles et procédures. Vous pouvez accéder au Net *via* n'importe lequel d'entre eux. Les lecteurs des précédentes éditions de ce livre nous ont suppliés de détailler, étape par étape, comment il fallait procéder. Nous vous donnerons des explications, chaque fois que nous le pourrons.

Voici quelles sont les étapes de base à suivre :

1. **Déterminez le type de votre ordinateur.**

2. **Informez-vous sur les types de connexion Internet disponibles là où vous habitez.**

3. **Fixez-vous un budget moyen.**

4. **Réalisez la connexion et voyez si elle vous convient.**

5. **Installez les programmes qui protègent votre ordinateur contre les virus et les espiogiciels (le Chapitre 2 explique les dangers d'Internet et la nécessité de se protéger des intrus.)**

Ou, en d'autres termes, pour réaliser concrètement une connexion Internet, il vous faut :

- Un ordinateur (à moins que vous n'ayez un terminal Web relié à votre télé). Nous en dirons deux mots dans une minute.
- Un modem pour relier votre ordinateur au réseau téléphonique ou au câble (en matière de haut débit le terme *modem* perd tout son sens initial).
- Un abonnement auprès d'un fournisseur d'accès afin d'établir une liaison entre votre propre machine et la Toile (autre nom du Web).
- Les logiciels nécessaires pour gérer les communications et exploiter votre connexion.

Nous examinerons ces ressources l'une après l'autre.

NOTE TECHNIQUE

Si vous avez plusieurs machines à connecter à Internet ou si vous utilisez un ordinateur portable, lisez le Chapitre 5.

ATTENTION !

Les comptes Internet sont faciles à utiliser mais peuvent s'avérer complexes à configurer. Le plus difficile est sans doute d'établir la première connexion. Toutefois, de nombreux fournisseurs d'accès à Internet (FAI) mettent à la disposition de leurs clients des kits de connexion qu'il suffit d'installer. Vous répondez à quelques questions, et le tour est joué ! Si vous ne disposez pas d'un kit de connexion, laissez faire Windows Vista qui vous guide pas à pas dans cette procédure de configuration d'un ordinateur pour Internet.

Avez-vous un ordinateur ?

Comme Internet est un réseau d'ordinateurs, le seul moyen de s'y connecter est d'utiliser un ordinateur. Mais ceux-ci peuvent se présenter sous les déguisements les plus divers, et peut-être en avez-vous déjà un chez vous dont vous ne soupçonnez pas l'existence. Si vous utilisez un ordinateur sur votre lieu de travail et si, en particulier, vous avez accès à une quelconque forme de courrier électronique, il se peut que vous disposiez, sans le savoir, d'une connexion Internet.

Non, je n'en ai pas ! Il a même fallu que j'emprunte ce livre

Si vous n'avez pas d'ordinateur, et ne souhaitez pas ou ne pouvez pas en acheter un, il reste encore quelques solutions.

Il est probable que vous pourrez accéder à Internet dans votre bibliothèque municipale. De plus en plus de bibliothèques proposent ce service qui rencontre un certain succès. Renseignez-vous pour connaître les horaires les moins encombrés.

Les écoles, universités et centres de formation permanente pour adultes offrent une autre solution. En effet, ces établissements proposent parfois des cours d'initiation à Internet. Un cours présente deux avantages par rapport à un livre : une démonstration pratique de l'utilisation du Net et, plus important encore, la présence de quelqu'un à qui poser des questions sur des points qui demeurent obscurs malgré la lecture d'un livre, si bon, si clair, si divertissant soit-il – vous voyez à quel ouvrage nous faisons allusion...

Les *cybercafés* qui fleurissent un peu partout offrent encore une autre possibilité. Comme leur nom l'indique, ce sont des établissements où, en plus de vous abreuver, vous pouvez louer du temps d'utilisation d'un ordinateur raccordé à Internet.

Huit filles ? Où ça ?

La Wi-Fi est une connexion sans-fil capable de se brancher à un point d'accès à Internet installé chez vous ou dans des lieux publics comme les gares, les aéroports, les cafés, les hôtels, *etc.* Ce type de connexion a immédiatement connu un énorme succès, de sorte que les points d'accès se multiplient rapidement. Ils ne sont hélas pas tous gratuits et nécessitent parfois un abonnement à l'opérateur qui les gère. Pour s'y connecter, l'ordinateur doit être équipé d'une carte Wi-Fi, seul périphérique capable de détecter la présence d'un réseau sans-fil accessible. Pour connaître les points d'accès Wi-Fi présents dans la région où vous voyagez, connectez-vous au site `www.linternaute.com/wifi/` illustré à la Figure 4.1.

Figure 4.1 : Découvrez les points d'accès Wi-Fi en France.

Enfin, n'importe quel ordinateur à 300 euros ou moins vous permettra de surfer sur le Web depuis votre domicile.

J'ai un vieux machin beige dans mon placard

Théoriquement, n'importe quel vieil ordinateur, même de 10 ou 15 ans d'âge, devrait permettre de se connecter à Internet. En pratique, le manque de puissance et la difficulté à trouver des logiciels compatibles avec ces vieilleries poseraient de sérieux problèmes. Aussi, si votre matériel a plus de cinq ans – un âge vénérable en micro-informatique – mieux vaut envisager l'acquisition d'un nouvel ordinateur. Ils sont de moins en moins chers. On en trouve pour moins de 500 euros dans les grandes surfaces, et parfois moins de 200 euros sur Internet... mais, suis-je bête, c'est vrai que vous ne vous n'êtes pas encore connecté !

Oui, j'en ai un tout neuf !

Ainsi, vous avez un ordinateur ! Ou peut-être avez-vous décidé d'en acheter un. La plupart des utilisateurs se connectent en laissant leur ordinateur composer le numéro de leur fournisseur d'accès. Lorsque vous allumerez votre nouvel ordinateur pour la première fois ou exécuterez l'un des programmes Internet préinstallés, votre ordinateur vous proposera d'appeler un fournisseur d'accès et de configurer votre compte par la même occasion. N'en faites rien, enfin pas pour l'instant. Lisez d'abord la suite de ce chapitre pour quelques recommandations et options très utiles.

Une autre technique beaucoup plus efficace pour se connecter, disponible presque partout – quelques patelins reculés y échappent encore – est la connexion à haut débit, soit au travers du réseau téléphonique, soit par le câble (celui qui amène les programmes de la télévision par câble).

Non, mais je vais en acheter un

D'interminables discussions opposent les partisans de tel ou tel type d'ordinateur. Nous n'entrerons pas dans ces querelles de chapelles, le monde étant déjà largement confronté à toutes sortes d'antagonismes autrement plus dramatiques. Sachez néanmoins que les matériels les plus répandus sont actuellement ceux qui « tournent » sous Windows, toutes versions confondues. Ils équipent ce que l'on appelle usuellement des PC (*Personal Computer*, ordinateur personnel). Il existe aussi les Mac fabriqués par Apple, la marque à la pomme, dont les nouveaux modèles sont équipés d'un processeur Intel capable de faire tourner des applications Windows. Et enfin, pour revenir au monde du PC, il existe d'autres systèmes d'exploitation que Windows, comme Unix, Linux (qui est une variante d'Unix) et d'autres encore...

Si vous avez un ami versé dans l'informatique et prêt à vous aider dans votre connexion, envisagez l'achat d'un ordinateur du même type que le sien (PC ou Mac). Ainsi, lorsque vous serez confronté à un problème, il sera mieux à même de vous aider.

J'ai un téléphone portable et/ou un ordinateur de poche

Quelques téléphones mobiles sophistiqués proposent un petit clavier et un écran un peu plus grand que celui des autres, de surcroît en couleur. Une technologie appelée WAP (*Wireless Application Protocol,* protocole d'application sans-fil), permet d'afficher une version spécifique des pages Web sur l'écran de ces téléphones et de naviguer sur Internet. À l'instar de Mireille Mathieu, le WAP est très populaire au Japon, mais ne connaît pas le même engouement en France.

L'accès Internet par un téléphone mobile exige un abonnement spécifique auprès de votre opérateur, dont le coût est souvent très élevé. De ce fait, l'intérêt est très relatif d'autant que, si naviguer au travers d'un écran d'ordinateur est assez agréable, il n'en va pas de même sur l'écran tout riquiqui d'un téléphone.

Il existe d'autres matériels compatibles avec la technologie WAP. Je pense en particulier aux PDA ou assistants personnels de type Palm. Ils sont conçus pour afficher du texte, envoyer et recevoir des courriers électroniques et présenter des pages Web rudimentaires sur un écran assez réduit. Si vous envisagez d'utiliser un téléphone ou un PDA pour surfer sur le Web, rendez-vous chez un revendeur et demandez une démonstration. Vous vous rendrez compte par vous-même de l'intérêt ou non de cet équipement.

Un modem, dites-vous ?

Un *modem* (MOdulateur-DEModulateur) est un dispositif qui relie votre ordinateur à la ligne téléphonique ou au câble. À moins que votre ordinateur se trouve dans un bureau équipé d'une connexion directe à Internet, vous aurez besoin d'un modem adapté à la connexion Internet que vous utiliserez : un modem traditionnel pour une connexion par le réseau téléphonique commuté (RTC, en clair, la ligne téléphonique que vous utilisez pour converser), un modem câble pour un abonnement Internet par le câble ou un modem ADSL pour un accès ADSL haut débit. Enfin, une dernière solution propice au partage d'une connexion haut débit consiste à utiliser un modem-routeur équipé de la technologie Wi-Fi. Ainsi, chez vous, tous les ordinateurs, quel que soit leur emplacement, et même si vous possédez un PC et un Mac, pourront se connecter à Internet grâce à cette liaison sans-fil très performante. Vous en saurez plus à ce sujet au Chapitre 5.

Si vous choisissez un accès Internet ADSL ou câble (décrit au chapitre suivant), le prestataire Internet vous fournira ou vous louera le modem. En revanche, pour une connexion téléphonique, c'est à vous de vous le procurer (vérifiez d'abord si l'ordinateur n'est pas déjà équipé d'un modem : s'il comporte une prise téléphonique – à ne pas confondre avec la prise de réseau un peu plus grande – il est inutile d'en acheter un).

Un modem est un petit boîtier externe ou une carte électronique présente à l'intérieur de la boîte de l'ordinateur qui interprète et convertit les signaux électriques transitant entre votre ordinateur et la ligne téléphonique. Dans le premier cas, il faudra connecter votre modem à un connecteur USB qui se trouve au dos (ou en façade) de votre ordinateur ; dans l'autre, vous n'aurez généralement rien à faire, car il sera très probablement déjà installé dans la machine.

Il existe aussi des modems internes plus délicats à installer puisqu'ils obligent à ouvrir l'ordinateur. La carte modem doit être insérée dans un connecteur PCI (je conçois que vous n'y compreniez rien). Ceci fait, allumez l'ordinateur. Windows détecte ce nouveau périphérique (nom générique donné à un matériel connecté à un ordinateur) et propose d'installer les *pilotes* (ou *drivers*), c'est-à-dire des petits programmes qui permettent à l'ordinateur de faire fonctionner le périphérique en question, c'est-à-dire le modem.

Il faudra ensuite raccorder le modem à une prise de téléphone. Si le modem est de type RTC (téléphonique), la ligne sera occupée pendant que vous serez connecté à Internet. En revanche, si le modem est de type ADSL ou câble, votre ligne téléphonique reste libre même pendant vos pérégrinations sur le Web. Vous pouvez téléphoner tout en étant sur le Web.

L'une des caractéristiques fondamentales d'un modem est son *débit*, c'est-à-dire le nombre de 0 et de 1 qu'il peut acheminer dans un sens ou dans l'autre par unité de temps. Il s'exprime en *bits par seconde* (bps), avec les multiples habituels : kilobits par seconde et mégabits par seconde. Les modems RTC sont de moins en moins répandus en raison de leur bas débit, limité à 56 kilobits (et en pratique à moins de 50 Kbps, pour diverses raisons techniques), à comparer avec les offres du haut débit, qui culminent actuellement à 20 mégabits par seconde. Certains modems RTC ont une fonction de télécopie, voire un répondeur téléphonique intégré.

N'oublions pas, dans le domaine du bas débit, la solution proposée par Orange sous le nom de *bas débit pro*. Le débit reste limité à 56 Kbps, mais une fonction Booster permet d'afficher les pages Web jusqu'à cinq fois plus vite.

En raison de l'évolution des techniques, cette solution n'est préférée à l'ADSL (*Asymmetric Digital Subscriber Line*, voir un peu plus bas) que lorsque ce dernier n'est pas disponible là où vous résidez.

TRUC

Note à l'intention des utilisateurs d'ordinateurs portables. Les machines récentes ont presque toujours un modem intégré. Si ce n'est pas le cas du vôtre, il possède peut-être un connecteur *PC Card* (anciennement appelé PCMCIA) permettant d'enficher des périphériques au format d'une carte bancaire. Achetez dans ce cas une carte modem qui puisse s'y glisser. Bien que son coût soit élevé, cela en vaut la peine. Une autre solution est d'insérer dans le connecteur *PC Card* (ou dans le port USB) un adaptateur Wi-Fi pour que votre portable se connecte à Internet par le biais d'un modem-routeur Wi-Fi ou d'un point d'accès Wi-Fi que vous trouverez dans certains lieux publics.

TRUC

Revenons un instant sur le haut débit. Lorsque vous souscrivez à une des offres que nous étudions un peu plus loin dans ce chapitre, vous recevez un boîtier ressemblant à un décodeur de télévision qui permet :

- De vous connecter à Internet au débit proposé par tel ou tel fournisseur d'accès. En effet, maintenant que certaines connexions affichent une vitesse supérieure à 20 Mbps (débit très théorique délivré seulement à proximité d'un répartiteur téléphonique), n'envisagez pas de vous connecter à AOL haut débit avec la Freebox de chez Free, ou à Free avec la Livebox d'Orange. Quoi qu'il en soit, pourquoi chercher un modem ailleurs alors que le fournisseur d'accès propose celui qui est le plus approprié à son offre ?
- De créer un réseau domestique Wi-Fi permettant à plusieurs ordinateurs de se connecter à Internet sans abonnement supplémentaire et d'échanger des données avec les fonctions de routeur.
- De téléphoner par Internet gratuitement en local et en national, et parfois en international, avec des fonctions de messagerie vocale. Nous verrons également que certaines régions françaises bénéficiant du dégroupage total, il est possible de résilier son contrat auprès de France Télécom pour ne plus payer d'abonnement à cet opérateur. L'abonnement ADSL comprend alors le téléphone illimité, et vous ne dépensez pas un centime de plus... sauf si vous appelez des numéros spéciaux (ceux en 800 et apparentés) ou des téléphones mobiles.
- De recevoir la télévision numérique par ADSL. La prise péritel du boîtier ADSL est reliée à celle du téléviseur. Cette fonctionnalité techniquement en progrès permet de choisir à la carte. Plus d'abonnement à des bouquets dont une partie des chaînes ne vous intéresse pas. Vous ne payez que pour les chaînes que vous désirez voir. Toutefois, les deux grands de la télévision satellitaire que sont Canalsat et TPS, proposent leurs bouquets *via* ADSL.

- D'utiliser le boîtier comme modem-routeur. Il suffit d'insérer une carte PCMCIA dans le boîtier, puis des adaptateurs Wi-Fi dans vos PC pour que tous les ordinateurs du foyer se connectent à Internet *via* une seule connexion haut débit. Tous les fournisseurs d'accès Internet n'offrent pas cette option pourtant appréciable.

Les fournisseurs d'accès

Résumons : vous devez posséder un micro-ordinateur et un modem, disposer d'une ligne téléphonique et souscrire un abonnement auprès d'un fournisseur d'accès Internet.

Deux choix sont possibles pour vous connecter à Internet, trois avec un peu de chance :

- **Choix 1 : s'abonner à un service en ligne.** Appelé aussi « fournisseur de contenu », comme AOL. Ces services paraissent plus faciles à utiliser pour le néophyte et les informations qu'ils proposent sont présentées d'une manière plus organisée. Mais tous ne procurent pas un accès à l'ensemble des ressources d'Internet, et vous devez utiliser leur logiciel pour vous connecter.

- **Choix 2 : s'abonner à un fournisseur d'accès Internet (FAI).** Il ne propose que l'accès à l'ensemble des ressources d'Internet, sans plus. Vous pouvez néanmoins accéder à leur site portail, c'est-à-dire une page Web contenant des informations concernant la majorité des domaines de la vie courante (journaux, météo, astrologie, e-commerce, *etc.*) comme le montre la Figure 4.2. Pour utiliser ce compte, vous avez besoin d'un programme de connexion à distance (fourni avec votre système d'exploitation), d'un logiciel de messagerie et d'un navigateur Web (nous expliquerons tous ces termes un peu plus loin dans ce chapitre). Aujourd'hui, la plupart des FAI proposent des programmes de connexion automatisés, sous la forme de kit de connexion.

- **Choix 3 : optez pour une connexion haut débit du type ADSL ou câble.** L'ADSL permet de faire passer simultanément des données et de la voix sur une ligne téléphonique, et le câble (disponible seulement dans les grandes villes bénéficiant de la télédistribution par câble) n'est pas disponible sur tout le territoire national. Si l'accès Internet par le câble télévision est disponible dans votre ville, il suffit d'appeler le câblo-opérateur pour prendre rendez-vous avec un technicien qui se chargera de l'installation. Finis alors les aléas de la connexion : vous êtes connecté en permanence sans plomber votre facture de téléphone et sans bloquer votre ligne téléphonique.

Figure 4.2 : La page d'accueil d'un fournisseur d'accès Internet.

Internet, tout Internet et rien d'autre qu'Internet...

L'autre type de connexion à considérer est la fourniture d'accès « pure et dure », sans rien d'autre. Elle fournit de la « connectivité » à Internet et rien d'autre. Ici, plus d'interface propriétaire, tout est banalisé, et vous ne vous apercevez de la différence d'un fournisseur d'accès à un autre que par la qualité de ses prestations, la facilité et la régularité des connexions, le débit réel de la ligne, la compétence de l'assistance technique, *etc.*

Une fois la connexion établie, votre ordinateur devient partie intégrante d'Internet. Vous saisissez des informations destinées à des logiciels qui tournent sur votre propre machine, et ce sont ces derniers qui communiquent avec Internet.

Ce type d'accès permet de profiter de tous les avantages du système d'exploitation de votre ordinateur : affichage graphique, souris, reproduction sonore, *etc.* Pour les systèmes multitâches comme Windows et Mac OS, plusieurs applications Internet peuvent être lancées concurremment : la messagerie, le téléchargement, la navigation sur le Web... Vous pouvez, par exemple, lire un message électronique présentant une page Web intéressante, basculer directement vers votre navigateur Web (le plus souvent Internet Explorer, Firefox ou, sur le Mac, Safari), consulter cette page, puis revenir à votre programme de messagerie pour reprendre la lecture là où vous l'aviez laissée. La plupart des programmes de messagerie actuels chargent automatiquement une page Web si vous cliquez (Windows Mail, par exemple) ou double-cliquez le lien figurant dans un message.

Autre avantage non négligeable : vous pouvez utiliser n'importe quel programme Internet en plus de ceux que votre fournisseur d'accès a pu vous remettre. Vous pouvez télécharger sur Internet une nouvelle application et la mettre immédiatement en service. Votre fournisseur d'accès n'agit que comme un conduit de données entre votre ordinateur et le Net.

L'Internet nomade

Pouvoir se connecter en déplacement est parfois difficile. Une possibilité consiste à brancher votre modem sur la prise téléphonique de l'hôtel et à composer le numéro de votre prestataire Internet. Vérifiez auprès de ce dernier si cela reste possible partout au prix d'un appel local ou si cela est compris dans votre forfait. De même, si vous allez à l'étranger, voyez avec votre prestataire s'il propose une formule. De nombreux hôtels d'affaires haut de gamme fournissent l'accès haut débit à Internet. Votre ordinateur doit disposer d'un port réseau (Ethernet). La connexion coûte environ dix euros par jour.

La majorité des nouveaux portables sont équipés Wi-Fi, c'est-à-dire l'Ethernet radio sans-fil. Si le vôtre ne l'est pas, vous pouvez acheter un adaptateur Wi-Fi à brancher dans un des emplacements sur le côté de l'ordinateur. Les points d'accès Wi-Fi (*hotspots* en anglais), où vous captez le signal radio et pouvez vous connecter au Net, se répandent dans les cybercafés, les hôtels et les immeubles de bureaux. Vous pouvez allumer votre PC, capter un signal Wi-Fi et naviguer sur le Net.

Si vous voulez surfer tout en vous déplaçant, équipez votre portable d'un modem *cellulaire,* un modem qui fonctionne comme un téléphone portable. Les modems cellulaires, plutôt chers et lents, ne remplacent pas une connexion classique. Ils sont cependant pratiques pour se connecter depuis n'importe quel endroit (même en faisant du pédalo au milieu d'un lac) afin d'envoyer ou de recevoir des pièces jointes peu volumineuses, comme l'itinéraire à suivre pour aller vers le port à pédalos de l'autre côté du lac.

Combien ça coûte, tout ça ?

Vous pouvez dépenser pas mal d'argent pour réaliser votre connexion Internet. Ou, si vous vous débrouillez bien, réduire votre mise de fonds à l'essentiel. Nous allons voir de plus près ce qu'il en est.

Tarifs des prestataires d'accès

Les formules les plus courantes sont la connexion à la minute (peu avantageuse sauf pour des connexions très sporadiques ou depuis une chambre non équipée pour l'Internet), la connexion gratuite illimitée, hors coût de communications téléphoniques, et le forfait pour un certain nombre d'heures par mois, limité ou illimité, frais de communications téléphoniques inclus. Si le nombre d'heures est limité et que vous dépassez le quota, chaque minute de connexion supplémentaire est facturée. Dans la gamme des forfaits, vous trouvez des offres allant de trois heures à l'illimité par mois pour une somme de 5 à 30 euros.

Voyons de plus près à qui s'adressent de façon préférentielle ces deux types de connexion :

- L'accès gratuit hors coût de communication téléphonique intéressera surtout ceux qui ne se connectent que peu à Internet, principalement pour échanger du courrier électronique. Leur consommation excède rarement trois à cinq heures par mois, et le coût des forfaits pour si peu d'heures n'est pas réellement intéressant.
- Les forfaits intéresseront surtout les internautes assidus, car le coût de la minute de connexion est plus faible qu'avec l'autre formule, pour peu que l'on parvienne, toutefois, à une consommation réelle voisine (en plus ou en moins) du nombre d'heures auquel on a souscrit. Ces forfaits peuvent être illimités.

Si vous ou vos enfants surfez régulièrement, vous réaliserez que, lorsque vous êtes connecté, le temps s'arrête et que vous y restez beaucoup plus que vous n'auriez imaginé. Même si vous pensez que vous ne serez connecté que quelques minutes par jour, si vous n'avez pas de forfait, vous serez surpris de la note de téléphone.

Le coût mensuel des connexions en haut débit est de 10 euros à beaucoup plus, car les offres sont multiples et changeantes, les opérateurs ayant décidé que le plus sûr moyen d'éviter les comparaisons était de compliquer à outrance les forfaits.

Aux coûts de l'installation et du modem spécial (il existe cependant des offres avec modem et frais d'installation gratuits, moyennant un engagement d'un an par exemple), il faut ajouter des surcoûts pour la téléphonie illimitée et la télévision (consultez la section « Les offres haut débit », un peu plus loin dans ce chapitre). Le câble et l'ADSL ne monopolisent pas votre ligne téléphonique lorsque vous êtes connecté, ce qui évite de recourir à une seconde ligne téléphonique. D'où l'intérêt de l'ADSL ou du câble qui, tous comptes faits, ne sont pas beaucoup plus cher, voire meilleur marché. Les connexions câble et ADSL sont toujours établies – pas de numéro à composer – et sont plus rapides.

Les connexions à haut débit

Pour profiter confortablement de l'Internet et ses attraits (animations, son, vidéo, télévision, téléphonie illimitée...), le haut débit s'impose en raison de sa *bande passante* élevée qui permet de transférer beaucoup plus de données dans un même intervalle de temps.

Il vous faudra une carte réseau

La connexion haut débit à Internet nécessite un modem spécial fourni par le FAI. Il se branche sur l'ordinateur par le biais d'une carte réseau ou d'un port USB.

La majorité des nouveaux ordinateurs est fournie avec une *carte réseau* intégrée qui peut également être utilisée pour connecter l'ordinateur à un réseau local. Les cartes réseau (ou *adaptateurs réseau*, *adaptateurs Ethernet*) disposent d'un *connecteur RJ-45* qui ressemble à la miniprise du téléphone, mais en plus grosse.

Les nouveaux ordinateurs sont aussi équipés en standard d'au moins deux ports USB. Il servent à connecter toutes sortes d'équipements à votre ordinateur, de la souris à l'imprimante, en passant par des disques durs ou des graveurs de DVD (un port USB se présente sous la forme d'un petit trou rectangulaire).

Si l'installateur du modem câble ou ADSL vous signale que votre ordinateur ne dispose pas de la carte réseau ou du port USB nécessaire pour connecter votre modem haut débit, ajoutez ou faites ajouter une carte réseau ou un adaptateur USB.

Les offres haut débit

Internet est désormais fait pour ceux qui surfent en haut débit, comme le prouve la débauche d'images, d'effets spéciaux, de vidéo et autre contenu multimédia que les modems téléphoniques téléchargent laborieusement. Si ce n'est déjà fait, vous avez intérêt à opter pour le haut débit si :

- Vos durées de connexion dépassent allègrement le forfait auquel vous avez souscrit.
- Vos besoins en téléchargements (musique, vidéo, images, *etc.*) sont importants.
- Vous désirez un affichage rapide, voire instantané, des pages Web.
- Vous souhaitez ne plus payer de communications téléphoniques pour converser souvent avec un correspondant à l'autre bout du pays.
- Vous désirez recevoir des chaînes de télévision que vous avez sélectionnées, et non un bouquet.
- Vous désirez que plusieurs personnes dans votre foyer puissent surfer simultanément sur Internet, chacun de leur ordinateur, pendant que la grande sœur téléphone et que le petit dernier regarde ses dessins animés (ne rêvons pas. À l'heure actuelle, ce cas de figure est encore illusoire car la bande passante finit par être fort réduite sur chaque ordinateur, mais nul doute que l'on y parviendra un jour).
- Vous travaillez à domicile et désirez communiquer par Internet.

En revanche, si vous souhaitez uniquement envoyer des courriers et n'effectuer que rarement des recherches approfondies sur le Web, ni profiter de la téléphonie gratuite parce que le montant de vos factures est largement inférieur à 30 euros par mois, une connexion RTC suffira, et même sans souscrire le moindre forfait en optant pour le paiement à la minute.

Mais, nous sommes dans une section consacrée à l'étude des offres actuelles en matière de haut débit. Examinons les deux types de connexions haut débit les plus répandues, c'est-à-dire l'ADSL et le câble, en ignorant le satellite qui reste encore un type de connexion marginal et fort onéreux, réservé aux zones géographiques qui ne bénéficieront jamais de l'ADSL ou à la navigation... sur les océans.

Connexions par câble

Comme nous l'avons dit plus haut, Internet est également accessible par le câble. Ce type de service n'est disponible que dans les grandes villes possédant un réseau câblé.

La tarification varie de 20 à 60 euros par mois pour une connexion illimitée, avec un débit de 1 à 20 Mo. La politique antérieure, qui consistait à limiter le forfait à une certaine quantité l'information transférée, au-delà de laquelle un supplément devait être versé au prestataire de services, semble avoir été totalement abandonnée.

ATTENTION !

Attention, toutefois, car la solution du câble télévision pour se connecter à Internet n'offre pas que des avantages. Vous êtes lié au fournisseur d'accès qui gère le câble, et il vous est impossible d'en changer. Or, disposer d'une clientèle captive n'incite guère un fournisseur à faire preuve de zèle dans la qualité de ses prestations. En outre, si vous habitez dans une zone ou un immeuble où beaucoup de gens ont choisi cette solution et se partagent donc l'accès au même câble, le débit réel de la connexion pourra être très inférieur à celui qui était annoncé par votre prestataire.

L'ADSL

L'ADSL (*Asymmetric Digital Subscriber Line,* ligne asymétrique d'abonné numérique) transmet simultanément des données en haut débit et la voix par une même ligne téléphonique. Ainsi, vous ne bloquez pas votre ligne téléphonique lorsque vous êtes sur le Net. Le débit théorique dépend de la distance qui sépare l'abonné du sous-répartiteur local, et il décroît lorsque cette distance augmente. Théoriquement, il peut atteindre dans le meilleur des cas plus de 20 Mbps dans le sens descendant (en réception).

TRUC

Dans les zones urbaines, le raccordement à l'ADSL ne pose pas de problème pour peu que France Télécom y ait établi un point d'accès. Il n'en va pas de même dans les zones rurales (ou même dans la grande couronne parisienne) où certains abonnés peuvent se situer dans des zones à faible densité de population, éloignées du répartiteur France Télécom. Avant d'accepter votre demande de raccordement, France Télécom effectuera un essai de la qualité technique de votre ligne et, si le résultat ne permet pas de garantir le débit spécifié pour la formule à laquelle vous souscrivez, votre demande sera refusée. Il ne vous restera plus qu'à espérer qu'un répartiteur soit installé plus près de chez vous ou que la qualité de votre ligne soit améliorée, ce qui peut prendre un certain temps.

TRUC

Être connecté en permanence à Internet n'implique pas que vous ne paierez plus vos communications téléphoniques locales. Ces dernières vous seront facturées tous les deux mois, comme à l'accoutumée, la téléphonie gratuite par Internet, *via* votre modem ADSL, étant une offre qui s'ajoute à l'abonnement et aux appels effectués avec un téléphone conventionnel.

La technique

En même temps que le modem ou le boîtier ADSL, vous recevrez un ou plusieurs filtres qui se présentent sous la forme d'une prise gigogne à brancher sur la prise de téléphone murale. Elle possède une grande prise en « T » dans laquelle vous brancherez le téléphone classique et une autre prise plus petite, de type RJ-41, à laquelle vous brancherez la miniprise téléphonique du modem. Si votre habitation est truffée de prises de téléphone, sachez que l'installation ne peut supporter plus de trois filtres. Au-delà, il faut faire intervenir un technicien. En ce qui concerne l'équipement, les formules peuvent varier. La Livebox d'Orange accepte la plupart des téléphones sans-fil récents, tandis que les boîtes AOLbox + AOLphone sont équipées d'un combiné téléphonique sans-fil intégré.

L' ADSL aujourd'hui

Le nombre d'abonnés à l'ADSL s'est considérablement accru, de même que le débit. Ce dernier varie d'un fournisseur d'accès à un autre, et d'un utilisateur à un autre, mais aussi selon diverses contraintes techniques :

- Une connexion ADSL classique repose sur un modem ADSL à 512 Kbps ou plus. Vous surferez sur Internet, téléchargerez des fichiers et échangerez des courriers. En revanche, pour bénéficier des offres complémentaires (téléphonie, télévision...) un boîtier spécial est nécessaire.

- Une connexion ADSL avec un boîtier dont le nom varie en fonction du fournisseur d'accès : *FreeBox* chez Free, *Livebox* chez Orange, *Neuf Box* chez Neuf Télécom, ou encore *Alicebox* chez Alice. Dans ce cas, vous pouvez, en fonction des services offerts, surfer sur Internet, télécharger des fichiers, échanger des courriers, mais aussi téléphoner gratuitement (moyennant un forfait supplémentaire) et recevoir des chaînes de télévision numérique. La vitesse de connexion peut théoriquement dépasser 20 Mbps.

L'ADSL n'est effectif que si vous êtes raccordé au réseau ADSL. La demande de raccordement est transmise à France Télécom par le fournisseur d'accès auprès duquel vous avez souscrit l'abonnement à l'ADSL. Pour savoir si vous êtes connecté, il suffit de laisser brancher en permanence le modem ou le boîtier. Une fois le raccordement effectif, la synchronisation ADSL s'opère automatiquement et s'affiche sous forme d'un voyant vert, ou de l'affichage de l'heure sur certains boîtiers. En fonction de votre boîtier ou de votre modem, la synchronisation ADSL prendra d'autres formes.

Quand êtes-vous connecté ?

La réponse dépend là encore du type de connexion ADSL.

Avec un modem ADSL, c'est-à-dire des connexions dépassant rarement les 1024 Kbps, la connexion s'effectue comme avec un modem RTC. Vous devez lancer votre navigateur ou votre programme de connexion. Il compose un numéro de téléphone qui permet alors de vous connecter au réseau ADSL. À partir de cet instant, comme le prix de votre forfait entend une connexion illimitée, rien ne vous oblige à vous déconnecter. En d'autres termes, restez connecté 24h/24. La déconnexion ne se fera qu'au moment où vous éteindrez votre ordinateur.

Avec les nouveaux boîtiers qui envahissent maintenant le marché, vous vous connectez à une vitesse allant de 512 Kbps à plus de 20 Mbps, en fonction de la qualité de votre ligne et des services de votre FAI. En général, vous êtes connecté au réseau ADSL en permanence, même ordinateur éteint. Bien sûr, celui-ci devra être allumé pour surfer sur le Net mais, en revanche, vous n'avez pas besoin de le mettre en marche pour téléphoner ou regarder la télévision par l'intermédiaire de ce boîtier.

À grand renfort publicitaire, les FAI annoncent des vitesses vertigineuses, dépassant les 20 Mo. N'oubliez jamais que cette vitesse n'est atteinte que dans des conditions optimales. Or, je ne connais personne qui en dispose. À mon avis, il faut habiter dans les locaux techniques du FAI pour surfer à la vitesse de 20 Mo ou plus. À trois ou quatre kilomètres d'un nœud de raccordement ADSL, l'affaiblissement est d'une cinquantaine de décibels. Il en résulte une connexion à 2 Mbits/s, ce qui permet de téléphoner mais pas de recevoir la télévision dans des conditions optimales. L'image est saccadée, ressemblant plus à un diaporama qu'à un film.

Les déconnexions intempestives ne sont pas rares. En effet, le réseau ADSL subit de nombreuses opérations de maintenance et de mise à niveau. Une déconnexion par jour n'a rien d'exceptionnel. Dans ce cas, si vous utilisez un modem ADSL classique, relancez la procédure de numérotation pour rétablir la connexion. Avec un boîtier ADSL, la connexion se rétablit automatiquement (sur la Livebox, il faut demander expressément la reconnexion automatique dans les Préférences). Si ce n'est pas le cas au bout de quelques heures, débranchez l'alimentation électrique de votre boîtier et rebranchez-la quelques secondes plus tard, ou appuyez sur le bouton de réinitialisation. Ces actions relancent la procédure de synchronisation du boîtier avec le réseau ADSL, rétablissant ainsi la connexion. Des déconnexions trop fréquentes peuvent provenir de :

- L'absence de filtres ADSL sur la totalité des prises téléphoniques auxquelles sont raccordées un téléphone.
- Un filtre ADSL défectueux.
- Un boîtier ou modem ADSL défectueux.

Le dégroupage

La totalité du réseau téléphonique français appartient à l'opérateur « historique » France Télécom. Il est donc difficilement envisageable, notamment pour une question de coût et de délais, qu'un autre opérateur installe un réseau téléphonique concurrent. Toutefois, par décision européenne, France Télécom ne peut plus jouir de son monopole sur l'utilisation de son propre réseau et doit donc louer une partie de ses infrastructures à d'autres opérateurs qui y installeront leurs équipements et pourront offrir des services concurrentiels, brisant ainsi le monopole sur la téléphonie et, par conséquent, sur Internet. C'est cette cession d'une partie du réseau qui est appelée *dégroupage.*

Un dégroupage peut être partiel ou total.

Le dégroupage partiel

Sur une ligne téléphonique, les fréquences basses transmettent la voix et les fréquences hautes les données. Ces deux types d'informations transitent simultanément par la même ligne téléphonique. C'est pourquoi vous pouvez au même moment surfer en haut débit et téléphoner.

Le dégroupage partiel donne accès à un autre opérateur que France Télécom, à la bande des fréquences hautes (c'est-à-dire non vocales). Comme il s'agit d'une opération technique « bon marché », les nouveaux FAI peuvent proposer et gérer toute la connexion ADSL. Par conséquent, vous surfez sur Internet par le biais d'un forfait souscrit auprès d'un FAI ou d'un service en ligne haut débit, avec la possibilité de téléphoner sans recourir directement à France Télécom. On parle de *téléphonie gratuite* en plus de l'accès Internet haut débit. Toutefois, dans ce genre de configuration, France Télécom continue à gérer le réseau téléphonique. Il est donc impossible de résilier son abonnement auprès de l'opérateur historique. De nombreux utilisateurs pestent car ils sont obligés de rester abonnés à France Télécom alors qu'ils ne lui paient plus aucune communication. On peut dire, par exemple, qu'un utilisateur de Free qui dispose de la Freebox paie un abonnement de 29,90 euros pour surfer sur Internet et téléphoner gratuitement, abonnement auquel s'ajoute celui de France Télécom. On obtient la coquette somme de 43 euros par mois. Mais, on ne peut pas faire autrement tant que notre ligne téléphonique n'est pas éligible pour passer à état autrement plus intéressant pour le consommateur : le dégroupage total.

Le dégroupage total

Le dégroupage total, comme son nom le laisse supposer, donne à un opérateur autre que France Télécom la possibilité de gérer tous les aspects d'une ligne téléphonique. Le client ne dépend plus du tout de France Télécom.

Les conséquences pratiques d'un dégroupage total

Le dégroupage total permet de résilier l'abonnement auprès de France Télécom, c'est-à-dire économiser environ 13 euros par mois auxquels s'ajoute le prix des communications locales et nationales. Désormais, vous ne pouvez plus téléphoner que par l'intermédiaire du matériel fourni par votre FAI, c'est-à-dire le boiter de connexion ADSL sur lequel est raccordé votre téléphone. Vous disposez d'un nouveau numéro commençant par 08, mais certains FAI proposent la portabilité du numéro. Grâce à elle, vos correspondants continuent à vous téléphoner en composant le numéro qui vous a été attribué par France Télécom. Lorsque votre ligne est totalement dégroupée, tout correspondant qui vous appelle, quelle que soit sa zone géographique en France, ne paie que le prix d'une communication locale. De plus, la plupart des FAI permettent de téléphoner gratuitement vers les 25 pays de l'Union européenne (voir la liste des pays et les tarifs sur le site du fournisseur d'accès).

Voici les opérateurs qui se lancent dans le dégroupage total. Si, à terme, vous ne désirez plus dépendre de France Télécom et souhaitez ne payer qu'un seul forfait pour surfer sur Internet et téléphoner sans limite, il est plus judicieux de vous diriger vers eux :

- **neuf telecom.** Très actif en matière de dégroupage, neuf telecom équipe de nombreux répartiteurs dans toutes les grandes villes de France. Dans ce sens, neuf telecom a construit son propre réseau longue distance avec des technologies de dernière génération. Ce réseau dessert les principales agglomérations françaises. Sur ce principe, neuf telecom propose Internet haut débit 20 méga, la téléphonie illimitée en France, vers les pays de l'Union européenne et quelques autres pays du monde, la télévision et une connexion modem-routeur Wi-Fi, le tout grâce à son boîtier Neuf Box. (Voir le Tableau comparatif 4.1 en fin de section.)

- **Cegetel.** Il n'est entré sur le marché de l'ADSL grand public que depuis janvier 2004. (Voir le Tableau comparatif 4.1 en fin de section.)

- **Free.** Immédiatement présent sur le dégroupage partiel et total, Free ne propose ses offres ADSL qu'à ses clients finaux. Malgré un réseau dégroupé moins important, mais qui ne cesse de progresser, Free est l'opérateur le plus innovant. Ses offres sont claires. Un seul prix et toutes les possibilités : Internet haut débit à 28 Mbps. À cela s'ajoute la télévision numérique, la téléphonie gratuite vers les fixes de 28 pays, par le biais de son boîtier Freebox qui fait également office de routeur. (Voir le Tableau comparatif 4.1 en fin de section.)

Avant de souscrire à une offre comprenant la téléphonie gratuite, renseignez-vous pour savoir si votre ligne passera ou non en dégroupage total. Lui seul permet de résilier votre abonnement auprès de France Télécom pour éviter de payer tous les mois 13 euros à fonds perdus.

Pour accéder au dégroupage total, il suffit de le demander au FAI. Normalement, il s'occupe d'en avertir France Télécom. Auprès d'un prestataire comme Free, ma demande de dégroupage total a été effective deux jours après la réception de mon courrier par le FAI. France Télécom a confirmé par lettre la résiliation de mon abonnement. Désormais, tout en conservant mon ancien numéro de téléphone, je surfe en ADSL, je téléphone et je peux regarder la télévision pour la somme forfaitaire de 29,90 euros. Finis les 26 euros d'abonnement bimestriel !

La téléphonie par Internet, sous forme de connexion par un boîtier ADSL, pose quelques problèmes. D'abord, les communications sont parfois étranges. Vous vous entendez avec un certain écho. Même si ce problème tend à diminuer, il reste présent. Parfois, votre interlocuteur a l'impression que vous parlez dans une caverne, ou que vous n'êtes plus là. À certains moments, il est impossible d'établir la moindre communication. Enfin, par ce principe numérique, il n'est plus possible d'envoyer de fax.

Où trouver un fournisseur d'accès ?

- Consultez les magazines informatiques spécialisés dans Internet (par exemple *.Net*). Outre de nombreuses publicités, vous y trouverez parfois des tableaux comparatifs.

- Demandez à vos amis ayant un accès Internet quel fournisseur d'accès ils utilisent et quel est le degré de leur satisfaction.

- Le site Web `www.lesproviders.com` propose des tableaux régulièrement mis à jour détaillant les différents modes de connexion à Internet. Mais il n'intéressera évidemment que ceux qui sont déjà pourvus d'une connexion Internet et désirent en changer.

La souscription à un abonnement

Tous les fournisseurs d'accès ont un numéro de téléphone que vous pouvez appeler pour avoir des précisions sur leur offre. Vous pouvez ainsi poser toutes les questions qui vous viennent à l'esprit, ce qui peut s'avérer utile, surtout si vous êtes nouveau venu à Internet. Parmi ces questions, renseignez-vous sur le ou les logiciels qui vous seront fournis. Si les réponses que vous obtenez ne vous paraissent pas convaincantes ou que votre interlocuteur semble avoir d'autres choses plus importantes à faire qu'à vous renseigner, essayez un autre fournisseur. C'est une solution possible mais ce n'est pas la meilleure, car vos interlocuteurs seront des commerciaux et non des techniciens. Soit ils ne seront pas capables de répondre à des questions trop précises, soit ils inventeront...

Si vous avez déjà de l'expérience, que vous préfériez « parler » avec une machine, que vous possédiez déjà l'équipement de base nécessaire ou qu'un de vos amis vous permette d'utiliser à cette fin son installation, connectez-vous sur le serveur Web de votre fournisseur (presque toujours indiqué dans sa publicité). Vous pourrez ainsi avoir un maximum de détails ou bien constater le flou de son offre. Dans ce cas, vous avez compris ce qu'il vous reste à faire.

Nous allons, sous forme de tableau, récapituler les offres ADSL dites modernes, c'est-à-dire celles qui incluent au moins la téléphonie. Pour les autres, connectez-vous au site Web d'un FAI.

Les fournisseurs d'accès ont pris l'habitude d'afficher et de vendre les vitesses de connexion les plus rapides. Vous devez impérativement aller sur leur site Web pour savoir si la région où vous habitez fait partie des zones dégroupées, donc les plus rapides. Si ce n'est pas le cas, ça le deviendra sans doute un jour. Mais, en attendant, vous surferez à des vitesses bien moindres, par exemple 1024 Ko/s au lieu de 20 Mo/s.

Nous n'incluons pas volontairement les opérateurs téléphoniques qui ne sont pas des FAI historiques, ou du moins ne vont pas aussi loin dans leur offre ADSL que certains autres concurrents. Toutefois, nous vous conseillons d'apprécier leurs offres sur leurs sites et notamment :

- TELE2 à `www.tele2.fr/internet/haut-debit/adsl.html`.

Vérifiez toujours les points suivants :

- Le raccordement au réseau ADSL est-il gratuit ?
- Y a-t-il des frais de déconnexion en cas de résiliation ?
- Le modem est-il ou non fourni sans surcoût ?
- La téléphonie est-elle incluse dans l'abonnement ?
- Le routeur est-il intégré ou faut-il ajouter une carte au boîtier ? À quel prix ?

Tableau 4.1 : Les offres ADSL avec téléphonie et autres services.

FAI	Vitesse de connexion	Téléphonie	Télévision	Routeur	Dégroupage total	Prix	Site
neuf telecom	20 mégas	Oui vers 25 pays de l'Union européenne + autres destinations	Oui avec abonnement supplémentaire	Oui	Oui	29,90 €	www.neuftelecom.fr
Cegetel	20 méga	Oui	Non	Oui avec surcoût de 49 € à l'achat	Oui pour 6 €/mois	30,90 €/36,90 € (dégroupage total)	www.cegetel.fr
Free	28 méga en zones dégroupées	Oui	Oui (plus abonnement à des chaînes thématiques)	Oui	Oui	29,99 €	http://adsl.free.fr/
AOL	18 mégas	Oui	Oui	Oui	Oui	de 18,90 à 29,90 €	http://adsl.aol.fr/acces-internet/nouveau/offre.html
Orange	1 méga, 8 méga et 18 méga	Oui avec abonnement supplémentaire sauf pack illimité et la Livebox (3 €/mois)	Oui	Oui	Non	À vous de calculer selon que vous ajoutez la TV et le téléphone	www.orange.fr
Alice (Telecom Italia, ex Tiscali)	20 méga	Oui mais avec un surcoût pour le monde entier	Oui	Oui	Oui	29,95 €	www.aliceadsl.fr/.
Club-Internet	24 méga	Oui (vers 40 destinations internationales)	Non	Oui	Oui	24,90 €	www.club-internet.fr

- Un accès bas débit illimité est-il proposé en cas de panne du réseau ou de votre matériel ? C'est ce qu'offre Free en plus de son haut débit par la Freebox. Vous disposez d'un numéro spécialement dédié à votre ligne téléphonique qui permet de vous connecter en bas débit avec un modem traditionnel en cas de panne de votre Freebox. Rien ne vous empêche alors de connecter simultanément une machine en haut débit et une autre en bas débit. Vous ne payez rien ! Bien évidemment, si vous êtes en dégroupage total, dans la mesure où vous n'avez plus de ligne téléphonique classique, l'offre bas débit gratuite ne vous sert à rien !

Le choix n'est pas simple. Nous ne pouvons pas conseiller tel opérateur plutôt que tel autre. Les chiffres parlent d'eux-mêmes, à vous d'aller vers la meilleure solution technique au regard de vos besoins. Demandez une validation de votre débit réel et non pas du débit théorique. En effet, même si théoriquement vous pouvez disposer de 24 mégas de débit qu'en est-il réellement ?!

Bien évidemment, consultez régulièrement les offres car les prix et services du Tableau 4.1 ne sont qu'indicatifs. C'est un marché où la concurrence est rude, donc soumise à fluctuations.

Surfer oui, mais en toute sécurité !

Bien. Avec toutes ces propositions, vous allez bien finir par vous connecter à Internet. Toutefois, dès que le modem sera correctement installé et la communication Internet établie, patientez un peu avant de foncer tête baissée dans l'antre du monstre. Vous devez vous protéger, car s'il y a bien un lieu virtuel aussi dangereux que le réel, c'est Internet où il est impératif de sortir couvert. Vous devez vous préserver des virus et des espiogiciels présentés au Chapitre 2.

Y'a le feu à la baraque !

Un *pare-feu* est une barrière dressée entre votre (ou vos) ordinateur(s) et Internet. Dans les grosses entreprises, le pare-feu est un ordinateur dédié à une seule tâche : surveiller le trafic entrant et sortant pour déceler les tentatives d'intrusions en tout genre. À la maison ou au bureau, vous avez deux possibilités :

- Utiliser le pare-feu intégré de Windows Vista. Pour savoir s'il est opérationnel sous Windows Vista SP2, cliquez Démarrer/Panneau de configuration puis double-cliquez l'icône Pare-feu Windows. Si dans la boîte de dialogue éponyme vous notez que le pare-feu est désactivé, cliquez le bouton radio Activé (recommandé), comme à la Figure 4.3.

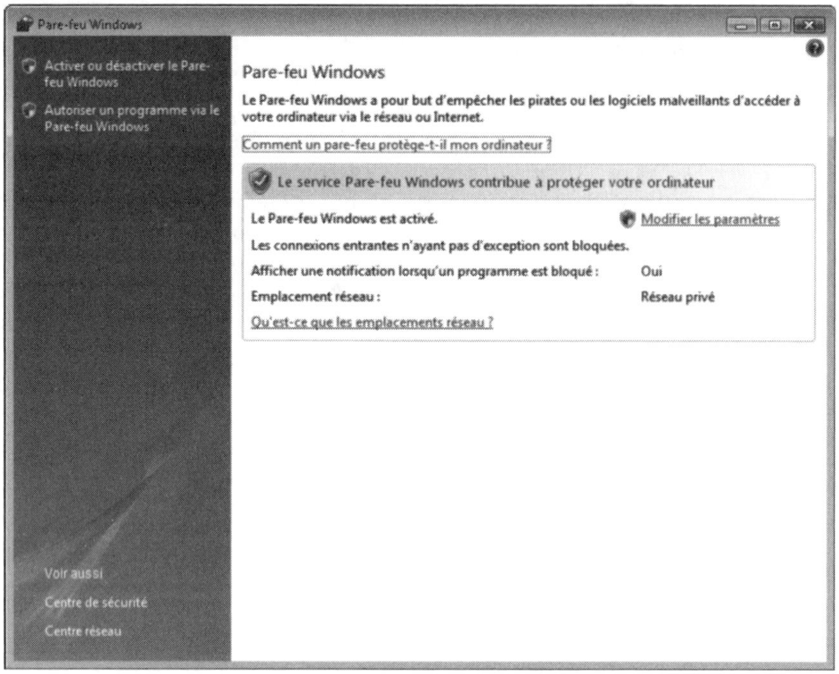

Figure 4.3 : Vérifiez que le pare-feu de Windows Vista est actif.

Cliquez OK pour quitter la boîte de dialogue Recommandation.

TRUC

Si vous ne voyez pas l'icône en question, cliquez le lien Affichage classique en haut à gauche du Panneau de configuration.

Dès que le pare-feu de Windows Vista est opérationnel, vous disposez d'une première protection contre les pirates du Web. Toutefois, cela ne dispense pas de mettre Windows à jour *via* Windows Update.

- Vous pouvez également utiliser un *routeur*, c'est-à-dire un petit périphérique externe qui s'installe entre votre ordinateur et votre modem. Souvent, le modem lui-même fait office de routeur, ce qui évite d'en acheter un quand il vous est fourni par votre FAI. Le routeur contient en général un logiciel pare-feu qui est sans arrêt en activité. Pour plus d'informations sur l'utilisation des routeurs et la connexion de plusieurs ordinateurs, consultez le Chapitre 5.

Nous recommandons l'utilisation d'un routeur. Il permettra à plusieurs ordinateurs installés chez vous d'accéder simultanément au Web. De plus, si vous consultez bien les offres haut débit que nous détaillons un peu plus haut dans ce chapitre, vous constaterez que de plus en plus de fournisseurs d'accès proposent un modem ADLS de type routeur, et généralement Wi-Fi.

Un brin d'immunité

Les *virus* sont de petits programmes qui arrivent par le courrier électronique ou nichés dans des logiciels que vous téléchargez. Immédiatement installés dans votre ordinateur, ils s'adonnent à leur malfaisante besogne, comme nous le mentionnions au Chapitre 2. Un logiciel antivirus est indispensable. Il devra être régulièrement mis à jour.

Il existe de nombreux logiciels antivirus. Les deux programmes les plus utilisés sont McAfee VirusScan, que vous pouvez télécharger à l'adresse `www.mcafee.fr`, et Norton Antivirus que vous découvrirez sur le site `www.symantec.fr`. Bien que très puissants, ces antivirus sont la cible des infections les plus virulentes car ils sont fortement présents dans l'univers informatique. Ainsi, certains virus commencent par s'attaquer au logiciel antivirus et tentent de le désactiver, pour ensuite infecter un maximum de fichiers. Si vous craignez de telles attaques, optez pour des solutions parallèles comme l'excellent AVG Anti-Virus que vous trouverez sur le site `www.avgfrance.com` (Figure 4.4). Il existe une version gratuite, qui s'avère parfois insuffisante. Opter pour la version payante est plus sûr. Les éditeurs d'antivirus proposent de plus en plus de solutions complètes, c'est-à-dire un antivirus qui fait office de pare-feu et d'anti-espiogiciel.

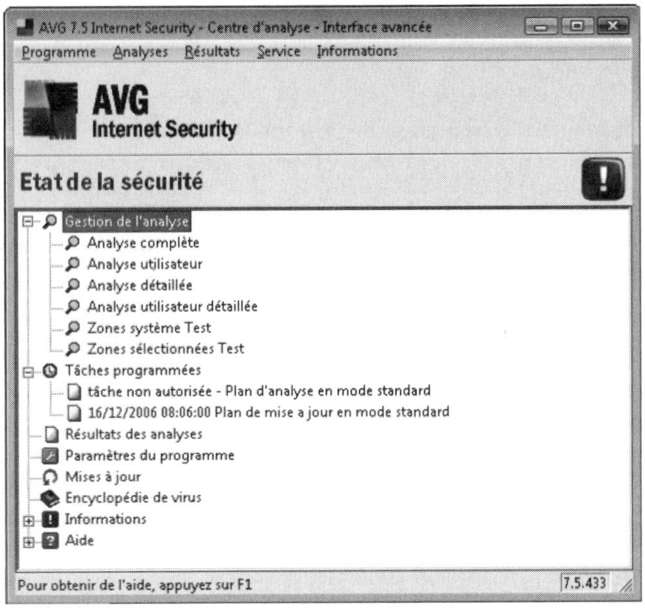

Figure 4.4 : AVG antivirus + pare-feu, une très bonne protection parmi d'autres.

Vous devez mettre votre antivirus à jour. Je préconise une mise à jour quotidienne car l'activité antivirus est très importante. D'ailleurs, pour en être tenu régulièrement informé, je conseille également de vous abonner à une lettre de diffusion sur le sujet. Connectez-vous au site `www.secuser.com`. Dans la rubrique Newsletters, saisissez votre adresse électronique et cliquez OK. Dès qu'un nouveau virus, tentative d'hameçonnage, ou espiogiciel joueront les trouble-fête, vous en serez averti par un courrier. Son contenu vous indiquera la marche à suivre pour vous en protéger. Il s'agira en général de mettre immédiatement à jour votre antivirus, de ne pas répondre à certains courriers et d'éviter certains sites.

Pour savoir comment télécharger et installer un programme antivirus, consultez le Chapitre 12.

Les espions sont parmi nous !

Un espiogiciel est un programme qui s'installe dans votre ordinateur pour épier tous vos faits et gestes, comme nous l'avons expliqué au Chapitre 2. Il existe de nombreux logiciels anti-espiogiciels, souvent gratuits, qui permettent d'empêcher leur installation et de déloger ceux qui sont déjà en place. Néanmoins, il n'existe pas un seul programme anti-espiogiciel capable de les identifier tous. Pour cette raison, je recommande d'utiliser deux ou trois logiciels de ce type.

Voici les plus connus :

- **Spybot Search & Destroy** téléchargeable sur `www.spybot.info/fr/index.html` dans de nombreuses langues dont le français. La Figure 4.5 montre l'interface de ce programme.

  De nombreux programmes gratuits se nomment sans scrupules « spybot ». Par conséquent, n'utilisez pas un moteur de recherche comme Google pour trouver un anti-espiogiciel. Allez sur le site Web officiel `www.spybot.info/fr` pour télécharger le programme.

- **Ad-Aware SE Personal** que vous pouvez télécharger sur le site `http://www.adaware--se.com`.

Pour télécharger et installer ces programmes, reportez-vous au Chapitre 12.

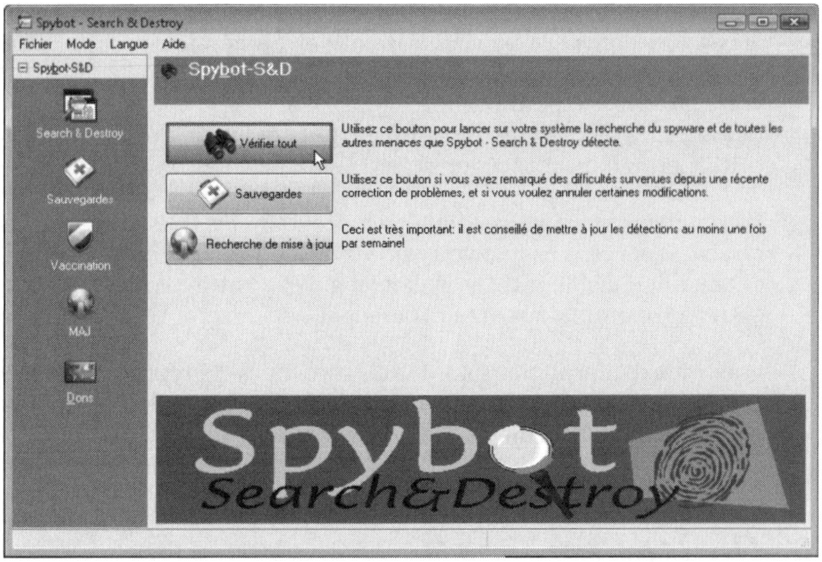

Figure 4.5 : Spybot, un anti-espiogiciel efficace et gratuit !

Notre configuration Internet modèle

Vous savez certainement que les auteurs et le traducteur de ce livre utilisent Internet. Et vous vous demandez quel type de connexion ils privilégient ? Pour nous tous, voici la configuration Internet de rêve :

- Un ordinateur (sous système Windows, Mac ou Linux).
- Une connexion Internet ADSL ou câble, c'est-à-dire du haut débit !
- Un routeur, disposant d'un pare-feu, installé entre vos ordinateurs et Internet, sachant que certains modems font également office de routeurs.

Et maintenant que vous êtes connecté ?

Dès que vous avez ouvert un compte auprès de votre FAI et que vous disposez du modem parfaitement bien configuré, votre ordinateur peut accéder à Internet. Il suffit pour cela de lancer les logiciels appropriés, comme l'indispensable navigateur Web.

Exécuter des programmes Internet

Vous pouvez faire fonctionner plusieurs applications Internet simultanément. Par exemple, vous pouvez lancer la réception d'un courrier et recevoir un message indiquant une super adresse Web. Sans quitter votre programme de messagerie, ouvrez votre navigateur Web (généralement Internet Explorer, bien que nous recommandions Firefox), consultez la page Web, puis revenez à votre messagerie pour prendre connaissance des autres courriers. La plupart des logiciels de messagerie surlignent et soulignent les adresses Web (ou URL), permettant d'accéder directement aux sites en cliquant dessus.

Vous n'êtes en aucun cas limité aux programmes que vous fournit votre fournisseur d'accès. Dès que vous surfez sur le Web, nul ne vous empêche de télécharger et d'installer de nouveaux logiciels. Votre FAI n'est qu'une interface entre votre ordinateur et le cyberespace.

Pour plus d'informations sur l'utilisation du Web, reportez-vous au Chapitre 6. Si vous désirez savoir comment utiliser un programme de messagerie pour gérer vos courriers, allez faire un tour du côté de chez Swann... mais non, du côté du Chapitre 13 !

Quitter Internet

Toutes les bonnes choses ont une fin. Alors, à un moment ou à un autre, vous allez quitter Internet. Comment ? Tout dépend de votre type de connexion.

Si vous utilisez une ligne téléphonique classique, il suffit simplement de cliquer le bouton Déconnecter de la boîte de dialogue de la connexion. Ceci a pour effet de raccrocher le téléphone. Cette fonction est également programmable dans votre navigateur Web et votre logiciel de messagerie. Par exemple, après avoir relevé votre courrier, la connexion peut être automatiquement coupée. Ceci est intéressant lorsque vous vous connectez au prix d'une communication locale, ou si vous avez souscrit un forfait limitant vos connexions gratuites à un certain nombre d'heures.

En revanche, si vous avez une connexion haut débit, vous pouvez rester connecté 24h/24. D'ailleurs, vous ne trouverez pas de bouton Déconnecter, mais plutôt Désactiver. Si vous cliquez dessus, vous ne faites que couper la liaison que votre ordinateur établit avec le modem. Il suffira de réactiver cette connexion en passant par Démarrer/Connexions. Là, vous double-cliquerez le nom de la connexion que vous utilisez pour de nouveau être connecté au réseau haut débit. Lancez votre navigateur Web pour surfer.

TRUC

Bien que de nombreux programmes permettent d'aller sur Internet et relever ou envoyer des messages, un seul établit la connexion pour tous les autres. Il se présente sous la forme d'une icône de moniteur affichée dans la zone de notification de Windows Vista, près de l'horloge.

Chapitre 5

Partager votre connexion Internet

Dans ce chapitre :

- Créer un réseau domestique.
- Faire communiquer tous vos ordinateurs sans utiliser de câbles.
- Connecter votre ordinateur portable à la maison et en voyage.

De plus en plus de foyers possèdent plusieurs ordinateurs : un dans le bureau, un autre dans le salon et un autre encore dans la chambre de l'adolescent qui vit encore à la maison.

Vous n'avez pas besoin de souscrire un abonnement auprès d'un fournisseur d'accès Internet (FAI) pour chacun de ces ordinateurs. Il suffit de les raccorder à un réseau – soit avec des câbles spéciaux, soit par un système sans-fil – et de les configurer pour qu'ils partagent le même modem et accéder ainsi au Net les uns indépendamment des autres. Ce chapitre explique comment établir ces deux types de réseau.

Ne limitez pas votre accès Internet à un seul ordinateur

Au début de l'ère de ces ordinateurs gigantesques inaccessibles au commun des mortels derrière la baie vitrée d'une immense salle climatisée, un de mes amis quelque peu visionnaire clamait haut et fort qu'un jour, les ordinateurs seraient partout. Bien évidemment, il fut pour cela brûlé vif en place publique, une coutume héritée de l'époque où l'Inquisition n'encourageait guère la recherche scientifique (un certain Giordano Bruno en garde pour l'éternité un cuisant souvenir). Mais l'histoire a donné raison à mon ami.

Aujourd'hui, les ordinateurs sont de plus en plus petits, et il devient difficile de trouver un foyer où il n'y en a pas au moins un. Lorsque plusieurs ordinateurs se trouvent sous un même toit, pourquoi ne pas faire en sorte qu'ils puissent tous se connecter en même temps ou non à Internet ?

Les connexions haut débit facilitent la mise en place de systèmes où chacun des ordinateurs peut se connecter au Net, tout en étant dans des endroits aussi différents que la chambre des parents, le salon et la salle de jeux des enfants, une mansarde, un garage ou, pour les privilégiés, la terrasse au bord de la piscine à vagues. Cette connexion à Internet est d'autant plus agréable à utiliser qu'elle est partagée. En effet, la ligne téléphonique n'est pas monopolisée par un ordinateur pendant que les autres attendent, chacun leur tour, que la connexion soit libérée pour en profiter. Avec le haut débit, le téléphone n'accapare plus la ligne et la bande passante est si large que chacun peut simultanément aller sur Internet, envoyer et recevoir des courriers électroniques, discuter dans un *chat room* ou par une messagerie instantanée (comme MSN), et même téléphoner par Internet si cette option a été souscrite.

Pour partager une même connexion Internet entre plusieurs ordinateurs, vous devez les connecter à un réseau local, parfois appelé LAN (*Local Aera Network*) par les techniciens ; ces initiales figurent aussi souvent sur le matériel, comme les routeurs, commutateurs et autres équipements. Ensuite, vous connectez ce réseau – et non pas chaque ordinateur – à Internet. Comme l'indique son nom, un réseau local est limité à un lieu bien précis, un immeuble par exemple. D'abord réservé aux entreprises, le réseau local s'est banalisé, à tel point que quiconque possède au moins deux ordinateurs se dépêche d'en créer un.

La Figure 5.1 présente un réseau local typique : un modem câble ou ADSL est connecté à un *routeur*, c'est-à-dire un boîtier qui relie votre réseau local à Internet. Puis, vous connectez chaque ordinateur à un concentrateur ou à un point d'accès, si vous avez développé un réseau sans-fil. Ensuite, chaque ordinateur doit être connecté au réseau local pour partager et profiter de tous les matériels qui sont raccordés au routeur.

Il n'est pas impératif que tous les ordinateurs d'un réseau local utilisent la même version de Windows – voire même Windows. Vous pouvez connecter au même réseau local des PC tournant sous Windows ou Linux, et des Mac qui, par définition, fonctionnent sous Mac OS. En fait, ils communiquent tous par le même protocole réseau, c'est-à-dire celui utilisé par Internet lui-même.

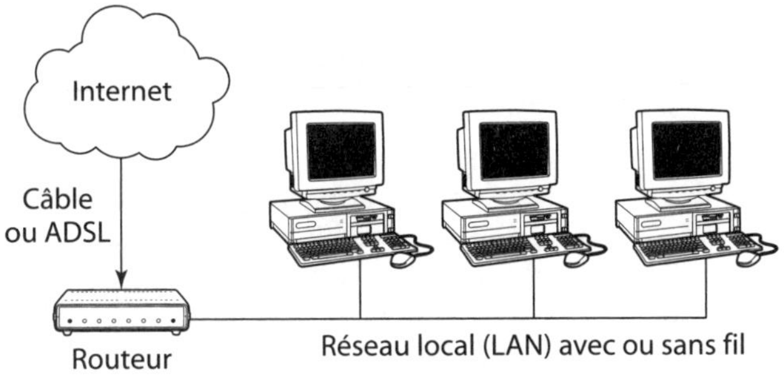

Figure 5.1 : Prêt à ce que toute la famille surfe sur le Web !

Créez d'abord un réseau local

Les réseaux locaux (ou réseau local) existent en deux variétés : avec et sans-fil. Un réseau à fil est dit *câblé*. Dans ce cas, un câble part de chaque ordinateur et se raccorde à un boîtier central. Le réseau sans-fil, lui, utilise des signaux radio et non pas des câbles. Si tous vos ordinateurs sont dans la même pièce, préférez le réseau câblé ; en revanche, s'ils sont dans des pièces distantes, voire certains à l'étage et d'autres au rez-de-chaussée, il est plus facile de créer un réseau sans-fil, certes légèrement plus lent. Il est possible de combiner les deux systèmes. Beaucoup de routeurs sans-fil disposent de prises pour des câbles, permettant ainsi de relier physiquement des ordinateurs.

Au centre : le concentrateur ou le routeur

Pour créer un réseau, vous avez besoin d'un boîtier spécifique qui permet de connecter les ordinateurs entre eux au réseau local. Ce boîtier peut prendre plusieurs formes :

- Un *concentrateur*, c'est-à-dire une espèce de boîte à peine plus grande qu'un annuaire, équipé de prises spécifiques pour recevoir les câbles réseau et pour servir de point de connexion au réseau. C'est lui qui connecte tous les ordinateurs du réseau local.
- Un *commutateur*, qui est un type plus sophistiqué de concentrateur car il accélère la vitesse du réseau.
- Un *point d'accès*, qui est un concentrateur sans-fil. Il dispose d'une ou deux antennes radio à la place de prises.

- Un *routeur* est comme un concentrateur qui facilite l'accès à Internet et qui dispose de fonctionnalités comme un pare-feu (voir le Chapitre 4). De plus en plus de modems font aujourd'hui office de routeurs.

Nous recommandons l'utilisation d'un routeur car il protège efficacement le réseau des tentatives d'intrusion. Il existe des routeurs avec ou sans-fil. La version à câbles dispose de nombreuses prises selon le nombre d'ordinateurs que vous devez y connecter. En règle générale, les routeurs sans-fil n'ont qu'une seule prise destinée à recevoir le câble du modem, et une antenne pour communiquer avec les ordinateurs du réseau. Certains modèles sont à la fois à câble et sans-fil, permettant de relier directement les ordinateurs se trouvant à proximité. L'avantage ? Le débit d'une liaison par câble est autrement plus élevé que celui d'une liaison sans-fil.

Configurer un routeur

Les routeurs sont livrés avec un câble de type *Ethernet*. Il permet d'y raccorder le modem. Un câble Ethernet est équipé à chaque extrémité d'une prise RJ-45 qui ressemble à celle du téléphone, mais en plus gros et avec huit minuscules connecteurs au lieu de six.

Configurer un routeur pour des connexions ADSL exigeant un nom d'utilisateur et un mot de passe

La plupart du temps, le routeur accepte toutes les demandes de connexions. Mais parfois, une connexion ADSL exige un nom d'utilisateur et un mot de passe que vous devez indiquer au routeur.

Les instructions de configuration des routeurs sont génériques ; autrement dit, elles se ressemblent toutes. Elles peuvent cependant varier sur quelques points de détail, d'où l'intérêt de se fier au manuel.

La configuration d'un routeur s'effectue avec le navigateur Web de votre ordinateur. Comme un routeur ne possède ni écran ni interface, vous devez passer par un ordinateur connecté au routeur afin d'effectuer sa configuration. Même si vous installez un réseau sans-fil, la configuration initiale est plus simple si l'ordinateur est connecté par câble à la prise Ethernet du routeur, car il sait aussitôt avec quelle machine il communique. Suivez ces étapes :

1. **Éteignez le routeur et l'ordinateur.**
2. **Branchez le câble Ethernet dans la prise réseau de votre ordinateur et insérez l'autre extrémité dans la prise Ethernet du routeur.**

   En cas de doute, reportez-vous au manuel du routeur.

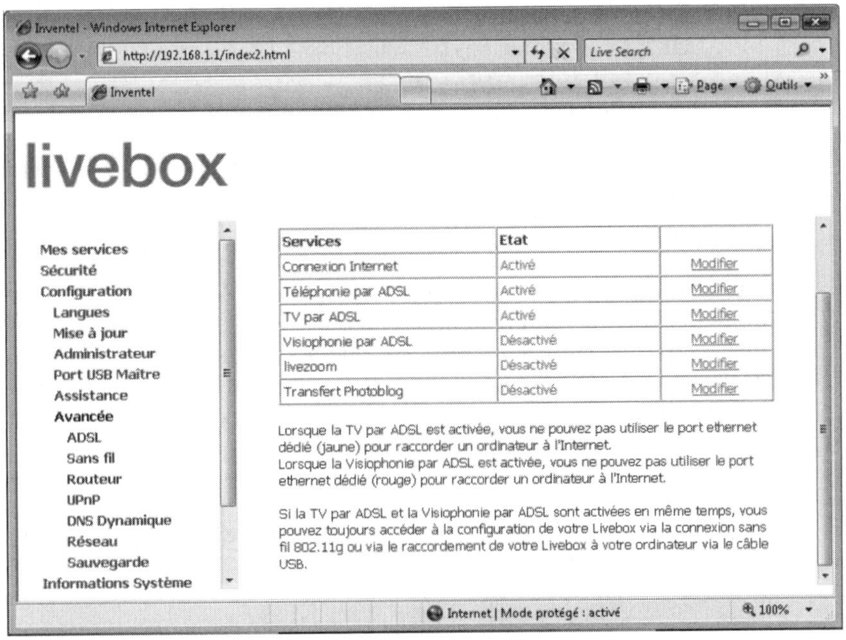

Figure 5.2 : Le navigateur Web permet de communiquer avec le routeur.

3. **Allumez le routeur, puis l'ordinateur.**

4. **Démarrez le navigateur Web et saisissez l'adresse du routeur dans la barre d'adresse du logiciel. Vous affichez alors la page d'accueil du routeur, avec ses paramètres de configuration.**

   Habituellement, l'adresse est `192.168.0.1` (c'est-à-dire une des adresses réservées aux utilisateurs d'un réseau local). Si l'adresse Web ne fonctionne pas, consultez la documentation livrée avec le routeur.

5. **Si la page de configuration du routeur exige un mot de passe, consultez le manuel livré avec celui-ci et saisissez-le.**

   Vous accédez à votre routeur, comme à la Figure 5.2. Parfois, l'accès aux commandes de configuration est direct, parfois vous devrez les découvrir parmi les diverses pages proposées.

6. **Si vous disposez d'une connexion haut débit qui exige un nom d'utilisateur et un mot de passe, cherchez le champ où vous devez les saisir.**

   Suivez les instructions figurant dans le manuel du routeur ou cliquez les onglets et/ou les liens jusqu'à ce que vous les trouviez. Sur beaucoup d'équipement d'importation, ces termes sont restés en anglais : *Username* pour le nom d'utilisateur, *Password* pour le mot de passe.

7. **Au besoin, cliquez le bouton Enregistrer (*save*), Terminé (*Done*) ou OK pour valider ces informations.**

   Sur certains équipements, ces commandes de fin ne sont pas proposées.

Désormais, votre routeur sait comment se connecter à votre compte ADSL.

Connecter votre réseau local au modem

Raccordez le routeur à votre modem câble ou ADSL (sauf dans le cas d'un modem-routeur, comme la Livebox, puisque ces deux équipements sont fusionnés). Allumez le modem si ce n'est déjà fait, redémarrez le routeur et vérifiez que vous parvenez à surfer sur le Web. En cas d'échec pas, vérifiez le câble du modem, assurez-vous que la connexion Internet a bien reconnu votre nom d'utilisateur et votre mot de passe.

Raccorder vos ordinateurs au réseau local

Une fois le routeur configuré, le réseau local ne peut être créé qu'avec des câbles s'il s'agit d'un réseau filaire. Un réseau local utilise un câble Ethernet que vous trouverez dans toutes les boutiques de fournitures informatiques, électriques, électroniques, voire au rayon informatique des grandes surfaces ou de certains magasins multimédias. À chaque extrémité d'un câble Ethernet se trouve une prise RJ-45 qui ressemble à un gros connecteur téléphonique. Vous aurez besoin d'un câble pour chaque ordinateur à relier au réseau, plus un autre pour la liaison avec le modem.

La création d'un réseau local avec Windows Vista est extrêmement simple :

1. **Éteignez et débranchez tous les ordinateurs de votre futur réseau.**

   Débranchez-les aussi de la prise électrique.

2. **Débranchez tous les périphériques de tous les ordinateurs : moniteurs, imprimantes, modems...**

4. **Tirez des câbles entre le routeur et chaque ordinateur.**

5. **Si vous êtes abonnés à l'Internet à haut débit, branchez le modem à la prise WAN (*Wide Area Network,* réseau étendu) du routeur.**

   Sur les routeurs, le port WAN est réservé au modem. Les ordinateurs se branchent sur les ports LAN , qui sont numérotés. Le choix d'un port numéroté est libre.

Les utilisateurs qui se connectent en bas débit peuvent laisser leur modem téléphonique branché à l'ordinateur. Lorsque par la suite ce dernier sera allumé et connecté, tous les autres ordinateurs auront accès à Internet.

6. **Allumez tous les ordinateurs et leurs périphériques.**

   Rallumez les ordinateurs, les écrans, imprimantes, modems, *etc.*

7. **Sélectionnez un emplacement pour le réseau.**

   Lorsque au démarrage Vista détecte le nouvel équipement de réseau, il demande de préciser son emplacement : Maison, Travail ou Lieu public. Vista adapte automatiquement le niveau de sécurité à l'environnement choisi : il est considéré comme sûr chez soi ou au bureau, mais moins sûr en public (chambre d'hôtel, cybercafé...).

   C'est tout. Le réseau est installé et les ordinateurs communiquent entre eux et peuvent se connecter à Internet.

Si le réseau n'a pas été établi, redémarrez les ordinateurs.

Si vous connectez un Mac à votre réseau local, celui-ci l'identifiera probablement sans que vous ayez à lever le petit doigt. Si vous devez ou voulez configurer votre connexion réseau sous Mac OS X, cliquez le menu Apple/Préférences Système. Dans la fenêtre éponyme, cliquez Réseau. Dans la liste Afficher, choisissez Ethernet intégré, puis cliquez le bouton TCP/IP.

À bas les câbles ! Vive la Wi-Fi

Si vos ordinateurs sont répartis à plusieurs endroits de votre habitation, par exemple à un étage et au rez-de-chaussée, il n'est pas très aisé de tirer des câbles dans toute la maison pour créer un réseau local. Un réseau sans-fil au standard Wi-Fi – le plus répandu actuellement – s'impose.

De nombreux ordinateurs portables intègrent des fonctionnalités Wi-Fi. Si ce n'est pas le cas, vous devrez ajouter un adaptateur Wi-Fi sous la forme d'une carte PCI interne, d'une sorte de clé USB, ou encore d'une carte PC *Card*. Les constructeurs d'équipement Wi-Fi ont fait un effort remarquable pour standardiser ce protocole de communication, ce qui est une très bonne chose pour le consommateur. Si le protocole semble donc bien établi, le point sensible de la Wi-Fi est de savoir jusqu'à quelle distance du routeur les ordinateurs peuvent capter un signal suffisamment fort pour être en liaison avec le réseau, et par conséquent pour accéder à Internet. Seuls les systèmes équipés d'une antenne directionnelle pourront se trouver assez loin du routeur. Théoriquement, la portée du signal Wi-Fi est d'une centaine de mètres sans obstacle entre le routeur et l'ordinateur, mais dans une habitation, cette distance est beaucoup plus réduite. Murs, cloisons, bibliothèque bourrée de livres et autres obstacles font barrage aux rayons hertziens. La portée n'excède alors guère vingt ou trente mètres et le débit maximal de 54 Mbps est considérablement réduit.

Mais, sauf si vous habitez un grand château aux ailes et dépendances très éloignées, il serait vraiment très étonnant que tous les ordinateurs présents dans votre modeste chaumière ne puissent profiter du réseau sans-fil.

TRUC

Les différentes normes de la Wi-Fi

Les standards de la Wi-Fi ont été adoptés dès 1999 par un groupe de fabricants, le WECA (*Wireless Ethernet Compatibility Alliance*, `www.weca.net`), devenu ensuite la *Wi-Fi Alliance*. Cette dernière regroupe actuellement plus de deux cents fabricants de matériel de réseau sans-fil.

La Wi-Fi Alliance a élaboré un ensemble de tests certifiés par l'IEEE (*Institute of Electrical and Electronics Engineers*) qui a intégré la Wi-Fi aux standards de réseau sans-fil sous le numéro 802.11. Au fil des ans, plusieurs versions ont été déclinées. Le standard 802.11b, aujourd'hui obsolète, n'autorisait que des transferts à 11 Mégabits par seconde. Le standard 802.11a adopté en même temps que le "b", était paradoxalement plus perfectionné, avec notamment une fréquence de 5 gHz moins sensible aux interférences des téléphones sans-fil que le standard 802.11b cadencé à 2,4 gHz. Aujourd'hui, presque tout l'équipement Wi-Fi est au standard 802.11g. Compatible avec les deux standards précédents, il offre un débit de 54 Mbps.

Lorsque vous achetez de l'équipement Wi-Fi, assurez-vous, en lisant les spécifications sur l'emballage, qu'il est bien au standard 802.11g, à 54 Mbps.

Il est question d'un standard Wi-Fi 802.11n à 100 Mbps, encore expérimental. Chaque chose en son temps...

Définir un mot de passe

Il serait singulier et même inquiétant qu'un individu se promène dans votre maison et se connecte à votre réseau sans-fil. Non, on ne rentre pas chez vous comme dans un moulin ! Oui, mais il est assez facile d'y entrer autrement. Imaginez quelqu'un, avec un ordinateur portable, stationné dans sa voiture non loin de chez vous. Son adaptateur Wi-Fi recherche la présence de réseau Wi-Fi. Pas de chance, il tombe sur le vôtre ! Il utilisera votre connexion sans-fil, et vous aurez bien du mal à vous en apercevoir. Sauf si vous voyez votre imprimante se mettre en marche toute seule et si des fichiers, importants ou non, deviennent introuvables là où vous les aviez stockés sur votre disque dur. La fragilité du Wi-Fi impose de sérieuses précautions.

La plus sûre est l'adoption d'un mot de passe crypté au format *WEP.* On parle de clé WEP (*Wired Equivalent Privacy,* confidentialité équivalente au filaire). Cette clé est un code alphanumérique codé sur 64 ou 128 bits. Pour éviter qu'un pirate puisse facilement craquer votre clé WEP, choisissez le codage sur 128 bits. Certes, cela vous fait entrer une clé de vingt-six caractères, mais plus elle est longue, plus elle est sûre, ou du moins réputée telle. Chaque ordinateur devra utiliser cette clé WEP lors de son premier accès au réseau Wi-Fi.

TRUC

Des équipements Wi-Fi plus sécurisés utilisent un mot de passe de type *WPA* (*Wi-Fi Protected Access*). Si vos matériels le permettent, utilisez une clé WPA plutôt que WEP, car la longueur d'une clé WPA n'est pas limitée.

Nous verrons dans la prochaine section comment définir une clé.

Créer la connexion Wi-Fi

Voici comment créer un réseau Wi-Fi :

1. **Activez l'adaptateur réseau, si nécessaire.**

   Sur de nombreux ordinateurs potables, l'adaptateur Wi-Fi est inactif afin d'économiser la batterie. Pour ce faire, cliquez le bouton Démarrer, ouvrez le Panneau de configuration, choisissez PC mobile, le Centre de mobilité et cliquez le bouton Activation sans-fil. Il ne se passe rien ? Dans ce cas, étudiez attentivement le manuel.

2. **Dans le menu Démarrer, choisissez Connexion.**

   Windows montre tous les réseaux sans-fil qui se trouvent à portée et indique la force de leur signal (Figure 5.3). Ne vous étonnez pas de voir plusieurs réseaux en même temps, car ceux des proches voisins sont aussi détectés. Pour le moment, le réseau se réduit à votre seul routeur servant de point d'accès Wi-Fi.

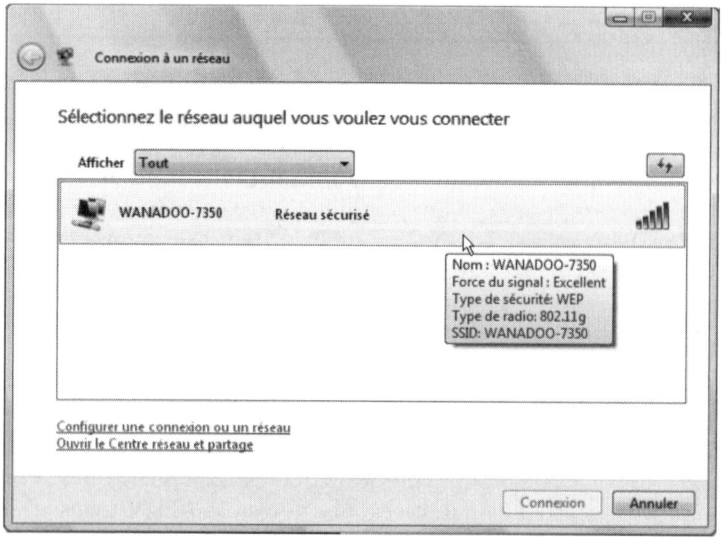

Figure 5.3 : Vista a repéré un point d'accès (le routeur) à portée de l'ordinateur. Il affiche son nom, indique si le réseau est sécurisé et évalue la force du signal.

Au moment de se connecter à un réseau sans-fil, Vista affiche trois paramètres :

- **Le nom du point d'accès (qui est l'embryon du réseau) :** Comme plusieurs réseaux sans-fil peuvent émettre dans une même zone et s'interpénétrer, leur nom permet de les différencier. Choisissez celui de votre routeur.
- **Sécurité :** Les réseaux apparaissant avec la mention “Réseau non sécurisé” n'exigent pas de mot de passe. Cela signifie que vous pouvez vous y connecter et surfer aussitôt sur le Web gratuitement, même si vous ne savez pas à qui peut bien appartenir ce réseau. Sans mot de passe, un réseau est ouvert à n'importe qui. Les réseaux non sécurisés sont parfaits pour une incursion rapide sur le Web, mais ne sont pas du tout sûrs pour des achats en ligne. Un réseau sécurisé est en revanche plus sûr car le mot de passe filtre tous les importuns.
- **Force du signal :** Ce système à barre est comparable à l'indicateur de la qualité de réception d'un téléphone mobile : plus les barres sont nombreuses, plus le signal est fort. Si deux barres ou moins sont affichées, la connexion est terriblement sporadique.

3. **Connectez-vous au routeur en cliquant son nom puis sur Connexion.**

   Si vous avez repéré le nom de votre routeur, cliquez dessus puis sur Connecter. Sinon, passez à l'Étape 6.

4. **Choisissez si vous connectez depuis la Maison, le Travail, ou un Lieu public.**

   Au moment de vous connecter, Vista demande si vous vous connectez de chez vous, sur votre lieu de travail ou depuis un lieu public afin de sélectionner le niveau de sécurité approprié, qui est respectivement Moyen, Fort ou Renforcé.

   Si vous vous connectez à un routeur (réseau) non sécurisé, sans mot de passe, Vista vous prévient de cette particularité. Cliquez Connexion et vous voilà en ligne.

   Mais si vous vous connectez à un routeur (réseau) sécurisé, Vista exige un mot de passe, comme il l'est expliqué à la prochaine section.

5. **Entrez un mot de passe, puis cliquez Connexion.**

   Lorsque vous tentez de vous connecter à une connexion sans-fil sécurisée, Vista affiche la boîte de dialogue de la Figure 5.4, où il demande la clé WEP ou WAP.

   La clé WEP vous a généralement été fournie avec votre équipement, mais vous pouvez en changer en accédant à la page de configuration du routeur (reportez-vous à la section « Configurer un routeur », précédemment dans ce chapitre) et en recherchant les options de sécurité.

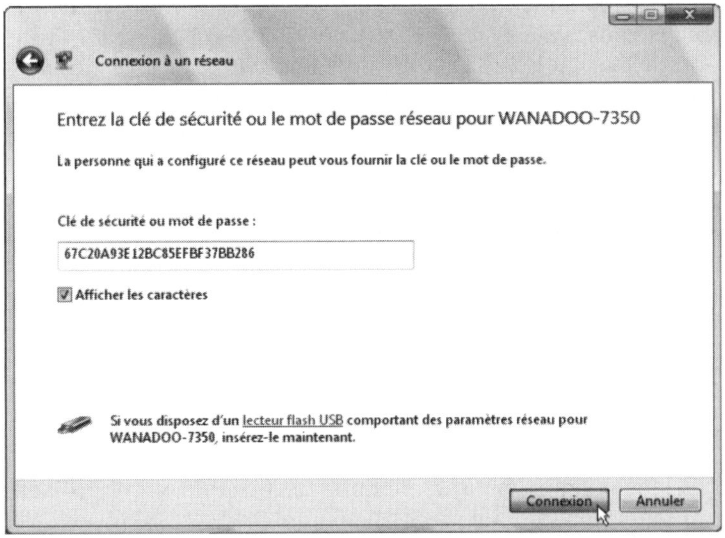

Figure 5.4 : Entrez le mot de passe du routeur puis cliquez Connexion.

Le nom du réseau sans-fil n'est pas affiché ? Passez à l'Étape 6.

6. **Connectez-vous au routeur.**

   Si le nom du routeur n'apparaît pas, c'est peut-être parce que le signal est trop faible. À l'instar des stations de radio et des émetteurs de téléphones mobiles, les réseaux sans-fil ont une portée limitée. En terrain libre, sans obstacle, le signal Wi-Fi porte à une centaine de mètres, mais en intérieur, les murs, planchers et plafonds réduisent sensiblement la zone couverte. Dans ce cas, essayez de rapprocher l'ordinateur du point d'accès ou du routeur sans-fil. Essayez différents emplacements en cliquant chaque fois sur le bouton Actualiser jusqu'à ce le réseau apparaisse.

   Lorsqu'il vous le sera demandé, entrez le nom du routeur et, si exigé, le mot de passe. Après avoir obtenu ces deux informations, Vista ouvre la connexion. Le réseau sans-fil est créé.

Une fois connectés, les autres ordinateurs du réseau peuvent tous accéder à l'Internet et partager leurs ressources (fichiers, imprimante...).

Utiliser un ordinateur portable chez vous et ailleurs

Le seul avantage d'un ordinateur portable est de l'emmener avec vous pour travailler. Cependant, aujourd'hui, je ne vois pas l'intérêt de se trimbaler un portable si vous n'avez même pas la possibilité de consulter vos courriels dix-sept fois par jour. Si vous avez configuré votre ordinateur portable pour la connexion Wi-Fi de votre domicile, comme cela est expliqué dans la précédente section, vous n'aurez aucun mal à comprendre comment utiliser cette fonctionnalité en voyage.

À la maison et au bureau

Le nombre d'ordinateurs portables présents dans les foyers se multiplie à la vitesse grand V, même chez ceux qui n'en ont pas besoin. Le succès d'une connexion réseau dépend de votre portable, mais également du réseau mis en œuvre chez vous ou au bureau. En général, voici comment devraient fonctionner les diverses configurations :

- Si la maison et le bureau ont un réseau câblé, votre ordinateur fonctionnera par simple raccordement physique à ce réseau. Si cela ne marche pas au bureau, demandez-en la raison à l'administrateur réseau de votre société.

- Si des fichiers et des imprimantes sont partagés au bureau et pas à la maison, ou inversement, Windows ne saurait les trouver dans les deux endroits. En revanche, rien ne vous empêchera d'aller sur Internet. Ce sont deux choses totalement indépendantes.
- Si le réseau de votre domicile et du bureau est sans-fil, ou si l'un est câblé et l'autre pas, créez une configuration pour chacun d'eux comme cela est expliqué plus avant dans ce chapitre. Votre PC portable sera alors identifié sur les deux réseaux.

ATTENTION !

Espion es-tu là ?

Nous savons qu'en matière de Wi-Fi, les clés WEP assurent une grande sécurisation de votre système. Pour entrer chez vous, il faut quand même être rudement gonflé et super balèze. En revanche, l'intérêt du Wi-Fi *nomade*, c'est-à-dire réservé aux ordinateurs portables, connaît de véritables problèmes de sécurité. Par exemple, qu'en est-il si vous accédez au point Wi-Fi de tel aéroport ou de tel hôtel ? Ces réseaux Wi-Fi n'ont en effet aucune clé WEP, car ils perdraient tout leur intérêt qui est précisément de permettre aux voyageurs de se connecter au Net sans contrainte. Partout, dans ces circonstances, vous pouvez être victime d'un espion, d'un *hacker* (pirate) qui pénètre votre système et y prend tout ce qui l'intéresse.

Heureusement, quelques précautions rudimentaires vous préserveront de bien des dangers. Lorsque vous visitez des sites Web, vérifiez que chaque site où vous saisissez un mot de passe, ou tout autre type d'informations privées, utilise un système de cryptage SSL. Pour en être certain, assurez-vous que l'adresse commence par https:// et que la barre d'état du navigateur affiche l'icône d'un cadenas. Si le site ne propose pas ce cryptage, abandonnez l'opération et attendez d'être rentré à la maison. Pour obtenir quelques conseils sur la sécurité liée au programme de mails, consultez la section "Le problème du mail" en fin de chapitre.

Un peu de Wi-Fi avec mon soda

Il n'y a pas si longtemps, lorsque vous alliez dans un café, vous commandiez... eh bien un café justement, ou un soda, une bière, un apéritif, enfin de quoi vous rincer le gosier. Aujourd'hui, vous pouvez demander en plus d'une boisson, un accès Wi-Fi ! « Garçon un Wi-Fi s'il vous plaît ! », « Et un cappuccino, deux cafés, un thé, un Wi-Fi, et deux croissants ! » Encore faut-il que vous ayez sous la main votre ordinateur portable, fabuleuse machine du travailleur itinérant. Même si cela reste marginal en France, les points d'accès Wi-Fi ne devraient pas tarder à se développer à grande vitesse.

L'utilisation d'un point d'accès Wi-Fi dans ce genre d'établissement tient uniquement à la politique de son responsable. Ainsi, l'accès Wi-Fi est souvent gratuit pour le consommateur. Dans ce cas, vous commandez votre soda, vous allumez votre portable, cliquez Démarrer/Connexions. Dans la liste des réseaux Wi-Fi disponibles, vous devez voir celui du café en question. Cliquez dessus, puis sur le bouton Connecter. C'est bon !

De nombreux portables disposent d'un bouton de connexion direct au réseau Wi-Fi. Appuyez dessus pour lancer une procédure d'analyse des réseaux sans-fil existants dans votre voisinage. Dès que l'ordinateur portable détecte des réseaux, il les affiche. Connectez-vous au réseau voulu en saisissant la clé WEP ou WPA.

Dans d'autres lieux moins sympathiques, vous devez payer pour profiter du point d'accès Wi-Fi. Cela ajoute à la connexion une étape supplémentaire qui est celle de sortir votre porte-monnaie. Une fois connecté, votre navigateur Web affichera la page d'accueil du point d'accès payant qui, en général, vous explique comment régler votre temps de connexion.

Les paiements et les modes d'utilisation existent sous de multiples formes. Cela va d'un forfait horaire que vous payez au temps de connexion, à l'achat d'un ticket affichant un code que vous devez saisir pour entrer dans le réseau. Souvent le point d'accès Wi-Fi vous laisse entrer sur le réseau, comme à la Figure 5.5, mais pour y effectuer quoi que ce soit, vous devez payer.

Une méthode plus commune consiste à souscrire un abonnement supplémentaire auprès d'un prestataire qui gère des points d'accès Wi-Fi un peu partout sur le territoire français. Mais le *nec plus ultra* est quand même l'accès gratuit depuis les cafés. Pour en savoir plus sur cette gratuité, consultez le site `www.hotcafe.fr/fr/index.php`.

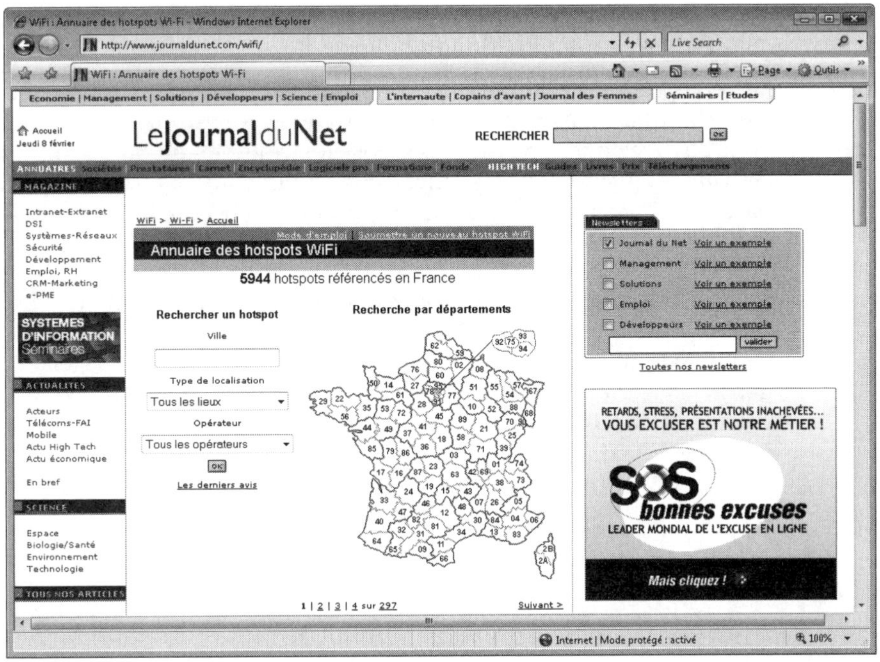

Figure 5.5 : Surfer en voyage.

Dans les aéroports, les hôtels, et ailleurs

Vous trouverez des points d'accès Wi-Fi dans les aéroports, les hôtels, les gares, *etc*. Souvent, dans les hôtels, le point d'accès Wi-Fi est un service. Qui dit service dit supplément ! Le prix varie considérablement ainsi que la méthode de connexion. Dans certains établissements, vous utilisez le point d'accès comme le minibar de votre chambre. Dans d'autres, vous demandez un code d'accès à votre arrivée. Alors, voyagez, allez dans bars, hôtels, restaurants, partout, et consultez les offres !

TRUC

Si vous rencontrez des problèmes lors d'une connexion Wi-Fi dans l'un de ces lieux, le personnel de l'hôtel, par exemple, ne saura pas vous sortir d'affaire. Il vous communiquera un numéro le téléphone commençant par 08 du support technique de la société qui gère ce point d'accès. Là, vous exposerez votre problème et pourrez faire état de votre mécontentement.

Le problème du courrier électronique

Les points d'accès Wi-Fi des cafés, des hôtels, des gares et des aéroports sont très pratiques mais sont loin d'être privés. Ceci est un vrai problème lorsque vous envoyez et recevez du courrier électronique qui doit rester confidentiel. Or, votre ordinateur doit envoyer votre nom d'utilisateur et votre mot de passe sur Internet pour pouvoir vous connecter au serveur de courrier de votre FAI.

Le plus simple est de lire le courrier directement sur le site de votre fournisseur d'accès. Presque tous permettent d'accéder à un service de messagerie ou en ouvrant leur page Web (`www.orange.fr` par exemple), en cliquant un lien Messagerie et en vous identifiant ensuite avec votre nom d'utilisateur et votre mot de passe (ceux de la messagerie, pas ceux qui ouvrent la connexion Internet).

Troisième partie

Webmania

"Depuis qu'on achète sur Internet, je me demande où passe notre argent."

Dans cette partie...

Aucun doute sur ce point : le Web est l'endroit le plus populaire d'Internet. Il a d'ailleurs pris un tel essor ces dernières années que le grand public a tendance à l'assimiler à Internet. Nous vous expliquons ici ce qu'est *exactement* le Web et comment en tirer parti. Nous vous donnons également de bonnes astuces pour trouver plus facilement ce que vous y cherchez. Un chapitre sur le commerce électronique vous apprendra tout ce qu'il faut savoir pour dépenser vos sous en ligne en toute confiance ou pour faire des investissements judicieux. Enfin, vous utiliserez le Web pour vous relaxer en écoutant de la musique.

Chapitre 6

Le monde merveilleux et farfelu du Web

Dans ce chapitre :

- Hyper quoi ?
- Connaître les URL.
- Pointer, cliquer, parcourir, surfer et autres connaissances de base.
- Introduction à Internet Explorer et à Firefox.
- Installer un autre navigateur qu'Internet Explorer.

De nos jours, les gens parlent davantage du *Web* que du *Net*, avec une légère tendance à confondre les deux. Mais il ne s'agit pas du tout de la même chose, puisque le *World Wide Web* (que nous appelons familièrement le Web, par goût inné du raccourci) est un sous-ensemble d'Internet, qui lui sert en quelque sorte de support. Le Web est le cœur d'Internet, mais Internet existait bien avant le Web, et la disparition de ce dernier ne perturberait Internet d'aucune façon.

Ce chapitre explique ce qu'est le Web, d'où il vient et comment installer et utiliser les navigateurs Firefox et Internet Explorer. Vous apprendrez à employer votre navigateur Web pour afficher des pages Web. Si vous êtes déjà un habitué du Net et que vous avez opté pour Firefox ou Internet Explorer, passez directement au Chapitre 7.

Qu'est-ce que le Web ?

Le Web est un ensemble de « pages » contenant des informations, reliées logiquement les unes aux autres et réparties sur toute la surface du globe. Chaque page peut contenir du texte, des images, des sons, des animations, de la vidéo... Nous ne saurions terminer cette énumération autrement qu'avec des points de suspension, car presque chaque jour il naît de nouveaux « objets Web ». Ce sont ces liens, dits *hypertextes,* entre les pages qui rendent le Web si intéressant. Chacun pointe vers une autre page et l'ouvre lorsque vous cliquez dessus. L'affichage de ces pages s'effectue avec un programme spécialisé : le *navigateur.*

Les liens hypertextes peuvent ouvrir des pages situées à Sydney, Johannesburg, Darmstadt ou Oslo ou de l'autre côté de votre rue. Théoriquement, ce transfert est instantané, mais, dans la réalité, la rapidité de ce déplacement virtuel dépend de nombreux facteurs que nous découvrirons d'ici peu.

Les liens

Le système hypertexte crée des liens entre diverses bribes d'informations. Au fur et à mesure que vous établissez ces liens informatiques, vous contribuez à tisser cette toile d'araignée d'où le Web (« toile » en anglais) tire son nom. Les pages visées peuvent se trouver n'importe où dans le monde.

Toutes les informations peuvent être consultées de façon automatisée par des logiciels, appelés *moteurs de recherche*, qui permettent d'obtenir en quelques secondes toutes les références et occurrences des termes recherchés.

C'est ce système de documents pointant les uns vers les autres qu'on appelle *hypertexte*. La Figure 6.1 montre comment se présente une page Web. Chaque mot ou groupe de mots souligné est en réalité un *lien* pointant vers une autrpage.

L'*hypertexte* est un moyen de relier des informations de façon à faciliter leur découverte. En théorie, du moins. Dans les bibliothèques traditionnelles (vous savez, celles qui possèdent des étagères surchargées de livres), les informations sont classées de façon arbitraire, souvent par ordre alphabétique d'auteur, parfois par sujet. Ce type de classement ne reflète pas nécessairement l'existence d'un lien logique d'un ouvrage à l'autre. Dans le monde de l'hypertexte, en revanche, les informations sont organisées selon les liens logiques qui existent entre elles, ce qui semble plus... logique !

Figure 6.1 : Sur cette page, les mots ou expressions soulignés sont des liens susceptibles d'ouvrir d'autres pages.

Un nom pour chaque page

Pour trouver une page particulière sur le Web, encore faut-il pouvoir désigner cette page par son nom comme on désigne un livre par son titre. C'est ici qu'intervient la notion d'*URL* (*Uniform Resource Locator,* adresse de ressource unifiée), un système d'adressage universel permettant une identification unique, donc non ambiguë, d'une page donnée. Une URL est une succession de termes commençant par `http://` et continuant souvent par www. Tout le monde le prononce comme un sigle, c'est-à-dire en prononçant chaque lettre (« U-R-L »), et non comme un acronyme (« hurle »). Vous en savez désormais suffisamment pour vous lancer dans la navigation. Pour quelques détails supplémentaires, entièrement techniques et facultatifs sur les URL, voyez l'encadré « Au royaume des URL ».

D'où vient le Web ?

Le Web a été inventé en 1989 au CERN (Centre européen pour la recherche nucléaire) à Genève, en Suisse, un endroit quelque peu inattendu pour une révolution en informatique. Le petit génie se nomme Tim Berners-Lee, un Anglais, actuellement directeur du consortium W3C (*World Wide Web Consortium*), chargé de l'élaboration des standards du Web.

Tim Berners-Lee a inventé le protocole HTTP (*HyperText Transfer Protocol*, protocole de transfert hypertexte), utilisé pour échanger des informations entre clients et serveurs Web. C'est lui également qui a défini le langage HTML (*HyperText Markup Language*, langage de balisage hypertexte) qui n'est pas vraiment un langage au sens informatique du terme, mais plutôt un ensemble de commandes de description de page. Enfin, c'est lui qui a inventé l'URL, sorte d'adresse servant à identifier les ressources accessibles par le Web. Il a conçu le Web comme un moyen universel et simple d'échanger des informations indépendamment des matériels et systèmes d'exploitation utilisés. Les premiers navigateurs Web contenaient des éditeurs qui permettaient à tout utilisateur de créer des pages Web aussi facilement que de les lire.

Pour en savoir plus sur le développement du Web et le travail du consortium W3C, pointez votre navigateur sur `www.w3.org`. Tim Berners-Lee a été anobli en 2004 par la reine Elizabeth II et porte désormais le titre de Sir Tim Berners-Lee, et il a obtenu, en 2004, le Prix de la technologie du Millénaire.

La navigation

Maintenant que vous savez tout sur le Web, vous voulez le découvrir. Pour ce faire, il vous faut un *navigateur*, le logiciel qui récupère les pages Web et les affiche sur votre écran. Si vous avez Windows 95 ou plus (98, 2000, NT, Me, XP ou Vista), un Mac ou un autre ordinateur offrant un accès à Internet, il en est déjà équipé. Par ailleurs, si vous avez installé le logiciel Internet remis par votre fournisseur d'accès à Internet (FAI), vous en avez aussi un.

Voici les navigateurs les plus connus :

- **Internet Explorer (IE)** est le navigateur que Microsoft fournit avec chaque version de Windows depuis Windows 98. Il en est aujourd'hui à la version 7. Windows Vista est accompagné de Windows Mail, un logiciel de messagerie présenté au Chapitre 13.

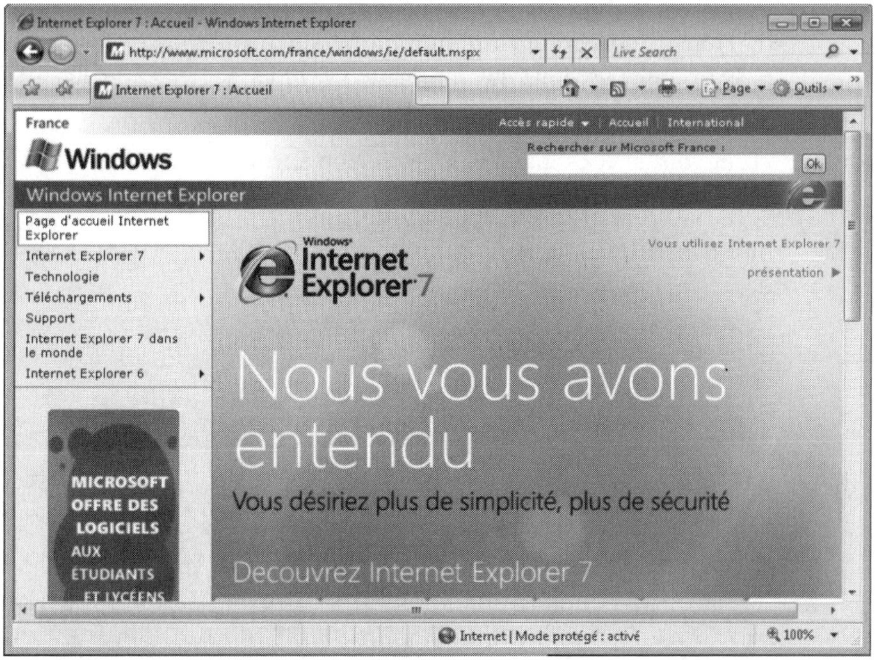

Figure 6.2 : Internet Explorer est depuis longtemps le navigateur de Windows.

- **Firefox** est un navigateur développé en *open source* (source ouverte, c'est-à-dire sans cesse améliorée par une communauté de programmeurs à laquelle toute personne compétente peut se joindre) que vous trouverez à `http://www.mozilla-europe.org/fr/products/firefox/`. C'était à l'origine un hybride du meilleur de Mozilla et du meilleur de Netscape et il existe en versions Windows, Mac, et Linux. Firefox est moins visé par les espiogiciels. Reportez-vous à l'encadré « Pourquoi opter pour Firefox ? » pour savoir ce que nous pensons exactement d'Internet Explorer et de Firefox.

Nous décrirons en détail Internet Explorer et Firefox au cours du livre. Si vous n'avez pas de navigateur ou que vous vouliez en essayer un autre, lisez la section « Comment se procurer et installer un navigateur », plus loin dans ce chapitre.

Surfer avec votre navigateur

Lorsque vous ouvrez Firefox, vous obtenez un écran comme celui de la Figure 6.3. La fenêtre d'Internet Explorer 6 est présentée sur la Figure 6.1. Internet Explorer 6.0 et 5.0 ont un aspect un peu différent, mais les menus et boutons de barre d'outils sont presque identiques. La première page affichée par votre navigateur dépend de la configuration de ce dernier. De nombreux FAI font en sorte que votre navigateur affiche leur page d'accueil, Internet Explorer affiche une page Microsoft et Firefox la page Mozilla, jusqu'à ce que vous choisissiez une autre page d'accueil.

Toutefois, si vous installez Firefox bien après Internet Explorer, le programme d'installation demande s'il doit ou non importer les Favoris et *cookies* utilisés dans Internet Explorer. À vous de décider du bien-fondé de votre réponse affirmative ou négative.

Figure 6.3 : La page d'accueil de Mozilla Europe affichée dans Firefox.

En haut de la fenêtre, on trouve un ensemble de boutons et la barre de navigation, ou barre d'adresse, qui contient l'URL (l'adresse) de la page actuellement visitée (Figure 6.4). Pour plus de détails, consultez l'encadré « Au royaume des URL » dans ce chapitre.

Figure 6.4 : Les outils de navigation de Firefox 2.

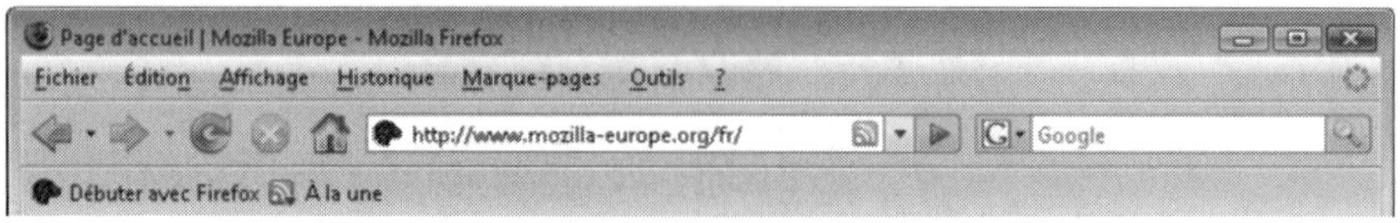

La plus grande partie de la fenêtre du navigateur est occupée par la page Web consultée. C'est quand même ce à quoi est censé servir un navigateur ! Les boutons, barres et menus servent à trouver votre chemin sur le Web et à réaliser des actions comme imprimer et enregistrer des pages.

NOTE TECHNIQUE

Au royaume des URL

L'une des raisons d'être du Web est de vous permettre d'aller d'un point à l'autre, d'un serveur à l'autre. C'est pourquoi la notion de lien est si importante. Mais encore faut-il savoir où aller.

Pour cela, le plus simple est de donner une adresse à tout ce qui peut être considéré comme une ressource du Web. Dans la vie quotidienne, c'est par une adresse que vous localisez la boutique où vous voulez faire quelques emplettes. Voyons comment se présente une adresse Web :

```
http://www.monserveur.fr/monfichier.html
```

L'URL se caractérise par son préfixe (ici : `http://`), qui indique le type de ressource. HTTP signifie *HyperText Transfer Protocol* (protocole de transfert hypertexte) et désigne le protocole utilisé sur le Web. Ne confondez pas "http", la façon dont les pages sont acheminées sur le Net, avec "html", la programmation de la page.

Les détails du reste de l'URL dépendent du modèle mais la plupart des modèles sont semblables. À la suite des deux-points, on trouve deux barres inclinées ainsi que le nom de l'ordinateur, hôte hébergeant la ressource (`www.monserveur.fr`). Viennent ensuite une autre barre et un *chemin d'accès* qui donnent le nom de la ressource sur cet hôte (ici, le fichier nommé `monfichier.html`).

On peut aussi trouver, dans une URL, un numéro de port précédé d'un caractère ":" comme dans `http://www.toto.fr:80/machin.html`. *Grosso modo*, cela indique le type de programme du serveur qui doit gérer l'adresse. Pour http, c'est 80, qui est la valeur par défaut. C'est pourquoi il est inutile de l'indiquer.

Enfin, une URL Web peut comporter un élément de recherche à la fin, après un point d'interrogation :

```
http://net.gurus.com:80/index.phtml?chickens
```

Lorsqu'une URL comporte une portion recherche, cela indique à l'ordinateur hôte ce qu'il faut rechercher. Il est rare que l'on tape soi-même la portion recherche – elle est construite automatiquement par les formulaires des pages Web.

Au royaume des URL (*suite*)

Outre le préfixe `http://`, il existe `ftp://`, mailto:, `file:///`, etc. Une URL avec mailto: indique qu'il s'agit d'une ressource de courrier électronique qui se présente ainsi :

`mailto:infos@efirst.com`

Cliquer une URL `mailto:` démarre le logiciel de messagerie, permettant d'envoyer un courrier au destinataire figurant juste après.

Une URL dont le préfixe est `ftp://` signale un serveur de fichiers accessible au moyen du protocole FTP (étudié au Chapitre 12). En voici un exemple :

`ftp://ftp.univ.lille-1.fr/pc/coast/wulist.zip`

Enfin, le préfixe `file:` (fichier) permet d'accéder à un document HTML local, c'est-à-dire situé sur la même machine. Dans ce cas, on ne passe pas par Internet. C'est le moyen couramment utilisé pour tester un document HTML. En voici un exemple :

`file:///c|/web/index.html`

Sous Windows, cela signifie que le document HTML `index.htm` situé dans le répertoire \web du disque C: sera ouvert. Notez le remplacement du caractère ":" par un caractère "|" (barre verticale), puisque le caractère "deux-points", comme nous venons de le voir, a une autre signification (il précède le numéro de port facultatif).

Petite exploration

Pour aller d'une page à une autre sur le Web, il suffit de cliquer un lien. À l'écran, il peut apparaître comme une image, un mot ou une suite de mots affichés dans une autre couleur que le texte normal (en bleu, le plus souvent) et souligné. Si vous n'êtes pas certain que ce soit bien un lien, observez le pointeur de la souris : de flèche, il se change en main lorsqu'il est placé sur un lien.

Arrière toute !

Les navigateurs n'ont pas la mémoire courte : ils se souviennent du chemin qu'ils ont parcouru et, en particulier, de la dernière page affichée. Si celle que vous venez d'afficher ne vous plaît pas et que vous souhaitiez revenir à la précédente, cliquez tout simplement l'icône la plus à gauche de la rangée supérieure, celle qui porte une flèche tournée vers la gauche. Vous pouvez également passer par le clavier : appuyez sur la touche fléchée pointant vers la gauche tout en maintenant enfoncée la touche Alt (celle qui se trouve à gauche de la barre d'espacement).

Parfois, en cliquant un lien, la page atteinte s'ouvre dans une nouvelle fenêtre du navigateur Web. En effet, que ce soit Internet Explorer, Firefox ou tout autre navigateur, chacun peut afficher plusieurs pages simultanément. Lorsqu'un lien s'ouvre dans une nouvelle fenêtre, le bouton Précédent ou Reculer d'une page n'est pas accessible.

Où aller ?

On appelle *page d'accueil* la page Web principale d'un site Web (le Chapitre 18 explique comment en créer une). La page d'accueil est comparable à la page de couverture d'un magazine : elle donne une idée de ce que vous trouverez dans le site. Voici comment accéder à une page d'accueil :

1. **Cliquez dans la zone de saisie de l'adresse, située en haut de la fenêtre de navigation (Figure 6.5).**

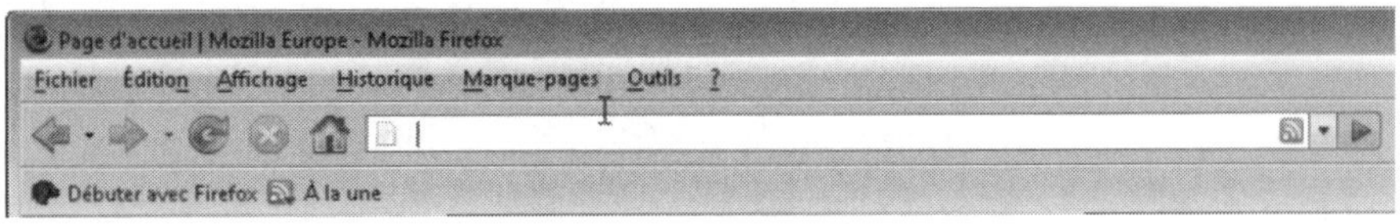

Figure 6.5 : Saisissez ici l'adresse du site Web à visiter.

2. **Saisissez l'URL de la page que vous voulez atteindre.**

   Exemple : `http://www.efirst.com`. En général, vous pouvez vous contenter de taper `www.efirst.com` (et même, lorsque le site se termine par `.com`, en tapant `efirst` et en appuyant ensuite sur Ctrl+Entrée).

3. **Appuyez sur Entrée.**

TRUC

Si l'URL de la page que vous désirez charger figure dans un courrier électronique, un message lu sur un forum ou dans un traitement de texte, vous pouvez la transférer dans la boîte de saisie de votre fenêtre de navigation au moyen d'un classique copier/coller, ce qui vous évite de la retaper avec les risques d'erreur que cela implique :

1. **Sélectionnez l'URL que vous souhaitez copier.**

   En général, en la balayant du pointeur de votre souris, tout en maintenant enfoncée la touche Maj.

2. **Appuyez sur Ctrl+C (cmd+C sur Mac) pour copier la chaîne de caractères dans le Presse-papiers.**

3. **Cliquez dans le champ de saisie d'adresse du navigateur.**

4. **Appuyez sur Ctrl+V (cmd+V sur Mac) pour coller le contenu du Presse-papiers et appuyez sur Entrée.**

De nombreux autres logiciels de courrier font mieux encore : ils interprètent automatiquement les URL placées dans leurs messages e-mail de sorte que, lorsque vous passez le pointeur de la souris sur une adresse que vous avez reçue, celui-ci se change en main. Il suffit alors de cliquer ou de double-cliquer pour démarrer le navigateur et afficher la page Web correspondante.

De malfaisants personnages, auteurs de pages Web frauduleuses, peuvent facilement créer des courriers contenant des URL qui, lorsque vous cliquez dessus, n'envoient pas du tout là où vous pensiez aller. Bien évidemment, vous ne vous rendez compte de rien. Méfiez-vous des messages dont l'origine semble suspecte. Par exemple, si vous recevez un message émanant soi-disant de votre banque, ne cliquez pas le lien proposé. En effet, vous risquez de tomber sur une fausse page identique à celle du site Web de votre banque. On vous demande votre nom d'utilisateur, votre mot de passe et votre numéro de compte bancaire. (Consultez le Chapitre 2 pour plus d'informations sur cette technique appelée *hameçonnage*.) Rendez-vous toujours sur le site de votre banque en saisissant son adresse dans la barre d'adresse de votre navigateur Web, mais jamais en cliquant un lien figurant dans un courrier.

Par où commencer ?

Nous en apprendrons davantage au Chapitre 8 sur l'art de rechercher des informations ou des fichiers sur le Web, mais, pour l'instant, voici un bon moyen de mettre le pied à l'étrier : allez à la page de Yahoo! France en tapant :

```
http://www.yahoo.fr
```

Vous êtes aussitôt (enfin, presque, car il faut tenir compte de la charge d'Internet et le temps d'attente peut être très variable selon l'heure de la journée où vous faites l'expérience) transporté sur Yahoo! où se trouve un répertoire contenant des millions d'adresses de pages Web classées par sujets. En fouinant çà et là, vous allez trouver sans aucun doute quelque chose d'intéressant.

Cette page est bizarre

Il arrive qu'une page Web soit abîmée ou que vous l'interrompiez (en cliquant le bouton Arrêter dans la barre d'outils ou en appuyant sur la touche Echap). Pour indiquer à votre navigateur de recharger le contenu de la page : dans Firefox, cliquez le bouton Actualiser ou appuyez sur Ctrl+R ; dans Internet Explorer, cliquez également le bouton Actualiser ou appuyez sur F5.

Sortez-moi de là !

Tôt ou tard, il va bien falloir que vous vous arrêtiez de surfer sur le Web, ne serait-ce que pour aller manger ou satisfaire quelque besoin naturel. Vous fermez votre navigateur exactement comme vous quittez tout programme Mac ou Windows : vous choisissez la commande Fichier/Quitter (Fichier/ Fermer avec Internet Explorer, bizarrement) ou appuyez sur la combinaison Alt+F4. Sous Windows, vous pouvez également cliquer le bouton de fermeture (X) placé dans le coin supérieur droit de la fenêtre d'affichage.

Comment se procurer et installer un navigateur

Un navigateur est sans aucun doute déjà installé sur votre machine. Tous les navigateurs récents se ressemblent tellement que nous vous suggérons de garder celui qui s'y trouve, pour l'instant, du moins. Si vous n'avez pas de chance, vous n'avez pas de navigateur ou un vieux modèle que vous devez mettre à jour pour bénéficier des fonctions récentes exploitées dans les pages Web. Si vous utilisez une version de Firefox antérieure à la 2 ou d'Internet Explorer antérieure à la 7.0, vous risquez de passer à côté de nombreuses nouvelles fonctionnalités. Heureusement, les navigateurs ne sont pas difficiles à obtenir et à installer, et la plupart sont gratuits.

TRUC

De nouvelles versions de Firefox et d'Internet Explorer paraissent régulièrement. Elles corrigent les *bugs* des versions précédentes et comblent aussi certaines failles de sécurité qui permettent aux pirates de s'introduire dans les systèmes informatiques. À cet égard, Internet Explorer 7.0 est beaucoup plus sécurisé que l'était la version 6.0.

Comment se procurer un navigateur ?

Pour obtenir ou mettre à jour Firefox, allez à l'adresse `http://www.mozilla-europe.org/fr/products/firefox/`. Pour Internet Explorer, rendez-vous à `http://www.microsoft.com/downloads/search.aspx?displaylang=fr`.

TRUC

Lors d'une mise à jour d'une version antérieure du navigateur vers une plus récente, l'ancienne version sera remplacée par la nouvelle. Le programme d'installation saura peut-être même conserver vos réglages et signets ou Favoris.

La première fois que vous ouvrez le navigateur

Pour ouvrir votre nouveau navigateur, cliquez son icône, ou sélectionnez-le dans le menu Démarrer de Windows Vista.

La première fois que vous exécutez Firefox, vous êtes invité à importer tous vos paramètres Internet Explorer (ou de tout autre navigateur Web que vous utilisiez avant lui). Cela est important si vous avez réuni une impressionnante liste de Favoris que vous désirez retrouver dans Firefox.

Lors de la première exécution d'Internet Explorer, un assistant vous aidera à établir la connexion Internet.

Chapitre 7

La navigation autour du Web

Dans ce chapitre :

- Enregistrer et imprimer des pages Web.
- Demander au navigateur de mémoriser les noms d'utilisateur et les mots de passe.
- Naviguer dans plusieurs fenêtres à la fois.
- Afficher des pages Web dans des onglets.
- Marquer vos pages préférées.
- Contrôler les *cookies*.
- Arrêter les *popups*.
- Ajouter des *plug-ins* au navigateur.

Vous avez appris au Chapitre 6 ce qu'est un navigateur Web. Vous apprendrez à présent à exploiter quelques fonctionnalités telles que l'impression des pages Web, l'affichage simultané de plusieurs pages et la mémorisation des pages que vous visitez régulièrement. Vous devez également apprendre à gérer les espiogiciels, une menace Internet détaillée au Chapitre 2.

Enregistrer des éléments du Web

Très souvent, vous rencontrerez des éléments d'une page que vous aurez envie de conserver. Il peut s'agir d'une image ou de tout autre type de fichier, voire même d'une page Web entière. L'enregistrement de ces éléments est très facile à réaliser.

Enregistrer une page Web

Lorsque vous enregistrez une page Web, vous devez décider si vous n'en gardez que le texte ou si vous sauvegardez sa version HTML. Cette dernière version inclut tous les codes qui président à la mise en forme de la page. (Pour un rapide coup d'œil sur HTML, consultez le Chapitre 17.)

Voici comment enregistrer une page Web affichée :

1. **Cliquez Fichier/Enregistrer sous (aussi bien dans Internet Explorer que dans Firefox).**

   Dans Internet Explorer, vous devrez appuyer sur la touche Alt pour afficher la barre de menus.

   Une boîte de dialogue d'enregistrement standard apparaît.

2. **Attribuez un nom à cette page dans le champ Nom du fichier, ou bien laissez le nom affiché par défaut.**

3. **Dans la liste Type, choisissez la forme sous laquelle vous allez sauvegarder cette page sur votre disque dur.**

   Choisissez Fichier texte pour ne conserver que la version texte de la page avec quelques petites marques indiquant l'emplacement des images. Optez pour Page Web HTML uniquement ou Page Web complète pour conserver cette page dans sa mise en forme actuelle, c'est-à-dire exactement telle que vous la voyez à l'écran.

4. **Cliquez le bouton Enregistrer.**

Enregistrer une image

Pour enregistrer une image affichée sur une page Web :

1. **Cliquez l'image du bouton droit de la souris.**

2. **Dans le menu contextuel, choisissez la commande Enregistrer l'image sous, comme le montre la Figure 7.1.**

3. **Dans la boîte de dialogue Enregistrer l'image, utilisez la liste Enregistrer dans pour localiser le disque dur et le dossier de stockage de cette image. Dans le champ Nom du fichier, modifiez si besoin le nom assigné par défaut. Enfin, dans le champ Type, choisissez le format graphique sous lequel vous désirez enregistrer cette image. Cliquez Enregistrer.**

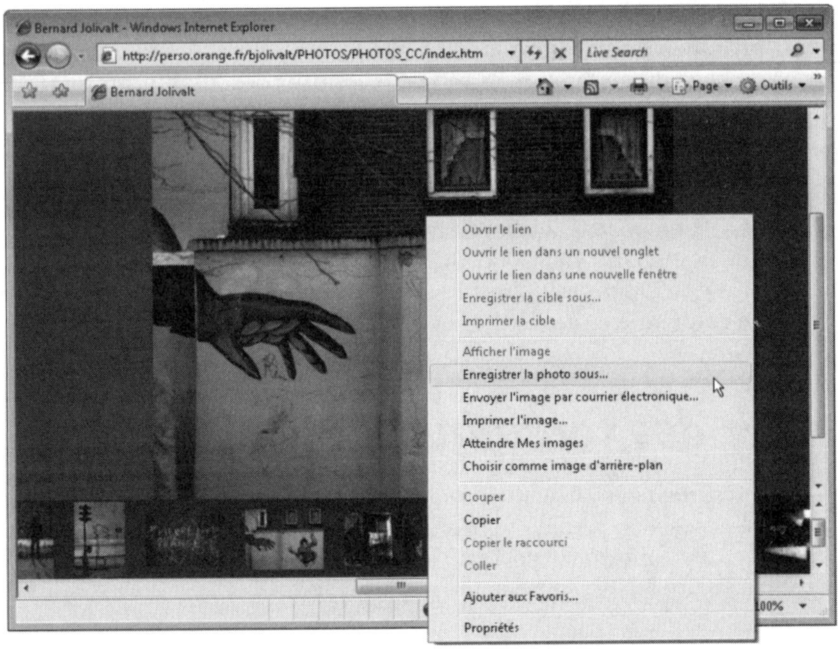

Figure 7.1 : Enregistrez, sur votre disque dur, une image trouvée sur une page Web.

ATTENTION !

N'oubliez jamais que tout ce que vous voyez sur le Net est protégé par la loi sur les droits d'auteur. Par conséquent, vous ne pouvez pas utiliser les textes, les images, les vidéos, la musique, *etc.* comme bon vous semble car vous n'en avez pas la propriété artistique. En d'autres termes, vous ne pouvez jamais utiliser, sans autorisation écrite des auteurs, tout document dont vous n'êtes pas vous-même le créateur. Conclusion : n'utilisez jamais ces éléments sur votre site Web !

Imprimer des pages Web

Aux premières années du Web, toutes les pages affichaient une commande d'impression qui ne fonctionnait pas ! On pensait à l'époque que l'internaute ne souhaitait consulter les informations qu'en ligne.

Or, de nombreux internautes aiment se constituer des dossiers complets à titre privé, professionnel, ou encore dans le cadre de leurs études. Aujourd'hui, l'impression du contenu d'une page Web est très simple à réaliser.

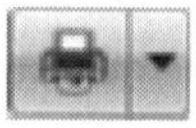

Soit vous cliquez le bouton Imprimer cette page (ou Imprimer), soit vous invoquez Fichier/Imprimer. Le navigateur doit effectuer une nouvelle mise en page du contenu Web afin de le rendre présentable sur un format A4. Ceci demande un peu de temps. Une barre de progression permet de savoir où vous en êtes de cette impression.

TRUC

Si la page que vous envisagez d'imprimer contient des cadres (une mise en page qui consiste à scinder le contenu d'une page Web en petites zones indépendantes), cliquez la partie de la fenêtre à imprimer. Sinon, vous n'obtiendrez que l'impression des cadres extérieurs, c'est-à-dire ceux qui en général ne contiennent que le titre et des boutons.

Remplir des formulaires

Dans une page Web, un *formulaire* est une page remplie de champs de saisie, de cases à cocher, de boutons radio, de listes qui permettent de communiquer des informations à un site Web lorsque vous cliquez le bouton Envoyer. La Figure 7.2 présente un formulaire type.

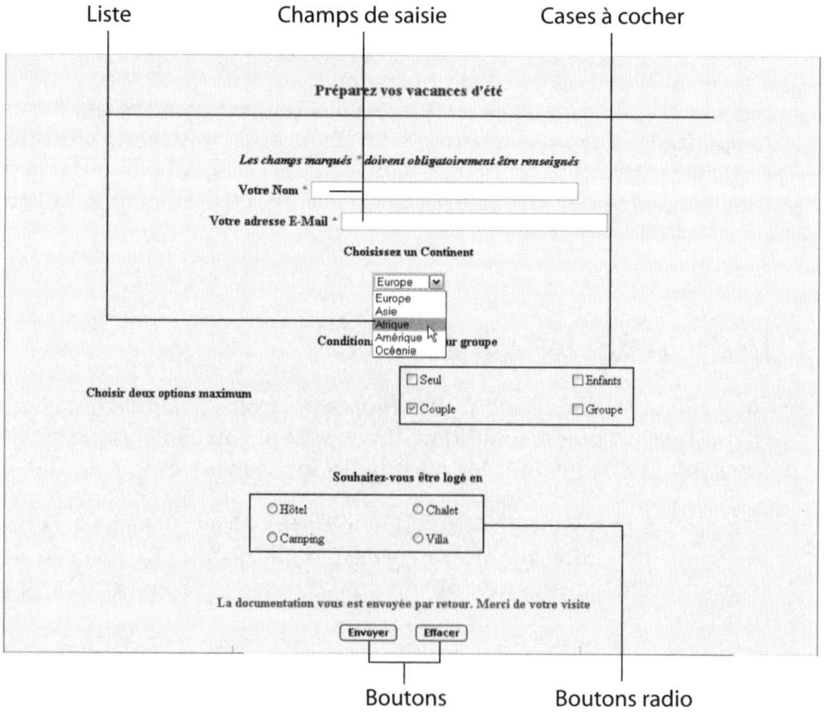

Figure 7.2 : Remplissez des formulaires.

Les *champs de saisie* permettent de taper des informations comme votre nom, votre courriel ou encore votre adresse postale. Les petits carrés sont des *cases à cocher*. Elles permettent de choisir plusieurs options (ou réponses) proposées. En revanche, les petits cercles sont des boutons d'option souvent appelés *boutons radio*. Dès que vous en activez un, les autres du même groupe ne peuvent plus l'être, contrairement aux *cases* permettant les choix multiples. Les formulaires contiennent également des *listes* dont les différentes natures permettent d'effectuer un ou plusieurs choix.

Les formulaires ont également des boutons. Ils sont généralement au nombre de deux : l'un pour envoyer, donc valider le formulaire, et l'autre pour l'annuler. Parfois, vous en verrez un troisième qui permet de purger le contenu afin de recommencer la saisie des informations.

Certaines pages Web comportent un *champ de recherche*. Cela permet d'effectuer une recherche d'informations sur un site en saisissant un mot-clé. Par exemple, la page Web de Google, à l'adresse `www.google.fr` et à la Figure 7.3, n'en a qu'un seul dans lequel vous tapez l'objet de la recherche. Pour trouver des sites Web consacrés au cinéma, saisissez simplement « cinéma » et cliquez le bouton Recherche Google. Une liste des sites sur le cinéma s'affichera dans le reste de la page.

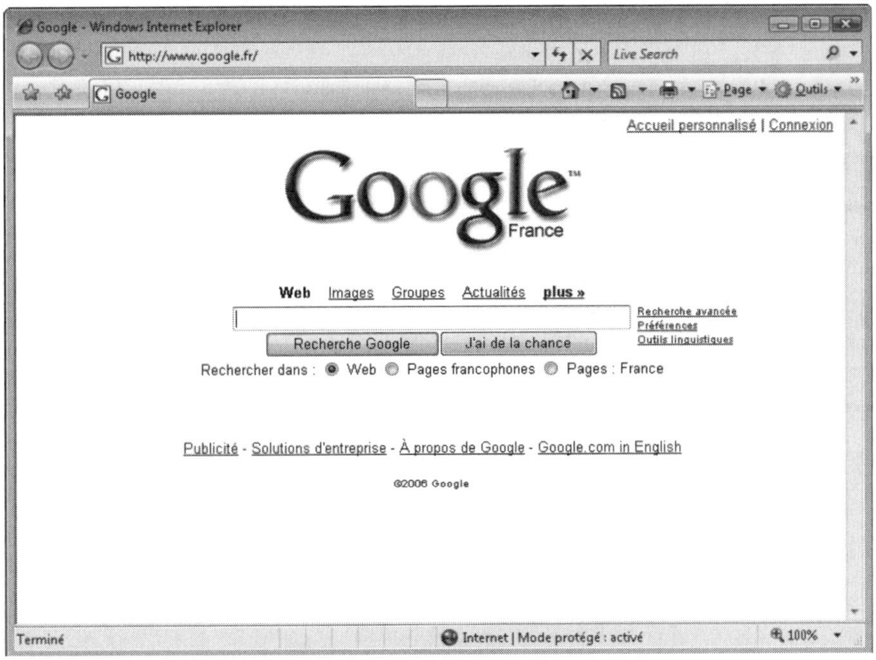

Figure 7.3 : La page d'accueil du célèbre moteur de recherche Google.

Notez que depuis la version 7, Internet Explorer est doté d'un champ *Live Search*, en haut à droite de l'interface, qui permet de lancer directement une recherche avec le moteur de recherche de Microsoft.

Les pages Web sécurisées

Lorsque vous remplissez un formulaire en ligne, vous êtes amené à communiquer des informations confidentielles, votre numéro de carte bancaire, par exemple. Heureusement, les pages Web savent crypter les données que vous envoyez et que vous recevez d'un *serveur Web sécurisé*.

L'icône d'un petit cadenas affichée à droite de l'adresse, dans la page de navigation, indique que toutes les transactions effectuées à partir de cette page sont cryptées. Si ce fameux petit cadenas est ouvert ou absent, cela signifie que la page n'est pas cryptée. Dans Firefox, le cadenas figure en bas à droite et l'URL est surlignée en jaune.

Le remplissage des formulaires s'effectue presque toujours dans une page Web sécurisée. Ceci évite tout détournement des informations par les cyberdélinquants. Le cryptage des données saisies est sécurisant, mais il suffit de lire le Chapitre 2 pour savoir que les vrais dangers d'Internet se situent ailleurs.

TRUC

Firefox vous prévient par un message de l'accès à une page sécurisée. Décochez la case à cocher pour qu'il ne s'affiche plus systématiquement (Figure 7.4).

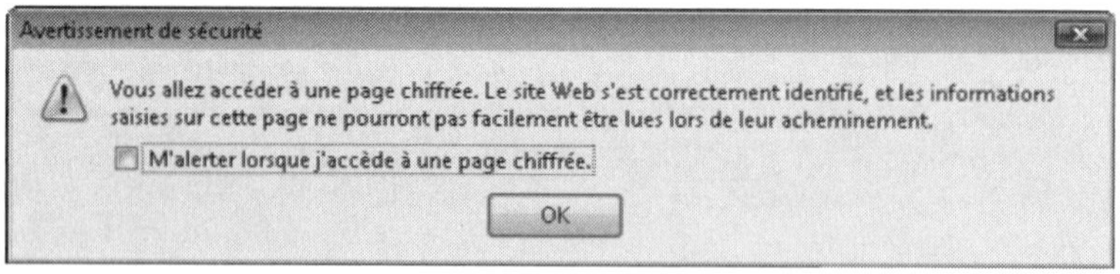

Figure 7.4 : Firefox prévient que le la page Web est sécurisée.

Laisser votre navigateur gérer vos mots de passe

De nombreux sites Web demandent la saisie d'un nom d'utilisateur et d'un mot de passe. Par exemple, lorsque vous achetez quelque chose sur un site Web, vous ouvrez généralement un compte qui stocke votre adresse de facturation et de livraison. Cela permet de régler vos achats plus rapidement. Pour accéder à ce compte, vous devez systématiquement saisir votre nom d'utilisateur et votre mot de passe. Comme vous avez probablement défini des quantités industrielles de mots de passe, il est parfois salutaire de demander à votre navigateur Web de les conserver en mémoire.

Firefox et Internet Explorer savent mémoriser les noms d'utilisateur et les mots de passe. Cependant, cette fonction pratique peut s'avérer dangereuse si d'autres personnes utilisent votre ordinateur dans un lieu public comme une bibliothèque ou un cybercafé. En revanche, si vous êtes seul à accéder à votre ordinateur, vous pouvez demander au navigateur de mémoriser certains de vos noms d'utilisateur et de vos mots de passe.

Lorsque vous accédez à une page Web qui requiert ces deux informations, votre navigateur affiche un message, comme celui représenté à la Figure 7.5. Cliquez Oui si vous désirez ne pas avoir à saisir le mot de passe lors de votre prochaine visite. Avec Firefox, vous disposez d'un bouton Jamais pour ce site. Si vous cliquez dessus, la cause est entendue. Vous serez systématiquement obligé de saisir le mot de passe pour ce site spécifique. Si vous répondez Non, aucune mise en mémoire n'est faite, mais le message s'affichera de nouveau lorsque vous reviendrez sur le site.

Figure 7.5 : Votre navigateur peut stocker les mots de passe saisis sur les sites Web.

Voici comment contrôler la manière dont les mots de passe sont stockés par Firefox :

1. **Cliquez Outils/Options.**

2. **Cliquez la catégorie Sécurité (Figure 7.6).**

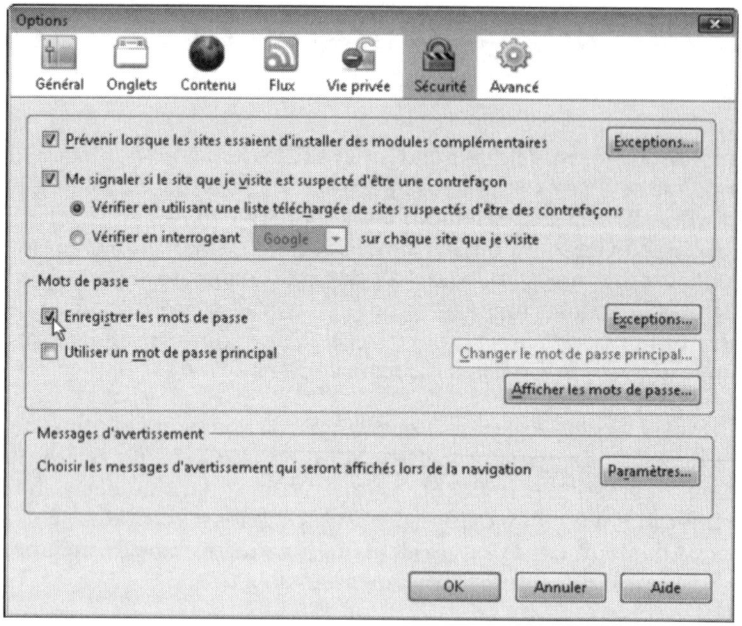

Figure 7.6 : La gestion des mots de passe dans Firefox.

3. **Selon votre préférence, cochez ou décochez la case Enregistrer les mots de passe.**

   Voici les options disponibles :

   - Si vous décochez l'option Enregistrer les mots de passe, cette fonction est désactivée. Cochez la case pour la réactiver.
   - Cliquez le bouton Afficher les mots de passe pour éventuellement supprimer des noms d'utilisateur et des mots de passe que Firefox aurait mémorisés.
   - Cochez la case Utiliser un mot de passe principal pour indiquer un mot de passe que vous n'aurez à saisir qu'une seule fois, à chaque session Firefox. Cette option réduit le nombre de mots de passe à mémoriser, tout en maintenant un haut niveau de sécurité.

4. **Cliquez OK pour quitter la boîte de dialogue Options.**

Dans Internet Explorer, la mémorisation des noms d'utilisateur et des mots de passe est une tâche gérée par la fonction de saisie semi-automatique. Voici comment faire :

1. **Cliquez Outils/Options Internet.**

   Vous devrez sans doute appuyer sur la touche Alt pour afficher la barre de menus.

2. **Cliquez l'onglet Contenu.**

   Cet onglet contient les sections Contrôle parental (qui joue le rôle de censeur pour les enfants surfant sur le Web), Contrôle d'accès (choix du type de contenu accessible avec cet ordinateur), Certificats (qui sécurise les pages Web), Saisie semi-automatique (c'est ce qui nous intéresse ici) et Flux (gestion des flux RSS émis par certains sites).

3. **Dans la section Saisie semi-automatique, cliquez le bouton Paramètres.**

4. **Dans la boîte de dialogue Paramètres de saisie semi-automatique, cochez les cases qui contrôlent les types de saisies stockées par Internet Explorer : Adresses Web, Formulaires, Noms d'utilisateur et mots de passe sur les formulaires (Figure 7.7).**

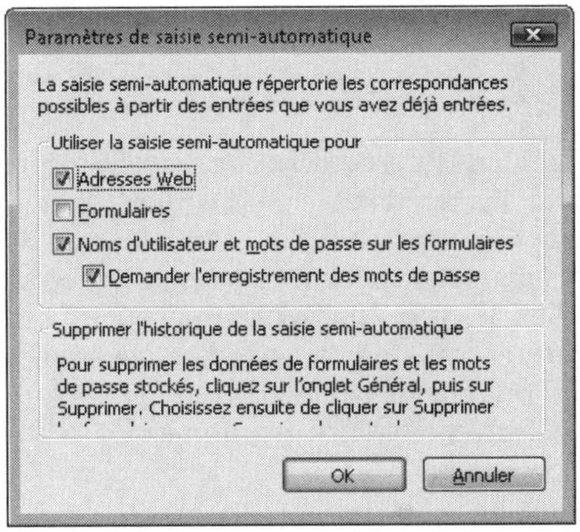

Figure 7.7 : Gestion des mots de passe dans Internet Explorer.

   Internet Explorer ne vous affiche pas la liste des mots de passe mémorisés. Cependant, vous pouvez contourner cela en activant ou en désactivant la case Demander l'enregistrement des mots de passe.

5. **Cliquez OK pour quitter la boîte de dialogue Paramètres de saisie semi-automatique, puis de nouveau sur OK pour fermer la boîte de dialogue Options Internet.**

Personnellement, nous laissons nos navigateurs Web mémoriser les mots de passe de nos différents comptes quand ceux-ci n'engagent aucunement des informations personnelles et/ou bancaires. Par exemple, si nous avons un compte sur le site Web des fans de Harry Potter pour nous permettre de discuter en ligne avec d'autres personnes partageant notre passion, nous ne risquons pas grand-chose à mémoriser le mot de passe dans le navigateur. Nous ne procéderons bien sûr pas de la même manière avec le nom d'utilisateur et le mot de passe d'accès à un compte bancaire.

Des fenêtres ouvertes sur le monde

Firefox et Internet Explorer sont capables de faire plusieurs choses à la fois (c'est ce qu'on appelle du *multitraitement*), et notamment d'afficher plusieurs pages Web simultanément. Lorsque nous cliquons çà et là dans les pages Web, nous aimons bien ouvrir de multiples fenêtres pour retourner rapidement à une page précédente en basculant simplement d'une fenêtre à l'autre, ou mieux, dans des onglets. Dès que vous désirez afficher une nouvelle page, il suffit de l'ouvrir dans un onglet pour la conserver à disposition. Cliquez l'onglet d'une page pour en afficher le contenu.

Des fenêtres un peu partout

Pour ouvrir une nouvelle page dans Internet Explorer ou Firefox, cliquez du bouton droit de la souris un lien et, dans le menu qui surgit, choisissez la commande Ouvrir dans une nouvelle fenêtre ou Ouvrir le lien dans une nouvelle fenêtre. Pour fermer une fenêtre, cliquez sa case de fermeture (représentée par une croix dans le coin supérieur droit) ou appuyez sur Alt+F4. Les souris des Mac – qui sont équipés, eux, du navigateur Safari – n'ont qu'un seul bouton (sauf pour la *Mighty Mouse* dont le clic-droit a été paramétré) : pour ouvrir une nouvelle fenêtre, maintenez le bouton enfoncé jusqu'à ce que s'affiche le menu dynamique, puis sélectionnez la commande appropriée. Vous fermez toutes les fenêtres de votre Mac de la même façon, en cliquant un bouton en haut de la fenêtre.

Vous pouvez également ouvrir une nouvelle fenêtre sans pour autant suivre un autre lien. Pour cela, appuyez sur Ctrl+N ou (après un appui sur Alt) cliquez Fichier/Nouveau/Fenêtre dans Internet Explorer et (sans appui préalable sur une touche) sur Fichier/Nouvelle fenêtre dans Firefox.

Jeux d'onglets

Apparus d'abord dans le méconnu navigateur Opera puis dans Firefox, avant d'être adopté par Internet Explorer 7, les *onglets* contiennent chacun une page Web. La Figure 7.8 montre Internet Explorer avec quatre onglets. Pour afficher une des pages, il suffit de cliquer son onglet en haut de la fenêtre. Cliquez le minuscule onglet vide, à droite de ceux déjà ouverts (ou appuyez sur Ctrl+T), pour créer un nouvel onglet ou sur le X à droite de l'onglet courant pour le supprimer. Les onglets travaillent en *multithread*, c'est-à-dire qu'un chargement peut se dérouler à l'arrière-plan dans un onglet pendant que vous en consultez un autre. Nous trouvons les onglets généralement plus pratiques que les fenêtres. Les deux sont exploitables conjointement ; rien n'empêche d'ouvrir plusieurs fenêtres, chacune pouvant afficher plusieurs onglets.

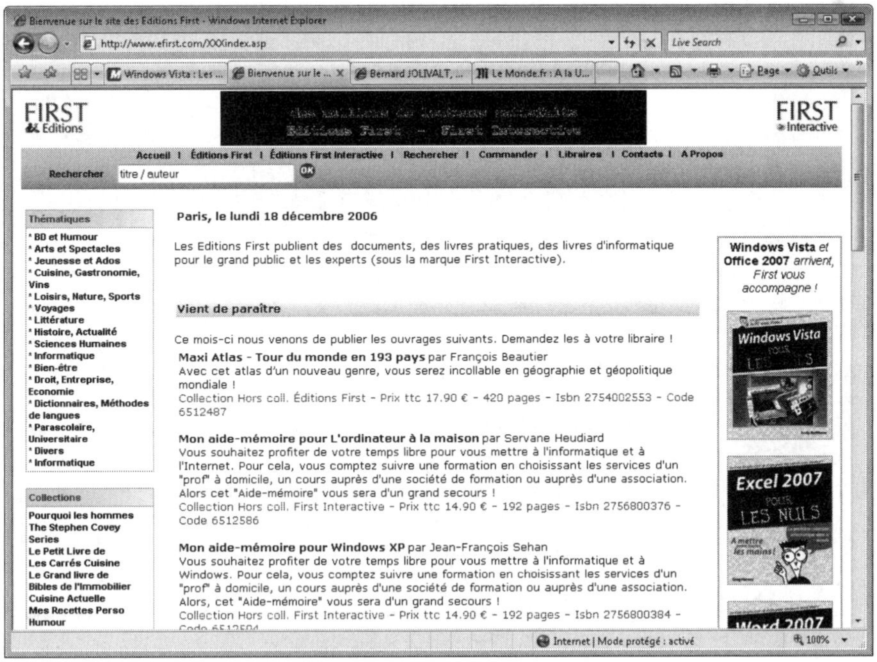

Figure 7.8 : Une fenêtre d'Internet Explorer avec quatre onglets.

À propos du téléchargement

Si vous demandez à votre navigateur de commencer à télécharger un gros fichier, il affichera généralement une petite fenêtre dans un coin de votre écran. Firefox y affiche un curseur illustrant la progression du transfert. Internet Explorer, lui, présente des petites pages voletant de gauche à droite, d'un dossier à un autre, ainsi qu'une barre de progression. Certains trouvent cela amusant ! Et, pendant ce temps-là, vous pouvez revenir à la fenêtre principale de votre navigateur et continuer votre promenade sur le Web.

Attention : faire deux ou trois choses à la fois avec votre navigateur lorsque vous êtes connecté à Internet par une ligne téléphonique peut vous faire gagner du temps. Tout dépend, en fait, du débit maximal du modem. La vitesse de transfert sera partagée entre les fenêtres actives du navigateur. Un seul transfert de fichier peut parfois solliciter presque toute la bande passante. Par conséquent, plusieurs activités se dérouleront toutes plus lentement.

Si une tâche est un téléchargement de gros fichiers et l'autre une simple promenade sur le Web, tout se passe généralement bien car vous passez plus de temps à regarder la page Web, permettant au fichier d'être transféré sans entrave. Mais ce n'est pas parce que Firefox et Internet Explorer permettent de télécharger plusieurs fichiers en même temps que vous allez y gagner quoi que ce soit. Il n'y a pas de raison d'en traiter plus d'un seul (deux, à la rigueur) à la fois, et, en plus, vous risquez de vous tromper.

Les navigateurs Web disposent d'un "cache". Il s'agit d'une zone de stockage où le programme enregistre les images d'un site de manière à les réafficher lors d'une prochaine connexion au même site, ce qui fait gagner du temps. Le problème du cache est qu'il peut empêcher l'affichage de la version actualisée de la page, ce qui peut être gênant sur un site marchand, financier ou journalistique, les prix, cours et informations risquant d'être périmés. Pour éviter ce désagrément, recharger la page en appuyant sur la touche F5 du clavier (avec Internet Explorer ou Firefox). Sachez cependant que ces navigateurs, en règle générale, chargent systématiquement la nouvelle version des pages Web lorsque leur contenu a radicalement changé. Toutefois, l'appui sur F5 reste un excellent réflexe.

Favoris et signets

Il existe quantité de sites passionnants à visiter sur le Web, et vous voudrez revisiter bon nombre d'entre eux. Par bonheur, les programmeurs qui ont conçu les navigateurs ont pensé à un moyen de mémoriser les bonnes adresses, évitant ainsi de devoir noter manuellement des URL parfois compliquées. Ces moyens sont des *signets, marque-pages* ou *favoris*.

Le terme diffère d'un navigateur à un autre mais le principe reste le même. Votre navigateur vous permet d'enrichir votre « carnet d'adresses Web » en y ajoutant l'URL de la page affichée. Quand vous voudrez y revenir, vous n'aurez qu'à parcourir les signets à la recherche du site qui vous intéresse.

Il y a deux façons d'utiliser les signets. L'une consiste à se les représenter comme les entrées d'un menu qui viendrait s'ajouter aux menus de votre navigateur. L'autre est de les considérer comme une page de liens.

Les marque-pages de Firefox

Pour accéder aux signets de Firefox – pardon, aux marque-pages –, cliquez le menu Marque-pages. Pour en ajouter un, correspondant à la page actuellement affichée, cliquez Marquer cette page ou appuyez sur Ctrl+D. Les signets se présentent comme des entrées du menu qui apparaît lorsque vous cliquez le menu Marque-pages (Figure 7.9). Pour atteindre une des pages de la liste, il suffit de cliquer l'entrée correspondante.

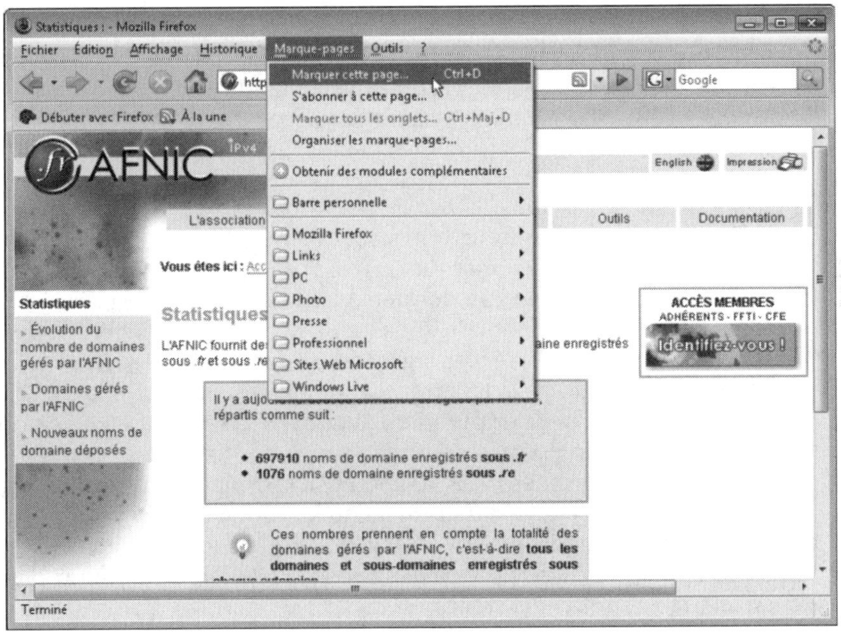

Figure 7.9 : Marquer des pages pour mieux les consulter dans Firefox.

Si vous êtes comme la plupart des surfeurs du Net, votre liste de signets va s'allonger, et bientôt votre écran ne sera plus assez grand pour l'afficher en entier. Il est cependant possible de donner au menu une forme plus manipulable. Choisissez Marque-pages/Gérer les marque-pages pour afficher la fenêtre Signets (Figure 7.10).

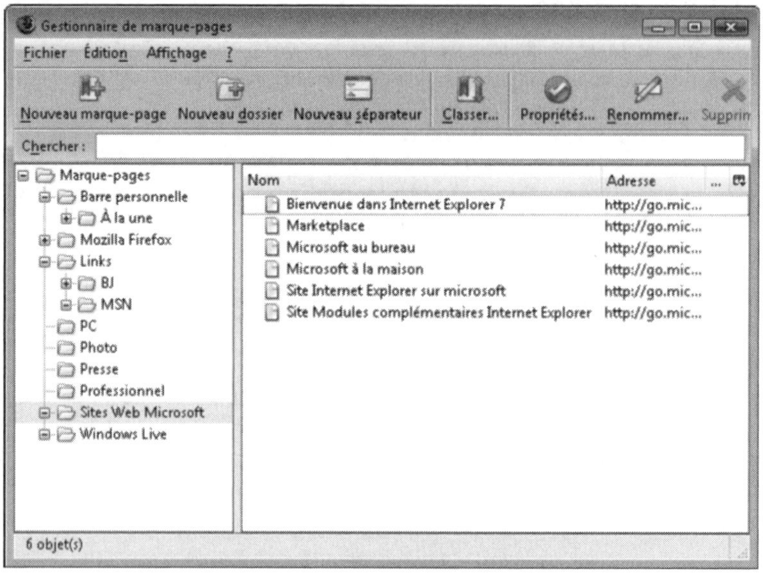

Figure 7.10 : La fenêtre Gestionnaire de marque-pages comporte des commandes pour déplacer, modifier et supprimer ces signets.

Vous pouvez atteindre la page qu'un signet représente à l'aide d'un double-clic. La fenêtre peut même rester ouverte tandis que vous naviguez sur le Web. Il est aussi possible d'ajouter des séparateurs et des sous-menus pour organiser les marque-pages et les menus. Les sous-menus ont l'allure de dossiers.

Pour ajouter un séparateur, choisissez Fichier/Nouveau séparateur dans la fenêtre Gestionnaire de marque-pages. Pour ajouter un nouveau sous-menu, actionnez Fichier/Nouveau dossier. Avant de créer le dossier, Firefox vous demande de taper le nom du sous-menu et éventuellement une description. Vous pouvez alors glisser les signets, séparateurs et dossiers vers les emplacements désirés dans la fenêtre Gestionnaire de marque-pages. Glissez un élément dans un dossier pour le placer dans le sous-menu de ce dossier ; double-cliquez un dossier pour afficher ou masquer ce sous-menu. Les changements effectués dans la fenêtre Gestionnaire de marque-pages sont immédiatement reportés dans le menu Marque-pages. Il est ainsi facile de manipuler les signets jusqu'à obtenir quelque chose qui vous plaît. Firefox place d'office certaines pages dans vos signets ; ne vous gênez pas pour les effacer si vos goûts diffèrent.

Lorsque vous avez fini de jouer avec vos signets, cliquez le bouton de fermeture de la fenêtre, appuyez sur Ctrl+W, ou encore cliquez Fichier/Fermer, pour refermer la fenêtre.

Marque-pages en un clic sous Firefox

La Barre personnelle est une rangée de boutons affichée juste au-dessous de la case d'adresse. Si ce n'est pas le cas, choisissez Affichage/Barre d'outils/Barre personnelle. Cette rangée de boutons donne un accès rapide à un certain nombre de sites Web de Firefox. Il est pratique de les remplacer par vos propres favoris. Lorsque vous organisez vos signets dans la fenêtre Gestionnaire de marque-pages, placez vos sites favoris dans le dossier Barre personnelle ; tous les sites présents dans ce dossier apparaissent systématiquement dans la Barre personnelle. Il est même possible d'ajouter des dossiers et d'y insérer des signets. Nous apprécions beaucoup cette caractéristique de Firefox.

Les favoris d'Internet Explorer

Internet Explorer est Firefox utilisent une technique à peu près semblable, grâce à laquelle vous pouvez enrichir votre liste de Favoris avec l'URL de la page affichée, puis consulter et réorganiser votre dossier Favoris.

Pour ajouter la page actuelle à votre dossier Favoris, appuyez sur la touche Alt et choisissez Favoris/Ajouter aux Favoris. La boîte de dialogue Ajout de Favoris (Figure 7.11) donne la possibilité de voir la page *hors connexion* (c'est-à-dire, sans être connecté à Internet). Cochez la case si vous voulez enregistrer la page sur le disque de votre ordinateur (ce que l'on ne fait pas habituellement). Cliquez le bouton Créez dans, si vous voulez placer le nouveau favori dans un dossier de façon à ce qu'il apparaisse dans un sous-menu du menu Favoris.

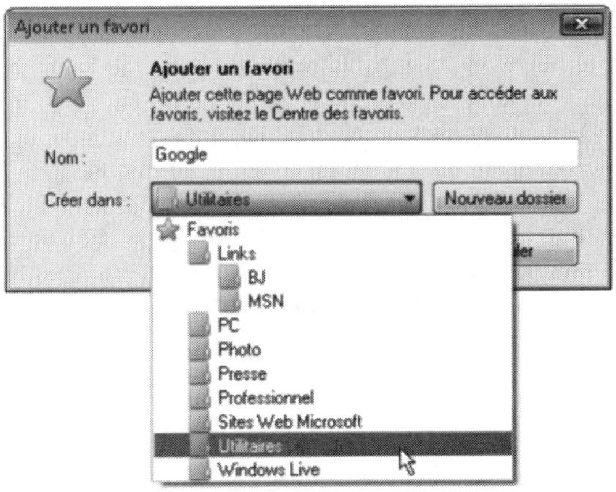

Figure 7.11 : Ajout d'une page Web aux favoris d'Internet Explorer.

Internet Explorer propose dans la barre d'outils un bouton Centre des favoris qui affiche les favoris du côté gauche de la fenêtre. Un autre clic sur le bouton Favoris masque la liste. Le raccourci pour afficher ou masquer cette liste est Ctrl+I. Lorsque le Centre des favoris est affiché, un clic sur un favori suffit pour accéder au site correspondant. Un autre moyen de revenir à un site Web dans le Centre des favoris est de dérouler le menu Favoris (appuyez préalablement sur Alt).

Pour réorganiser le dossier Favoris, choisissez Favoris/Organiser les Favoris. La fenêtre Organisation des Favoris (Figure 7.12) permet de créer des dossiers pour les favoris, de déplacer les favoris, de les modifier et de les supprimer. Pour voir le contenu d'un dossier, cliquez dessus. Lorsque vous avez fini d'organiser vos favoris, cliquez le bouton Fermer.

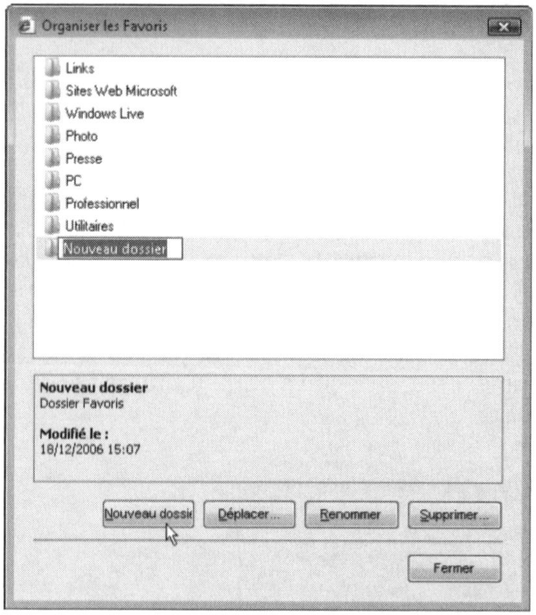

Figure 7.12 : Dans cette fenêtre, organisez les favoris définis dans Internet Explorer.

Les dossiers créés dans la fenêtre Organiser les Favoris apparaissent dans le menu Favoris. Les éléments placés dans les dossiers apparaissent dans des sous-menus. Pour revenir à une page Web ajoutée au dossier Favoris, cliquez dessus dans le menu Favoris.

Favoris en un clic sous Internet Explorer

La barre d'outils Liens apparaît habituellement juste au-dessous ou à droite de la zone Adresse. Si ce n'est pas le cas, appuyez sur la touche Alt et choisissez Affichage/Barres d'outils/Liens. Il est très intéressant de remplacer les sites proposés par vos sites préférés. Lorsque vous organisez vos favoris, glissez dossiers et favoris dans le dossier Liens : tout ce qui se trouve dans le dossier Liens apparaît automatiquement sur la barre d'outils Liens. Cette caractéristique est très pratique pour les sites Web que vous visitez souvent.

Personnaliser le navigateur

À moins de bénéficier d'une connexion directe en haut débit à Internet, vous passerez beaucoup de temps à attendre que vos pages se chargent. Et, même dans ce cas, tout particulièrement en ce qui concerne les liaisons transatlantiques, les temps d'attente risquent d'être importants en cours de journée. Voici quelques astuces pour accélérer le téléchargement.

D'où partez-vous ?

À l'ouverture du navigateur, une *page d'accueil* s'affiche. Ainsi, Firefox charge systématiquement la page d'accueil de Mozilla, tandis qu'Internet Explorer affiche celle de Microsoft et parfois de MSN. Au bout d'une fois ou deux, malgré la beauté manifeste de la page, vous aurez probablement envie de ne pas la voir. Il suffit d'indiquer au navigateur la page qu'il doit afficher à chaque fois que vous l'exécutez.

Dans Firefox : Si vous êtes lassé par la page d'accueil par défaut affichée par Firefox, voici comment indiquer au programme une autre page de démarrage :

1. **Dans le menu Outils, cliquez Options.**

   La fenêtre Options s'affiche (Figure 7.13).

2. **Assurez-vous que la catégorie Général est ouverte.**

   Sinon, cliquez cette icône. La ligne intitulée Page d'accueil contient l'adresse Web par défaut de la page que Firefox affichera systématiquement au démarrage.

3. **Pour démarrer sans page Web, cliquez le bouton fléché à droite du champ Au démarrage de Firefox, et dans le menu , choisissez Afficher une page vide.**

Figure 7.13 : Indiquez dans la fenêtre Options de Firefox le site Web qui s'affichera au démarrage du navigateur.

4. **Cliquez OK.**

TRUC

Firefox peut mémoriser et ouvrir plusieurs pages de démarrage. Chacune s'affichera dans un onglet. Pour les définir, commencez par les afficher sous forme d'onglets dans Firefox (appuyez sur Ctrl+T pour créer un onglet). Ensuite, cliquez Outils/Options. Dans la boîte de dialogue Options, sélectionnez Général, cliquez le bouton fléché à droite du champ Au démarrage de Firefox, et dans le menu, choisissez Afficher les derniers onglets et fenêtres utilisés. Désormais, les pages des sites visibles dans des onglets s'ouvriront systématiquement au démarrage de Firefox.

Dans Internet Explorer : Par défaut, Internet Explorer charge la page d'accueil de MSN, c'est-à-dire le site portail de Microsoft. Vous pouvez cependant spécifier l'adresse d'une autre page ou démarrer avec une page vierge. Suivez ces étapes pour démarrer avec une page vierge au lancement d'Internet Explorer :

1. **Affichez la page Web à utiliser comme page de démarrage.**

   Par exemple, la page Yahoo! ou encore Google, le célèbre moteur de recherche.

2. **Appuyez sur la touche Alt puis cliquez Outils/Options Internet.**

   Vous accédez à la boîte de dialogue Options Internet de la Figure 7.14.

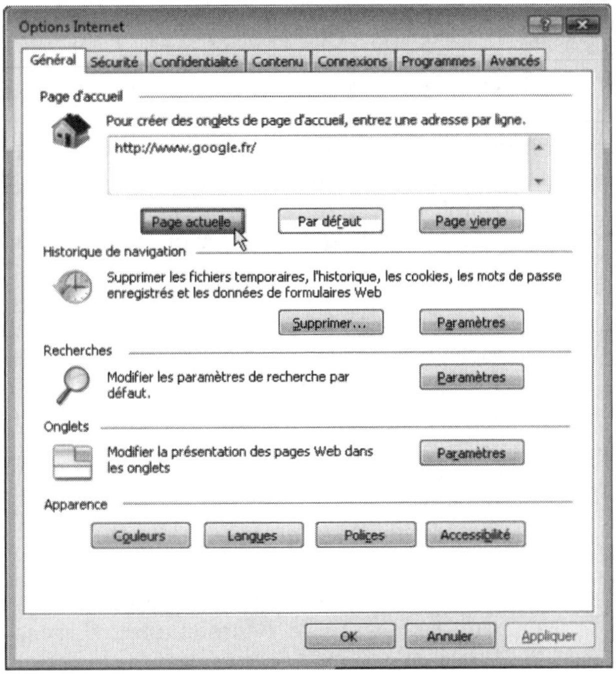

Figure 7.14 : La boîte de dialogue Options Internet permet notamment de définir la page Web affichée au démarrage.

3. **Cliquez l'onglet Général.**

   En réalité, il est probablement déjà sélectionné. Nous précisons cela au cas où vous auriez parcouru les autres onglets.

4. **Dans la section Page de démarrage de la boîte de dialogue, cliquez le bouton Page actuelle.**

   L'URL de la page actuelle s'affiche dans la fenêtre le bouton Page vierge.

5. **Cliquez OK.**

TRUC

Choisissez une page de démarrage contenant peu d'images : en commençant par une page Web qui se charge plus rapidement ou même sans aucune page, vous n'attendrez pas longtemps pour commencer à naviguer.

Personnaliser la barre d'outils

La barre d'outils est la rangée d'icônes qui se situe juste sous les menus du navigateur. Par défaut, le navigateur Web propose les boutons les plus utiles. Cependant, vos habitudes d'internaute démontreront sans doute que certains ne vous servent à rien et qu'en revanche, d'autres vous seraient bien utiles. Heureusement, il est possible de personnaliser les barres d'outils et d'y inclure les boutons qui exécutent les commandes dont vous avez besoin le plus souvent.

Que ce soit dans Internet Explorer ou Firefox, vous personnalisez une barre d'outils en cliquant dessus, ou sur la barre d'onglets, avec le bouton droit de la souris, sauf sur les boutons Précédente et Suivante (Internet Explorer) ou Reculer et Avancer d'une page (Firefox). Dans le menu contextuel qui s'affiche, cliquez Personnaliser ou Personnaliser la barre des commandes/ Ajouter ou supprimer des commandes.

Dans Firefox, cette action ouvre la boîte de dialogue Modification des barres d'outils (Figure 7.15). Il suffit de localiser le bouton correspondant à la commande que vous désirez exécuter et de le glisser-déposer jusqu'à la barre d'outils. Idem pour vous débarrasser d'un bouton inutile. Cliquez dessus dans la barre d'outils de Firefox et, sans relâcher le bouton de la souris, glissez-le puis déposez-le dans la boîte de dialogue Modification des barres d'outils.

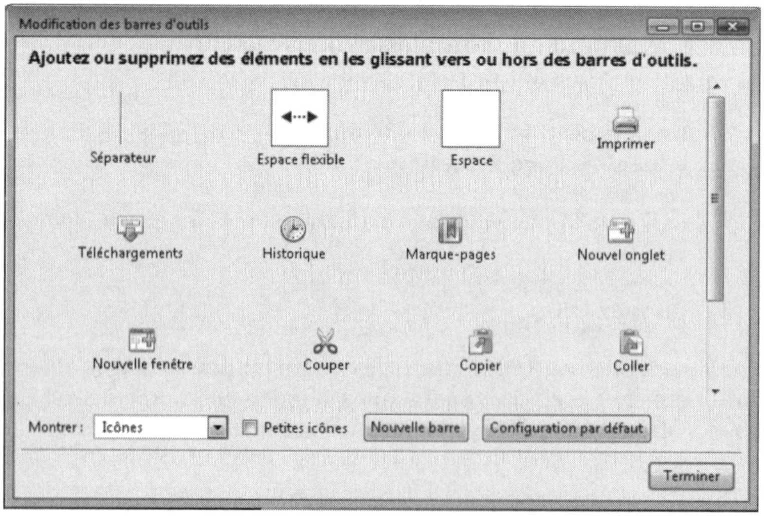

Figure 7.15 : Personnalisation des barres d'outils dans Firefox.

Dans Internet Explorer, vous accédez à la boîte de dialogue Personnalisation de la barre d'outils (Figure 7.16). La liste de gauche affiche les boutons disponibles, c'est-à-dire ceux que vous pouvez ajouter à la barre d'outils, et celle de droite ceux situés actuellement sur ladite barre. Pour supprimer un bouton de la barre d'outils, sélectionnez-le dans la liste Boutons de la barre d'outils et cliquez Supprimer. De même, pour enrichir cette barre de nouveaux boutons, sélectionnez-les dans la liste Boutons disponibles et cliquez Ajouter.

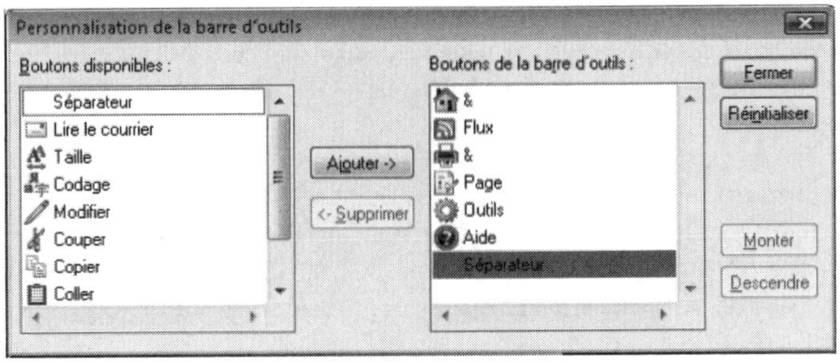

Figure 7.16 : Personnalisation des barres d'outils dans Internet Explorer.

TRUC

Si quelqu'un d'autre a utilisé et modifié votre navigateur, vous pouvez facilement rétablir votre présentation préférée :

- **Si toute la partie supérieure du navigateur a disparu**, c'est parce que le navigateur est affiché en mode plein écran. Appuyez sur la touche F11 pour rétablir l'affichage normal.

- **S'il manque des barres d'outils**, appuyez sur Alt puis cliquez Affichage/Barres d'outils. Une barre non cochée n'est jamais affichée. Il suffit alors de cliquer les noms des barres d'outils que vous désirez faire apparaître dans l'interface du navigateur. Une coche s'affiche à gauche du nom de la barre d'outils. Dans Internet Explorer, vous disposez des barres d'outils Boutons standard, Barre d'adresses et Liens. Dans Firefox, ce sont la Barre de navigation et la Barre personnelle (qui affiche les marque-pages).

- **Si les boutons de votre barre d'outils ne sont pas ceux que vous avez l'habitude d'utiliser**, cliquez du bouton droit de la souris sur la barre d'outils (à l'exception des boutons Précédente, Suivante, Reculer d'une page et Avancer d'une page). Dans le menu contextuel, cliquez Personnaliser. Dans la boîte de dialogue Modification des barres d'outils de Firefox, cliquez le bouton Configuration par défaut. Dans la boîte de dialogue Personnalisation de la barre d'outils d'Internet Explorer, cliquez le bouton Réinitialiser. Ensuite, cliquez le bouton Fermer dans Internet Explorer et le bouton Terminer dans Firefox.

Effacer l'historique

Tous les navigateurs contiennent une fonction d'historique très utile. Près de la boîte dans laquelle vous entrez les URL des pages que vous souhaitez afficher, se trouve une petite flèche pointant vers le bas. Lorsque vous la cliquez, la liste des dernières pages Web affichées apparaît.

Pour afficher l'historique dans un volet indépendant d'Internet Explorer, appuyez sur Alt puis cliquez Affichage/Volet Aller à/Historique. La liste des sites Web visités s'affiche chronologiquement. Vous pouvez fermer l'historique par un clic sur le bouton de fermeture (X) du volet d'exploration ou du panneau latéral.

Des lecteurs nous ont demandé si ces adresses peuvent être effacées, car certaines sont un peu compromettantes (surtout celles avec des xxx dans l'URL, assez *hard*, oups, dures, reoups... Bon, passons...). Comme certaines de ces requêtes semblaient vraiment urgentes, nous leur expliquons comment procéder.

- **Firefox :** Rien de plus simple. Choisissez Outils/Options et cliquez la catégorie Vie privée. Cochez la case Toujours effacer mes informations personnelles à la fermeture de Firefox et cliquez le bouton Nettoyer maintenant (juste au-dessus, le bouton Paramètres permet de définir ce qui doit être effacé et ce qui ne doit pas l'être).
- **Internet Explorer :** Appuyez sur Alt et choisissez Outils/Options Internet. Sous l'onglet Général, cliquez le bouton Effacer l'Historique. Choisissez Oui lorsque le programme vous demande de confirmer votre choix.

Contrôler les cookies

Pour améliorer votre vie en ligne, les éditeurs de navigateur Web ont inventé un type spécial de message qui permet à un site Web de vous reconnaître lorsque vous visitez à nouveau ce site. Ces informations, baptisées *cookies*, sont stockées sur votre propre machine.

En général, les *cookies* ne sont pas dangereux et se révèlent même utiles, comme nous l'expliquons au Chapitre 2. Toutefois, vous pouvez les contrôler aussi bien dans Firefox que dans Internet Explorer.

Il existe plusieurs formes de *cookies* :

- ***Cookies* internes :** Ce sont les *cookies* venant directement du serveur qui vous a fourni la page Web actuellement affichée. Ces *cookies* sont utilisés pour se souvenir de vous lorsque vous vous inscrivez comme membre du site. Le confort, c'est de ne pas avoir à saisir de nouveau, à chaque visite, vos nom d'utilisateur et mot de passe. Vous avez le choix entre Accepter, Bloquer ou Demander, auquel cas il vous sera demandé de choisir. Cette dernière option devient vite fastidieuse si vous tombez sur de nombreux *cookies*. Certains sites stockent plus de trois *cookies* par page.

- ***Cookies* tiers :** De nombreux sites Web font appel à des entreprises spécialisées pour fournir des publicités à leurs pages Web, et ces publicités, tierce partie, placent habituellement des *cookies* dans votre ordinateur afin de collecter des données *marketing*. Les options sont les mêmes que précédemment. Les *cookies* tiers font les choux gras des officines de publicité ; il n'y a aucune raison de les accepter.

Contrôler les cookies dans Firefox

Cliquez Outils/Options, puis affichez le contenu de la catégorie Vie privée. Cliquez l'onglet Cookies, comme à la Figure 7.17. Plusieurs options sont proposées :

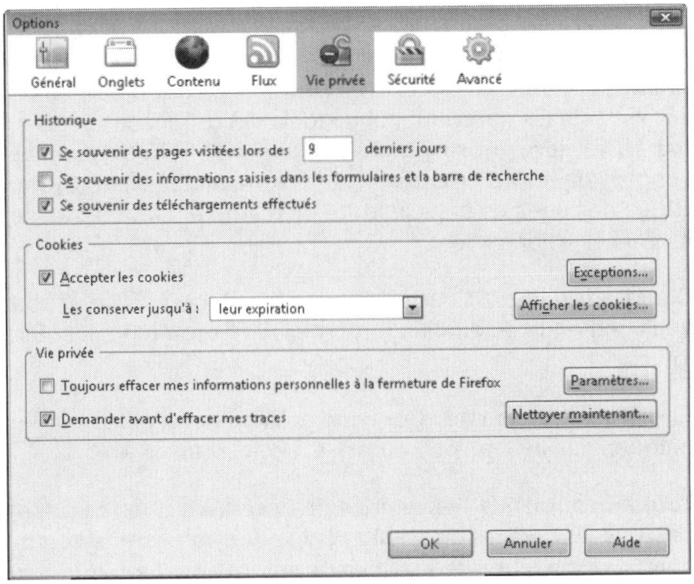

Figure 7.17 : Contrôler les cookies dans Firefox.

- **Accepter les cookies :** Certains ne fonctionnent pas sans *cookie*, notamment les sites de conversation (*chat*) des groupes Yahoo! (`http://fr.groups.yahoo.com/`).
- **Exceptions :** Vous spécifiez ici des sites dont les *cookies* seront bloqués, autorisés ou tous acceptés. Dans le champ Adresse du site Web, saisissez l'URL du site concerné, puis cliquez l'un des trois boutons Bloquer, Autoriser pour la session ou Autoriser.
- **Afficher les cookies :** Liste les *cookies* que Firefox a stockés depuis que vous surfez sur le Net. Vous pouvez également visualiser leur contenu ou supprimer n'importe quel *cookie* de la liste, ou les éliminer tous en cliquant Supprimer tous les cookies.
- **Les conserver jusqu'à :** Vous indiquez à Firefox la période pendant laquelle il va garder les *cookies* : jusqu'à leur expiration (le paramètre habituel), jusqu'à la fermeture de Firefox ou me demander à chaque fois (option très agaçante).

Contrôler les cookies dans Internet Explorer

Appuyez sur Alt puis cliquez Outils/Options Internet pour afficher la boîte de dialogue Options Internet. Le contrôle des *cookies* se trouve sous l'onglet Confidentialité : cliquez le bouton Avancé pour afficher la boîte de dialogue Paramètres de confidentialité avancés. Par défaut, Internet Explorer gère les *cookies* de manière plutôt agressive, en autorisant l'accès à un *cookie* uniquement aux serveurs que vous avez contactés, et non aux serveurs tiers (serveurs Web autres que celui qui a stocké à l'origine le *cookie* sur votre ordinateur). Ces derniers envoient des publicités et autres *popups*. Vous pouvez choisir de les gérer vous-même en cochant la case Ignorer la gestion automatique des cookies dans la boîte de dialogue Paramètres de confidentialité avancés. Les options sont :

- **Cookies internes :** Vous choisissez d'accepter, de refuser ou que l'on vous demande de choisir. Cette dernière option devient fatigante à la longue.
- **Cookies tierce partie :** Ces *cookies* viennent d'ailleurs, c'est-à-dire pas uniquement du site Web autorisé. Donc, refusez-les !
- **Toujours autoriser les cookies de la session :** Cette option laisse passer tous les *cookies* de session (type de *cookie* utilisé pour pister une unique occurrence de votre visite sur un site Web). Ces *cookies* sont couramment utilisés par des sites d'achats comme Amazon.fr.

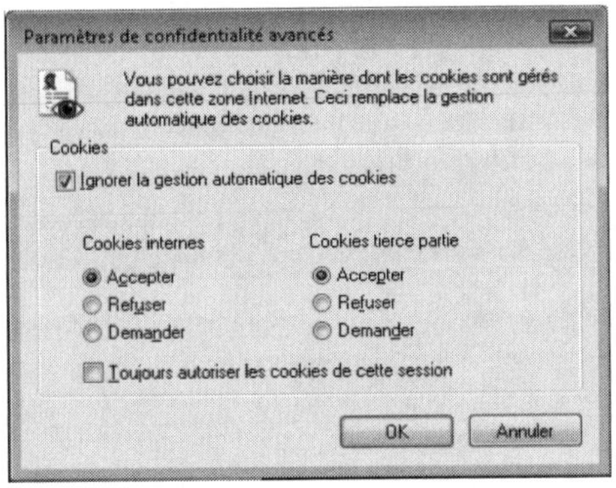

Figure 7.18 : Contrôle des cookies avec Internet Explorer.

Si vous utilisez une ancienne version d'Internet Explorer (Internet Explorer 5.0 ou 5.5), cliquez Outils/Options Internet pour afficher la boîte de dialogue Options Internet. Le contrôle des *cookies* se trouve sur l'onglet Sécurité. Cliquez Internet (le globe coloré), puis Personnaliser le niveau pour afficher la boîte de dialogue Paramètres de sécurité. Descendez jusqu'à la section Cookies. Deux paramètres sont proposés :

- **Autoriser les cookies stockés sur votre ordinateur :** Certains *cookies* sont stockés sur votre ordinateur de manière à ce que les sites Web vous identifient : « Bienvenue, Tom ! Voici les livres que nous vous recommandons aujourd'hui. » Vous pouvez les inhiber (Désactiver), les autoriser (Activer) ou indiquer à IE de vous demander votre avis avant de stocker chaque *cookie* (Demander).

- **Autoriser les cookies par session (non stockés) :** Certains cookies sont stockés mais uniquement jusqu'à ce que vous quittiez Internet Explorer. Par exemple, les systèmes de panier d'achat (programmes serveurs Web qui vous permettent de faire vos achats en remplissant un panier dans une boutique en ligne, puis de valider la commande) stockeront temporairement des informations sur les articles dans votre panier. Vous avez le choix entre Désactiver, Activer ou Demander.

Bloquer les fenêtres intempestives

Une des inventions dont nous nous serions bien passé est celle des fenêtres intempestives, ou *popups*, qui surgissent inopportunément sur votre écran (voir le Chapitre 2). Certaines apparaissent immédiatement, d'autres sont masquées par votre fenêtre principale et vous les découvrez en la fermant. Le plus souvent, les *popups* sont des publicités. Vous serez heureux d'apprendre que Firefox et Internet Explorer peuvent bloquer la majorité d'entre eux.

Pas de popups chez Firefox

Cliquez Outils/Options, puis Contenu. Vous y découvrez une option qui bloque les *popups*, comme le montre la Figure 7.19.

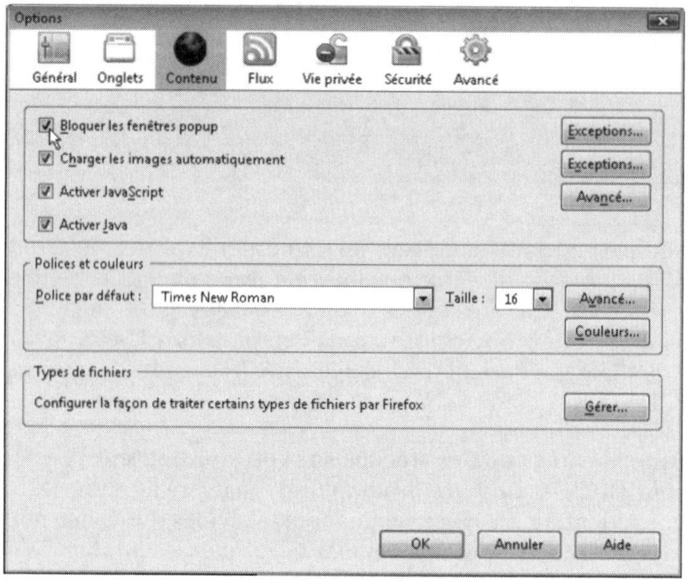

Figure 7.19 : Gestion des popups dans Firefox.

Le blocage des *popups* empêche certains sites Web de fonctionner. En particulier, certains sites d'achats affichent de petites fenêtres dans lesquelles vous devez taper vos informations de carte bancaire, par exemple. Firefox permet d'inclure dans les sites autorisés ceux pour lesquels le blocage ne doit pas s'opérer.

Dès qu'un site tente d'ouvrir un *popup*, un message apparaît en haut de la page Web. Il indique textuellement : « Firefox a empêché ce site d'ouvrir une fenêtre popup. « Cliquez le bouton Options de ce bandeau et choisissez l'une des options suivantes (Figure 7.20) :

- **Autoriser les popups pour *nom du site*** place ce site dans la liste des sites dont les *popups* sont autorisés.
- **Éditer les options de blocage de popups** ouvre la boîte de dialogue Sites autorisés. Vous pouvez y modifier la liste des sites pour lesquels l'affichage des *popups* est autorisé.

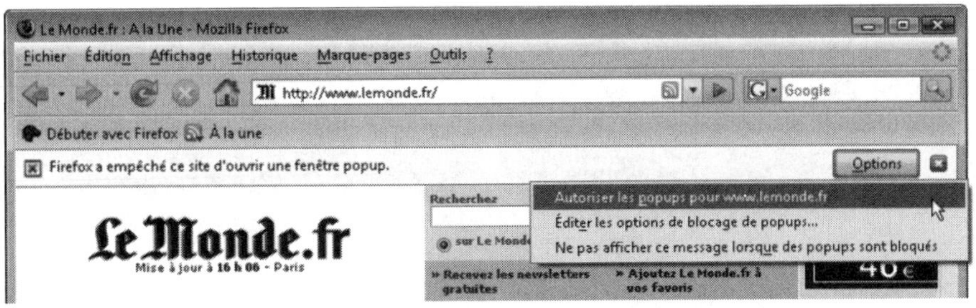

Figure 7.20 : Blocage et gestion des popups dans une page Web affichée par Firefox.

- **Ne pas afficher ce message lorsque des popups sont bloqués.** Plutôt que d'être prévenu par un tel message lors de la tentative d'affichage de *popups*, une petite icône rouge X apparaît dans le coin inférieur droit de la fenêtre de Firefox. Cliquez-la pour afficher les options de gestion du *popup*.

- **Afficher *adresse de la fenêtre popup*** affiche uniquement le *popup* qui vient d'être bloqué.

Pour fermer le message d'avertissement sans appliquer une option particulière, cliquez le bouton de fermeture X situé dans son coin supérieur droit.

NOTE TECHNIQUE

En informatique, il y a toujours des parades. Au fur et à mesure que les navigateurs Web ont appris à bloquer les *popups*, de petits malins ont trouvé d'autres astuces pour les afficher malgré tout. Si vous êtes confronté à ce problème, installez l'extension gratuite de Firefox qui se nomme Adblock. Vous la trouverez sur le site `http://addons.mozilla.org/extensions/?application=firefox`. Là, cliquez le lien Adblock. Dans la page suivante, cliquez Install Now.

Plus de popups chez Internet Explorer

Les versions récentes d'Internet Explorer intègrent elles aussi un bloqueur de fenêtres intempestives.

Chaque fois qu'un *popup* tente de s'afficher, Internet Explorer affiche un message qui ressemble à celui de Firefox (Figure 7.21). Cliquez-le pour y trouver des options similaires. Vous pouvez modifier les options de blocage des *popups* en appuyant sur la touche Alt et en cliquant Outils/Options Internet. Cliquez ensuite l'onglet Confidentialité et jetez un œil sur la section Bloqueur de fenêtres publicitaires intempestives, en bas de la boîte de dialogue. Pour bloquer les *popups*, il suffit de cocher la case Activer le bloqueur de fenêtres publicitaires intempestives. Le bouton Paramètres permet de définir une liste de sites dont vous autorisez les *popups*.

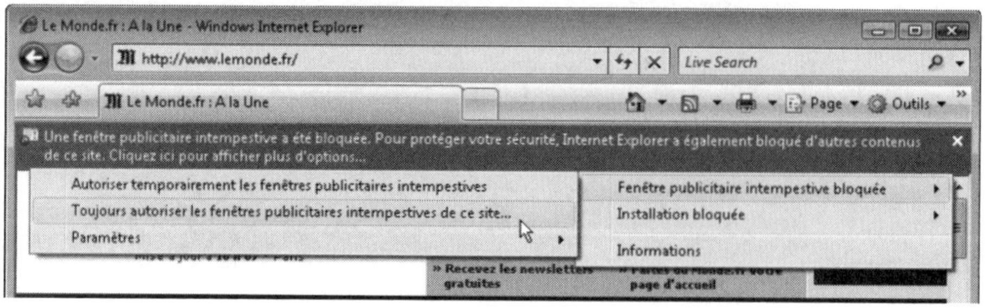

Figure 7.21 : Blocage et gestion des popups dans une page Web affichée par Internet Explorer.

Les flux RSS

Un flux RSS (*Really Simple Syndication,* agrégation vraiment simple ou parfois *Rich Site Summary,* sommaire d'un site enrichi), ou fil RSS, est une fonctionnalité récente des navigateurs. Elle permet de diffuser à tout moment les mises à jour et nouvelles des sites d'information, ce qui permet de prendre connaissance de ces changements sans avoir à visiter le site lui-même.

Lorsqu'une page Web propose un abonnement à des flux RSS, l'icône visible en marge devient active dans le navigateur. Cliquer dessus affiche le ou les services auxquels il est possible de s'abonner, comme le présente la Figure 7.22.

Après avoir choisi une rubrique, une page Web propose de s'abonner – c'est généralement gratuit – au flux RSS. La procédure est des plus simples, puisqu'elle consiste à cliquer le lien S'abonner et créer éventuellement un dossier auquel vous donnerez le nom du site, par exemple *Le Monde*.

Pour prendre connaissance d'un flux RSS dans Internet Explorer 7, cliquez le bouton Centre des favoris, cliquez le bouton Flux puis sélectionnez le flux RSS que vous désirez consulter (Figure 7.23). Cliquez éventuellement le bouton Actualiser ce flux, à droite de celui que vous venez de sélectionner, pour obtenir les informations les plus récentes.

Figure 7.22 : Un quotidien propose souvent un flux RSS par rubrique. Ici, ceux du journal Le Monde.

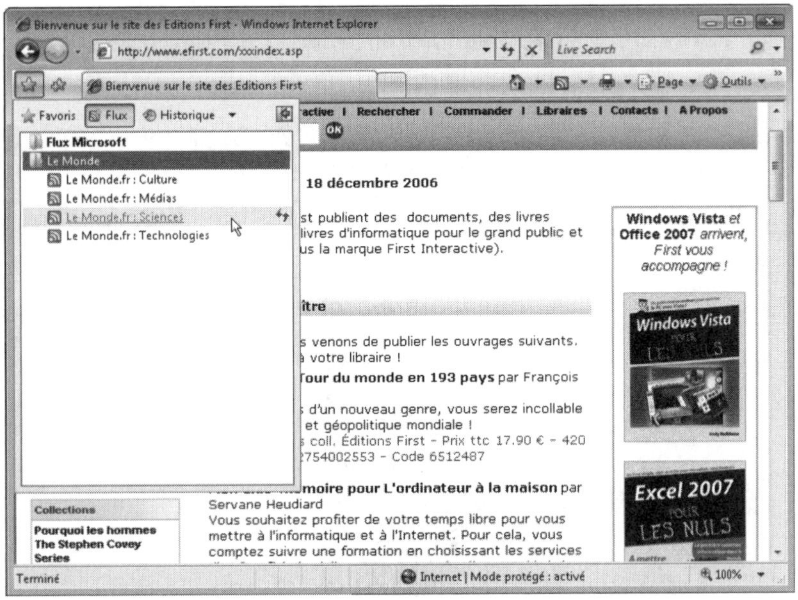

Figure 7.23 : Accédez à tout moment à vos flux RSS.

Les flux sélectionnés apparaissent sous forme de liens dans une page Web, comme le révèle la Figure 7.24. Si un flux RSS est constitué de plusieurs rubriques, comme c'est le cas dans l'exemple (rubriques Médias, Sciences, technologies, *etc.* du journal *Le Monde*), chacune est affichée dans un onglet distinct. Cliquez la flèche, à droite de la date et de l'heure, pour accéder à l'article complet.

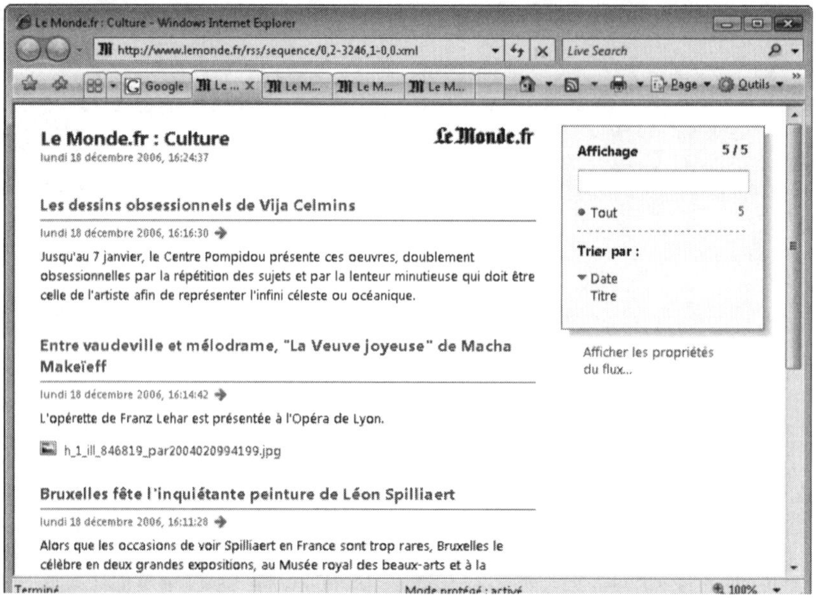

Figure 7.24 : Gardez en permanence un œil sur l'arrivée des flux RSS grâce à ce gadget du Volet Windows.

TRUC

Le volet Windows contient un gadget qui affiche en permanence les flux RSS (Figure 7.25). Pour ne pas être submergé par un déferlement de nouvelles, cliquez le minuscule bouton en forme de clé plate, en haut à droite du gadget Flux RSS et, dans le menu Afficher ce flux, sélectionnez le flux à afficher.

Figure 7.25 : Consultez rapidement les flux RSS grâce à ce gadget du Volet Windows.

Animez et faites chanter votre navigateur !

Des images dans une page Web ? C'est du passé ! Maintenant, on voit des animations, des banderoles qui clignotent et qui défilent, et on entend des musiquettes. Chaque mois, des nouveautés apparaissent dans ce domaine et les navigateurs ont bien du mal à rester dans la course. Vous pouvez étendre les fonctionnalités de votre navigateur avec des *plug-ins* qui sont de petits programmes (des assistants, aussi appelés *compléments*) qui viennent l'aider à exécuter certaines fonctions. Côté Internet Explorer, ce sont des *contrôles ActiveX* (anciennement appelés *contrôles OCX*) – autre forme de programmes annexes – qui volent au secours d'Internet Explorer.

Que peut faire un navigateur lorsqu'il rencontre de nouvelles informations dans une page Web ? Télécharger le *plug-in* approprié pour traiter ce nouveau type d'information. Les fans de *Star Trek* y verront une forme de vie parasitaire qui se colle à votre navigateur et accroît son intelligence.

Au palmarès des plug-ins

Voici quelques-uns des *plug-ins* les plus courants :

- **Flash Player :** Lit des fichiers audio et vidéo ainsi que d'autres types d'animations. Disponible sur `http://www.adobe.com/shockwave/download/index.cgi?P1_Prod_Version=ShockwaveFlash&Lang=French`.
- **RealPlayer :** Reproduit les fichiers audio au fur et à mesure de leur téléchargement (d'autres programmes doivent attendre que le fichier audio soit complètement chargé avant de lancer sa reproduction). Vous pouvez télécharger une version gratuite du programme sur le site `http://france.real.com`.
- **QuickTime :** Reproduit les animations permettant de les « jouer » au fur et à mesure de leur chargement (disponible sur `www.apple.com/fr/quicktime`).
- **Adobe Reader :** Affiche les fichiers Acrobat (au format PDF), formatés exactement de la façon prévue par l'auteur. On rencontre de très nombreux fichiers Acrobat bien utiles, notamment des formulaires administratifs. Disponible sur `http://www.adobe.com/fr/products/acrobat/readermain.html`.

Comment utiliser des plug-ins avec un navigateur

Une fois que vous vous êtes procuré un *plug-in*, il faut le lancer, c'est-à-dire double-cliquer son nom de fichier dans l'Explorateur Windows afin de l'installer. Selon ses fonctionnalités, vous avez différents moyens de le tester. En général, choisissez un fichier que ce *plug-in* puisse lire et contentez-vous de regarder (ou d'écouter) ce qui se passe.

Chapitre 8

Aiguilles et bottes de foin (ou comment trouver ce que l'on cherche sur le Net)

Dans ce chapitre :

- Stratégies de base.
- Trouver des informations sur le Web.
- Recherche de personnes sur le Web.
- Modules de recherche intégrés.

Internet contient plusieurs types d'index et de répertoires permettant de localiser tout ce que vous pouvez y trouver. Malheureusement, les index tendant à être organisés en fonction du type de service qu'ils procurent et non en fonction de la nature de ce qu'ils référencent, vous trouvez des ressources de type page Web à un endroit, des ressources de type messagerie à un autre, et ainsi de suite. Vous pouvez lancer vos recherches exactement comme vous l'entendez, selon ce que vous cherchez et selon la manière dont vous aimez procéder.

Pour structurer cette étude, nous avons défini plusieurs sortes de recherches :

- **Thèmes.** Endroits, choses, idées, entreprises – tout ce que vous désirez savoir sur le sujet.
- **Recherches intégrées.** Recherches par thème qu'un navigateur est capable de lancer automatiquement.

- **Personnes.** Des gens que vous voudriez contacter ou espionner.
- **Produits et services.** Tout ce que vous pouvez acquérir, depuis un prêt hypothécaire jusqu'à du dentifrice.

Pour trouver quelque chose sur un sujet donné, nous allons utiliser l'un des nombreux index et répertoires disponibles tels que Yahoo! et Google. Pour rechercher des personnes, nous devrons utiliser des annuaires qui sont (par bonheur) différents des répertoires des pages Web. Quelque chose vous échappe ? Continuez de lire, vous allez comprendre.

TRUC

Moteurs de recherche et répertoires : quelle est la différence ?

Quand nous parlons de *répertoire*, ce n'est pas au sens où on l'entend habituellement à propos d'un système d'exploitation, mais plutôt à celui de l'accessoire de bureau qu'on peut assimiler à un carnet d'adresses. Plus précisément, il s'agit d'une liste dont les entrées sont réparties par catégorie, partiellement ou totalement, par une main humaine et non par un ordinateur. On peut dire que le sommaire de ce livre est un répertoire.

En revanche, un *moteur de recherche* est un dispositif qui effectue régulièrement des analyses du contenu des pages Web. Il en extrait quelques mots-clés qui vont permettre de répertorier plus facilement les sites donc de les trouver assez rapidement. Ainsi, en fonction de cette analyse, le moteur de recherche sera capable de sortir les pages Web dont le contenu semble, selon ces fameux mots-clés, se rapprocher le plus des informations que vous souhaitez trouver.

Un *index* est une liste de mots-clés extraits d'articles desquels ont été supprimés tous les *le, la, au, aux, etc.*, c'est-à-dire tout ce qui n'est pas vraiment significatif. La recherche se concentre ainsi sur les mots et l'on obtient toutes les entrées qui les contiennent ; un peu comme l'index qui se trouve à la fin de ce livre. Chacun de ces systèmes présente des avantages et des inconvénients. Les répertoires bénéficient d'une meilleure organisation, mais les index recensent davantage de termes. Les répertoires utilisent une terminologie cohérente, alors que les index utilisent tous les termes, quels qu'ils soient, des pages Web référencées. Les répertoires comportent donc moins de pages inutiles, mais les index (dans la mesure où ils sont générés plus ou moins automatiquement) sont plus souvent mis à jour.

Ces deux techniques se recoupent. Yahoo!, par exemple, le répertoire de pages Web le plus connu, permet d'effectuer des recherches par mot-clé, tandis que Google, qui est avant tout un index, comporte également une version du répertoire ODP (*Open Directory Project*). De nombreux index classent leurs entrées par catégorie, ce qui vous aide à affiner votre recherche.

Stratégies de base

Pour rechercher un sujet précis sur le Web, nous commençons toujours avec un des guides du Web (index et répertoires) que nous étudierons dans cette section.

Tous s'utilisent à peu près de la même façon :

1. **Lancez votre navigateur (Firefox, Internet Explorer ou un autre).**
2. **Allez sur votre moteur de recherche préféré, comme Google, illustré à la Figure 8.1.**

Figure 8.1 : Google affiché dans Internet Explorer. Le logo de Google est souvent en fête, comme ici à la fin de l'année.

De nombreux navigateurs permettent de définir un moteur de recherche par défaut. Si ce n'est pas le cas, il suffit d'en faire votre page d'accueil. Comme vous allez surtout sur Internet pour rechercher des informations, démarrer sur un moteur de recherche est une excellente idée.

3. **Dans le champ de saisie du moteur, tapez les mots-clés de la recherche puis cliquez le bouton Rechercher (le nom de ce bouton peut varier d'un moteur à un autre).**

Après un délai plus ou moins long, une page d'index est renvoyée, contenant des liens pointant vers les pages correspondant à vos critères de recherche, comme l'illustre la Figure 8.2.

Figure 8.2 : Les résultats d'une recherche sur le photographe Henri Cartier-Bresson.

4. **Affinez et répétez votre recherche jusqu'à ce que vous trouviez quelque chose qui vous convienne.**

   De clic en clic, vous finirez par trouver ce que vous recherchez.

5. **Si le moteur de recherche retourne des résultats trop aléatoires pour être correctement utilisés et que vous ne trouviez pas de mots-clés pertinents, essayez un répertoire comme** `http://dmoz.org/World/Fran%C3%A7ais/` **ou** `www.yahoo.fr`**.**

   Cliquez le sujet qui vous intéresse. Dans cette approche spécifique d'une recherche sur Internet, partez du général pour arriver au particulier. À chaque clic, la recherche s'affine, et il est rare que vous ne finissiez pas par trouver ce qui vous intéresse.

Passons à la pratique

Tout ce que nous venons de dire est un peu une vue de l'esprit. Concrètement, nous allons vous expliquer comment nous procédons. Nous utiliserons pour cela nos moteurs de recherche favoris : Google, qui est principalement un index, puis ODP et Yahoo!, qui sont des répertoires.

Google, notre index favori

Notre index Web favori est Google (comme vous avez pu le remarquer dans la précédente section). Il dispose de petits robots qui passent leur temps à visiter des pages Web partout sur le Net et à rapporter ce qu'ils y trouvent. Cela produit un énorme index des mots rencontrés dans ces pages ; lorsque vous recherchez quelque chose, il choisit dans l'index les pages contenant les mots que vous avez demandés. Google utilise un système de classement sophistiqué, basé sur le nombre de sites Web qui se font référence les uns les autres, et qui donne le plus souvent des résultats proposant les meilleures pages en premier.

Raison numéro un d'échec de recherche

Ce n'est peut-être finalement pas *votre* raison numéro un mais c'est en tout cas la *nôtre* : la mauvaise orthographe d'un des termes de recherche. Vérifiez soigneusement. John note que ses doigts insistent pour taper "Interent", ce qui n'affiche que les pages Web des autres personnes ayant le même défaut. Merci à notre amie Jean Armour Polly pour nous avoir rappelé de parler de ce problème.

L'exploitation de Google ou de tout autre index est un exercice de télépathie. Vous devez deviner les mots figurant dans les pages que vous recherchez. C'est parfois facile – si vous cherchez des produits du terroir, *produits terroir* est un bon jeu de termes de recherche car vous savez le nom de ce que vous recherchez. D'un autre côté, si vous avez oublié quels animaux ont donné l'alerte au Capitole (les oies), il sera assez difficile d'extraire une page d'index utile parce que vous ne savez pas exactement quels mots rechercher. Si vous tentez *animaux capitole*, vous trouverez entre autres des informations sur le club Toulouse Capitole Agility (consacré à l'éducation canine) et sur le cinéma Capitole à Paris.

Maintenant que nous vous avons bien découragé, essayez quelques recherches sur Google. Pointez votre navigateur sur `www.google.fr`. Vous obtenez un écran comme sur la Figure 8.1 plus haut dans ce chapitre.

Saisissez certains termes de recherche. Google trouvera les pages qui répondent le mieux aux critères. Nous avons bien dit « le mieux » pas « exactement ». S'il ne peut trouver tous les termes, il trouve les pages qui s'approchent le plus du groupe de mots. Google ignore les mots qui reviennent trop souvent pour être utilisables en tant que termes d'index, comme *et*, *le* et *de* et les termes comme *internet* et *mail* (cependant, il est parfois intéressant d'employer des articles et prépositions). Ces règles peuvent être décourageantes, mais il n'est pourtant pas difficile d'obtenir des résultats utiles de Google. Il suffit de penser à de bons termes de recherche. Essayez notre exemple en tapant **recette des tomates farcies** et en cliquant le bouton Recherche Google. Vous obtenez la réponse présentée à la Figure 8.3.

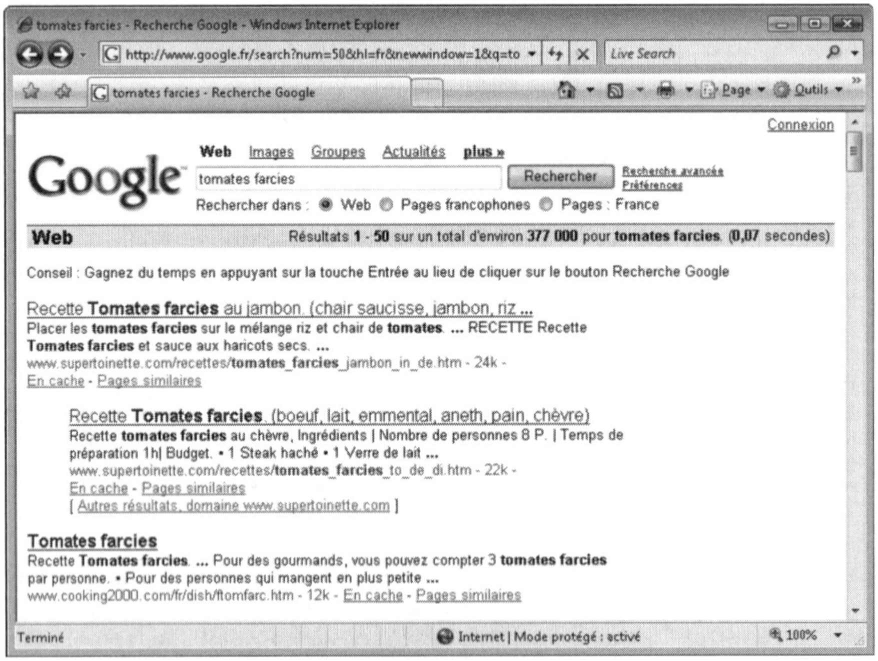

Figure 8.3 : Des pages sur les tomates farcies.

Les résultats que vous trouverez ne seront pas exactement les mêmes que sur la Figure 8.3 car Google aura actualisé sa base de données d'ici là. Google indique avoir trouvé 377 000 occurrences mais, ayant pitié de vous, n'en affiche que 50 à la fois (le nombre d'occurrences affichées simultanément est défini sous le lien Préférences). Bien que ce soit probablement plus que vous en attendiez, consultez au moins deux autres écrans de réponses si le premier écran ne comporte pas ce que vous voulez. Des numéros de page sont visibles en bas de l'interface de Google ; cliquez Suivant pour afficher la page suivante de sites (Figure 8.4). Le bouton J'ai de la chance effectue la recherche et vous mène directement au premier lien, ce qui marche bien lorsque, effectivement, vous êtes chanceux.

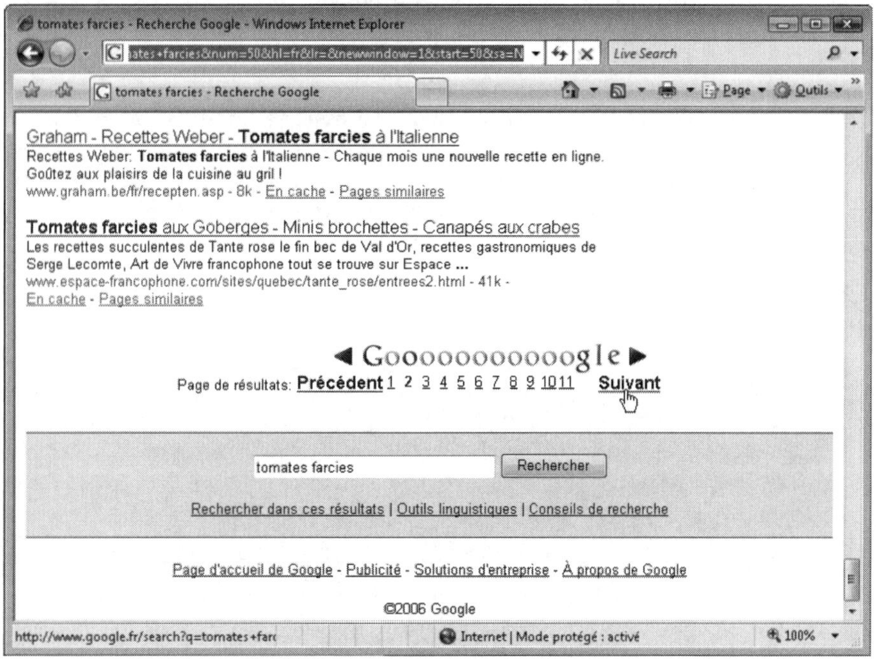

Figure 8.4 : Consultez les autres pages trouvées par Google.

Encore plus d'options dans Google

Bien que simple d'utilisation, Google est rempli d'options :

- **Vous pouvez trouver un itinéraire.** Saisissez une adresse et Google vous propose un lien vers un site spécialisé dans les plans et les itinéraires. Vous pouvez saisir le nom d'une personne, un code postal, et même un numéro de téléphone. Par exemple, essayez **202-456-1414**. Les informations sont collectées sur des sources publiques. Par conséquent, vous ne trouverez jamais quelqu'un qui veut rester anonyme (inscrit dans une liste rouge, par exemple). De plus, le premier résultat est celui d'une soustraction. Eh oui ! Google intègre une calculatrice !

- **Vous pouvez trouver des informations par *Usenet*.** *Usenet* est une collection géante de groupes de discussions ou *newsgroups* que l'on trouve sur le Web. Pour effectuer une telle recherche dans Google, cliquez le lien Groupes. Si un sujet a été traité il y a vingt ans, vous en trouverez encore des informations grâce à Usenet. C'est également un lieu idéal pour trouver de l'aide pour dépanner un ordinateur. En bref, toute question trouve sa réponse sur Usenet. Pour savoir comment fonctionne Usenet et ce qu'il recouvre, connectez-vous à `www.usenet-fr.net/`.

- **Vous pouvez chercher des images et du texte.** Si vous désirez que votre recherche affiche des images, cliquez simplement le lien Images. Par exemple, avec « tomates farcies », vous obtiendrez de belles photos de tomates farcies, comme le montre la Figure 8.5.

Conseils pratiques pour la recherche sur index

Google facilite l'affinage de votre recherche pour cibler plus exactement ce que vous cherchez. Après chaque recherche, vos termes de recherche apparaissent dans une case en haut de la page pour que vous puissiez les modifier et réessayer. Voici quelques conseils sur la modification des termes :

- Saisissez la plupart des termes de recherche en minuscules. Tapez les noms propres avec une capitale initiale, comme *Elvis*. Ne tapez pas de mots entièrement en capitales.

- Si plusieurs mots doivent être ensemble, placez-les entre guillemets, comme dans « Elvis Presley ».

- Utilisez + et - pour indiquer les mots devant apparaître ou ne pas apparaître, comme +Elvis +Costello -Presley si vous faites une recherche sur l'Elvis moderne, pas l'Elvis classique.

- Pour trouver des fichiers particuliers, comme de la musique MP3 d'un groupe spécifique tel que The Cure, saisissez ceci : *index the cure *.mp3*. Ceci fonctionne pour n'importe quelle extension de fichier.

- **Vous pouvez obtenir des informations.** Pour obtenir des infos, cliquez le lien Actualités. Vous êtes alors dirigé vers `http://news.google.fr/news`. Sachez que, si un sujet d'actualité vous passionne, vous risquez de passer la journée à cliquer les liens qui s'y rapportent.

Figure 8.5 : Il est facile de trouver et d'afficher des images sur le sujet de votre recherche.

- **Vous pouvez facilement trouver des documents dans une langue étrangère.** Il n'y a aucun intérêt à chercher des pages dont vous ne savez pas lire le contenu. Cependant, Google peut essayer de les traduire, avec un succès assez mitigé. Cliquez le lien Outils linguistiques. En bas de la page qui apparaît, saisissez l'URL de la page à traduire et cliquez Traduire.

- **Google sait calculer.** Tapez **2+2** et Google vous répond = 4 (il faut au moins un processeur à double ou quadruple cœur pour réussir un calcul aussi compliqué).

- **Vous pouvez trouver rapidement des fichiers sur votre ordinateur.** Google permet de télécharger un programme appelé Google Desktop que vous installez sur votre PC. Dès cet instant, Google effectue, sur votre ordinateur, des recherches de fichiers stockés sur vos différents disques durs.

Yahoo!, ancien roi des répertoires

Yahoo! est l'un des moteurs de recherche qui a essaimé dans quelques pays européens, dont la France. Nous utiliserons cette page pour nos exemples. Allez sur `fr.yahoo.com` (sans le point d'exclamation). Vous arrivez sur la page d'accueil de la Figure 8.6. Vous y découvrirez de nombreuses rubriques et sous-catégories. En cliquant l'une d'elles, vous affinerez votre recherche de proche en proche.

Figure 8.6 : Le portail de Yahoo! France.

Rechercher sur Yahoo!

En tête de chaque page de Yahoo!, vous trouvez la liste des catégories, sous-catégories, et ainsi de suite, qui mènent à la page correspondante. Si vous voulez revenir un ou plusieurs niveaux plus haut et vous diriger vers d'autres sous-catégories, cliquez l'une de ces références. Avec un peu de pratique, ces manœuvres de va-et-vient vous paraîtront aller de soi. Certaines pages apparaissent à plusieurs endroits dans le répertoire parce qu'elles concernent plusieurs catégories.

Si toutes les catégories de Yahoo! contiennent de nombreuses sous-catégories, certaines en offrent plus que d'autres. Si vous recherchez une page commerciale par exemple, cela peut vous aider de savoir que Yahoo! place toute information reliée de près ou de loin au commerce dans la catégorie Commerce et économie. Si vous souhaitez consulter le site des éditions First Interactive, par exemple, et que vous n'en connaissez pas l'adresse exacte, vous pouvez y parvenir en saisissant First Interactive dans le champ Recherche Web. Ensuite, activez le bouton radio France, et cliquez Recherche Web. Vous obtenez alors la page illustrée sur la Figure 8.7.

Figure 8.7 : Liste des liens renvoyant de près ou de loin aux éditions First Interactive.

Il est de nouveau facile d'insérer une page Web dans Yahoo!, simplement en la déclarant dans la page de soumission et en attendant une semaine que les éditeurs la consultent. La célébrité venant, les soumissions ordinaires prennent beaucoup de temps avant que quelqu'un y jette un œil (des mois, éventuellement des années).

TRUC

Le blues du 404

Plus souvent qu'à notre tour, lorsque nous cliquons un des liens proposés par Yahoo! ou un de ses concurrents, nous aboutissons à un message du genre « *404 not found*" (404, pas trouvé). Qu'est-ce que cela signifie ? Tout simplement que la page est inexistante. Les sites et pages Web apparaissent et disparaissent si vite que les moteurs de recherche ont bien du mal à se tenir à jour.

À cet égard, les index automatisés comme ceux de Google et d'AltaVista sont mieux faits que les répertoires du genre de Yahoo! Les systèmes automatisés utilisent des robots logiciels qui visitent et revisitent périodiquement les adresses indexées et notent celles qui n'existent plus. Mais, même ainsi, il peut s'écouler plusieurs mois avant que ces disparitions ne soient repérées et, pendant ce temps-là, il peut se passer bien des choses sur le Web. Google *met en cache* (stocke) une copie de la plupart des pages visitées : si l'original a disparu, cliquez le lien Cache à la suite d'une entrée d'index Google, vous obtiendrez une copie de la page telle qu'elle était lorsque Google l'a indexée la dernière fois.

- Peu de choses se perdent sur Internet. Grâce au dispositif *Wayback Machine*, il est possible de retrouver les anciennes versions de certains sites Web. Rendez-vous sur `www.archive.org` et saisissez le lien perdu (adresse Web par exemple) dans le champ Search.

- Parfois, les sites Web connaissent une très légère modification qui entraîne avec elle la migration de certains liens. Si le lien auquel vous ne parvenez pas à accéder semble mort, essayez une version plus courte. Par exemple au lieu de saisir `www.microsoft.com/France/windows/windowsserver2003/ws2000_supportetendu.html`, essayez `www.microsoft.com/France/windows/windowsserver2003/`, voire `www.microsoft.com/France/windows/`. Si malgré cela, la page reste introuvable, effectuez une recherche dans Google en saisissant uniquement le nom du fichier. Peut-être en reste-t-il une copie sur un autre site Web.

- Enfin, sachez que parfois vous ne trouvez plus un site car il est en période de maintenance. Cette période tombe souvent un dimanche. Ne vous inquiétez pas ! Le site sera de nouveau opérationnel dans les meilleurs délais.

Autres voies de recherche avec Yahoo!

Bien que Yahoo! soit principalement un répertoire de ressources disponibles sur le Web, c'est aussi un *portail*, ce qui signifie qu'il contient d'autres bases de données auxquelles vous pouvez accéder par son point d'entrée, ce qui est censé vous inciter à ne jamais trop vous éloigner de ce merveilleux et irremplaçable site. Chacune d'entre elles est identifiée par un lien sur lequel vous pouvez cliquer. Ces liens apparaissent dans la page d'accueil juste au-dessous de la boîte de saisie Recherche. En voici une liste non exhaustive :

- **Mon Yahoo! :** Pour accéder à une page de démarrage personnalisée avec en-têtes, résultats sportifs, *etc.*, selon les préférences que vous avez définies.
- **Mon Mail :** Pour obtenir une adresse e-mail gratuite sur le format `@yahoo.fr`.
- **Messenger :** Il vous permet de dialoguer en direct avec vos amis sur le Web.
- **TV :** Liste impressionnante de chaînes TV et câble.
- **Voyages :** Pour préparer tous vos futurs voyages.
- Et de nombreux autres liens, dont des accès vers tous les Yahoo! du monde qui vous permettront de trouver des sites spécifiques à ces pays ou encore les coordonnées de personnes y vivant.

ODP : ouvert, gigantesque et gratuit

Il serait pratique de disposer d'un gros répertoire avec autant de choses que dans un index. Certes, mais qui aurait les moyens de payer des gens pour construire un aussi gros répertoire ? Personne. Ce sont des bénévoles qui s'en chargent. Netscape est à l'origine de l'*Open Directory Project* (ODP), effort bénévole pour créer le répertoire Web le plus grand et le meilleur du monde. Animé par le même esprit communautaire qui a construit Linux et Mozilla Firefox, ODP est effectivement devenu le meilleur répertoire Web. ODP est exploitable gratuitement par tout le monde. Des dizaines de moteurs de recherche fournissent ODP en plus de leurs propres informations indexées. Par exemple, la version de Google se trouve à `www.google.fr/dirhp` (Figure 8.8).

Figure 8.8 : ODP depuis Google.

ODP se trouve sur `www.dmoz.org` (*dmoz* signifie à peu près *Directory Mozilla*) mais il est facile d'y accéder par Google. Le répertoire est un ensemble de catégories, sous-catégories, sous-sous-catégories, et ainsi de suite jusqu'à un impressionnant degré de détail. Chaque catégorie contient en général un grand nombre de pages Web. Pour l'afficher en Français, il suffit de cliquer le lien du même nom situé dans la catégorie World (Figure 8.9). Vous pouvez débuter au niveau de répertoire supérieur et progresser en cliquant les catégories (en commençant par cliquer l'onglet Répertoire dans la page d'accueil Google) ou opérer une recherche dans le répertoire pour y trouver des pages, puis consulter les catégories qui comportent des pages intéressantes.

Lorsque vous avez déjà fait une recherche dans Google, un clic sur l'onglet Répertoire, en haut de la page, affiche uniquement les pages en rapport dans ODP. Du fait que ces pages ont toutes été vues par au moins une personne, leur qualité est en général meilleure que celle des pages de la liste générale de Google, qui ont été recueillies mécaniquement. Dans la liste de résultats de recherche Google, si une page appartient à une catégorie, vous pouvez cliquer son lien Catégorie pour afficher d'autres pages appartenant à la même catégorie. Vous obtenez non seulement des pages Web pertinentes mais également des liens vers les catégories apparentées. Les catégories ODP sont si nombreuses qu'il faut souvent continuer à cliquer pour trouver la sous-catégorie exacte désirée. Une fois trouvée, elle recèle généralement des liens intéressants. Si ce n'est pas le cas, lisez l'encadré « Vous êtes peut-être déjà un expert ».

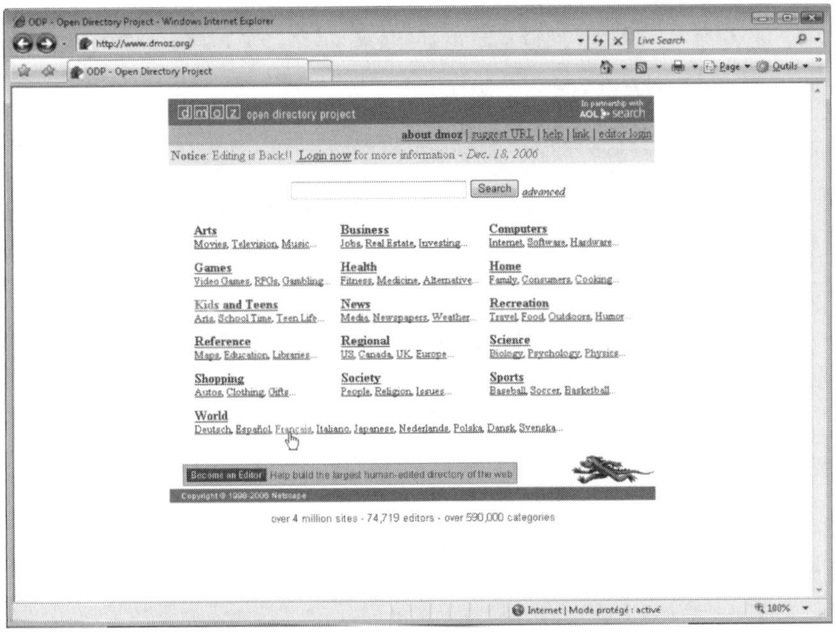

Figure 8.9 : Accédez à dmoz en français en cliquant le lien approprié.

Vous êtes peut-être déjà un expert

Les catégories de *l'Open Directory Project* sont gérées par des bénévoles – pourquoi pas vous ? Le temps à passer par catégorie est assez modeste – quelques minutes par semaine pour voir ce qui a été suggéré, et l'ajouter ou le rejeter.

Pour participer bénévolement, cliquez le lien Become an Editor en bas de la fenêtre dmoz.org puis, dans la page qui s'ouvre, sur le lien français. Vous remplirez ensuite un questionnaire pour indiquer qui vous êtes, pourquoi vous êtes intéressé et quelles entrées vous voudriez ajouter à la catégorie. Si vous êtes accepté (ce qui est généralement le cas), vous commencerez à participer quelques jours plus tard. Des didacticiels et listes de messagerie sont à disposition des éditeurs.

Pour des faits concrets, essayez d'abord Wikipédia

Wikipédia, `http://fr.wikipedia.org/wiki/Accueil`, est une encyclopédie gratuite sur Internet (Figure 8.10). En hawaïen, *Wiki* signifie *rapide*. Le projet Wikipédia, qui a démarré en 2001, compte désormais plus de 5 millions d'articles disponibles dans 250 langues. Bien évidemment, vous y trouverez des articles sur les tomates farcies.

Figure 8.10 : La page d'accueil de Wikipédia.

Si vous cherchez des scoops, Wikipédia est un excellent lieu d'investigation. Vous y trouverez des titres et des textes d'articles. Dans les articles, les termes soulignés en bleu renvoient vers d'autres articles précisant et développant le terme en question. Beaucoup d'articles ont des liens renvoyant vers des sites Web externes qui proposent encore plus d'informations sur le sujet traité. Les articles sont créés, modifiés et publiés par une équipe de bénévoles qui compte plus de six mille contributeurs.

Tout le monde peut écrire un article sur Wikipédia, ce qui est sa force mais aussi et surtout sa faiblesse. Des modérateurs empêchent la publication d'articles ne respectant pas la déontologie du site, mais il n'y a pas de comité de lecture validant l'exactitude des informations.

Les articles sont censés être purement informatifs. Il ne s'agit donc pas d'adopter une attitude partisane. La neutralité est de mise. Des sujets comme l'avortement, la peine de mort, la religion, la politique internationale sont de nature à créer des débats. Wikipédia ne fait pas autorité comme une œuvre aussi colossale et sérieuse que l'*Encyclopœdia Universalis* mais ses articles sont généralement à jour et la quantité d'informations suffisante pour se forger une opinion ou argumenter des discussions.

TRUC

Si vous effectuez une recherche sur un sujet précis dans Google, il y a de grandes chances pour que vous tombiez sur un article publié sur Wikipédia.

Voilà ! Ici se termine notre grande recherche sur les tomates farcies. Il ne me reste plus qu'à aller les cuisiner.

Les autres...

Lorsque vous serez habitué à Yahoo!, Google et ODP, vous souhaiterez sans doute essayer quelques-uns de leurs concurrents.

About.com

WORLD WIDE WEB

`www.about.com`

About est un répertoire où plusieurs centaines de « guides » semi-professionnels gèrent les rubriques.

AltaVista

WORLD WIDE WEB

`www.altavista.com`

AltaVista est un index volumineux. Pendant longtemps, il est resté le plus grand, mais il est aujourd'hui dépassé par Google. Il n'a pas la faculté de Google de placer les pages les plus intéressantes en tête de liste mais pour la recherche de sujets particuliers dont vous connaissez déjà des mots-clés, il reste difficile à battre. Il propose également une recherche directe de fichiers MP3 et Audio en général.

Bytedog

WORLD WIDE WEB

`www.bytedog.com`

Bytedog rassemble les résultats de recherche d'autres moteurs de recherche et les présente sous forme de classement. La réponse met quelques longues secondes à vous parvenir du fait du filtrage des mauvais liens que vous n'aurez donc pas à gérer. Bytedog est un projet mené par deux étudiants de l'université de Waterloo, Ontario, USA.

Recherche Microsoft

`www.msn.fr`

Pour Microsoft, Google est un ennemi enviable. Le moteur de Microsoft, à savoir MSN, est loin de valoir les autres. Pourtant – et cela est très surprenant – c'est lui qui s'affiche par défaut dans Internet Explorer !

Autres guides du Web

ODP a un répertoire de plusieurs centaines de guides : visitez `dmoz.org/Computers/Internet/Searching/`. Ensuite, cliquez le lien French pour afficher le contenu de la page en français.

Pages Jaunes

`www.pagesjaunes.fr`

Ces « Pages Jaunes » remplacent notre bon vieil annuaire papier et le Minitel.

Rechercher des personnes

Trouver quelqu'un sur le Net n'est pas aussi facile qu'on pourrait le croire. Tout au moins pour les personnes n'habitant pas les États-Unis. Il existe deux systèmes de recherche de personnes qui se recoupent : ceux qui recherchent des personnes sur le Net, avec adresse e-mail et/ou Web, et ceux qui recherchent des personnes dans la vie réelle avec adresse postale et numéro de téléphone. Pour ce dernier type de recherche, rappelons l'existence du Minitel, consultable à partir d'une interface Minitel sur ordinateur, et le site `www.pagesjaunes.fr` qui propose aussi la consultation des Pages Blanches de l'annuaire.

Dans la vie réelle

Ces annuaires sont compilés à partir des annuaires papier. Ceux qui ne figurent pas sur ces derniers depuis plusieurs années n'ont aucune chance de se trouver sur les annuaires du Web.

Sur le Net

Comme il n'existe pas de document comparable à un annuaire papier pour les adresses Internet, une telle recherche risque souvent d'être un coup d'épée dans l'eau. Les différents serveurs de recherche utilisent chacun des sources d'informations différentes, ce qui fait que leurs résultats ne se recoupent généralement pas. Aussi, si vous ne trouvez pas la personne recherchée dans l'annuaire utilisé, n'hésitez pas à en essayer un autre, vous aurez peut-être plus de chances.

Pour savoir si quelqu'un a une page Web, recherchez son nom avec Google. Pour connaître l'étendue de votre popularité, vous risquez d'avoir quelques surprises, particulièrement si votre patronyme est répandu ou à connotation historique.

Google, chasseur de têtes

Dans Google, saisissez le nom et l'adresse de quelqu'un. Vous verrez une longue liste s'afficher, mais n'espérez pas forcément y trouver la personne que vous cherchez.

Si vous désirez savoir si quelqu'un a une page Web, utilisez Google ou Yahoo! en saisissant simplement le nom de cette personne. Si vous désirez évaluer votre popularité, tapez votre nom dans les moteurs Google ou Yahoo! Si vous recherchez l'adresse e-mail d'une personne, passez par Google.

Les Pages Blanches

`www.pagesblanches.com`

Ce n'est qu'une des rubriques du site pagesjaunes.fr !

Le courrier, une fois encore

Les listes de diffusion constituent une autre ressource d'importance. La plupart d'entre elles acceptent volontiers des questions correctement et poliment formulées concernant les sujets qu'elles traitent. Consultez le Chapitre 16 pour en savoir plus sur les listes de diffusion.

Avec votre navigateur

Microsoft et Mozilla sont arrivés sur le marché des moteurs de recherche. Firefox et Internet Explorer sont des navigateurs qui vous conduisent directement sur leur système de recherche préféré si vous leur en donnez la plus petite occasion. Ces systèmes ne sont pas complètement dépourvus d'intérêt, mais, à moins d'être le genre de personne qui allume la télé et regarde ce qui apparaît à l'écran sans zapper une seule fois, vous préférerez probablement choisir vous-même votre propre moteur de recherche.

Firefox et Safari

Firefox et Safari (le navigateur Web du Mac) disposent d'un champ de recherche qui s'apparente donc à un moteur. Vous y saisissez les mots-clés nécessaires à votre recherche et appuyez sur la touche Entrée. En fait, Firefox et Safari se basent sur Google. Dans Firefox, il suffit de cliquer la petite flèche du champ de recherche (G) pour sélectionner un autre moteur de recherche, comme le montre la Figure 8.11.

Le pari des dix minutes

Notre ami Doug Hacker prétend être capable de trouver la réponse à n'importe quelle question factuelle sur le Net en moins de dix minutes. Carol a voulu vérifier et lui a demandé de retrouver une citation dont elle se souvenait vaguement au sujet d'un album de Duke Ellington dont elle ne pouvait plus se rappeler le titre. Il lui a fallu environ une heure pour retrouver la citation complète, mais avec moins de cinq minutes de son temps à lui. Comment ? Il a d'abord trouvé une liste de diffusion ayant pour sujet Duke Ellington, s'y est abonné et a posé la question. Il n'a fallu que quelques minutes pour que plusieurs abonnés proposent une réponse. Plus vous passerez de temps à apprendre à vous servir du Net et à vous y retrouver, plus vous en gagnerez lorsque vous aurez besoin de trouver quelque chose de précis.

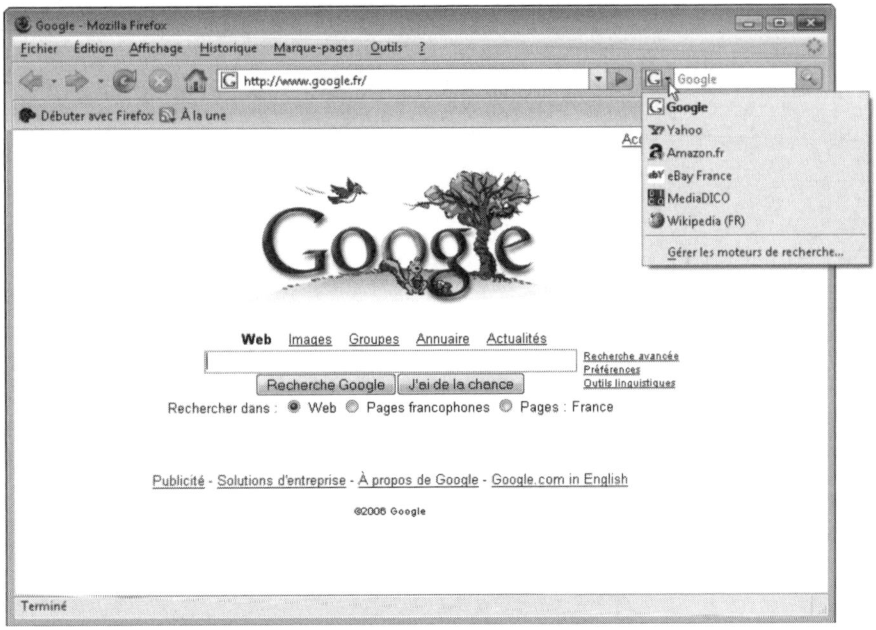

Figure 8.11 : Choisissez instantanément un moteur de recherche dans Firefox (et en plus, Google nous apprend que c'est aujourd'hui le printemps).

Autosearch de Microsoft

Dans Internet Explorer, si vous entrez des mots-clés dans la barre d'adresse, Internet Explorer les envoie sur MSN Search qui exploite des données issues de LookSmart, un répertoire Web convenable mais accompagné de liens qui ressemblent étrangement à des publicités.

Internet Explorer 7 possède un champ Live Search (« recherche instantanée ») en haut à gauche, qui permet de lancer rapidement une recherche sur le moteur du même nom.

Et le commerce électronique ?

Tous les répertoires et moteurs de recherche font une large part aux entreprises de vente en ligne. Vous pouvez y trouver des grands magasins et des catalogues proposant à peu près n'importe quel article. Nous vous en dirons plus au Chapitre 10.

Chapitre 9

Musique et vidéo sur le Web

Dans ce chapitre :

- Écouter de la musique en surfant.
- Écouter de la musique en vaquant à d'autres activités.
- Regarder la TV sur un 85 cm de diagonale tout en l'affichant dans une fenêtre de 10 cm.
- Les réseaux P2P.

Il y a bientôt quinze ans, la première édition de ce livre présentait des pages Web essentiellement constituées de texte. Il était possible de télécharger des images dans des archives et il existait bien cette chose attirante et inquiétante appelée *World Wide Web* qui mélangeait texte et images mais, dans la majorité des cas, les pages n'affichaient que des mots. Cette restriction tenait au fait que les connexions Internet étaient trop lentes pour supporter les débits de données exigés par des médias plus volumineux. Les tentatives audio et vidéo furent catastrophiques, émaillées de nombreuses coupures, d'images totalement indéchiffrables, et, pour télécharger un clip vidéo digne de ce nom, il ne fallait pas moins d'une semaine. À la fin des années 1990, les débits se sont largement améliorés. L'audio fut l'un des premiers à en bénéficier, et quelques sites furent très fiers d'accueillir les internautes avec des messages audio.

Désormais, pour la majorité des adeptes d'Internet, ce temps est révolu. Les connexions sont désormais à haut débit et les disques durs des ordinateurs sont si volumineux et si bon marché que tout ordinateur moderne peut largement profiter des dernières technologies du Web. Ainsi, vous pouvez, sans difficulté, écouter la radio et regarder la télévision de tous les pays du monde. Ce chapitre tente de mettre un peu d'ordre dans cette immense contrée d'exploration que sont les médias « en ligne ».

Cinq manières d'accéder aux médias (plus une à ne pas utiliser)

Allez, sans exagérer, il y a au moins dix mille programmes et formats différents qui délivrent des images et des sons sur le Web. Heureusement, ils se répartissent dans un nombre limité de catégories : gratuits, en flux continu (*streaming*), loués, achetés, partagés et... volés.

Ne refusez pas les cadeaux

L'approche la plus sympathique consiste à télécharger des médias qui sont gratuitement mis à votre disposition sur les sites Web. Par exemple, si vous faites un tour sur le site de la NASA, à `www.nasa.gov/multimedia`, vous pourrez visualiser de nombreuses vidéos de la navette spatiale. Vous pouvez aussi visiter la base aérospatiale de Kourou à l'adresse `www.esa.int/esaCP/SEM1T81XDYD_France_0.html`. Il en va de même pour la musique que vous trouverez gratuitement en nombre important sur Internet. Il s'agit de morceaux d'artistes inconnus du grand public et/ou qui ont décidé de donner leurs œuvres aux auditeurs. Vous pourrez écouter des choses aussi étonnantes qu'originales sur un site comme `www.erreur404.org/html2/mp3.php3`.

Écoutez en ligne

Les connexions haut débit ne permettent pas de télécharger instantanément de la musique ou de la vidéo. Il faut toujours attendre que le fichier vienne du serveur et s'installe temporairement ou non sur votre disque dur. Toutefois, il existe une technologie qui délivre ces médias en temps réel sur Internet. On l'appelle *streaming* ou *diffusion en flux continu*. Le principe est simple. Après quelques secondes d'attente, la diffusion commence, et, tout au long de celle-ci, le reste du fichier continue à se télécharger. De ce fait, vous entendez ou voyez toujours quelque chose. Bien évidemment, le *streaming* existait avant le haut débit, mais, depuis son avènement, la qualité des médias est devenue impressionnante.

La plupart des médias sont diffusés à la demande. Imaginez donc Internet comme un gigantesque *juke-box* audio et vidéo. D'autres médias reprennent les sacro-saints horaires de diffusion audiovisuelle. Par exemple, il est possible d'écouter les radios nationales et périphériques sur Internet, en direct. Vous en saurez davantage à ce sujet en lisant la section «La radio sur Internet », plus loin dans ce chapitre.

Louez !

La musique est avant tout commerciale. De ce fait, la majorité des sites la vendent moyennant parfois le paiement d'un abonnement mensuel pour écouter une large collection de morceaux enregistrés. C'est ainsi que les choses se passent sur `www.real.com/rhapsody`. L'abonnement mensuel donne droit à la consultation d'un catalogue de musiques et de films que vous pouvez consulter avec un lecteur spécifique téléchargeable sur le site. Ce système ne semble pas encore pratiqué en France.

Achetez !

Aujourd'hui, il est devenu très facile d'acheter, à moindre coût, de la musique sur Internet. Que vous utilisiez le Lecteur Windows Media de Microsoft, RealPlayer ou le désormais très à la mode iTunes, vous accédez à un catalogue impressionnant d'albums et de titres téléchargeables pour un prix d'environ 90 centimes d'euros par chanson.

Partagez !

Napster (`www.napster.com`) fut le premier site d'échange de musique en ligne. Il permettait à ses membres d'échanger des fichiers musicaux MP3, gratuitement et en toute impunité. Ce fut le premier système d'échange sur un réseau P2P, c'est-à-dire *peer-to-peer* ou *pair à pair*. Bien évidemment, les gros labels de distribution ne virent pas cela d'un bon œil et, face à la multiplication des réseaux P2P, il est aujourd'hui devenu totalement illégal de télécharger de la musique gratuitement et de mettre à libre disposition en ligne des morceaux et/ou des films dont vous n'êtes pas l'auteur.

Malgré les échanges sur P2P, il n'est pas possible d'interdire les réseaux eux-mêmes car ils ne forment qu'une passerelle entre des adultes consentants et responsables. Donc, s'il est possible d'utiliser des logiciels qui établissent la connexion à des réseaux P2P comme Kazaa, eMule, et j'en passe, il reste totalement interdit d'y télécharger les œuvres d'auteurs de musique, de films, de logiciels, de jeux, de bandes dessinées, *etc*. Vous en saurez davantage en fin de chapitre sur le P2P et ses dangers.

Volez ces médias ! (Mais non bien sûr !)

Internet regorge de fichiers piratés, c'est-à-dire mis en ligne sans aucune autorisation des auteurs de l'œuvre qui y est enregistrée. J'en appelle à l'éthique et à la citoyenneté des internautes. Prohibez tout ce qui est illégal ! Les réseaux P2P sont attirants car tout ce qui est illégal est attirant, d'autant plus que, derrière l'écran d'un ordinateur, on se sent malgré tout à l'abri du regard des autres. C'est un leurre. On peut vous localiser facilement.

Des téléchargements littéraires

Il n'y a pas que de la musique ou de la vidéo à télécharger sur Internet. Depuis quelques mois, vous avez la possibilité d'acheter des livres audio. C'est un service absolument génial pour les personnes souffrant de déficiences visuelles. Cependant, les livres ainsi lus par des tierces personnes peuvent également séduire ceux qui n'ont pas le temps d'ouvrir un livre et qui préfèrent s'instruire au volant de leur voiture ou en pratiquant leur jogging quotidien.

La plus importante librairie de ce type se trouve à l'adresse suivante : `www.audible.fr/adfr/store/welcome.jsp`. Soit vous souscrivez un abonnement qui vous donne droit à un ou deux titres par mois, soit vous téléchargez vos livres à la carte. Pour "écouter" le livre, il suffit d'utiliser un des lecteurs audio compatibles dont vous trouverez la liste sur le site. Il est bien évidemment possible d'écouter le titre téléchargé avec le lecteur multimédia de votre ordinateur et de le graver sur CD audio. Il existe un *plug-in* pour iTunes qui permet de copier vos livres sur votre iPod, de même qu'un *plug-in* pour le Lecteur Windows Media et tous les périphériques qu'il prend en charge.

Vous pouvez tester Audible en téléchargeant gratuitement sept extraits audio.

Avec quoi écoutez-vous ?

Avec vos oreilles évidemment ! Oui, mais pour que le son (et l'image) arrivent jusqu'à vos oreilles (et vos yeux), il faut que votre ordinateur soit équipé d'un programme spécial appelé un *lecteur multimédia*. Si vous utilisez Windows, vous disposez en standard du Lecteur Windows Media dont la dernière version porte le numéro 11 (Figure 9.1). Il existe une quantité impressionnante d'autres lecteurs, souvent de bien meilleure qualité que le Lecteur Windows Media. Généralement, les lecteurs multimédias sont gratuits. Les éditeurs attirent votre attention sur des lecteurs afin de vous vendre, par la suite, une version plus élaborée qui, par exemple, permettra de graver les fichiers audio ou vidéo sur CD et/ou DVD. Bien évidemment, vous n'êtes jamais obligé de faire migrer une version gratuite vers une version payante. Personnellement, j'utilise plusieurs lecteurs (appelés aussi *players*) que je n'ai jamais mis à jour vers une version plus sophistiquée. Les quelques sections qui suivent font le tour d'horizon des lecteurs multimédias les plus répandus.

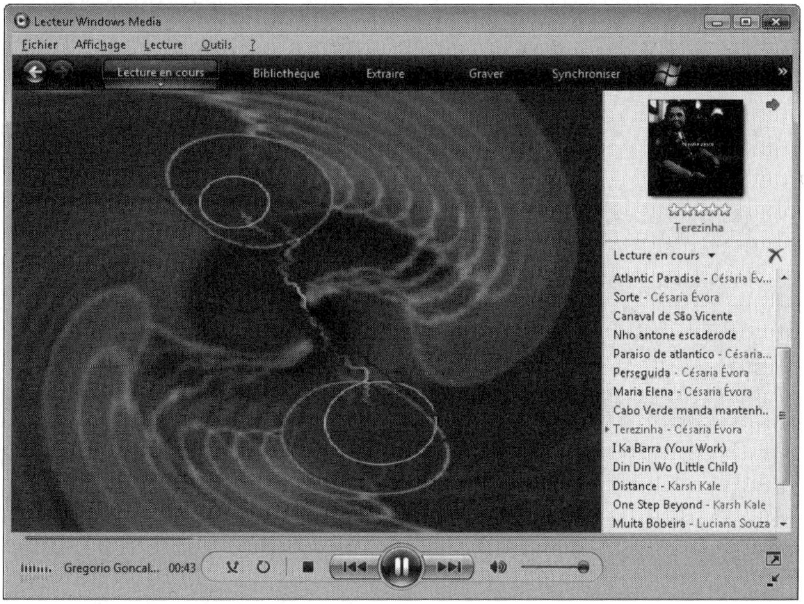

Figure 9.1 : Le Lecteur Windows Media 11 en action.

RealPlayer

`www.real.com`

RealPlayer est le lecteur historique du *streaming*, c'est-à-dire de la diffusion en flux continu (en direct et en temps réel) de médias disponibles sur Internet. RealPlayer est gratuit, et vous apercevez son interface à la Figure 9.2. Les fichiers typiquement Real sont au format `.ra` ou `.ram`. Pour les lire, il faut impérativement ce lecteur.

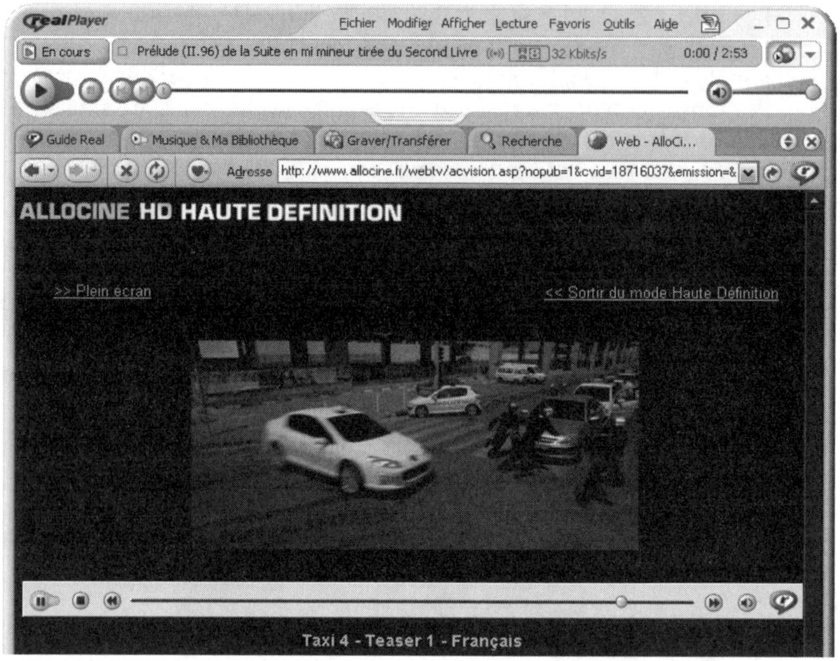

Figure 9.2 : De nombreux fichiers en streaming sont disponibles au format RealPlayer. Ici, la bande-annonce du film Taxi 4.

Avant d'utiliser ce lecteur multimédia, vous devez le télécharger et l'installer. Force est de constater que l'installation de RealPlayer, version gratuite, n'est pas simple et que l'on peut facilement se laisser piéger par les offres commerciales de la société RealNetworks. Elles semblent vous obliger à une souscription. Il suffit de les refuser pour télécharger le lecteur gratuit. Une fois installé, ce lecteur va vous assaillir de messages publicitaires. Régulièrement, vous serez sollicité pour passer à la version payante du programme. Ne cédez pas !

RealPlayer intègre un navigateur Web qui ouvre un guide multimédia regorgeant de choses à écouter, à regarder, et surtout à acheter. Si vous avez l'âme d'un consommateur outrancier, cédez à ce plaisir, sinon, faites comme moi, entrez dans une résistance farouche pour acheter uniquement ce dont vous avez réellement besoin.

Lecteur Windows Media

`www.microsoft.com/windows/windowsmedia/fr/default.aspx`

Microsoft a développé son propre format de fichiers audio et vidéo diffusés en temps réel sur Internet, c'est-à-dire en *streaming*. Ce format de fichier ASF (*Advanced Systems Format*) porte l'extension `.asf` ou `.asx`. Bien évidemment, le Lecteur Windows Media prend en charge de nombreux autres formats audio et vidéo, notamment WMA et WMV (les deux formats natifs audio et vidéo de ce lecteur), ainsi que le MP3, et j'en passe.

Le Lecteur Windows Media met également à votre disposition une série de liens directs vers des magasins de vente de musique en ligne, mais aussi vers des radios périphériques et des radios plus confidentielles réparties sur toute la surface de la Terre.

QuickTime

`www.apple.com/fr/quicktime`

Le troisième format de *streaming* (diffusion en temps réel) est QuickTime d'Apple. Ce lecteur est disponible pour Mac et PC. Vous pouvez le télécharger à l'adresse ci-dessus. La dernière version illustrée à la Figure 9.3 porte le numéro 7.1. Vous avez la possibilité de migrer vers QuickTime Pro, une version plus élaborée pour créer vos propres films et qui s'intègre également dans certaines applications multimédias, permettant ainsi d'ajouter de l'interactivité à vos vidéos.

Figure 9.3 : Un excellent lecteur : QuickTime Player.

TRUC

Lorsque vous installez QuickTime, vous installez également iTunes.

Et la vraie musique dans tout ça ?

Une des activités les plus importantes du Net est le téléchargement et le partage de fichiers MP3. MP3 signifie *MPEG level 3* et correspond en fait à la couche audio des fichiers vidéo MPEG. Malgré le fait que la musique encodée en MP3 soit fortement compressée, le son reste tout à fait correct et surtout les fichiers ont une taille qui permet d'envisager sereinement leur téléchargement depuis le Web. Il existe de nombreux sites entièrement consacrés à la musique MP3, comme `www.mp3.com` ou encore `www.hotzic.com`. Vous pouvez lire les fichiers MP3 avec n'importe quel lecteur multimédia informatique, notamment le Lecteur Windows Media (livré avec Windows), RealPlayer et iTunes (qui intègre les fonctionnalités QuickTime).

Naturellement, Microsoft a développé un format concurrent appelé WMA dont les fichiers portent l'extension `.wma`. Le Lecteur Windows Media est capable d'extraire les pistes de musique de vos CD ou de vos disques durs pour les convertir en WMA ou en MP3 afin de les graver sur un CD. RealPlayer sait également lire les fichiers WMA.

Organiser votre musique avec iTunes

iTunes est l'œuvre d'Apple (`www.apple.com/fr/itunes`). C'est un lecteur qui vous met en relation avec Apple Music Store, la boutique de vente de musique en ligne. Les utilisateurs de Mac comme ceux de PC peuvent profiter d'iTunes pour acheter des morceaux et les organiser sur leur ordinateur. Bien qu'iTunes sache parfaitement gérer le MP3, il crée des fichiers audio MPEG-4 qui offrent un bien meilleur son. Les morceaux que vous achetez sont à ce format, c'est-à-dire `.m4p`. Ils sont protégés contre la copie, tandis que les chansons des CD ou d'autres sources non protégées sont au format AAC (*Advanced Audio Coding*, la partie audio du M4P). La Figure 9.4 illustre iTunes fonctionnant sous Windows.

Il existe de nombreux formats audio qui perturbent à raison l'acheteur. Rassurez-vous. Quel que soit le format choisi, il sera probablement reconnu par votre lecteur multimédia. Testez-les tous, puisqu'ils sont gratuits, et orientez-vous vers celui qui présente les meilleures caractéristiques, qui comble tous vos besoins, et/ou sur lequel il existe une littérature suffisante pour que vous l'utilisiez à 100 % de ses capacités.

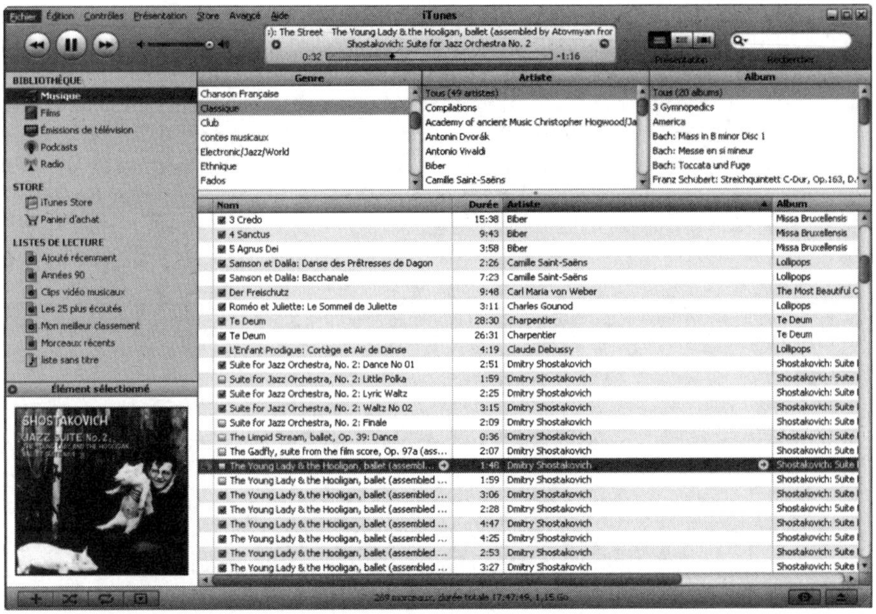

Figure 9.4 : Une collection très classique dans iTunes.

Lire la musique stockée dans votre ordinateur

Si vous souhaitez écouter les morceaux de musique assis devant l'écran de votre ordinateur, lancez un de vos lecteurs multimédias, ou plus simplement celui qui est installé par défaut sous Windows, c'est-à-dire le Lecteur Windows Media. Cependant, nous sommes conscients qu'il existe une vie en dehors de l'informatique et qu'en matière de musique, l'ordinateur doit être seulement le moyen de se procurer des morceaux que l'on écoutera dans d'autres lieux.

Le MP3 est devenu si populaire que de nombreux fabricants de périphériques audio ont lancé sur le marché des lecteurs dits *lecteurs MP3*. Ils ressemblent à des baladeurs de taille variable. Leur gros avantage est qu'ils se connectent à l'ordinateur afin que vous puissiez transférer des fichiers MP3 depuis votre disque dur vers votre lecteur.

Le plus connu de tous, à grand renfort de publicité et d'une once de snobisme, est le fameux iPod d'Apple. Cependant, ce n'est pas le meilleur marché, et il existe quantité d'autres lecteurs portables bien moins onéreux et d'aussi bonne qualité que l'iPod. En revanche, seul l'iPod peut lire les fichiers M4P, c'est-à-dire protégés contre la copie, et uniquement les morceaux dont vous avez acquis la licence d'utilisation.

Des programmes appelés *rippers* permettent de transférer le contenu d'un CD audio traditionnel sur votre disque dur en extrayant les morceaux au format MP3. RealPlayer, iTunes et le Lecteur Windows Media disposent d'un tel outil. Il est également possible de faire l'inverse, c'est-à-dire de partir de fichiers MP3 qui seront convertis en fichiers audio standard et gravés sur un CD répondant aux caractéristiques des CD audio du commerce. Ils seront alors lisibles dans tous les lecteurs de CD de la planète compatible CD-R et/ou CD-RW (voir le prochain encadré).

Il y a CD et CD

À les regarder, tous les CD ont le même aspect. Néanmoins, ils ne peuvent pas tous être lus de la même manière. Un CD audio traditionnel contient au maximum 74 minutes de musique et fonctionne sur tous les lecteurs de CD. Lorsque vous gravez un CD-R (un disque optique que vous ne pouvez graver qu'une seule fois), vous créez un CD audio qui a les mêmes spécificités techniques que ceux que vous achetez dans le commerce. Il est *a priori* lisible sur tous les lecteurs de CD audio.

Cette apparence est trompeuse. Le CD-R est légèrement plus épais que le CD audio du commerce. Il peut donc en résulter des incompatibilités avec certains lecteurs de CD, et plus particulièrement ceux des minichaînes et des autoradios. Si, en outre, vous commettez l'erreur d'y coller une étiquette, le CD sera encore plus difficile à lire.

Les fichiers MP3 sont moins volumineux que les fichiers audio contenus sur un CD audio. Par conséquent, vous pouvez mettre sur un CD-R davantage de morceaux que sur un CD audio. En moyenne, et en respectant une qualité de son correcte, on dit qu'un CD MP3 équivaut à dix CD audio. Le problème est que, si ces CD contenant des fichiers MP3 seront lus sans problème par le lecteur de CD-ROM de votre ordinateur (par le biais de votre lecteur multimédia), ils ne le seront pas par votre platine CD de salon. Vous pourrez les lire uniquement avec un lecteur de DVD compatible MP3, ou une platine elle-même compatible MP3. Les CD-RW, c'est-à-dire réinscriptibles, ne sont pas pris en charge par les platines CD de salon. En revanche, ils sont reconnus par certains lecteurs de DVD. Personnellement, j'ai déjà gravé quelques titres MP3 sur un DVD+RW laissé ouvert, de manière à pouvoir graver d'autres morceaux, et mon lecteur de DVD l'a parfaitement lu. Mais, ne soyez pas étonné que tous ces disques ne fonctionnent pas de la même façon sur tous les lecteurs existants.

La radio sur Internet

Si vous aimez écouter de la musique pendant que vous travaillez, branchez-vous sur les stations radio d'Internet. Comme les stations qui émettent en FM ou sur les grandes et petites ondes, vous y trouverez des programmes musicaux (ou autres) tout à fait séduisants. En revanche, contrairement aux radios classiques, les radios sur Internet proposent souvent un programme en boucle qui n'est renouvelé que quelques jours par semaine. Il y a très peu de radios marginales qui ont les moyens d'émettre en direct. Dans tous les cas de figure, vous les écoutez en *streaming*, c'est-à-dire sans téléchargement préalable de la totalité du programme radiophonique. Pour accéder à ces radios, utilisez votre lecteur multimédia comme RealPlayer ou le Lecteur Windows Media. La plupart de ces radios émettant sur le Net sont gratuites. Certaines exigent un abonnement si vous ne désirez pas être assailli de publicités.

Voici quelques répertoires de stations radiophoniques :

- `http://fr.launch.yahoo.com/` : le site de radio en ligne de Yahoo! (Figure 9.5).

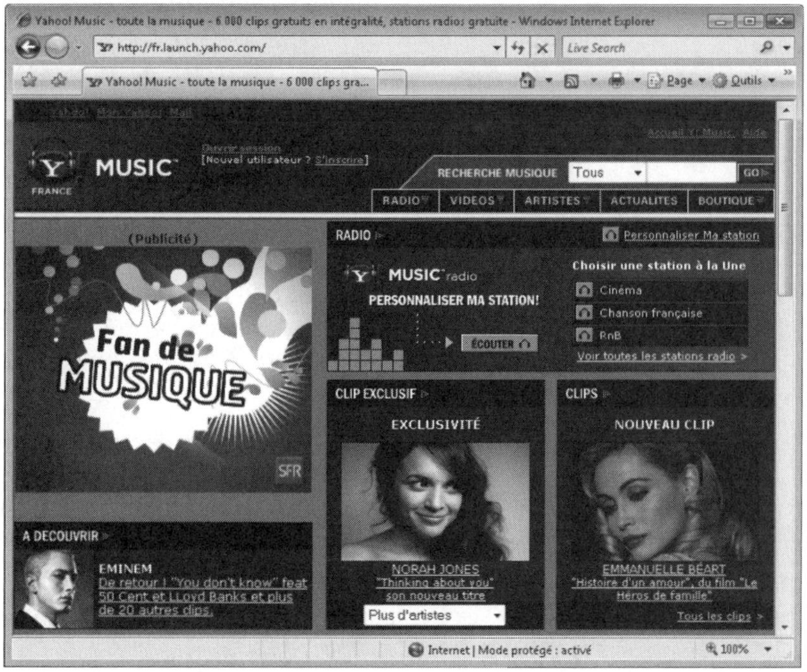

Figure 9.5 : Yahoo! a aussi ses radios en ligne.

- http://shoutcast.com : le site radio d'AOL qui diffuse sa musique avec une version du lecteur multimédia Winamp.
- http://divertissements.msn.fr/radio/ : le centre radiophonique de Microsoft illustré Figure 9.6.

Figure 9.6 : En matière de radios en ligne, Microsoft n'est pas en reste.

Vidéos sur Internet

Le standard Web de la vidéo est le format MPEG. Il s'agit d'un *codec* (codeur/décodeur) vidéo qui permet de produire des fichiers vidéo de petite taille à la qualité d'images très variable. Les fichiers MPEG rencontrés sur Internet portent l'extension .mpeg ou .mpg.

Microsoft, comme à son habitude, prend le train en marche en tentant d'imposer un format concurrent basé sur son propre format vidéo non compressé AVI (*Audio Video Interleaved*). Une fois compressé, ce format devient .asf ou .asx. Il permet de délivrer du son et des images en *streaming*.

Trouver des vidéos

Un navigateur Web ne peut pas lire de la vidéo. Pour cela, il faut un lecteur spécial. Vous avez également besoin d'un ordinateur assez rapide pour afficher des vidéos en temps réel. Les lecteurs multimédias RealPlayer, Lecteur Windows Media et QuickTime prennent en charge les fichiers vidéo. Parfois, vous rencontrerez des animations, voire de petits films, au format Flash de Macromedia (ou Shockwave). Il ne s'agit pas à proprement parler de fichiers vidéo, mais plutôt d'images vidéo intégrées dans une animation Flash. Cependant, pour lire ces animations, vous avez besoin d'un lecteur spécifique téléchargeable à `http://www.adobe.com/shockwave/download/index.cgi?P1_Prod_Version=ShockwaveFlash&Lang=French`.

Lorsque votre navigateur Web arrive sur une page intégrant une animation Flash qu'il ne parvient pas à lire, il vous propose de télécharger le lecteur adéquat. Laissez-vous séduire par cette offre.

Si vous désirez voir rapidement des bandes-annonces ou des extraits de films récents, connectez-vous au site `www.allocine.fr/video/`. Si vous comprenez un peu l'anglais, allez sur `www.bmwfilms.com` : vous y lirez des vidéos d'une dizaine de minutes avec des poursuites à bord de la célèbre voiture allemande.

Vous pouvez également voir des vidéos indépendantes d'une minute sur le très original site Web `www.uneminute.net`, sur l'excellent `http://creative.gettyimages.com`, ou encore sur le site américain `www.ifilm.com`.

Regarder de vrais films

Les sociétés de location de DVD sur Internet se sont multipliées ces deux dernières années. Le fonctionnement est assez simple. Vous souscrivez un abonnement et pouvez ainsi louer un certain nombre de films par mois jusqu'à épuisement de votre crédit. Tout se déroule par voie postale, sauf la sélection et le paiement qui se font en ligne. Vous recevez ensuite le DVD, vous le regardez et le renvoyez.

Il existe aux USA un service plus élaboré mais encore indisponible en France : Movielink. Vous installez le lecteur multimédia de Movielink, puis vous sélectionnez le film que vous désirez regarder et vous le téléchargez. Vous le regardez ensuite comme si votre ordinateur était devenu une sorte de magnétoscope ou de lecteur de DVD. Vous pouvez voir ce film autant de fois que vous le désirez dans le mois qui suit son téléchargement. Mais, dès que vous commencez à regarder un film, vous avez vingt-quatre heures pour le voir intégralement. Ce type d'expérience a fait son apparition dans l'hexagone. Les vidéos sont souvent au format AVI de qualité dite VHS ou DVD. De cette qualité dépend aussi le prix du film. L'un des sites les plus connus en la matière est imineo.com. Force est de constater que le catalogue proposé n'est pas encore très fourni.

Le P2P

Le problème posé par les réseaux P2P est celui de la gratuité. Nous avons dit qu'il s'agissait d'une sorte de retour aux sources d'Internet qui érige la toile comme une espèce d'hypermarché du « rien à payer ». En d'autres termes, on se sert dans les rayons virtuels de l'ordinateur d'un internaute dont on ignore la position géographique et s'il est ou non le distributeur patenté d'un produit mis à la disposition de tous.

Bien souvent, quand on commence à télécharger des fichiers avec un programme P2P, on devient, sans le savoir, dépositaire de fragments de fichiers que d'autres internautes pourront télécharger à loisir. Au regard du droit – et même si les choses ne sont pas encore clairement définies – l'internaute recèle des données dont il n'a pas, dans la majorité des cas, la propriété, donc toutes les ressources légales pour le faire.

Le néophyte se pose alors les questions suivantes : «J'ai envie de faire un tour sur le P2P, mais comment ça se passe et qu'est-ce que je risque ? » S'il est facile de donner une réponse à sa première interrogation, la seconde est bien plus délicate et nuancée.

Qu'est-ce que c'est ?

P2P (*peer-to-peer*) signifie *pair à pair*. Vous en saurez davantage dans les quelques sections qui suivent.

Si une définition élégante du P2P est difficile à énoncer, nous pouvons en revanche tenter de cerner les différences qu'il présente avec d'autres réseaux.

Internet joue sur un rapport bilatéral de clients et de serveurs. En d'autres termes, l'internaute que vous êtes est un client qui cherche des informations sur le Net. Pour les obtenir, il envoie des demandes (requêtes) à des serveurs. Ces serveurs se mettent en connexion pour délivrer au client des pages Web contenant les informations recherchées.

Dans un modèle de réseau P2P, chacun est à la fois client *et* serveur, c'est-à-dire que tous les ordinateurs connectés à un même réseau P2P partagent des données de leurs disques durs. Dans le modèle Internet classique, c'est un serveur qui détient les clés du transfert des données, alors qu'en P2P, il n'y a plus de serveur centralisé pour délivrer lesdites données. C'est un programme qui met en relation directe (avec quelques subtilités, bien sûr) l'internaute A et l'internaute B afin que chacun puisse partager des données stockées dans un dossier particulier (dit *partagé*) de son disque dur. Multiplié par autant d'utilisateurs d'un réseau P2P, ce sont des milliards de données qui peuvent s'échanger ainsi gratuitement : des morceaux de musique, des films, des programmes, *etc.*, au nez et à la barbe de leurs auteurs et distributeurs. Comme nous le verrons plus loin dans ce chapitre, c'est là où le bât blesse.

Ce partage, plus ou moins bien compris des néophytes, fait que, dans bien des cas, l'internaute ignore qu'il met à la disposition d'autres utilisateurs connectés les données qu'il est en train de télécharger. En effet, pour reconstituer la totalité d'un fichier musical MP3, par exemple, l'internaute le télécharge simultanément sur plusieurs ordinateurs. Ou bien, un jour, il téléchargera une partie du fichier disponible chez un internaute et, un autre jour, la fin de ce fichier chez un autre, mais sans en avoir réellement connaissance. Durant toute cette phase où le fichier n'est pas entièrement téléchargé sur l'ordinateur de l'internaute client, puis déplacé dans un autre dossier, tout ou partie du fichier en question est à la disposition des autres utilisateurs du réseau. Notre internaute devient lui aussi serveur. D'une manière certaine – et non pas d'une certaine manière –, il contribue à la reconstitution d'un fichier MP3 entier, dont il n'a pas acheté les droits. Est-il un contrevenant pour autant ? Nous verrons cela dans la seconde partie de ce chapitre.

Comment cela fonctionne ?

Les réseaux P2P sont construits sur une architecture décentralisée. Cet aspect joue la carte de l'anonymat, comme vous avez pu le comprendre dans la précédente section. En effet, tout à la fois client et serveur d'un réseau très vaste, chaque utilisateur ne sait – et ne cherche pas vraiment à savoir – qui délivre et récupère les données échangées.

La connexion à un réseau *peer-to-peer* se fait par le biais d'un logiciel qui confère à votre ordinateur, donc à tous ceux qui utilisent le même logiciel de connexion, le rôle de client et de serveur. Ce programme permet d'annoncer votre présence sur le réseau et de lancer une requête de fichiers (c'est-à-dire des données que vous souhaitez télécharger) : tout ce beau monde interconnecté peut allègrement proposer et recevoir des informations. Théoriquement, une architecture P2P constitue un réseau d'un nombre infini d'ordinateurs, donc de données à échanger.

Vous comprenez qu'avec un réseau P2P, tous les ordinateurs connectés par le même logiciel deviennent des clients et des serveurs potentiels. Lorsque vous saisissez, dans un champ généralement appelé Rechercher, le nom de ce que vous désirez télécharger, tous les fichiers répondant à vos critères sont listés dans une fenêtre. Cela signifie qu'ils sont disponibles chez un ou plusieurs autres internautes utilisant le même réseau que vous. À partir de là, vous pouvez sélectionner, à l'aide de la souris, un ou plusieurs fichiers répondant à l'objet de votre recherche et en lancer le téléchargement par un simple clic sur le bouton Télécharger sélection (ou autre appellation en fonction du programme P2P utilisé).

Dès lors, toutes les ressources actuellement ouvertes sont à votre disposition pour télécharger le fichier. Toutefois, pour que ces ressources soient disponibles sur un réseau P2P, il faut que les serveurs, c'est-à-dire les internautes mettant tout ou partie de ce fichier à la disposition des clients, aient allumé leur ordinateur et qu'ils soient connectés à Internet. Cela explique la lenteur du téléchargement de certaines requêtes. En effet, plus il y a de ressources disponibles, c'est-à-dire plus il y a d'ordinateurs proposant des fragments du fichier recherché, plus il se télécharge rapidement. En revanche, il n'est pas rare que les téléchargements s'arrêtent ou deviennent impossibles. Un arrêt temporaire tient au fait que l'internaute a éteint son ordinateur ou coupé sa connexion Internet. Le téléchargement reprendra dès que vous serez connecté au réseau P2P et que les ordinateurs serveurs de ce fichier seront eux aussi à nouveau connectés. L'arrêt définitif d'un téléchargement provient du fait que le ou les ordinateurs serveurs ne mettent plus le fichier à la disposition du réseau. Le cas le plus classique est celui du déplacement du fichier vers un autre dossier ou vers un autre disque dur, ou de son effacement pur et simple. Pour en arriver là, vous devez disposer d'un des programmes de connexion au réseau P2P.

Les programmes de connexion au réseau P2P

Pour être acteur d'un réseau P2P, et voir son ordinateur devenir à la fois client et serveur avec tous les risques que cela semble déjà impliquer (voir la fin de ce chapitre), vous avez besoin d'un programme P2P. Ce programme établit une connexion à un réseau particulier où vous échangerez des fichiers avec tous ses utilisateurs.

- **Ares** (`http://aresgalaxy.sourceforge.net/`) : Programme de partage des fichiers images, vidéo, audio, logiciels, documents, *etc*. En tant que membre d'une communauté virtuelle, vous pouvez rechercher et télécharger des fichiers auprès d'autres utilisateurs du réseau. Vous pourrez également discuter dans des « chats ».

- **Blubster** (`www.blubster.com`) : Programme conçu pour faciliter votre expérience du P2P. Plutôt spécialisé dans la musique, le choix de fichiers MP3 y est satisfaisant.

- **eMule** (`www.emule-project.net`) : Programme de connexion au réseau eDonkey. Il permet l'échange de tous types de fichiers (vidéos, chansons, logiciels...) avec une prédilection pour les données volumineuses comme les fichiers vidéo DivX, les albums MP3, *etc*. Actuellement, la version 0.46c d'eMule peut-être téléchargée à l'adresse indiquée.

- **iMesh** (`www.imesh.com/languages.php?lang=fr`) : Communauté virtuelle pair à pair en ligne. Presque tous les types de fichiers peuvent être partagés : audio, vidéo, jeux, logiciels, documents... iMesh contient de nombreux *spywares*.

- **Kazaa** (`www.kazaa.com/fr/index.htm`) : Programme basé sur la technologie de FastTrack, un hybride de serveurs décentralisés. Vous y trouvez à peu près tous les types de fichiers. Le problème de Kazaa est la présence de nombreux *spywares*. Il existe une version plus agréable appelée Kazaa Lite K++.

- **Morpheus** (`www.morpheus.com`) : La version 5.2.2 inclut une version avancée de NEOnet. Il s'agit d'une nouvelle génération de P2P utilisant la technologie DHT. Les fichiers du réseau NEO se téléchargent facilement et rapidement même s'ils ne sont présents que sur un seul ordinateur. Morpheus effectue des recherches sur les principaux réseaux de partage, comme Kazaa, iMesh, eDonkey, LimeWire, Gnutella, G2 et autres, pour trouver encore plus de médias numériques.

- **Piolet** (`www.piolet.com`) : Logiciel relativement récent qui se connecte au réseau Blubster. Malgré ses efforts, ce réseau reste inférieur à ce que propose Soulseek ou WinMX.

- **Soulseek** (`www.slsknet.org`) : Programme P2P tourné à l'origine vers l'échange de musique électronique. Le réseau repose sur un serveur principal (sans lequel la connexion ne peut aboutir) mais aussi sur des *nodes* (nœuds) à la manière de tous les réseaux décentralisés du type Kazaa/Gnutella. L'interface du programme est en anglais.

- **XNap** (`xnap.sourceforge.net`) : XNap propose un *plug-in* de développement aux applications P2P ainsi qu'un client basé sur cette même structure. XNap est écrit en Java et ses fonctions client se fondent sur une interface et une console qui s'exécutent sans problème sur des plates-formes faisant tourner Java Runtime Environment 1.3 ou supérieur.

Rappelons que cette liste n'est pas exhaustive. Par vos recherches Internet et vos lectures, vous trouverez d'autres programmes P2P.

Cette liste n'est qu'informative. Elle ne saurait constituer une incitation à l'usage d'un programme P2P. Si vous procédez à l'installation et à l'utilisation d'un de ces programmes, c'est en toute connaissance des restrictions légales que nous présentons plus loin dans la section «Le P2P face aux droits d'auteur ». N'oubliez jamais qu'en matière de réseau Internet – et *a fortiori* de réseau P2P –, vous pouvez très vite adopter un comportement illégal et bafouer la législation ou la jurisprudence actuelle. C'est en toute connaissance de cause que vous prendrez la responsabilité de vous connecter. Ni les auteurs de cet ouvrage, ni son traducteur, ni son éditeur, pas plus que les FAI et les réseaux P2P ne pourront être tenus pour responsables de vos agissements.

Le P2P face aux droits d'auteur

Ce n'est pas un scoop : la technologie va toujours plus vite que le législateur. L'Union européenne devrait se doter prochainement d'une loi spécifique sur la protection des droits d'auteur, visant plus particulièrement le téléchargement de musiques pour le moins dématérialisées.

La Commission européenne vient donc de prendre des mesures destinées à assurer le respect des droits de propriété intellectuelle. Une nouvelle directive permettra d'adapter la protection des ayants droit aux évolutions technologiques, notamment dans le domaine numérique. L'élément principal de cette directive est la mise en place de sanctions pour dissuader toute atteinte portée à la propriété intellectuelle. Toutefois, on note, dans cette directive, la notion de sanctions effectives et proportionnées. À voir ce que cela donnera dans les faits. On se demande si l'exception française sur le droit à la copie privée n'est pas en danger.

En France, l'industrie du disque a alerté les internautes en date du 4 mai 2004. Le Syndicat National de l'édition Phonographique (SNEP), composé des majors et de certains producteurs indépendants, rappelle aux internautes que le téléchargement gratuit d'œuvres sans l'autorisation de l'artiste ou de son producteur est passible des sanctions prévues à l'article 335-4 du Code de la propriété intellectuelle, c'est-à-dire jusqu'à 300 000 euros d'amende et trois ans d'emprisonnement.

L'internaute est visé pour la simple et bonne raison que les FAI ne peuvent pas l'être. En effet, le syndicat des FAI considère, à raison, que ses membres ne font pas de diffusion de fichiers musicaux, pas plus que les réseaux P2P. D'ailleurs, aux États-Unis, tous les procès engagés contre les réseaux P2P ont échoué. C'est donc l'internaute qui est fautif. Il s'ensuit une position nette des industriels du disque qui refusent la proposition de taxer les fournisseurs d'accès, comme cela a été fait avec les cassettes audio dont une partie du prix était reversée aux auteurs. Les maisons de disque considèrent que le piratage serait ainsi légalisé. Du côté des internautes, on pourrait également s'offusquer de cette mesure car cette taxe augmenterait sensiblement le prix des abonnements. Or, tous les internautes ne téléchargent pas de fichiers, ou du moins de fichiers musicaux ou vidéo.

Au regard du texte cité en début de section, des poursuites contre la piraterie numérique de contenus culturels sont bel et bien engagées. Toutefois, il semblerait que ces poursuites concernent seulement les internautes qui téléchargent constamment et massivement des fichiers, et qui les laissent à la disposition d'autres internautes.

Quoi qu'il en soit, vous êtes prévenu. Aujourd'hui les choses se passent encore assez bien pour les pirates qui s'attaquent à ce fameux contenu culturel. Mais demain ? Dans un premier temps, l'industrie du disque et de l'audiovisuel souhaitait interdire les réseaux P2P... Une utopie ! Les FAI vivent principalement de ce système d'échanges. Ce serait tuer la poule aux œufs d'or, et certainement une partie d'Internet. Or, même le cinéma et la musique ont besoin de ce support. Déjà, la télévision arrive chez nous par ce biais. Nous savons tous que la consommation des images et des sons est entrée de façon exponentielle dans l'ère du numérique. On s'affole aujourd'hui de ses potentielles conséquences. Réfléchissons ! La cassette audio a-t-elle tué le vinyle ? Non ! La télévision a-t-elle tué la radio ? Non ! Le magnétoscope a-t-il tué le cinéma ? Non ! Les producteurs devraient peut-être regarder du côté de la qualité de leurs productions et de la plus-value apportée à leurs produits avant d'imputer la baisse des ventes à une technologie. Cependant, cher lecteur, nous pourrions débattre des années, être en accord ou en désaccord, poser les chiffres sur la table, énoncer des principes, revendiquer nos droits et remplir nos obligations, rien n'y changerait quoi que ce soit. Un cadre juridique va se mettre en place. Il exigera certainement beaucoup de prudence de la part des utilisateurs. Internet est né d'une utopie, le P2P l'a validée, mais la puissance économique semble vouloir la museler. *Big Brother Will Be Watching You*... Dommage.

Chapitre 10

Le commerce électronique

Dans ce chapitre :

- Achats en ligne : le pour et le contre.
- Le problème des cartes bancaires.
- Allons faire nos courses !
- Tour d'horizon des sites marchands.

Si, pour une raison quelconque (insomnie ou autre), vous lisez la presse informatique, vous avez certainement eu l'occasion de parcourir beaucoup d'articles consacrés au commerce électronique. Aussi étonnant que cela puisse paraître, il y a beaucoup de vrai dans ce que vous avez pu lire, et vous pouvez raisonnablement acheter toutes sortes de choses sur le Net. Pour notre part, c'est ce que nous faisons, des livres jusqu'aux billets d'avion en passant par les sous-vêtements, les actions, les pièces détachées d'ordinateurs et les consommables de toutes sortes. Malgré quelques légendes – parfois avérées –, nous sommes toujours bel et bien vivants pour vous conter l'histoire fabuleuse des achats en ligne.

Achats en ligne : le pour et le contre

Voici quelques bonnes raisons de faire ses achats en ligne :

- Les magasins en ligne offrent des commodités appréciables. Ils sont ouverts toute la nuit, et vous n'agacez aucun vendeur si vous ne faites que regarder pendant des jours et des jours avant de vous décider à acheter.

- Les prix sont souvent inférieurs, et vous pouvez comparer les tarifs de plusieurs boutiques en quelques minutes. Même si vous finissez par acheter dans un magasin réel, ce que vous aurez trouvé en ligne est susceptible de vous faire économiser de l'argent. Les frais d'expédition sont les mêmes que lorsque vous commandez par courrier postal (ils sont même offerts à partir d'une certaine somme, en général 30 euros d'achats) et vous n'aurez pas besoin de prendre votre voiture et de trouver un parking.
- Les boutiques en ligne offrent parfois une meilleure sélection. L'expédition est habituellement réalisée à partir d'une centrale d'achat – pas de stocks à gérer. Si vous êtes à la recherche d'une pièce rare – par exemple, une pièce du vieux four que vous réparez – le Web peut vous épargner des semaines de recherche.
- Certains auteurs de ce livre vivent dans des petites villes perdues dans la campagne. Ils trouvent sur le Net de nombreux articles difficiles à dénicher, sinon introuvables localement.
- Contrairement aux centres commerciaux, on n'est pas obligé de faire ses courses avec une musique de supermarché en bruit de fond.
- Vous pouvez acheter dans tous les magasins de la planète, à des prix défiant toute concurrence.
- À partir d'une certaine somme, souvent 100 euros, ou sur certains produits, vous pouvez payer en plusieurs fois sans frais.

D'un autre côté, voici quelques raisons qui nous incitent à ne pas *tout* acheter sur le Net :

- Vous ne pouvez pas physiquement essayer, tester ou regarder ce que vous achetez, et, dans la plupart des cas, les délais de livraison sont assez longs. Toutefois, les sites indiquent la plupart du temps les délais de disponibilité des produits. Quand le produit est disponible, vous n'attendez guère plus de quarante-huit heures ; quand il ne l'est pas, l'attente est souvent difficile à évaluer.
- Nous aimons bien nos petits commerces locaux et nous essayons de contribuer à l'économie de notre région aussi souvent que nous le pouvons.
- Vous ne pouvez pas flirter avec le personnel des magasins en ligne.

Le problème des cartes bancaires

Comment s'effectue le paiement des achats en ligne ? La plupart du temps avec une carte bancaire, de la même façon que dans un magasin ordinaire. Mais n'est-il pas risqué de donner son numéro de carte bancaire en ligne ? Eh bien, non !

Nombre de personnes craignent que des individus malintentionnés et armés de divers outils électroniques, analyseurs de réseaux et autres gadgets de haute technologie, soient à l'affût pour tenter de s'approprier les numéros de cartes bancaires voyageant sur le Net. Nous avons surveillé pendant plusieurs années l'occurrence de tels événements et nous n'avons jamais rien trouvé. D'abord, parce que la plupart des entreprises de vente en ligne s'arrangent pour sécuriser les transactions de ce type en cryptant les informations que vous leur envoyez (dans la fenêtre du navigateur, un petit cadenas fermé affiché en bas de la fenêtre). Ensuite, parce que tenter d'intercepter une information de ce type dans le flot du trafic d'Internet est une véritable gageure, même sans chiffrement.

Si vous acceptez de confier votre carte bancaire dans un restaurant à un serveur, vous pouvez aussi bien vous servir de votre carte bancaire pour acheter en ligne. Si nous voulions dérober un numéro de carte de crédit, ce n'est pas la technique d'Internet que nous utiliserions mais celle des *pickpockets*.

Si, après cette mise au point, vous ne voulez toujours pas confier votre numéro de carte bancaire à Internet ou que vous soyez de ceux qui répugnent à l'usage des cartes en plastique, sachez que la plupart des entreprises de VPC en ligne accepteront que vous leur indiquiez ce numéro par téléphone ou que vous leur envoyiez un chèque.

Figure 10.1 : Une carte bancaire virtuelle ressemble à une vraie carte bleue ! Inutile d'essayer d'utiliser celle-ci, le numéro est unique pour un achat et un montant unique.

TRUC

Les cartes bancaires virtuelles : e-Carte Bleue et consorts

Une des dernières innovations des banques est la mise en circulation, pour qui en fait la demande, d'une carte bancaire virtuelle destinée au paiement des achats sur Internet. Comment fonctionne la carte virtuelle ? Nous baserons notre explication sur une expérience personnelle : la e-Carte Bleue (ce système est repris sous des noms divers par la majorité des établissements bancaires).

Vous souscrivez un contrat auprès de votre banque pour bénéficier de la carte bancaire virtuelle. Si votre banquier est reconnaissant de votre fidélité, il ne devrait rien vous facturer de plus que vos sempiternels frais de gestion mensuels. Quelques jours après la souscription à e-Carte Bleue, par exemple, vous recevez un premier courrier indiquant un identifiant à ne surtout pas égarer. Il s'agit d'un code aussi facile à retenir que BCMYSKPM. Cet identifiant vous permet d'aller sur le site Web de votre banque et d'y télécharger un petit programme qui n'est autre que votre carte bancaire virtuelle. Installez ce programme sur votre ordinateur. Si vous l'exécutez, une connexion Internet s'établit, et une sorte de carte affichant deux champs de saisie apparaît au premier plan de votre bureau. Elle couvre systématiquement tous les programmes que vous ouvrez, dont Internet Explorer ou Firefox, qui permettront de faire vos achats en ligne. Les champs de saisie exigent deux choses : l'identifiant et le mot de passe que vous recevrez environ quarante-huit heures après votre premier courrier. Conservez bien ces deux numéros, c'est-à-dire identifiant et mot de passe, dans un lieu sûr, et tentez de vous en souvenir (ce ne sera pas du gâteau).

Pour utiliser la carte virtuelle, c'est très simple. Faites vos emplettes, c'est-à-dire cherchez les produits qui vous intéressent sur un site, ajoutez-les à votre panier virtuel, et enfin passez à la caisse. À cet instant, choisissez un paiement par carte bancaire et lancez le programme de votre carte bancaire virtuelle, tel que e-Carte Bleue (Figure 10.1). La carte virtuelle vous demande de saisir votre identifiant et votre mot de passe, puis de cliquer un bouton pour les valider. Une fois votre identification réalisée, plusieurs autres boutons permettent d'effectuer diverses tâches, dont l'une se nomme Payer. Cliquez-la. Un message vous avertit qu'un numéro unique va vous être attribué. À ce moment-là, votre carte virtuelle prend l'apparence d'une carte bancaire identique à celle que vous avez dans votre portefeuille, mais elle est animée : c'est-à-dire que vous voyez tous les chiffres tourner de manière aléatoire, puis se figer en un numéro traditionnel utilisable une seule fois. Saisissez le numéro ainsi attribué et le code à trois chiffres dans les champs adéquats du site Web. Validez. Le site interroge alors votre banque, et le paiement est accepté. Voilà, votre achat est fait. Même si quelqu'un a pu détourner ce numéro de carte, il ne pourra plus l'utiliser, car il est à usage unique. Vous pouvez alors fermer le petit programme. Si vous ne le faites pas, la carte virtuelle disparaît au bout d'une quinzaine de minutes.

Lors de votre prochain achat sur Internet, vous répéterez ces opérations et vous obtiendrez alors un nouveau numéro unique qui permettra de payer vos achats en toute sécurité. Ce système est absolument génial !

Allons faire les courses !

Les entreprises de VPC en ligne fonctionnent généralement selon l'un ou l'autre des deux systèmes suivants : avec ou sans « caddie virtuel », communément appelé « panier » dans l'Hexagone. Ceux qui n'utilisent pas ce concept proposent la commande d'un seul article à la fois, ou un formulaire de commande que vous remplissez en cochant des cases en face des articles commandés. Parmi ceux qui proposent le système du caddie, vous choisissez un article et cliquez un bouton du type « Ajouter au panier ». Vous visualisez le récapitulatif et choisissez votre mode de paiement ainsi que toutes indications utiles pour la livraison. À tout moment vous pouvez ajouter ou retirer des articles, comme dans un vrai magasin, à ce détail près que vous n'êtes pas obligé, ici, de remettre l'article dans son rayon.

WORLD WIDE WEB

Prenons un exemple simple en visitant le site Web appelé *Rue du commerce*, qui propose tout ce qui touche à l'informatique et à l'audiovisuel. Pointez votre navigateur sur l'URL `www.rueducommerce.fr`. Comme ce site a toujours des annonces à faire, un anniversaire à fêter ou des promotions à communiquer, cliquez directement l'animation qui apparaît, ou attendez quelques secondes avant de parvenir à la page d'accueil représentée Figure 10.2.

Figure 10.2 : La fièvre acheteuse fait des ravages chez Rue du commerce.

Comme vous avez peut-être besoin d'un disque dur externe, cliquez l'onglet Composants. Dans la fenêtre principale, cliquez le lien Disques durs externes. Si vous ne voyez pas toutes les rubriques, faites glisser la barre de défilement verticale située sur le bord droit de votre navigateur. Comment ? Vous ne savez pas ce qu'est une barre de défilement ? Alors, retournez dans le magasin où vous avez trouvé ce livre et achetez-y *Windows Vista pour les Nuls* !

Sur le site Rue du commerce, sélectionnez un type de disque dur en cliquant d'abord l'onglet Informatique, puis le lien Composant, puis le lien Disques durs externes. Un chiffre entre parenthèse indique le nombre de références dans cette catégorie de produits. Dans la page qui présente les gammes de disques durs externes, sélectionnez par exemple Disque dur 3,5 » USB 2.0. Comme vous affichez un grand nombre de modèles, jouez avec les critères de filtrage. Par exemple, dans la liste Capacité, sélectionnez de 200 à 320 Go, et cliquez Filtrer. Consultez la liste des produits proposés. Pour plus d'informations sur un modèle, cliquez soit sa photo, soit le lien situé à droite du signe « + ». Quand vous avez trouvé le modèle qui vous convient, ajoutez-le à votre panier grâce au bouton Acheter ou Sélectionner le produit (le nom du bouton change selon la page d'affichage des articles, mais cela revient au même. Dans le second cas, passez ensuite à la phase d'achat en cliquant le bouton Acheter). Un récapitulatif apparaît, comme sur la Figure 10.3. Pas d'erreur ? Alors cliquez Valider mes achats. Vous devez alors suivre une procédure d'inscription qui consiste à communiquer votre courriel de manière à recevoir une confirmation de commande et plus tard un avis d'expédition qui vous permettra de suivre votre colis en ligne *via* le site du prestataire de livraison choisi (comme La Poste). Lors de vos prochaines commandes sur ce site, vous n'aurez qu'à indiquer votre pseudo et votre mot de passe pour que les formulaires de commande et d'expédition soient automatiquement remplis. Enfin, choisissez un mode d'expédition, et cliquez le bouton Valider situé en bas de la page. Un nouveau récapitulatif apparaît. Vérifiez toutes les informations. Cochez la case d'acceptation des conditions générales de vente que je vous invite à lire consciencieusement. Alors, cliquez le bouton PAYER correspondant au mode de paiement choisi, par exemple la carte bancaire. Comme le montre la Figure 10.4, plusieurs types de cartes sont proposés, dont le fameux système e-carte bleue. Cliquez l'image de la carte utilisée. Vous basculez dans une zone de paiement sécurisée comme en témoigne l'icône d'un cadenas affichée dans la fenêtre de votre navigateur Web. Indiquez le numéro de carte, sa date d'expiration, et le numéro du cryptogramme. Enfin cliquez VALIDER. Après une interrogation du système de gestion des cartes, votre commande est validée. Un mail de confirmation de commande vous sera transmis, et, dans quelques jours, vous recevrez votre produit.

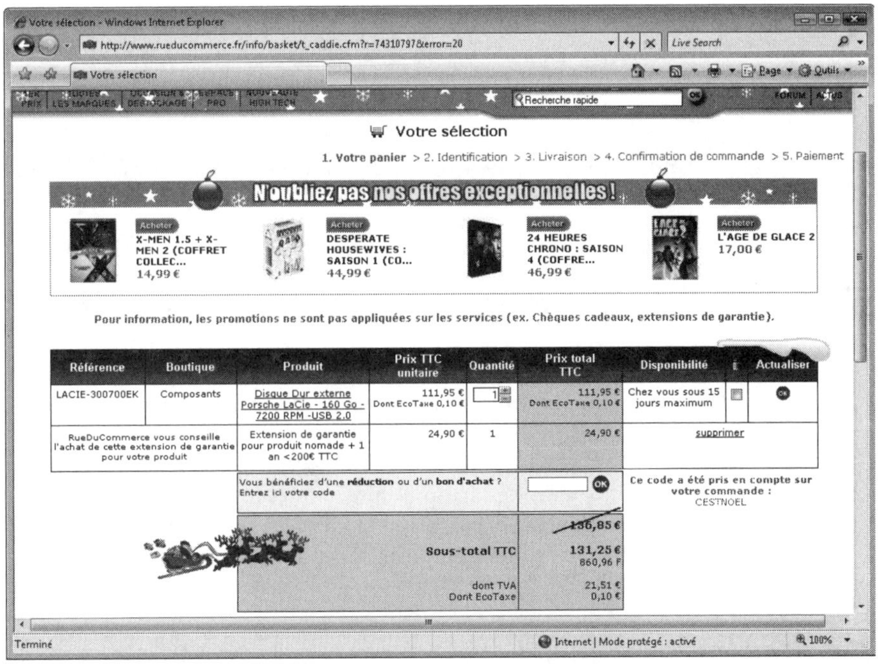

Figure 10.3 : Récapitulatif des produits commandés avant validation de l'achat.

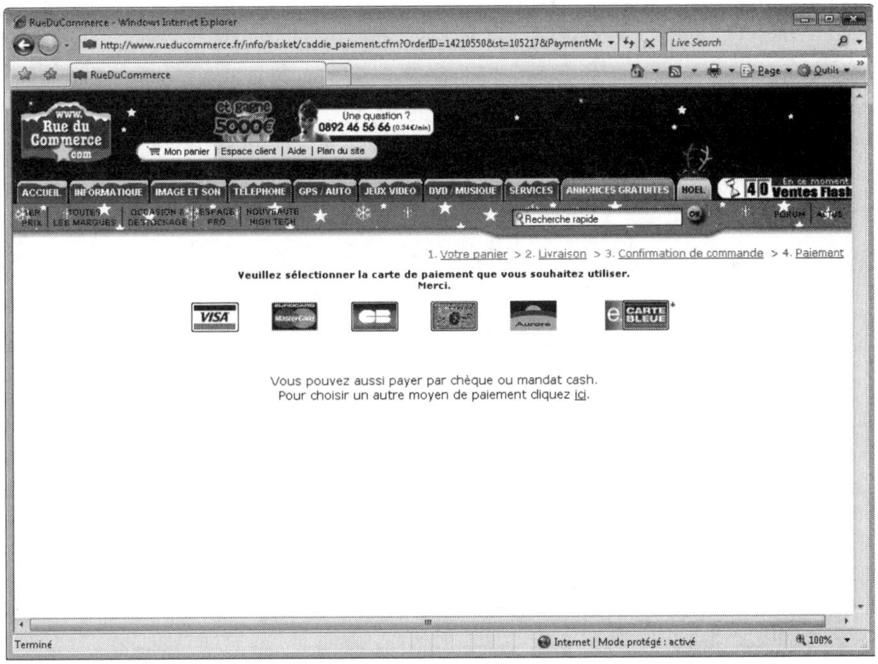

Figure 10.4 : Paiement par carte bancaire.

Même sur les sites ne proposant pas une icône e-carte bleue il est tout à fait possible de régler ses achats par ce système. Choisissez simplement le mode de paiement par carte bancaire VISA (ou celui correspondant au type de votre carte virtuelle).

Sur certains sites, comme Rue du commerce, il est possible de régler ses achats avec une carte de crédit, en l'occurrence Aurore.

Principes de la réservation aérienne

Nous commandons sur Internet beaucoup de billets d'avion. Bien que ces guichets en ligne soient loin d'être aussi efficaces et pratiques que les *bonnes* agences de voyages, ils sont néanmoins meilleurs que les *mauvaises* agences de voyages. Même si vous avez un bon agent, vous pouvez ainsi explorer préalablement toutes les options qui vous sont offertes avant de lui téléphoner pour faire votre réservation. Il existe aussi des agences qui exploitent elles-mêmes les sites Web des compagnies aériennes.

Les cookies

Peut-être avez-vous entendu ou lu d'horribles histoires au sujet de ces petites choses appelées *cookies* que certains sites visités vous envoient, soi-disant pour vous espionner, dérober les secrets de votre disque dur, ravager votre ordinateur, injecter de la cellulite dans vos cuisses pendant que vous dormez, dérober les confitures dans l'armoire, bref, rendre votre existence infernale. À la suite d'investigations très complètes, nous avons fini par découvrir que ces étranges créatures sont loin d'être aussi méchantes et même peuvent vous aider dans vos achats à distance. (Si vous êtes ignorant en la matière, allez vous rafraîchir la mémoire au Chapitre 2.)

Un *cookie* n'est rien d'autre qu'un petit morceau de texte envoyé par un site Web à un PC accompagné d'une demande (et non pas d'une commande) de renvoyer le *cookie* lors des visites ultérieures au même site. Le *cookie* est stocké sur votre ordinateur sous la forme d'un petit fichier (pas plus de 4 Ko de texte). Et c'est tout ! Vous pouvez le vérifier en consultant un fichier ayant pour nom cookies.txt si vous utilisez Netscape. Internet Explorer crée un fichier séparé pour chaque *cookie*. En ce qui concerne les achats en ligne, les *cookies* permettent à votre serveur Web de mieux suivre votre caddie virtuel contenant les produits sélectionnés mais non encore achetés, même si vous déconnectez votre ordinateur entre-temps. Si vous ne voulez vraiment pas que des *cookies* restent stockés dans votre ordinateur, reportez-vous au Chapitre 7.

Aux États-Unis, il existe quatre systèmes de réservation aérienne exploités par presque toutes les compagnies couvrant le territoire. On les appelle, dans ce pays, des CRS (*Computer Reservation System*). Ces systèmes sont interconnectés, ce qui fait que, à quelques rares exceptions près, vous pouvez parfaitement faire une réservation sur n'importe quelle compagnie à partir de n'importe quel CRS. Leurs noms sont : Sabre (American Airlines), Apollo (United Airlines), Worldspan (Delta, Northwest Airlines et TWA) et Amadeus (Continental Airlines). La plupart des compagnies pratiquant des tarifs réduits n'utilisent pas ces systèmes mais ont leur propre site Web, à partir duquel vous pouvez effectuer des opérations standard de réservation et d'achat de billets. Southwest Airlines, la plus importante et la plus ancienne de ces compagnies, a cependant un arrangement lui permettant d'utiliser Sabre, en conséquence de quoi ce CRS propose également des voyages sur Southwest, ce que ne font pas les autres CRS.

Si, en théorie, tous ces systèmes proposent les mêmes informations, en pratique, ils présentent quelques différences. Si vous recherchez des places sur un vol complet, un système de réservation directement rattaché à une compagnie sera plus efficace pour trouver une éventuelle place annulée au dernier moment. Si vous recherchez le tarif le plus bas pour effectuer un certain parcours, testez les quatre systèmes, car un vol qualifié de complet sur l'un d'eux peut mystérieusement offrir encore quelques places sur un autre système. Certaines catégories tarifaires ne sont visibles que par les agences de voyages et ne figurent pas sur les sites Web – mieux vaut, dans ce cas, utiliser les services d'une bonne vieille agence de voyages. Mais gardez en mémoire que beaucoup de compagnies aériennes ne proposent certains voyages promotionnels que sur leur site Web, sans que les agences de voyages en soient informées. Tout cela vous paraît bien embrouillé ? À nous aussi !

La confusion est encore plus grande dans le cas d'un vol transcontinental. Les tarifs officiels sont établis par une organisation internationale appelée IATA, ainsi la plupart des systèmes de réservation ne font figurer que ces seuls tarifs pour les vols internationaux. Il est cependant facile de trouver des billets « en solde » pour ces mêmes lignes, mais seulement auprès de certaines agences. À l'occasion, certaines compagnies proposent pour certains vols des tarifs exceptionnellement bas. L'exemple le plus frappant est celui de Cathay Pacific qui, une fois ou deux par an, organise un voyage vers Hongkong à un tarif généralement inférieur de plus de 50 % au prix normal.

Pour une liste complète et régulièrement mise à jour des CRS, sites Web de compagnies aériennes et agences de voyages, visitez le site `www.tourisurf.com/destinic/index1.htm`.

Trois sites incontournables si vous projetez de partir en voyage :

- **Yahoo! Voyages** : fr.travel.yahoo.com.
- **Lastminute (Degriftour)** (www.fr.lastminute.com) : Le site Lastminute propose tout son catalogue en ligne, de nombreux vols et séjours, mais également ses coups de cœur et des vols dégriffés (prix souvent très intéressants).
- **La bourse des vols** (www.bourse-des-vols.com) : Vols secs couvrant quatre-vingts compagnies aériennes et quarante voyagistes.

Voici quelques précautions à prendre avant d'acheter en ligne des billets d'avion (de ligne) :

- Consultez les systèmes en ligne pour voir les vols disponibles et établir une gamme de tarifs. Voyez si les sites utilisent différents CRS.
- Une fois que vous avez trouvé la compagnie qui vous intéresse, rendez-vous sur son site pour voir si elle propose des prix et des vols « spécial Web ».
- Vérifiez les destinations et les escales. Parfois, accepter quarante-cinq minutes de vol supplémentaires vous fait économiser des centaines d'euros.
- Vérifiez auprès d'un employé de la compagnie s'il n'est pas meilleur marché d'acheter directement par son entremise que par le site Web.
- Pour les destinations complexes, ou pour faire le tour du monde, seul un agent de la compagnie saura vous trouver le meilleur vol et les meilleurs tarifs. En effet, la réservation en ligne n'est pas toujours capable de mesurer tous les paramètres des voyages internationaux complexes.
- Si vous achetez vos billets d'avion sur un site d'enchères, vérifiez que vous ne le payez pas plus cher qu'un billet directement réservé sur le site Web de la compagnie aérienne.

TRUC

Ce qui est possible pour l'avion l'est aussi pour le train. Rendez-vous sur le site www.sncf.fr. Vous pourrez y réserver vos places et acheter vos billets. La SNCF propose également des promotions spéciales Web. J'ai pu par exemple, avec ce système, obtenir deux allers simples en TGV de Paris à Arcachon pour 60 euros. Il vous est même possible d'imprimer les billets que vous présenterez au contrôleur.

D'autres endroits pour faire des emplettes

Voici quelques autres sites d'achats sur le Web que nous avons visités. Il nous est même arrivé d'y commander des articles.

Livres et produits culturels

Bien que, dans un magasin virtuel, il ne vous soit pas possible de feuilleter un livre avant de l'acheter, si vous savez ce que vous voulez, il vous est facile de l'acquérir.

- **Amazon** (`www.amazon.fr`) : C'est l'une des plus grandes *success stories* du commerce du livre en ligne. Parti de rien (si vous acceptez l'idée que quelques millions de dollars ne représentent plus grand-chose de nos jours), Amazon compte aujourd'hui parmi les plus grands sites marchands consacrés aux livres d'Internet. Malheureusement, il a du mal à atteindre un bon équilibre financier et continue de supporter d'assez lourdes pertes financières qui, curieusement, ne semblent pas trop compromettre son existence. Son catalogue est absolument énorme, et vous pouvez recevoir en quelques jours la plupart des articles qui y figurent. Cette entreprise dispose aussi d'un programme par lequel d'autres sites Web peuvent vous faire connaître leurs livres favoris, créant ainsi une librairie virtuelle. Les prix pratiqués sont parfois légèrement supérieurs à ceux en vigueur dans les librairies en raison des frais de port.

- **La FNAC** (`www.fnac.com`) : En France, le site de la FNAC vous permet de commander en ligne des livres, des disques, des voyages, des spectacles, *etc.*, pouvant être livrés sous vingt-quatre heures, mais offre également d'autres informations dans le domaine culturel ou multimédia.

  ATTENTION !

  Sachez, toutefois, que vous ne pourrez pas accéder à ce site si votre navigateur refuse les *cookies*.

- **Et plus si affinités :**

  `www.alapage.com`
  `www.chapitre.com`
  `www.cdiscount.com`

Prêt-à-porter

Vous trouverez sur Yahoo! des tonnes d'autres références dans ce domaine.

- **La Redoute** (`www.redoute.fr`) : Un catalogue très complet (sous-ensemble du catalogue imprimé) est proposé avec un classement par type d'articles. On peut aisément choisir sa taille et la couleur lorsqu'il s'agit d'un vêtement. Il est possible d'effectuer l'achat soit par Internet, en mode sécurisé, soit par Minitel.
- **Les 3 Suisses** (`www.3suisses.fr`) : La présentation du catalogue permet d'effectuer facilement son choix. La commande finale peut être faite en ligne ou par Minitel.
- **Cdiscount** (`www.cdiscount.com`) : Site pluridisciplinaire qui offre un lien Prêt-à-porter pour Homme, Femme et Chaussures (?!). Vous y trouverez souvent des vêtements de grandes marques à des prix fracassés.

La check-list de l'acheteur en ligne

Voici quelques-unes des questions que vous devez vous poser lorsque vous effectuez des achats en ligne. Vous pourrez remarquer qu'elles ne sont pas très différentes de celles qui s'appliquent aux achats traditionnels.

- Est-ce que la description des articles est suffisamment claire pour que vous vous rendiez bien compte de la nature de votre achat ?
- Est-ce que les prix proposés sont compétitifs, comparativement à d'autres entreprises de VPC ou au commerce traditionnel ?
- Est-ce que les produits proposés sont en stock, sinon quel est leur délai de livraison ?
- Est-ce que l'entreprise jouit d'une bonne réputation ? (Voir l'astuce quelques lignes plus bas)
- Pouvez-vous suivre votre commande en ligne ?
- Pouvez-vous entrer en contact direct avec un interlocuteur du site ?
- Peut-on rendre les articles ne convenant pas ?

Ordinateurs

Avant d'acheter dans ces boutiques en ligne, assurez-vous qu'elles acceptent les retours de marchandises en cas d'insatisfaction et qu'elles accordent une garantie suffisante.

Voici quelques vendeurs réputés :

- **Dell Computer** (`www.dell.com`) : On y trouve un catalogue complet ainsi que la possibilité d'établir des configurations sur mesure.
- **Apple Computer** (`store.apple.com/Apple/WebObjects/francestore`) : Beaucoup d'informations sur les produits Apple et la possibilité d'acheter des systèmes complets et des mises à jour.

Ces deux magasins virtuels ne sont pas les seuls, loin de là ! Généralement, les boutiques virtuelles les plus connues, comme Rue du commerce, Top achat, Cdiscount, Pixmania, *etc.*, vendent des PC à la carte ou prêts à l'emploi. Des facilités de paiement sont souvent proposées.

Lorsque vous cherchez un produit au meilleur prix, rendez-vous sur le site `www.kelkoo.fr`. Là, choisissez une catégorie de produit comme Appareil photo numérique et, dans la page qui suit, cliquez la marque ou le modèle qui vous intéresse, ou saisissez son nom dans le champ situé en haut à gauche de la page. Cliquez Rechercher, et c'est trouvé ! Cliquez si besoin le bouton Comparer les prix. Une liste de tous les sites proposant ce produit apparaît. À vous de choisir celui qui offre le meilleur prix !

Si vous avez peur d'un site parce que vous n'en connaissez pas la réputation, visitez `www.lesarnaques.com`. Saisissez l'objet de votre recherche, c'est-à-dire le nom du site, et vous tomberez sur une série d'articles rapportant les problèmes rencontrés par les consommateurs. Si ces problèmes vous semblent graves et systématiques, ne commandez pas auprès de ce site. Vous-même pouvez rapporter des problèmes et converser avec des clients dans un forum. Lesarnaques.com peut également vous aider à régler un litige avec les vendeurs peu scrupuleux. Cependant, à la lecture de ces expériences diverses et variées, ne tombez pas dans la paranoïa comme quand vous regardez les émissions de Julien Courbet !

Ventes aux enchères et marchandises d'occasion

Plusieurs sites vous permettent de participer, sur le Net, à des ventes aux enchères offrant de nombreux articles allant des ordinateurs complets aux antiquités en passant par les pièces détachées. Tout s'y passe comme dans les ventes aux enchères traditionnelles, à un détail près : si vous savez ce que vous faites, vous pouvez y réaliser de bonnes affaires, sinon, vous risquez fort de ne pas en avoir pour votre argent.

Certains sites vous permettent de proposer vous-même des articles à la vente, ce qui est une façon comme une autre de vous débarrasser de tout le fatras qui encombre votre maison.

- **eBay** (`www.ebay.fr`) : C'est le site d'enchères le plus connu qui propose toutes sortes d'articles. Vous pouvez également proposer vos biens en vous enregistrant comme vendeur.
- **Enchères** (`www.encheresguide.com`) : Annuaire des ventes aux enchères sur Internet.
- **La Brocante** (`www.la-brocante.com`) : Brocantes, galeries marchandes, transporteurs, collectionneurs, restaurateurs...
- **Encheres.com** (`www.encheres.com`) : Annonces des prochaines ventes aux enchères publiques.

Alimentation

Pour ceux qui ont une certaine curiosité gastronomique (et un estomac solide), voici quelques adresses. Attention : ici, les délais de livraison sont importants...

- **Lycos Shopping** (`shopping.lycos.fr`) : Vins et gastronomie.
- **Agence française de sécurité sanitaire des aliments** (`www.afssa.fr`) : Vous n'y achèterez rien, mais vous y apprendrez à mieux vous nourrir et à évaluer les risques que vous courez en matière alimentaire.
- **Vinternet** (`www.vinternet.fr`) : Des vins de toutes sortes et de tous cépages.
- **Bio-Forme** (`www.bio-forme-online.com`) : Ventes de produits naturels et biologiques.

- **Ooshop.com** (`www.ooshop.fr`) : Ce supermarché en ligne, illustré à la Figure 10.5, n'est autre que l'extension virtuelle du magasin Carrefour. Après y avoir créé un compte, vous y faites vos courses en toute quiétude dans tous les rayons, sans devoir subir les hurlements des enfants, le chahut dans les rayons, et l'interminable attente aux caisses. Vous serez livré à domicile si et seulement si vous habitez dans une ville desservie (dite *éligible*). Pour savoir si vous en faite partie, cliquez le lien Votre livraison.

Figure 10.5 : Marre des supermarchés surpeuplés ?! Achetez en ligne.

Chapitre 11

Gérer, payer et investir en ligne

Dans ce chapitre :

- Gérer vos comptes en ligne.
- Consulter le solde de votre carte de crédit en ligne.
- Payer par e-mail avec PayPal.
- Gérer vos investissements en ligne.

Autrefois, l'argent était composé d'un métal qui brillait au soleil et faisait du bruit quand il tombait sur une table. Les investissements étaient de larges feuilles de papier que vous stockiez en lieu sûr s'ils fructifiaient, ou avec lesquelles vous tapissiez votre salle de bains s'ils ne valaient plus rien. Ce temps-là est révolu. Désormais, la gestion de vos comptes et de vos investissements se fait d'ordinateur à ordinateur.

Internet permet de se déplacer le moins possible à la banque. Vous ne vous y rendrez que pour déposer vos chèques et retirer du liquide. Pour le reste, tout ou presque peut se dérouler devant l'écran de votre PC ou de votre Mac.

La banque à domicile

Presque toutes les banques proposent au minimum un service de consultation des comptes par Internet (elles le proposaient déjà par le Minitel). La gestion bancaire en ligne présente un intérêt pour vous et votre banque. En règle générale, elle doit permettre de réduire certains frais de gestion. Cependant, en matière d'argent, la sécurité est plus sensible que dans n'importe quel autre domaine (je veux bien entendu parler de la sécurité en ligne, car il n'y a rien de plus sensible et sacrée que celle des êtres humains). Donc, votre banque doit s'assurer que c'est bien vous qui consultez votre compte et y faites un certain nombre d'opérations. Pour cette raison primordiale, la procédure d'adhésion est un peu complexe. Lorsque vous demandez à profiter de ce service de gestion de vos comptes en ligne, vous recevez un identifiant par voie postale et, quelques jours plus tard, un mot de passe. Une fois l'adhésion validée, vous devez vous rendre sur le site Web de la banque pour y saisir ces deux informations afin d'effectuer des opérations sur vos différents comptes. La page d'accueil où vous saisissez vos données peut ressembler à celle de la Figure 11.1.

Figure 11.1 : La page d'accueil d'un site bancaire permettant la gestion en ligne des comptes.

Une fois identifié, vous pouvez consulter vos comptes, effectuer des virements, demander un déblocage de fonds sur votre carte de crédit, *etc.*, comme vous le faites lorsque vous rencontrez un conseiller de l'établissement bancaire. La grande différence est que vous êtes chez vous, sans pression, et que vous pouvez évaluer les tenants et les aboutissants de vos transactions.

Si vous utilisez un logiciel de comptabilité personnelle comme Quicken ou Money, vous pouvez y télécharger directement vos relevés et savoir jour par jour, voire heure par heure, où en sont les soldes de vos différents comptes.

Une fois le téléchargement effectué, vous comparez les opérations enregistrées par l'établissement bancaire avec les saisies que vous avez effectuées dans le programme. Vous savez toujours où vous en êtes.

Transférer de l'argent d'un compte à l'autre

Si vous possédez plusieurs comptes dans une banque, comme un compte-chèques et un compte d'épargne, vous pouvez facilement effectuer des virements d'un compte à l'autre. Dès que vous avez des disponibilités sur votre compte courant, il serait idiot d'y laisser dormir l'argent : effectuez plutôt un virement sur le compte d'épargne dont les intérêts sont calculés quotidiennement. Si vous venez à manquer de fonds sur le compte-chèques, vous procéderez à l'opération inverse. Voici comment se déroulent généralement les virements d'un compte à un autre :

1. **Sur la page Web qui affiche vos comptes, cliquez le bouton Virements.**

   Le nom de ce bouton peut varier d'une banque à une autre.

2. **Dans la liste des opérations proposées, choisissez Demande de virement.**

3. **Dans la page affichant tous vos comptes, cochez la case du compte à débiter, par exemple votre compte-chèques**.

   Il s'agit de ce que l'on appelle plus communément le compte courant.

4. **Dans cette même page, cochez la case du compte à créditer.**

   Il s'agira d'un compte d'épargne, comme un Livret A ou encore un CODEVI (bien sûr, il en existe d'autres).

5. **Indiquez si le virement sera ou non immédiat.**

   Si vous définissez un virement immédiat, le transfert de fonds d'un compte à l'autre se fait dès que vous validez l'opération. Si vous optez pour un virement différé, indiquez la date à laquelle doit s'effectuer l'opération. En d'autres termes, vous programmez ce virement.

6. **Indiquez le montant à virer d'un compte à l'autre.**

7. **Cliquez Valider**.

C'est simple ! Il est également possible d'effectuer des virements entre les comptes de différentes banques. Il suffit pour cela d'indiquer aux deux établissements les coordonnées bancaires de chacun des comptes de manière à voir apparaître, dans la liste de vos comptes, ceux qui ne sont pas domiciliés dans chacune de ces banques. Ensuite, la procédure est identique à celle décrite précédemment.

Les virements entre banques différentes peuvent avoir un coût et prendre un peu plus de temps que ceux réalisés au sein d'un même établissement. Renseignez-vous auprès des deux banques détentrices de vos comptes.

Une méthode très sûre pour réaliser des transferts de compte à compte consiste à recourir aux services de PayPal que nous décrivons plus loin dans ce chapitre. En général, le simple transfert est gratuit.

Payer vos factures en ligne

Payer par chèque est une méthode du siècle dernier – c'est-à-dire le XXe – aujourd'hui totalement dépassée. Vous pouvez maintenant payer un grand nombre de factures en ligne. Il suffit soit d'effectuer un prélèvement automatique, soit de payer directement sur le site de votre créancier. Il en va ainsi de vos factures d'électricité (Figure 11.2), de téléphone, de votre loyer, *etc.*

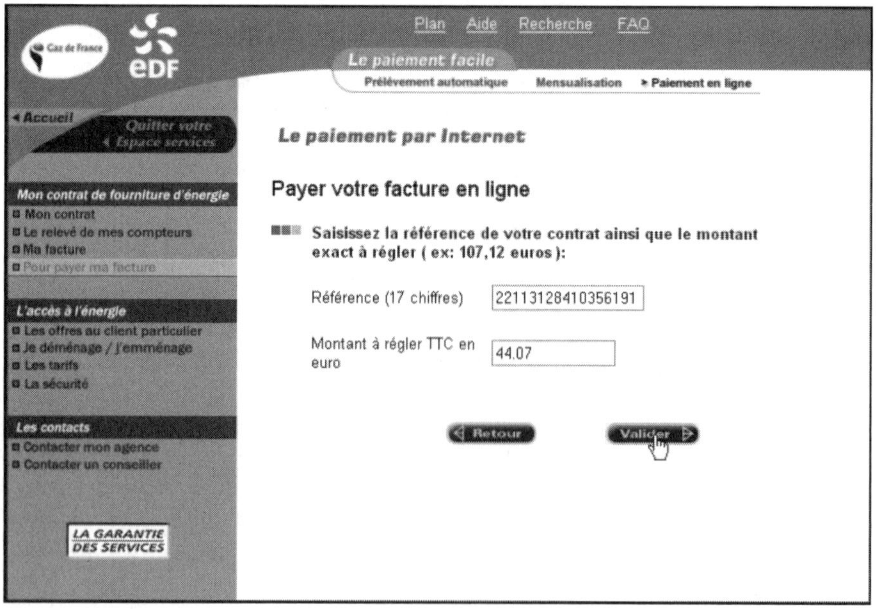

Figure 11.2 : Exemple de paiement en ligne d'une facture EDF.

Lorsque vous décidez, par exemple, de payer une facture EDF en ligne, il suffit d'aller sur le site `www.edf.fr/1i/Accueil.html` :

1. **Cliquez le lien Particuliers.**

2. **Dans la nouvelle page qui s'affiche, cliquez Maîtrisez votre consommation, comme à la Figure 11.3.**

Figure 11.3 : Première étape pour payer votre facture.

3. **Ensuite, dans le volet gauche de la page Web, cliquez Gérez votre contrat.**

   Si vous n'avez pas d'espace services, vous devez en créer un. Il vous donnera alors accès à tous les renseignements concernant vos abonnements EDF et GDF. Lors de votre prochaine visite vous n'aurez qu'à indiquer votre courriel et le mot de passe défini sur ce site pour consulter vos comptes. Pour créer cet accès :

   - Munissez-vous de votre facture.
   - Munissez-vous d'un RIB (relevé d'identité bancaire).
   - Remplissez le formulaire.

4. **Lorsque votre espace service est créé, cliquez le lien** `Cliquez ici` **de la zone Vous avez déjà un Espace Services.**

5. **Cliquez le lien Pour payer ma facture (Figure 11.4).**

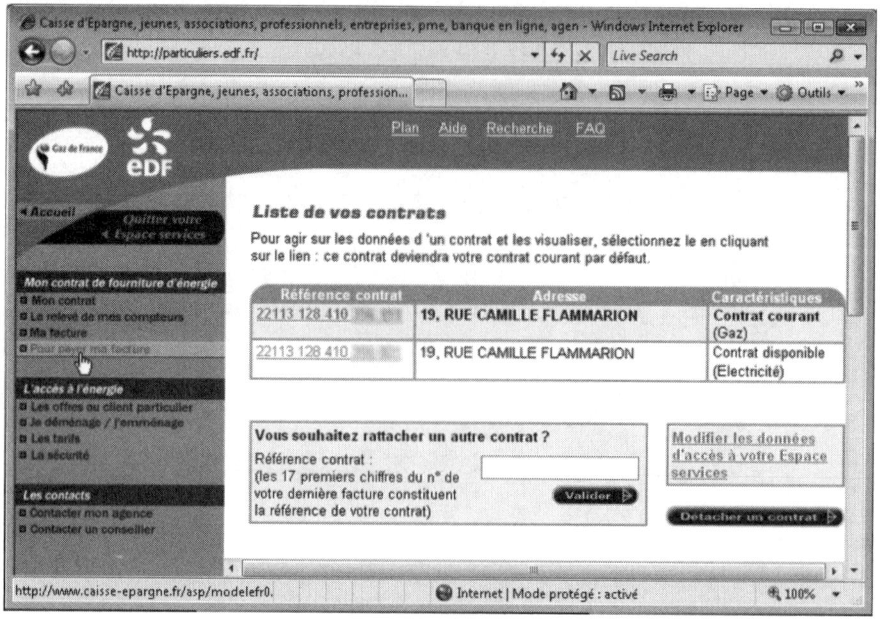

Figure 11.4 : Vous allez pouvoir payer votre facture de gaz et/ou d'électricité en ligne.

6. **Cliquez ensuite Le paiement facile, puis Paiement en ligne.**

7. **Dans la nouvelle page qui apparaît, cliquez le lien** `cliquez ici` **de la proposition Si vous souhaitez payer votre facture en ligne.**

8. **Remplissez le RIB, puis suivez la procédure de paiement.**

Lors d'un premier paiement, vous devez saisir les informations figurant sur votre RIB. Cliquez ensuite Valider. À partir de là, vous devez imprimer l'autorisation de prélèvement que vous faites signer par votre banque. À l'avenir, le paiement de vos factures se fera sans toute cette procédure car EDF sera autorisé à prélever le montant que vous réglez en ligne. Ce sont toujours les premières formalités qui prennent le plus de temps.

Gérer votre carte de crédit

À la différence d'une carte bancaire, qui est un moyen de paiement immédiat ou légèrement différé au comptant, une carte de crédit permet de régler ses achats comme avec une carte bancaire, mais en remboursant mensuellement la somme à l'organisme prêteur. La carte de crédit est un système de paiement qui revient assez cher car vous payez des intérêts.

Lorsque vous adhérez à un système de carte de crédit, dont l'un des plus connus en France est Aurore (le nom change en fonction de l'établissement bancaire où vous le souscrivez), vous pouvez gérer ce compte en ligne exactement comme un compte courant. Vous demandez ainsi à débloquer une certaine somme d'argent qui alimente le compte de la carte de crédit afin de faire face à des achats imprévus ou pour satisfaire votre besoin effréné de consommation.

Payer avec PayPal

Les cartes de crédit sont simples à utiliser, si vous avez vraiment de l'argent à perdre (je sais que, dans certaines circonstances, on ne peut guère faire autrement). Vous pouvez également payer vos achats par carte bancaire, comme nous l'expliquons au Chapitre 10. Bien que ce système soit fiable, notamment avec les cartes bancaires virtuelles, il existe un autre moyen de régler vos achats, notamment à l'étranger, et d'effectuer des virements d'une banque à une autre : PayPal (`www.paypal.com/fr`).

PayPal est bien connu des acheteurs et des vendeurs aux enchères qui utilisent eBay (qui a d'ailleurs racheté PayPal). PayPal est aussi un système pratique et peu onéreux pour ceux qui veulent lancer une petite activité commerciale sur le Web. N'importe quelle organisation de taille modeste peut collecter ses fonds avec PayPal.

ATTENTION !

Avant de vous lancer corps et âme dans PayPal, prenez connaissance du dossier sur la sécurité du site. Il est important de vérifier la validité des informations de vos vendeurs et/ou de vos acheteurs. PayPal, en règle générale, est d'une très grande fiabilité sur ce point. Mais en matière commerciale, deux vérifications valent mieux qu'une.

Voici les services proposés par PayPal :

- Pour envoyer de l'argent, vous devez ouvrir un compte sur PayPal. L'opération est très facile et ne nécessite pas de verser une quelconque somme d'argent. Il s'agit simplement de vous inscrire gratuitement au service PayPal pour profiter de toutes ses fonctions. Vous disposerez alors d'un identifiant et d'un mot de passe de manière à utiliser PayPal en toute sécurité.

- Une fois ce compte ouvert, vous pouvez envoyer de l'argent à toute personne disposant d'un compte PayPal. Celle-ci recevra un courriel, et il lui suffira de cliquer un lien pour confirmer le versement de la somme. Comme chacun a saisi ses coordonnées bancaires (généralement le numéro de la carte bancaire), PayPal débite l'un et crédite l'autre sur son compte. En fait, PayPal sert d'interface entre les utilisateurs et les banques.

- Vous ne pouvez pas payer par carte de crédit.
- PayPal vit grâce à une petite commission prélevée sur chaque transaction.

Comme PayPal possède vos coordonnées bancaires, il débite directement les sommes sur vos comptes qu'il porte au crédit de votre compte PayPal. Par la suite, vous pourrez demander à PayPal de verser cet argent sur votre compte bancaire.

Ne donnez jamais vos informations bancaires à n'importe qui. Des pirates du Web envoient de faux messages PayPal vous demandant d'actualiser vos données bancaires. Ne les croyez pas ! PayPal ne vous demande jamais par courriel de préciser votre numéro de carte bancaire et de saisir votre nom d'utilisateur et votre mot de passe. Pour effectuer des transactions, allez toujours sur le site PayPal à `www.paypal.com/fr`. Si vous recevez des mails suspects, informez-en PayPal pour l'aider à lutter efficacement contre ces escroqueries. Envoyez le message à l'adresse `spoof@paypal.fr`.

Il est possible de lier plusieurs comptes bancaires à un compte PayPal et d'effectuer des virements d'un compte à l'autre. Lorsque vous avez de l'argent sur votre compte PayPal, vous profitez d'un taux d'intérêt (assez faible). Cependant, comme PayPal n'est pas une banque, votre argent y est peut-être moins en sécurité qu'ailleurs. Pour cette raison, nous vous recommandons de ne laisser de l'argent sur ce compte que si vous pensez payer un achat avec PayPal dans un bref délai.

Investir de l'argent en ligne

Si vous effectuez des investissements ou si vous boursicotez, Internet est une formidable source d'informations sur le cours des actions et des obligations.

Les ressources en ligne sont plus ou moins objectives. Si vous travaillez avec un gestionnaire d'obligations, il cherchera à vous en faire acheter un maximum. En revanche, si vous vous offrez les services d'un agent de change, son objectif sera de vous faire acheter un maximum d'actions. Il existe fort heureusement des sites qui vivent grâce à la publicité et qui n'incitent personne à acheter quoi que ce soit. Vous avez des informations objectives qui permettent de guider vos décisions personnelles.

Les fonds communs de placement

Le fonds commun de placement est l'investissement typique de la génération issue du *baby-boom*. Le monde a aujourd'hui plus de fonds communs qu'il n'y a d'actions pour les fonds à acheter. Les gestionnaires de ces fonds proposent de plus en plus d'informations en ligne, permettent de vérifier votre compte, d'effectuer des virements d'un fond à un autre, même si les comptes appartiennent à des groupes différents, et enfin autorisent l'achat et la vente des fonds.

Les groupes les plus connus sont :

- **Fidelity Investments International** (`www.fidelity.fr/retail/homepage.html`) **:** Une société spécialisée dans la gestion des fonds communs de placement.
- **The Vanguard Group** (`www.vanguard.com`) **:** Spécialisé dans les petits investissements.
- **American Century Investments** (`www.americancentury.com`) : Cette société offre une vaste gamme de fonds.

Il existe de nombreux autres sites américains ou français qui œuvrent dans ces domaines d'investissements. Il suffit de saisir **fonds commun de placement** ou encore **OPVCM** dans un moteur de recherche pour trouver de nombreux liens.

Les agents de change

Le boursicotage en ligne est connu depuis longtemps. On a d'ailleurs essayé de nous faire croire qu'il était facile de faire fortune sur le Web en investissant dans des actions. Sans nier l'intérêt de la gestion des actions en ligne, la prudence s'impose, et il faut souvent prendre l'avis d'un professionnel avant de faire quoi que ce soit.

S'en remettre à un agent de change est une bonne chose à condition que vous lui fassiez entièrement confiance. Sinon, vous pouvez vous fier aux sites qui présentent l'état des lieux de la Bourse, sans vous donner le moindre conseil d'investissement. Les services de courtage en ligne sont tellement nombreux qu'il est bien difficile de vous orienter vers un site plus qu'un autre. Dans un moteur de recherche comme Google, saisissez **courtage** : vous n'aurez que l'embarras du choix.

De nombreuses sociétés spécialisées dans les fonds communs de placement possèdent des départements de courtage. Elles représentent une solution idéale pour celui qui désire aussi bien investir dans des actions que des obligations.

Le suivi de votre portefeuille

Plusieurs services permettent de suivre l'évolution de votre portefeuille en ligne. Vous entrez le nombre de parts de chaque obligation ou action que vous possédez, et le service vous indique l'argent que vous avez gagné (ou perdu) le jour même. Certains services envoient un état quotidien de vos actions et de vos obligations. Ces états sont très pratiques lorsque vous avez plusieurs groupes d'actions ou d'obligations. Ces sites vivent grâce à la publicité ou sont l'œuvre d'agents de change qui espèrent se voir confier la gestion de votre portefeuille.

- **Mon Yahoo!** (`http://fr.my.yahoo.com/`) : Permet de personnaliser plusieurs portefeuilles avec des états précis ou plus généraux. Vous y trouverez également des informations sur de nombreuses sociétés et industries, y compris l'accès à des sites payants. Mon Yahoo!, dans ce domaine, est simple à utiliser.

- **MSN Money** (`http://money.msn.fr/`) : Ce service permet de suivre votre portefeuille et distille de nombreuses informations. Toutefois, il est bien plus confus que Mon Yahoo!.

Pour trouver de nombreux autres sites, connectez-vous à l'adresse `www.tres-facile.net/`.

Chapitre 12

Transfert de fichiers

Dans ce chapitre :

- Téléchargement de fichiers avec le navigateur Web.
- Téléchargement de vos pages Web vers un serveur Web.
- Installation de logiciels récupérés sur le Net.

Internet regorge d'ordinateurs et ces ordinateurs recèlent d'innombrables fichiers. Que comportent ces fichiers ? Principalement des programmes parmi lesquels se côtoient *freewares*, *sharewares* et versions bridées pour démonstration de logiciels commerciaux, mais aussi des fichiers d'images, des fichiers audio, des fichiers vidéo et, plus généralement, des fichiers multimédias. Certains de ces ordinateurs sont configurés pour copier quelques-uns de leurs fichiers sur votre propre ordinateur. Qui plus est, la plupart des fichiers proposés sont disponibles gratuitement. Dans ce chapitre, vous allez découvrir comment trouver ces fichiers et comment les copier et les utiliser.

Qu'est-ce que le téléchargement ?

Nous n'avons qu'un seul mot, «téléchargement», pour traduire ce que les Américains appellent *downloading* (téléchargement en voie descendante, du serveur vers vous) et *uploading* (dans l'autre sens, en voie montante).

Il existe au moins trois moyens de télécharger des fichiers :

- **Cliquer un lien dans une page Web.** Les navigateurs Web peuvent aussi télécharger des fichiers. En fait, c'est ce qu'ils font constamment lorsqu'ils téléchargent des pages Web pour les afficher.

- **Participer à un service de partage de fichiers.** Nous ne recommandons pas les réseaux P2P car ils posent d'énormes problèmes de légalité et parce qu'ils transmettent facilement des espiogiciels et autres virus. (Pour en savoir davantage à leur sujet, reportez-vous au Chapitre 9.)
- **Par le protocole FTP (*File Transfer Protocol*).** Système plus ancien mais spécifiquement conçu pour transférer des fichiers.

Vous pouvez également transférer des fichiers par le courrier électronique sous forme de fichiers joints, comme nous l'indiquerons au Chapitre 13.

La technique la plus simple pour celui qui débute dans le téléchargement de fichiers consiste à utiliser son navigateur Web. Cliquez un lien, et le téléchargement commence.

La manière dont vous téléchargez un fichier et l'usage que vous en faites dépendent uniquement du type de fichier téléchargé. Ce chapitre décrit le téléchargement des images, des programmes, et d'autres fichiers. Pour télécharger de la musique et de la vidéo, reportez-vous au Chapitre 9.

Télécharger des images

Pour télécharger une image sur le Web :

1. **Affichez l'image dans le navigateur Web.**
2. **Cliquez l'image du bouton droit de la souris, comme à la Figure 12.1.**

   Un menu contextuel apparaît. Il arrive que quelques sites Web désactivent l'utilisation du bouton droit de la souris pour empêcher la copie de l'image.
3. **Cliquez Enregistrer la photo sous.**
4. **Dans la boîte de dialogue qui apparaît, indiquez le disque dur et/ou le dossier où vous désirez sauvegarder l'image.**
5. **Cliquez Enregistrer.**

Ce n'est pas plus compliqué !

Les fichiers graphiques possèdent des extensions particulières qui identifient leur format. Quand vous téléchargez une image, vous êtes libre de changer son nom, mais vous ne devez pas modifier son extension. Reportez-vous au Chapitre 21 pour les détails.

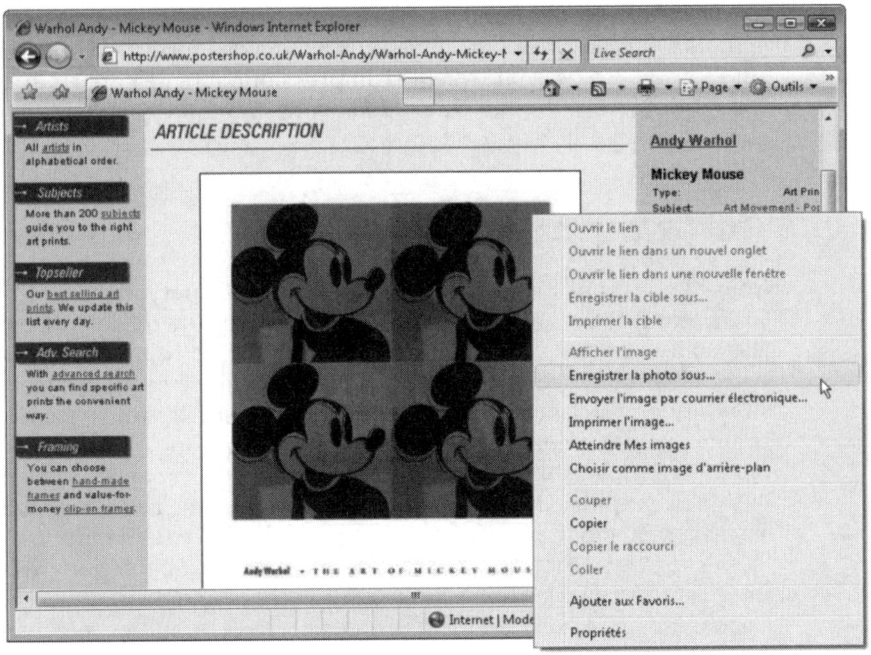

Figure 12.1 : Enregistrer une image avec Internet Explorer.

L'art n'est pas gratuit

Une multitude de formes artistiques sont exposées sur Internet. Mais l'art n'est pas de la génération spontanée. Derrière chaque image, il y a un créateur. Il est donc légitime que ces artistes contrôlent leurs œuvres, protégées par la loi, et qu'ils ne veuillent pas que tout un chacun utilise dans des créations personnelles tout ou partie de ces créations.

ATTENTION !

Stocker une image sur votre disque dur ne fait pas de vous le propriétaire de cette image. La grande majorité de celles que l'on trouve sur le Web sont protégées par le droit d'auteur. Vous devez obtenir l'autorisation écrite de son propriétaire si vous comptez la réutiliser, même dans une page Web personnelle. Car aux yeux de la loi, une page personnelle est l'équivalent d'une publication sur papier.

Cependant, il existe de nombreux sites où vous pouvez télécharger des images dites *libres de droit*, c'est-à-dire que vous pouvez utiliser dans vos propres créations – donc afficher sur votre site Web –, à condition de ne pas en faire un usage commercial. Certains sites demandent le paiement d'une somme d'argent pour vous octroyer un droit d'utilisation – mais en aucun cas de propriété – dans des créations graphiques, vidéographiques ou sur le Web. Les *cliparts* sont pour la plupart des dessins vectoriels qui servent à illustrer des sites Web ou des publications imprimées. Vous trouverez aussi des fichiers d'image au format GIF, le plus ancien des formats d'images publiées sur Internet. Il existe une quantité impressionnante de cliparts sur Internet. Il suffit de saisir le terme **clipart** dans votre moteur de recherche préféré comme Google, et le tour est joué !

Partager des images

Nous aimons tous montrer nos photos à d'autres personnes. Le Web facilite largement la diffusion des images. Il permet aussi de réaliser de substantielles économies en évitant de payer plusieurs tirages d'une même photo que vous désirez envoyer aux membres de votre famille ou à des amis. Plusieurs sites Web proposent d'héberger vos photos numériques. Le principe est simple : vous y créez un compte gratuit et vous disposez alors d'une certaine quantité d'espace libre pour des pages Web dans lesquelles vous placerez des photographies. Le site vous communique alors l'adresse unique, parfois assortie d'un mot de passe, donnant accès à ce site personnel. Communiquez l'adresse et éventuellement le mot de passe à vos amis et à votre famille. Ils se rendront sur le site, feuilletteront votre album de photos en ligne et pourront alors choisir les clichés qu'ils préfèrent pour les télécharger eux-mêmes sur leur ordinateur. Ensuite, libre à eux de les imprimer ou de les faire tirer sur papier.

Voici quelques sites de partage de photos en ligne :

- Le site Kodak que vous découvrirez à `http://www.kodakgallery.fr/Welcome.jsp` illustré à la Figure 12.2.
- Le site Hewlett-Packard à l'adresse `www.snapfish.com` que vous trouverez en français à l'adresse `www.pixaco.fr`.

Télécharger des logiciels

La majorité des logiciels ou programmes recommandés dans ce livre peuvent être gratuitement téléchargés. Cette section décrit la procédure de téléchargement de logiciels, et la manière de les installer et de les exécuter.

Figure 12.2 : Le site Kodak pour commander des tirages en ligne, mais aussi partager des photos.

Trois étapes : télécharger, installer et exécuter

Télécharger est très simple : il vous suffit de saisir l'URL du fichier ou de cliquer un lien qui l'appelle et qui comporte généralement la racine *download* ou le mot «télécharger». Votre navigateur vous demandera probablement vos intentions. Si c'est un programme (un fichier exécutable sous Windows ou un autre système d'exploitation) ou si c'est un fichier compacté (extension `.zip`), il est préférable de le stocker sur le disque dur afin de l'utiliser plus tard, après l'avoir décompacté. Dans le cas d'un fichier ZIP, si vous avez déjà installé le logiciel WinZip – dont nous reparlerons plus loin, dans ce même chapitre – ou si vous êtes sous Windows XP, Me ou Vista, vous pouvez demander à votre navigateur de le lancer directement. Cependant, à l'usage, cette méthode se révèle moins pratique qu'on pourrait le croire.

Où trouver des programmes ?

Pour télécharger des programmes, encore faut-il savoir où en trouver ! Le plus souvent, vous connaissez l'adresse Web du fichier. Par exemple, au Chapitre 6, nous conseillons d'abandonner Internet Explorer au profit de Firefox qui est moins la cible des virus et des espiogiciels. Nous vous avons indiqué l'adresse de téléchargement de ce programme : `www.mozilla-europe.org/fr/`.

Souvent, vous entendrez parler d'un logiciel ou lirez sa critique dans un magazine, mais sans savoir où le télécharger. Le plus simple est de lancer une recherche dans un moteur comme Google.

Voici cependant un petit tableau proposant les meilleures adresses de téléchargement de programmes *freeware* (libres de droits) ou *shareware* (demandant une contribution financière) :

Tableau 12.1 : Sites de téléchargement de logiciels.

Nom du site	URL
01net. (télécharger.com)	`www.01net.com/index.tlc`
AOL	`http://logitheque.aol.fr`
Calogiciel	`http://telecharger.caloga.com`
Clubic	`www.clubic.com`
Espace francophone	`www.espacefr.com`
Gratilog	`www.gratilog.net`
JDN téléchargement	`http://telechargement.journaldunet.com/`
Pressibus	`www.pressibus.org/windows/indexfr.html`
vnunet.fr	`telecharger.yacapa.com`
ZDnet	`www.zdnet.fr/telecharger/windows/`

Si vous êtes intéressé par le téléchargement de logiciels depuis Internet, sachez qu'il existe plusieurs serveurs de fichiers dont l'un des plus connus en France est `www.01net.com`. Choisissez ensuite le type de programme qui vous intéresse dans une abondante liste de catégories. Le site affiche une page Web contenant une brève description ainsi qu'une appréciation exprimée en nombre d'étoiles (cinq étant la meilleure) pour chacun des logiciels.

Les logiciels sont-ils ou non gratuits ?

Les logiciels entièrement gratuits sont appelés des *freewares*. Par exemple, Firefox est un *freeware* parce que vous le téléchargez et l'utilisez sans débourser le moindre centime.

D'autres logiciels ne sont pas entièrement gratuits (*pas entièrement ?* C'est gratuit ou pas ? Il est impossible d'être partiellement gratuit !). Cela semble curieux mais la démarche est très simple, jugez plutôt : certains programmes exigent plus de développement donc de travail que d'autres pour fournir des performances dignes de logiciels équivalents, mais distribués dans le commerce. Les programmes téléchargés sur Internet dans une semi-gratuité sont appelés des *sharewares*. Vous les utilisez sans être obligé de payer, mais il est fortement conseillé de rétribuer leurs auteurs qui ont consacré du temps à créer des logiciels très performants. En fait, le *shareware* est l'archétype de l'application à contribution libre. Ici, votre conscience parle. À vous de décider de faire un don ou non à son auteur.

Enfin, une dernière famille de logiciels se présente sous forme de version d'*essai*, d'*évaluation* ou de *démonstration*. Vous téléchargez gratuitement ces programmes et pouvez les utiliser pendant une certaine période, ou bien vous constaterez que des fonctions aussi importantes que la commande Enregistrer ne sont pas utilisables. Pour profiter pleinement de l'application, vous devez l'acheter. Même les plus grands éditeurs de logiciels proposent des versions de démonstration en téléchargement libre. C'est utile pour "appâter" le client, mais cela permet aussi au profane d'étudier de plus près un logiciel, de voir dans quelle mesure celui-ci répond à ses besoins, avant de dépenser plusieurs centaines d'euros pour la version complète.

Télécharger un logiciel

Avant de télécharger des logiciels, créez un dossier où vous stockerez toutes les applications récupérées sur Internet. Sous Windows Vista, créez par exemple un dossier dans le dossier Mes documents. Nommez-le Fichiers téléchargés ou Téléchargements. (Pour créer un tel dossier, ouvrez Windows Explorer ou le Poste de travail. Sélectionnez le dossier Documents, et cliquez Organiser/Nouveau dossier.)

Il est très facile de télécharger un logiciel depuis Internet. Très souvent, il suffit de cliquer un lien Télécharger ou sur le nom du programme lui-même. Le navigateur Web vous demande alors ce que vous désirez faire du fichier. Il est conseillé de choisir l'option Enregistrer afin de pouvoir archiver le fichier et installer ensuite le logiciel.

Décompression, installation

La majorité des logiciels téléchargeables sur Internet sont compressés pour économiser de l'espace de stockage sur le serveur et réduire la durée du téléchargement. Beaucoup sont *auto-installables* : le fichier est un programme qui décompresse et installe les fichiers. Les fichiers auto-installables Windows se reconnaissent à leur extension `.exe` et les fichiers compressés, qui ne sont pas auto-installables, ont une extension `.zip`.

ATTENTION !

Les fichiers `.exe` peuvent contenir des virus et des espiogiciels. Par conséquent, n'exécutez pas ces fichiers si vous ne savez pas réellement ce qu'ils contiennent. Téléchargez-les sur les sites recommandés dans ce chapitre car ils sont certifiés sans virus ni espiogiciels. Une autre technique consiste à télécharger directement le fichier auprès de l'éditeur du logiciel, comme `www.mozilla-europe.org/fr/` dans le cas de Firefox.

Pour installer un fichier auto-installable, double-cliquez le fichier pour l'exécuter. Il s'ouvre et un assistant vous guide au travers de boîtes de dialogue afin de recueillir les informations de configuration nécessaires, puis il démarre l'installation.

Quand un fichier est compressé, un logiciel spécial est nécessaire pour le décompresser. Les fichiers avec l'extension `.zip` sont des fichiers compressés (ces fichiers sont appelés *fichiers ZIP*). Si vous utilisez Windows XP ou Vista, leur fonction Dossiers compressés, qui est active à moins que vous ne l'ayez inhibée, permet d'ouvrir les fichiers ZIP directement dans les fenêtres de Windows Explorer (ou l'Explorateur Windows). Cliquez ou double-cliquez le fichier ZIP pour voir ce qui se trouve dedans.

Si vous n'utilisez pas Windows XP ou Vista, des programmes comme WinZip (téléchargeable sur `http://shop.avanquest.com/france/`) savent décompresser et compresser les fichiers. Nous apprécions aussi ZipMagic (disponible sur `www.allume.com/store/france.html`), grâce auquel les fichiers ZIP semblent être des dossiers Windows. Les utilisateurs de Mac liront l'encadré «Les utilisateurs de Mac utilisent StuffIt» plus loin dans ce chapitre.

TRUC

Il existe un excellent logiciel de décompression gratuit et en français, nommé 7-Zip, téléchargeable à l'adresse `www.7-zip.prg/fr/`.

Les utilisateurs de Mac utilisent StuffIt

Les utilisateurs de Mac disposent de logiciels comme ZipIt, UnZip ou MindExpander (www.macorchard.com). Le plus connu est un programme de Raymond Lau, StuffIt Expander. Il existe de nombreuses versions, dont une shareware et l'autre commerciale. Rendez-vous sur www.stuffit.com ou www.allume.com/store/france.html. Les fichiers StuffIt se terminent généralement par l'extension .sit.

Obtenir et utiliser WinZip

Pour obtenir WinZip sur le Web, visitez http://shop.avanquest.com/france/). Cliquez la photo du produit pour accéder à sa page de présentation. Cliquez le lien Télécharger qui se trouve à droite de Version d'évaluation. La page de téléchargement vous demande d'indiquer votre adresse électronique – encore un coup du service marketing qui se constitue un fichier clients – ainsi que votre pays. Cliquez Valider, puis le bouton Télécharger le logiciel. Dans la boîte de dialogue de téléchargement de fichiers, cliquez Enregistrer puis indiquez à Windows où vous voulez stocker le fichier (par exemple C:\ ou C:\Windows\Temp) et cliquez Enregistrer. Patientez pendant le téléchargement. Vous pouvez également télécharger une version d'évaluation depuis le site www.01net.com/windows/Utilitaire/compression_et_decompression/.

Pour installer WinZip :

1. **Exécutez le fichier que vous venez de télécharger.**

   Le fichier s'appelle wz100fev.exe (ou quelque chose de similaire, selon la version).

2. **Suivez les instructions d'installation de WinZip.**

   Il existe de nombreuses options mais vous pouvez accepter les valeurs par défaut. Nous préférons l'interface Classique.

Pour l'essayer, double-cliquez sur une icône de fichier Zip. La Figure 12.3 montre la fenêtre WinZip.

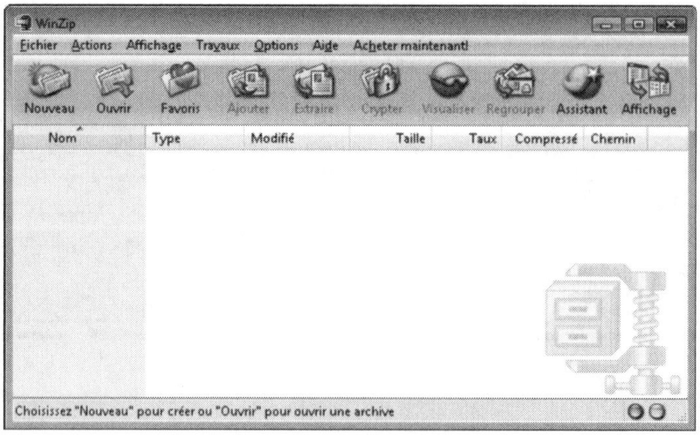

Figure 12.3 : WinZip prêt à compresser ou décompresser des fichiers ZIP.

Zipper et dézipper avec WinZip

Pour ouvrir un fichier ZIP (ou *archive*), cliquez le bouton Ouvrir et choisissez le répertoire et le fichier ZIP. WinZip affiche une liste des fichiers dans l'archive, avec dates et tailles.

Pour utiliser un fichier d'un fichier ZIP, vous devez ouvrir le fichier ZIP et «extraire» le fichier désiré, c'est-à-dire demander à WinZip de le décompresser et le stocker dans un nouveau fichier. Pour extraire un fichier :

1. **Choisissez-le dans la liste des fichiers.**

   Vous pouvez choisir un groupe de fichiers en cliquant le premier, puis Majuscule et en cliquant le dernier. Pour sélectionner un fichier supplémentaire, faites un Ctrl+Clic dessus.

2. **Cliquez le bouton Extraire.**

   Une boîte de dialogue demande dans quel répertoire vous souhaitez placer le fichier et si vous voulez extraire tous les fichiers de l'archive ou seulement celui que vous avez sélectionné.

3. **Sélectionnez le répertoire où stocker les fichiers décompressés.**

4. **Cliquez OK.**

   WinZip décompresse le fichier. Le fichier ZIP est inchangé et vous disposez aussi maintenant du fichier non compressé.

Si WinZip détermine qu'un fichier ZIP contient un programme à installer, il propose éventuellement un bouton Vérifier ou Installer. Vérifier extrait tous les fichiers, puis crée une fenêtre de menu où vous pouvez facilement cliquer le fichier à ouvrir ou à exécuter. Installer exécute un fichier ZIP auto-installable.

Bien que WinZip soit capable de beaucoup d'autres choses – ajouter des fichiers à un fichier ZIP existant et créer vos propres fichiers ZIP par exemple – il n'est pas nécessaire de connaître ces fonctions pour installer des logiciels récupérés sur Internet, nous les ignorerons donc.

La protection antivirus

Au Chapitre 2, nous vous avons alerté sur les dangers des virus et, au Chapitre 4, nous vous avons expliqué comment installer un logiciel antivirus. Le Chapitre 14 explique comment configurer celui-ci et comment indiquer à votre programme de messagerie électronique de ne pas exécuter les applications reçues par mail.

Bien sûr, vous pratiquez le «logiciel sûr» : vous contrôlez tous les nouveaux programmes récupérés pour vous assurer qu'ils ne contiennent pas de virus qui risqueraient d'afficher de vilains messages ou d'effacer votre disque dur. Si c'est vrai, vous pouvez sauter cette section.

Pour les autres, il serait judicieux d'employer un programme antivirus.

Vous devez soumettre à l'antivirus tout nouveau logiciel venant de l'extérieur. Bien que les serveurs Web et FTP sur Internet prennent toutes les précautions pour que leurs archives de logiciel ne soient pas infectées, rien n'est parfait. WinZip est configurable pour démarrer votre antivirus chaque fois que vous décompressez un fichier ZIP contenant un programme. Choisissez Options/Configuration, cliquez l'onglet Localisation des programmes et, dans le champ Antivirus, saisissez le chemin d'accès de votre antivirus, ou cliquez l'icône du dossier et parcourez votre disque dur C:\ pour atteindre le fichier `.exe` de votre antivirus.

Installation d'un programme décompressé

Après avoir téléchargé un programme sur Internet et l'avoir décompressé, il est prêt pour l'installation. Pour l'installer, double-cliquez le nom du programme d'installation dans Windows Explorer ou le Poste de travail. Le programme d'installation créera probablement sur votre Bureau une icône du programme. Sous Windows, il se peut également que le logiciel soit ajouté à votre menu Démarrer.

Certains logiciels ne sont pas fournis avec un programme d'installation : vous disposez directement du programme lui-même qui, une fois décompressé, doit juste être exécuté. Pour faciliter l'accès au programme, vous devrez créer une icône. Sous Windows 95 et plus :

1. **Ouvrez le Poste de travail ou Windows Explorer et sélectionnez le fichier du programme (le fichier avec l'extension `.exe`, ou parfois `.com` ou `.msi`).**

2. **Du bouton droit de la souris, glissez le fichier jusqu'au Bureau ou dans un dossier ouvert sur le Bureau.**

   Une icône du programme apparaît.

Une autre méthode consiste à choisir Démarrer/Tous les programmes, trouver la commande de menu du programme, d'appuyer sur la touche Majuscule et de glisser jusqu'au Bureau, puis de relâcher la touche Majuscule. Windows crée alors une icône sur le Bureau à partir de la commande de menu.

Pour exécuter votre nouveau programme, il suffit alors de cliquer ou double-cliquer l'icône (selon la façon dont Windows est configuré ; essayez d'abord en cliquant et, si rien ne se produit, double-cliquez).

Configuration du programme

Vous pouvez maintenant exécuter le programme !

Vous aurez peut-être à indiquer au programme votre adresse Internet ou des informations sur votre ordinateur, ou autre chose, avant de pouvoir l'exploiter. Consultez les éventuels fichiers texte fournis avec le programme ou déroulez son menu Aide pour obtenir des informations supplémentaires sur sa configuration ou son emploi. Le site Web où vous avez récupéré le logiciel donne probablement quelques explications.

Télécharger d'autres types de fichiers

Pour les autres types de fichiers (vidéo, par exemple), la même procédure s'applique :

1. **Cherchez le fichier sur le Web.**

   Utilisez un moteur de recherche.

2. **Sur la page de téléchargement, suivez les instructions.**

   Généralement, il vous est demandé de cliquer le bouton Télécharger ou *Download*.

3. **Lorsque le navigateur Web affiche la boîte de dialogue Enregistrer, indiquez le disque dur et/ou le dossier dans lequel le fichier doit être téléchargé.**

   Si vous avez créé, comme nous vous le conseillions, un dossier Téléchargements ou Fichiers téléchargés, placez-y votre fichier.

4. **Passez le fichier à l'antivirus.**

   Pour cela, consultez la section «Protection antivirus» un peu plus haut dans ce chapitre.

5. **Si nécessaire, décompressez le fichier.**

   Si le fichier est gros, ou si vous avez téléchargé un groupe de fichiers, il est probable qu'il(s) soi(en)t compressé(s) en un fichier ZIP. Reportez-vous à la section «Zipper et dézipper avec WinZip» plus haut dans ce chapitre.

6. **Ouvrez le fichier avec le programme adéquat.**

   Si vous avez téléchargé un document Word, ouvrez-le dans Word. Si vous ne connaissez pas le type de fichier téléchargé, ou ignorez le programme à utiliser, affichez le nom de ce fichier dans le Poste de travail ou Windows Explorer. Ensuite, double-cliquez le nom du fichier. S'il existe, sur votre ordinateur, un programme capable d'ouvrir ce fichier, Windows l'exécutera et affichera automatiquement le document.

Vote fichier est prêt à être exploité.

Dans l'autre sens !

Vous savez maintenant récupérer des fichiers sur d'autres ordinateurs, en les téléchargeant. La copie dans l'autre sens est le téléchargement en voie montante (*uploading* en anglais). Si vous composez vos propres pages Web et que vous désirez les télécharger vers l'ordinateur (le serveur Web) de votre prestataire Internet, voici comment faire.

FTP : la bonne vieille méthode de téléchargement

Avant le Web, Internet existait et fonctionnait. À cette époque, le téléchargement de fichiers se faisait par l'intermédiaire d'un programme dit *FTP*, c'est-à-dire *File Transfer Protocol* (protocole de transfert de fichier). Pour effectuer un téléchargement, il fallait connaître le nom du serveur sur lequel se trouvait le fichier et le dossier dans lequel il était stocké.

Vous pouvez toujours utiliser cette méthode pour télécharger vos fichiers.

Les navigateurs Web savent télécharger automatiquement des fichiers sur des sites FTP. L'URL commence par `ftp://`, ce qui identifie clairement que le téléchargement va s'opérer depuis un serveur FTP. L'opération se déroule comme si vous téléchargiez à partir du Web.

Téléchargement vers un serveur avec un éditeur de pages Web

Les bons logiciels d'édition de pages Web comportent un programme de transfert de fichiers (FTP) ; après avoir créé vos pages, vous les téléchargez vers un serveur Web. Un programme de mise en page Web et de gestion des sites comme Dreamweaver, par exemple, dispose d'un bouton Placer qui permet de télécharger sur le serveur la totalité des fichiers composant vos pages Web. Pour plus de détails sur la création et la publication des pages Web, consultez le Chapitre 18.

Téléchargement vers un serveur avec votre navigateur

Dans Internet Explorer, vous pouvez vous connecter au serveur Web à l'aide d'une URL FTP, comme :

```
ftp://votre-identifiant@www.votre-prestataire.com/
```

Remplacez *votre-identifiant* par votre nom d'utilisateur. Le nom du serveur de votre fournisseur d'accès Internet (FAI) est `www` suivi du nom du FAI mais peut également être quelque chose comme `ftp.www.nom.net`. Ces informations vous ont été fournies par votre FAI.

Le navigateur vous demande votre mot de passe : tapez celui que vous utilisez lorsque vous vous connectez à Internet. Si ce mot de passe convient, vous obtenez à l'écran le contenu du répertoire d'accueil de votre site Web. Si vous souhaitez télécharger les fichiers vers un autre répertoire, cliquez le nom de ce répertoire pour l'afficher.

Une fois le répertoire désiré affiché, faites glisser le fichier à télécharger dans la fenêtre du navigateur, à partir de votre gestionnaire de fichiers, par exemple Windows Explorer. Le fichier est alors téléchargé vers le serveur.

Téléchargement vers un serveur avec un programme FTP

Les programmes FTP servent à télécharger des fichiers dans un sens ou dans l'autre. Ces programmes ressemblent à Windows Explorer. À gauche se trouve le contenu du disque dur et à droite, celui de l'espace disque qui vous est réservé sur le serveur FTP. Vous faites alors glisser les fichiers de l'un à l'autre pour les télécharger dans un sens comme dans l'autre, c'est-à-dire du disque dur vers le serveur et du serveur vers le disque dur.

Il est souvent préférable d'utiliser un logiciel spécialisé dans le téléchargement FTP comme l'excellent et gratuit FileZilla (`http://filezilla.sourceforge.net/`) dont l'interface est illustrée à la Figure 12.4. Il affiche à droite le contenu de votre disque dur, à gauche celui du serveur FTP, c'est-à-dire du disque dur vers lequel vous désirez envoyer vos fichiers.

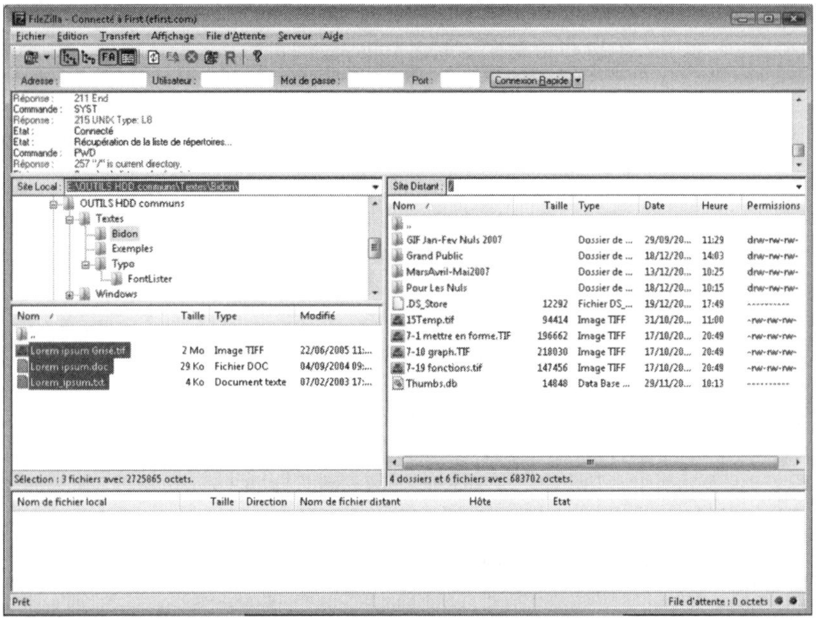

Figure 12.4 : Pour le téléchargement FTP, un logiciel comme FileZilla est plus performant et fiable qu'un navigateur Web.

Quatrième partie

Courrier électronique, chat et autres papotages en ligne

"Vous savez que je vous trouve mieux sur Internet ?"

Dans cette partie...

Le Web n'est finalement pas très éloigné de la télévision. En effet, vous y regardez ce que d'autres y font. Maintenant, nous allons voir qu'Internet ressemble beaucoup au téléphone, car vous pouvez parler à d'autres personnes par clavier interposé. Nous allons commencer avec le courrier électronique, le plus vieux et le plus utile de tous les services Internet.

Chapitre 13

Courrier par-ci, courrier par-là !

Dans ce chapitre :

- Comprendre les adresses électroniques.
- Comprendre la notion de serveur de messagerie.
- Choisir un programme de gestion des courriers électroniques.
- Envoyer du courrier.
- Recevoir du courrier.
- Quelques règles de savoir-vivre.
- Chercher des adresses de courrier électronique.

Même si c'est l'un des plus anciens, et pour certains le plus ennuyeux, le courrier électronique, est sans aucun doute le service le plus populaire d'Internet. Bien qu'il ne suscite pas le même engouement que le Web, beaucoup plus de personnes s'en servent. Chaque ordinateur raccordé au Net comporte, d'une façon ou d'une autre, un système de messagerie, ce qui signifie que, quel que soit le type d'ordinateur en votre possession pour peu qu'il soit connecté au Net, vous pouvez envoyer et recevoir du courrier. Aujourd'hui, même sans ordinateur, mais équipé d'un téléphone mobile ou d'un assistant personnel (PDA), vous pouvez envoyer et recevoir des courriers électroniques (ou *mails, e-mails, courriels* ou encore *mels*).

Quelle est mon adresse ?

Toute personne ayant un accès au Net par courrier électronique dispose au minimum d'une *adresse électronique*. C'est l'équivalent, dans le cyberespace, d'une adresse postale ou d'un numéro de téléphone. Lorsque vous envoyez un message, vous placez dans son en-tête l'adresse électronique de votre correspondant.

Vous devez avant tout connaître votre adresse électronique personnelle pour la communiquer à tous ceux qui souhaiteraient vous joindre. Vous devez également connaître leur adresse électronique pour pouvoir leur envoyer des messages. Sauf, bien entendu, si vous ne connaissez personne ou que vous envisagiez de limiter votre correspondance électronique à l'envoi de lettres anonymes.

Les adresses électroniques d'Internet se composent de deux parties séparées par le caractère @ (*arobase,* qui se prononce *at,* « chez »). Ce qui se trouve à gauche est votre identifiant personnel (votre boîte aux lettres) et ce qui est à droite est le *nom de domaine,* généralement le nom de votre fournisseur d'accès comme `free.fr`. En revanche, Orange a conservé pour ses adresses électroniques son ancien nom : `wanadoo.fr`.

Votre nom d'utilisateur

Avec un peu de chance, votre fournisseur d'accès vous laissera choisir le nom de votre boîte aux lettres. Toutefois, si vous vous appelez Pierre Martin, il a probablement déjà un Martin parmi sa clientèle, et peut-être même un autre Pierre Martin. Vous devrez alors utiliser une variante du genre pmartin ou p.martin ou encore pierre_martin.

C'est ainsi que John a eu successivement les noms d'utilisateur john, johnl, jrl, jlevine, jlevine3 (ce qui semble indiquer qu'il y a au moins trois jlevine) et même q0246. Quant à Carol, elle s'est vue attribuer carol, carolb, cbaroudi et carol1377. Margy essaie de se cantonner à margy, mais s'est retrouvée avec margyl et même 73727,2305. Certains systèmes attribuent un nom aléatoire du genre usd31516 (aux États-Unis, peut-être, et encore il y a longtemps ; en France, nous n'en avons jamais rencontré). Beurk !

Ainsi, pour écrire au président des États-Unis, vous adresserez votre message à `president@whitehouse.gov`. La boîte aux lettres du président est *president*, et le nom du domaine dans lequel elle se trouve est *whitehouse.gov* (*White House* signifiant Maison-Blanche).

TRUC

En revanche, pour écrire au président de la République française, vous devez le faire sur la page Web dont voici l'adresse : `http://www.elysee.fr/ecrire/index.html`.

À la limite, et si votre fournisseur d'accès l'accepte – et c'est généralement le cas –, rien ne vous empêche d'avoir plusieurs adresses électroniques, de la même façon que rien ne vous empêche, pour peu que vous en ayez les moyens, d'avoir une résidence secondaire, voire tertiaire.

Le nom de domaine

Pour les noms de domaines, les choses se compliquent et il existe deux mondes : les États-Unis, d'une part, et le reste de la Terre, d'autre part. Pour les États-Unis, le nom de domaine se termine par un groupe de trois lettres précédé d'un point, qui s'appelle le nom de *zone*. Le plus courant est .com (commercial). On trouve aussi .mil, .edu, .gov ou .org, dont la signification est évidente. Par exemple, pour American Airlines, de son vrai nom AMR Corporation, le nom de domaine est aa.com. Celui de la laiterie Egg Farm Dairy est creamery.com, *etc.*

En dehors des États-Unis, le nom de domaine ne comprend que deux lettres qui représentent le pays où est situé le domaine : .fr pour la France, .ch pour la Suisse, .jp pour le Japon, *etc.* En France, outre .fr, on peut aussi trouver .net, .org ou .com. Depuis quelque temps, les administrations doivent utiliser des noms de sous-domaines particuliers. Ainsi, les adresses des académies doivent être de la forme ac-*nom*.fr (*nom* étant le nom de la ville), celles des conseils généraux cg*xx*.fr (*xx* représentant le numéro du département), celles des mairies mairie-*nom*.fr (*nom* étant le nom de la ville), *etc.* Pour plus de détails (notamment pour l'enregistrement des noms de domaines en .fr), vous pouvez pointer votre navigateur sur la page de l'AFNIC à l'adresse `www.afnic.fr/obtenir`.

Pour une liste complète des codes de pays, consultez notre site *Internet Gurus Central* à la page `http://net.gurus.com/countries` ou les sites français `www.alc.net/drap.htm` et `www.indexa.fr/cgi-bin/domaines.pl`.

En 1997, un groupe international proposa l'ajout de certains domaines génériques supplémentaires comme .firm, .arts et .web. En 2001, les premiers nouveaux domaines sont apparus, .biz et .info. Depuis, ont été ajoutés .name, pour les domaines personnels, et quelques domaines à usage limité comme .coop, .museum et .aero. Aucun n'est largement employé.

Vous trouverez une liste complète des services de messagerie gratuits à l'adresse suivante : `http://directory.google.fr/Top/World/Fran%C3%A7ais/Informatique/Internet/Courrier_%C3%A9lectronique/Gratuit/` ou en vous connectant sur `directory.google.fr`, puis en cliquant Informatique/Internet/Ressources/Courrier électronique.

Où est ma boîte aux lettres ?

Lorsque vous souscrivez un abonnement auprès d'un fournisseur d'accès à Internet, vous bénéficiez en règle générale d'une première adresse de courrier électronique. Ensuite, vous avez la possibilité d'en créer un nombre limité ou illimité. Tout dépend du FAI.

Votre boîte aux lettres est généralement située sur le serveur de courrier de votre fournisseur d'accès Internet (FAI), puisque, lorsque vous souscrivez un compte Internet, il met automatiquement à votre disposition une ou plusieurs boîtes aux lettresSi vous n'avez pas de FAI, ce qui est le cas lorsque vous utilisez un ordinateur dans un cybercafé ou un lieu public comme une médiathèque, vous pouvez recourir à des serveurs gratuits qui vous laissent créer une adresse courrier électronique que vous pourrez consulter depuis n'importe quel ordinateur. Par exemple, Hotmail qui se trouve à `www.hotmail.com`, Mail.com à `www.mail.com`, ou encore Yahoo! Mail à `http://edit.europe.yahoo.com/config/mail?.intl=fr`. Yahoo! et Hotmail utilisent le nom de domaine du site comme identifiant de l'adresse mail. Ainsi, vous disposerez d'une adresse dont la seconde partie sera `@hotmail.com` ou `@yahoo.com`. De son côté, Mail.com offre une liste impressionnante de domaines comme `www.tokyo.com` ou `www.doctor.com`. La Figure 13.1 présente l'interface de gestion de vos courriers électroniques chez Orange.

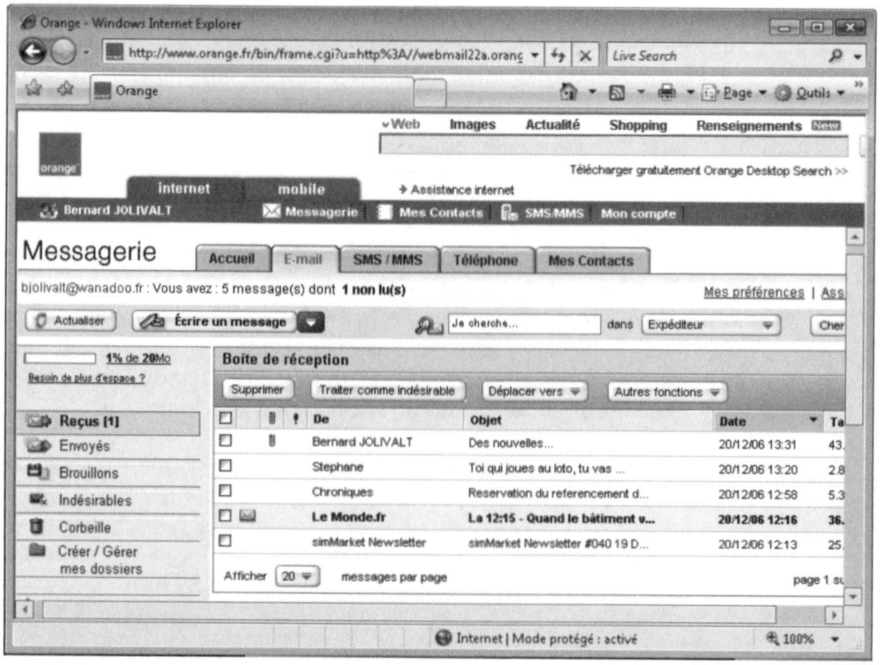

Figure 13.1 : Avec Orange (entre autres), consultez votre courrier directement sur le serveur et non sur votre disque dur.

Comment ? Vous ne connaissez pas votre propre adresse ?

Il se peut qu'un ami vous avoue qu'il ne connaît pas sa propre adresse de courrier électronique. La solution est simple : demandez-lui de vous envoyer un message. Tous les messages renferment une adresse de retour. Ne vous étonnez pas si celle de votre ami a un air étrange. Après passage du message dans plusieurs passerelles, l'adresse de votre ami peut ressembler à ça :

`"blurch::John.C.Calhoun"%farp@slimemail.com`

Si vous utilisez cette adresse pour envoyer un message, cela devrait fonctionner. Cependant, il est préférable de cliquer Répondre pour que votre programme de courrier insère lui-même l'adresse. Et stockez-la dans le carnet d'adresses de votre programme de courrier électronique, vous n'aurez plus à la taper. Sachez malgré tout que la procédure d'ajout automatique des adresses électroniques de vos correspondants ne constitue pas une option par défaut de votre programme de gestion des courriers électroniques. Ainsi, dans Windows Mail, vous devez sélectionner cette fonction sous l'onglet Envois de la boîte de dialogue Options.

Rassemblons tout

Inscrivez votre adresse électronique dans le Tableau 13.1 et rangez le livre près de votre ordinateur. Majuscules et minuscules sont généralement considérées comme identiques dans les adresses électroniques, notamment dans les noms de domaine (la différence peut cependant être significative pour les noms d'utilisateur). Dans ce livre, nous avons opté pour des minuscules, tant pour les boîtes aux lettres que pour les domaines.

Si vous envoyez un message à quelqu'un qui se trouve dans le même domaine que le vôtre – sur le même ordinateur ou sur le même groupe d'ordinateurs –, vous pouvez omettre le nom de domaine. Par exemple, si un de vos amis et vous-même êtes sur Orange, vous pouvez supprimer `@orange.fr` de son adresse courrier électronique.

Lorsque vous communiquez oralement votre adresse à quelqu'un, montrez que le Web n'a plus de secrets pour vous en disant, par exemple, « tiburce at (prononcez *at* c'est-à-dire « chez » en anglais) free, point fr », au lieu de « tiburce arobase free point fr ». Ou avossouhaits@choum.fr.

Tableau 13.1 : Informations que doit connaître votre logiciel de courrier électronique.

Information	Description	Exemple
Votre adresse de *courrier électronique*	Votre nom d'utilisateur suivi du caractère @ et du nom de domaine.	`jules.dupont@monserveur.fr`
Votre mot de passe de courrier électronique	Le mot de passe à utiliser pour votre courrier électronique (le plus souvent identique à votre *login*). Ne l'écrivez surtout pas, il doit rester secret !	`dum3my`
Votre serveur de courrier entrant (POP3 ou IMAP)	Le nom de l'ordinateur qui reçoit vos messages (c'est votre fournisseur d'accès qui doit vous l'indiquer).	`pop.monserveur.fr`
Est-ce POP3 ou IMAP ?	Protocole utilisé par votre boîte aux lettres et que votre programme de courrier doit employer pour récupérer votre courrier. Ne s'applique pas au courrier Web, à AOL ou MSN.	
Votre serveur de courrier sortant (SMTP)	Le nom de l'ordinateur qui envoie vos messages (c'est parfois le même que celui du serveur POP3).	`smtp.monserveur.fr`

Où se trouve mon courrier ?

Si vous êtes du genre insomniaque, tourmenté par des questions existentielles, vous avez peut-être compris que votre ordinateur ne peut recevoir du courrier que s'il est connecté au Net. Dans ce cas, que devient le courrier que l'on vous envoie au cours des vingt-trois autres heures de la journée de votre vraie vie ?

Lorsque des messages arrivent chez le fournisseur d'accès à votre intention, ils ne parviennent pas directement sur votre ordinateur, mais sont envoyés à un *serveur de messagerie*, qui joue le rôle de bureau de poste restante en conservant votre courrier jusqu'à ce que vous vous connectiez et lanciez votre logiciel de messagerie pour le relever. Pour lire votre courrier, vous devez donc vous rendre à ce bureau de poste virtuel et le retirer. Il existe deux types de serveurs de courrier entrant : *POP* (ou *POP3* pour *Post Office Protocol* version 3) et *IMAP* (*Internet Message Access Protocol*). Symétriquement, pour que votre courrier parte vers sa destination, votre logiciel de messagerie doit le faire parvenir au bureau de poste de votre fournisseur d'accès (à son serveur de courrier sortant, aussi appelé *serveur SMTP*). Tout se passe donc comme s'il n'y avait pas de facteur et que vous deviez aller vous-même déposer et retirer votre courrier au bureau de poste local.

À moins d'utiliser votre navigateur Web pour lire votre courrier électronique directement sur un site Web, vous devez faire connaître à votre *logiciel de messagerie* l'adresse des serveurs de courrier entrant et sortant dont vous dépendez. C'est depuis le serveur de courrier entrant de votre FAI que votre logiciel de messagerie transférera à grande vitesse le courrier en attente vers votre propre disque dur. Vous pourrez ensuite vous déconnecter et le lire tout à loisir, ce qui est une bonne idée pour faire des économies sur votre note de téléphone. Et même si vous avez souscrit un abonnement avec forfait, cela vous évitera de gaspiller de précieuses minutes qui viendront grignoter le temps qui vous reste. Une fois que votre courrier est chez vous, vous pouvez tranquillement le lire, y réfléchir et préparer vos réponses que vous irez « poster » globalement lorsque vous vous brancherez de nouveau.

Inscrivez sur le Tableau 13.1 les noms de vos serveurs de courrier (POP3 ou IMAP et SMTP). Si vous ne les connaissez pas, adressez-vous à votre fournisseur. Avec un peu de chance, votre programme de messagerie aura configuré automatiquement le nom de ces serveurs. Ainsi, lorsque (notez que nous ne disons pas *si*) les choses tournent mal, vous vous féliciterez d'avoir noté ces paramètres quelque part pour pouvoir les restaurer.

Une fois que vous avez envoyé un courrier électronique, vous ne pouvez l'annuler ! Certains programmes de courrier électronique conservent les messages sortants dans une *file d'attente*, pour procéder à un envoi par lot. Mais une fois vos messages transmis au serveur de courrier sortant, vous ne pouvez pas les rapatrier.

Panorama des types de logiciels de courrier

C'est maintenant que vous allez devoir affronter votre *logiciel de messagerie*. Ils sont si nombreux que nous n'avons pas tenté de les présenter tous. Une fois que vous avez choisi votre logiciel, encore faut-il savoir comment l'utiliser. Tous font peu ou prou la même chose, parce que ce sont tous des logiciels de courrier électronique, après tout.

Les logiciels de messagerie

Voici un bref panorama de ce qui existe :

- **PC/Windows ou Macintosh avec un compte Internet bas ou haut débit :** Vous avez accès à une longue liste de programmes de courrier POP ou IMAP dont Entourage, Eudora Outlook, Windows Mail, MailApp, Pegasus Mail, Safari, Thunderbird, et Windows Mail. Les prochaines sections vous donnent quelques conseils.

- **Comptes professionnels :** Si vous utilisez une adresse de courrier électronique sur votre lieu de travail, la société qui vous emploie peut recourir à un autre serveur de messagerie appelé Microsoft Exchange. En plus des services de courrier, Exchange partage des calendriers, des listes de tâches et quelques autres fonctions très intéressantes. Le programme le plus populaire qui fonctionne complètement avec Exchange est Microsoft Outlook. Malgré les problèmes de sécurité qu'il présente, votre société exigera certainement que vous l'utilisiez. Outlook ressemble beaucoup à Outlook Express (la messagerie de Windows 98 à Window XP) dans sa partie gestion des courriers électroniques. Vous en saurez davantage sur ce dernier dans l'une des prochaines sections.

- **AOL :** AOL fournit désormais un serveur IMAP standard. Vous pouvez donc utiliser des logiciels de courrier standard pour lire vos courriers acheminés par AOL. Vous disposez de trois options :

  - Le programme de courrier électronique d'AOL : La plupart des utilisateurs d'AOL reçoivent et envoient des mails avec le programme qu'ils utilisent pour se connecter à leur compte. Cliquez l'icône adéquate de la barre d'outils ou sur la petite icône de la boîte aux lettres.

  - Un autre programme de courrier électronique : Vous pouvez utiliser un programme Windows ou Mac qui gère IMAP. Ces programmes proposent souvent des fonctions de filtrage des spams et des messages bien plus efficaces. Nous vous conseillons d'utiliser Thunderbird que nous présentons dans l'une des prochaines sections de ce chapitre.

  - Votre navigateur Web : Vous pouvez gérer vos mails depuis le site AOL à www.aol.fr. L'avantage est que vous pouvez consulter votre courrier avec n'importe quel ordinateur disposant de n'importe quel navigateur Web. Ce système est généralement proposé par tous les FAI. Par exemple, Free propose Webmail sur son site. Ainsi, où que vous soyez dans le monde, il est possible de consulter vos mails !

- **Serveurs Web de courrier électronique :** Il existe quelques serveurs Web qui vous offrent un accès gratuit à un service de courrier électronique. Les plus connus d'entre eux sont Hotmail, à l'URL `www.hotmail.com` (racheté par Microsoft) et Yahoo! Mail, à l'URL `http://edit.europe.yahoo.com/config/mail?.intl=fr`. Si vous disposez d'une boîte aux lettres sur l'un de ces sites, vous utilisez votre navigateur Web pour lire et envoyer des messages (voir le Chapitre 7 pour savoir comment utiliser un navigateur). Citons également Voila Mail sur `mail.voila.fr` et CaraMail sur `www.caramail.lycos.fr`.

- **Comptes shell UNIX :** Vous pouvez certainement utiliser Pine. Si votre fournisseur d'accès n'en est pas équipé, demandez-le. Pour apprendre à utiliser Pine, voir notre site Web sur `http://net.gurus.com/shell/pine.phtml`.

Quel que soit le type de logiciel que vous utilisez, les principes généraux de lecture, d'envoi et de classement de messages ainsi que d'adressage restent les mêmes. Aussi est-il intéressant de continuer à lire ce chapitre, même si le système que vous utilisez n'y figure pas explicitement.

Utiliser votre navigateur Web pour vos courriers électroniques

Même si vous utilisez un programme de courrier électronique comme Thunderbird ou Windows Mail pour lire vos messages, rien ne vous empêche d'aller directement sur le site de votre fournisseur d'accès pour consulter votre courrier sur son serveur de messagerie. Ceci est fort pratique lorsque vous êtes en vacances, dans un cybercafé, une médiathèque, *etc*. Par exemple, si vous avez un compte chez Free, connectez-vous au site `http://free.fr` et cliquez le lien Webmail. Vous accédez à une page où vous saisissez votre adresse de courrier électronique, c'est-à-dire votre identifiant, puis votre mot de passe, comme le montre la Figure 13.2.

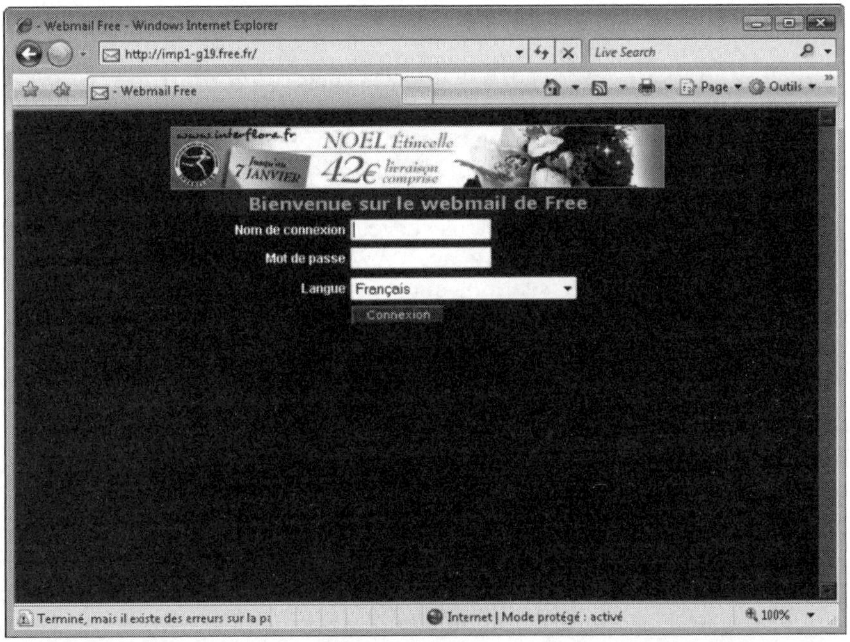

Figure 13.2 : Il est tout à fait possible de lire ses messages directement sur le site de votre FAI.

Paramétrer votre logiciel de messagerie

Nous avons choisi, à titre d'exemple, deux logiciels de courrier électronique : Thunderbird, qui est téléchargeable gratuitement, et Windows Mail, qui fait partie de Windows Vista :

- **Thunderbird :** Les créateurs de Firefox, le navigateur Web décrit au Chapitre 7, ont développé un excellent programme de gestion des courriers électroniques appelé Thunderbird. Il fonctionne avec la plupart des comptes Internet standard ainsi qu'avec les comptes AOL. Pour savoir comment vous procurer Thunderbird, consultez le Chapitre 12.
- **Windows Mail :** Successeur d'Outlook Express, qui équipait les versions de Windows de 98 à XP, Windows Mail est le logiciel de courrier qui accompagne Windows Vista.

Pour achever notre étude, nous présentons un système de courrier basé sur Web, Yahoo! Mail, sur `http://mail.yahoo.fr`. Hotmail de Microsoft (`www.hotmail.com`) est similaire, ainsi que les services de mail des FAI qui permettent de consulter son courrier à partir d'un autre ordinateur de la planète. Dans ce sens, vous pouvez tester Webmail de Free (`www.free.fr`). Nos instructions pour Yahoo! Mail sont un peu vagues car, comme tous les sites Web, il aura sans doute été repensé lorsque vous lirez ces lignes.

Avant de pouvoir employer votre programme de courrier, vous devez lui indiquer deux éléments :

- **Votre boîte aux lettres** (sur le serveur de courrier chez votre FAI) ;
- **L'endroit où envoyer votre courrier sortant** (par exemple vers le même serveur de courrier de votre FAI).

Pour Yahoo! Mail et les autres serveurs de courrier basés sur le Web, vous devez vous créer une boîte aux lettres. Pour mettre le pied à l'étrier, suivez les instructions des sections suivantes. D'autres sections décrivent plus loin comment envoyer et recevoir du courrier à l'aide de chaque programme.

Thunderbird

Mozilla, développeur *open source* s'il en est, a créé Thunderbird en complément de l'excellent navigateur Web Firefox. Mozilla propose aussi un navigateur portant le nom de *Mozilla* qui combine un navigateur Web comme Firefox, un programme de gestion des courriers électroniques comme Thunderbird et un éditeur Web, décrit au Chapitre 18. La version pour AOL de Mozilla, Netscape 8, combine différentes versions de ces programmes.

Ouvrez Thunderbird en double-cliquantl'icône du Bureau ou en choisissant Démarrer/Tous les programmes/Mozilla Thunderbird. La première fois que vous ouvrez Thunderbird, l'Assistant de création de comptes s'exécute ; il demande votre nom, le type de compte de courrier électronique que vous utilisez (POP ou IMAP), votre adresse électronique et vos serveurs de courrier entrant et sortant, comme cela est décrit à la section « Où se trouve mon courrier ? » plus haut dans ce chapitre.

Si vous devez modifier les informations de votre compte de courrier électronique ou ajouter d'autres comptes à gérer, cliquez Outils/Paramètres des comptes. Ceci exécute de nouveau l'assistant. Cliquez Ajouter un compte. Pour modifier un compte existant, sélectionnez-le, cliquez la catégorie des paramètres située sous le nom du compte et modifiez les informations qui s'affichent. Tapez votre nom, votre adresse de courrier électronique, le serveur de messagerie entrant, le serveur sortant, en recopiant les informations contenues dans le Tableau 13.1. Une fois ces opérations terminées, le nouveau compte apparaît dans la fenêtre Paramètres des comptes que vous pouvez fermer.

La Figure 13.3 montre la fenêtre de Thunderbird. La liste de vos dossiers de messages et de gestion de votre courrier apparaît dans le volet gauche. À droite apparaît la liste des messages relevés, ainsi que le texte du message sélectionné.

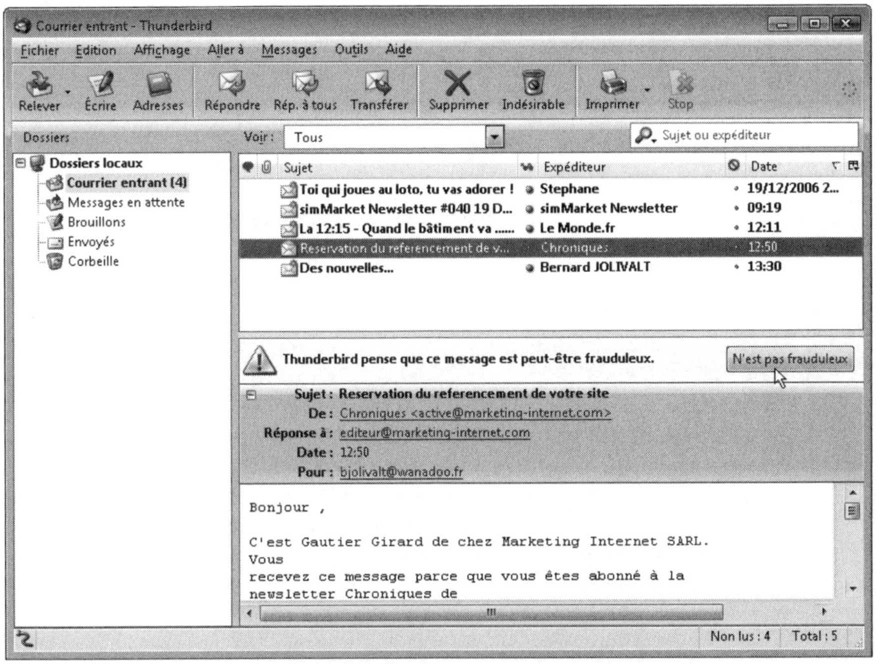

Figure 13.3 : Thunderbird affiche vos dossiers de courriers à gauche, les messages en haut et à droite et le contenu du message sélectionné en bas et à droite.

TRUC

Si plusieurs personnes utilisent Thunderbird sur le même compte d'utilisateur d'un seul ordinateur, chacune d'elles peut définir ses propres paramètres de telle sorte qu'elle ne lira que ses mails et pas ceux des autres. Pour cela, cliquez Démarrer/Tous les programmes/Mozilla Thunderbird/Profile Manager pour créer un nouveau profil pour chaque utilisateur. Si votre ordinateur fonctionne sous Windows Vista et qu'un compte a été attribué à chaque utilisateur, chacun aura *de facto* son propre profil Thunderbird.

Windows Mail

Windows Mail est directement installé avec Windows. D'ailleurs, nous ne savons pas comment nous en débarrasser !

1. **Pour ouvrir Windows Mail (Figure 13.4) sous Windows Vista, choisissez Démarrer/Courrier électronique.**

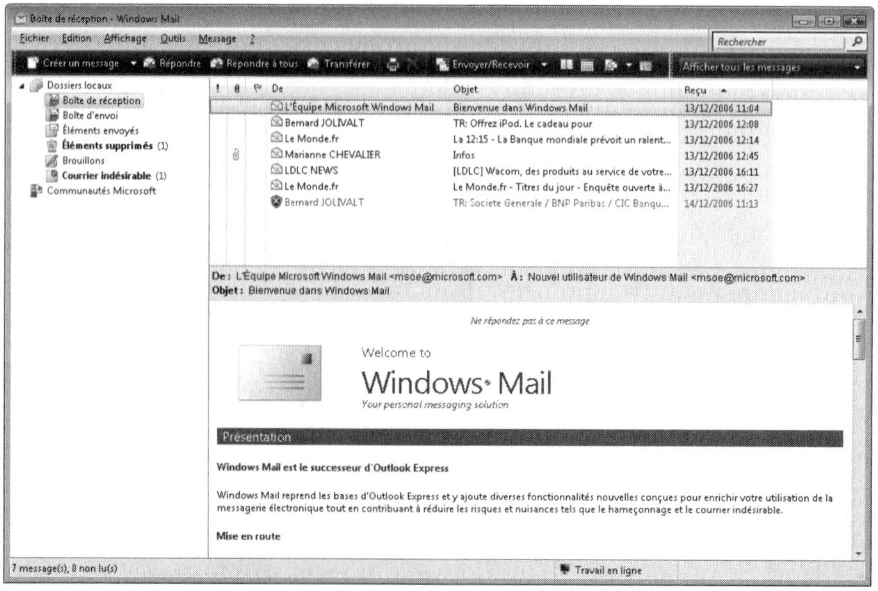

Figure 13.4 : La fenêtre Windows Mail est divisée en trois parties : les dossiers de courrier, la liste des messages du dossier actif et l'aperçu du contenu du message sélectionné.

Lors de la première ouverture de Windows Mail, l'Assistant Connexion Internet vous pose quelques questions : la plupart des réponses sont dans le Tableau 13.1. Saisissez votre nom, votre adresse de courrier électronique, votre serveur de courrier entrant (POP ou IMAP), votre serveur de courrier sortant (SMTP), votre nom d'utilisateur et votre mot de passe. Cliquez Suivant, puis Terminer.

Si vous devez ajouter ou modifier un compte de courrier électronique, choisissez Outils/Comptes. Pour modifier un compte, sélectionnez-le, puis cliquez le bouton Propriétés. Pour ajouter un compte de courrier, cliquez le bouton Ajouter.

Yahoo! Mail

Yahoo! Mail est notre messagerie Web favorite en raison de sa large gamme de fonctions. Après avoir obtenu un identifiant Yahoo! », vous disposez d'une boîte aux lettres, d'un site Web sur `http://geocities.yahoo.com/` et d'un identifiant utilisable pour acheter et vendre dans les boutiques en ligne et enchères de Yahoo!. Votre identifiant Yahoo! est aussi valable pour Yahoo! Messenger (pour les messages instantanés, voir le Chapitre 16), la téléconférence ou la visioconférence. Les services exacts, ainsi que les instructions exactes pour configurer et employer Yahoo! Mail, sont susceptibles de varier. Nous vous en donnons cependant une idée générale.

Pour configurer une boîte aux lettres :

1. **Allez sur** `fr.yahoo.com` **et cliquez le lien Mon Mail (Figure 13.5).**

Figure 13.5 : Créer un compte mail sur Yahoo!.

Vous pouvez aussi aller directement sur `http://edit.europe.yahoo.com/config/mail?.intl=fr`. Vous verrez des liens pour vous identifier si vous avez déjà un identifiant Yahoo!, ainsi qu'un lien Créez votre Yahoo! Mail.

2. **Cliquez le lien Créez votre Yahoo! Mail (Figure 13.6), remplissez les formulaires et validez.**

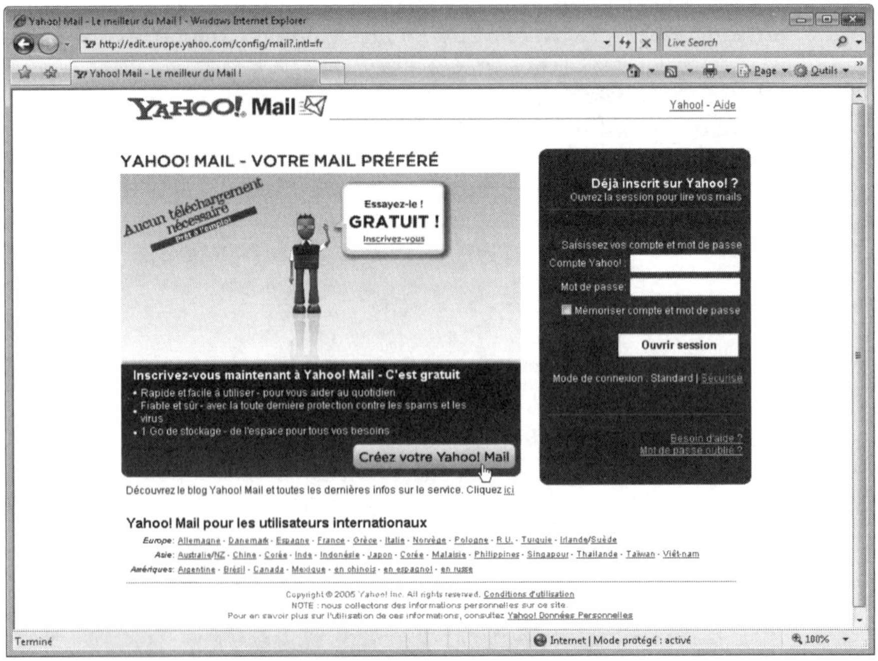

Figure 13.6 : Vous vous apprêtez à créer un compte de messagerie sur Yahoo!.

N'oubliez pas de cliquer les liens pour lire les conditions d'utilisation et la politique de confidentialité (c'est-à-dire ce que la société envisage de faire avec les informations fournies).

Selon le Tableau 13.1, vous ne devez fournir que votre adresse de courrier électronique, qui est votre identifiant Yahoo! suivi de @yahoo.com. Vous n'avez pas besoin de fournir d'autres informations.

Pour accéder à votre boîte aux lettres Yahoo! :

1. **Allez sur Yahoo Mail en passant par** `http://fr.yahoo.com`**, puis en cliquant le bouton Mon Mail.**

2. **Identifiez-vous avec votre identifiant Yahoo! et votre mot de passe, comme à la Figure 13.7, et cliquez le bouton Ouvrir session.**

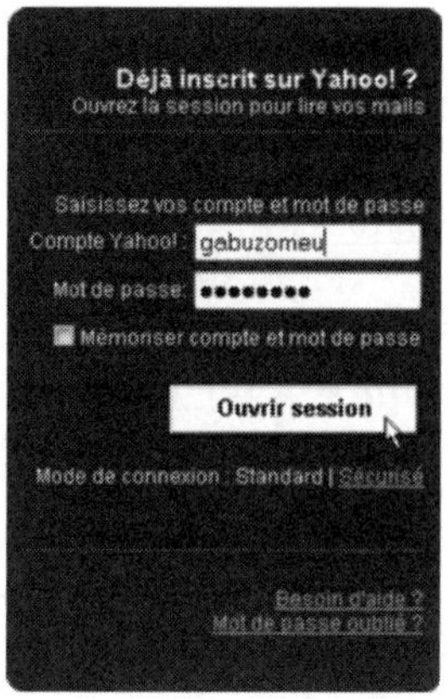

Figure 13.7 : Identifiez-vous pour consulter et utiliser votre boîte aux lettres sur Yahoo!.

Vous arriverez probablement sur une nouvelle page demandant confirmation du mot de passe, par raison de sécurité. Vous changerez cela ultérieurement dans les options de Yahoo! pour définir une connexion Standard, c'est-à-dire sans saisie de mot de passe supplémentaire.

Yahoo! Mail ne nécessite que quelques secondes pour être chargé. Vous obtenez ensuite une interface similaire à beaucoup de logiciels de messagerie (Figure 13.8).

Figure 13.8 : Le serveur de messagerie Yahoo! Mail ressemble beaucoup à un logiciel de messagerie.

Un avantage des boîtes aux lettres basées sur le Web comme Yahoo! Mail est que vous pouvez lire et envoyer des messages sur n'importe quel ordinateur. Votre boîte aux lettres est stockée sur les serveurs de courrier de Yahoo! et tout ordinateur équipé d'un navigateur Web peut y accéder. Bien sûr, personne ne peut lire vos messages ou en envoyer sans taper votre mot de passe. Dans ce chapitre, lorsque nous vous indiquerons comment envoyer et recevoir du courrier avec Yahoo! Mail, gardez donc à l'esprit que vous n'avez pas besoin d'être derrière votre propre ordinateur : vous pouvez lire votre courrier sur l'ordinateur d'un ami ou d'une bibliothèque publique. Inconvénient : la lecture et l'envoi de messages sur un site Web sont plus lents, à moins d'avoir une connexion rapide, car vous devez attendre le chargement d'une nouvelle page Web chaque fois que vous cliquez un nouveau message. De plus, si vous possédez plusieurs adresses de courrier électronique sur un tel site vous devez vous connecter pour chacune d'elles, ce qui est bien plus long que de récupérer, en une seule opération, tous les messages de toutes vos adresses avec Thunderbird ou Windows Mail.

L'envoi de courrier électronique, c'est simple

Nous illustrerons la simplicité de l'envoi de courriers à l'aide d'exemples parlants plutôt que par de la théorie absconse.

Cc et Bcc

Cc signifie *Copie carbone.* Il s'agit d'une fonction qui permet d'envoyer le même mail à plusieurs personnes en une seule opération. Tous les destinataires affichés dans les champs À et Cc recevront le message. Chacun verra le nom des autres destinataires.

Afin que les autres destinataires ne voient pas ces noms, il faut les placer dans le champ *Cci* qui signifie *Copie carbone invisible.* Il est en effet plus intime d'envoyer un même message à tous en respectant l'anonymat de chacun.

Envoyer du courrier avec Thunderbird

Voici comment envoyer du courrier avec Thunderbird :

1. **Dans Thunderbird, cliquez le bouton Écrire dans la barre d'outils ou appuyez sur Ctrl+M.**

La fenêtre Écrire s'ouvre et présente un message vierge (Figure 13.9).

Figure 13.9 : Fenêtre de rédaction d'un message avec Thunderbird.

Si Thunderbird signale qu'il ne connaît pas votre adresse de courrier électronique, cliquez OK. Pour corriger votre adresse de courrier, choisissez Outils/Paramètres de compte. Apportez vos modifications et cliquez ensuite de nouveau le bouton Écrire.

2. **Remplissez l'adresse du destinataire dans le champ Répondre à.**

   Pour envoyer le même message à plusieurs destinataires, appuyez sur Entrée et non pas sur Tab. Vous pouvez indiquer autant d'adresses de destination que vous le souhaitez. Il suffit d'appuyer à chaque fois sur la touche Entrée. Une fois les adresses indiquées, appuyez sur Tab pour passer au champ de saisie de l'objet de votre message. Pour qu'un destinataire soit en Copie cachée ou en Copie cachée invisible, cliquez Pour, à côté de l'adresse, et choisissez Copie à ou Copie cachée à dans la liste déroulante.

3. **Saisissez l'objet du message dans le champ Sujet.**

   Appuyez sur Tab pour passer dans la zone de saisie du message.

4. **Tapez votre message.**

   Le point d'insertion clignote dans la vaste zone de saisie du texte.

5. **Cliquez Envoyer pour envoyer le message**.

   Le message est transmis à votre FAI, puis au destinataire. Si vous n'êtes pas connecté à Internet au moment de l'envoi, le courrier est placé dans le dossier Messages en attente.

Lorsque vous envoyez un message auquel vous avez appliqué des mises en forme, comme du gras ou de l'italique, Thunderbird vous demande si vous voulez réellement envoyer les messages en les appliquant. Pour savoir quand il est possible d'envoyer des messages mis en forme, consultez l'encadré « Mettre en forme ou pas » plus loin dans ce chapitre.

Vous pouvez demander à Thunderbird de vérifier l'orthographe avant d'envoyer le message :

1. **Cliquez Outils/Options.**

2. **Cliquez l'onglet Orthographe, et sélectionnez l'option Vérifier l'orthographe avant l'envoi (Figure 13.10).**

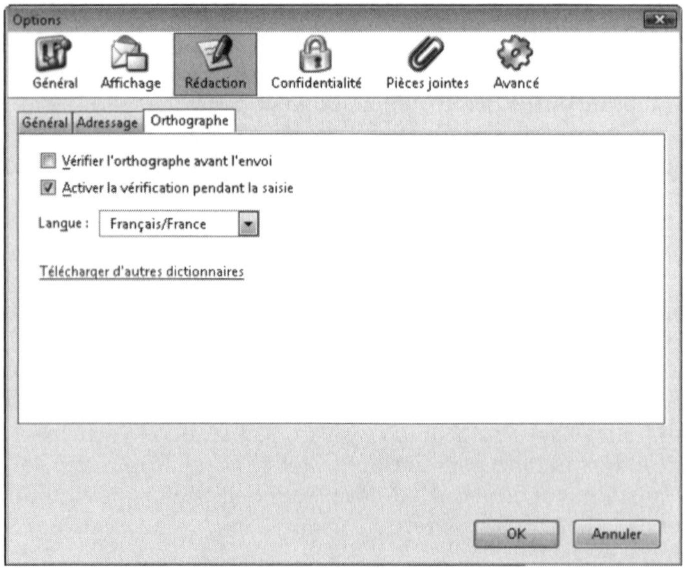

Figure 13.10 : Écrire c'est bien, mais sans faute c'est encore mieux !

   Chaque fois que vous cliquez Envoyer, Thunderbird s'arrête sur chaque mot dont il ne connaît pas l'orthographe.

Par défaut, Thunderbird ne dispose que d'un seul dictionnaire en version anglaise. Dans l'onglet Orthographe, cliquez le lien Télécharger d'autres dictionnaires. Vous arrivez sur une page Web, malheureusement pour vous, en anglais. Cliquez le lien French, et enregistrez sur votre disque dur le fichier spell-fr-FR.xpi. Ensuite, dans Thunderbird, cliquez Outils/Extensions. Dans la boîte de dialogue éponyme, cliquez le bouton Installer. Dans la boîte de dialogue Choisissez une extension à installer, cliquez Regarder dans, et naviguez jusqu'au dossier où vous avez enregistré le fichier `.xpi`. Sélectionnez-le et cliquez Ouvrir. Dans la boîte de dialogue Installation de logiciel, cliquez Installer maintenant. Pour choisir le dictionnaire Français, cliquez Ecrire. Dans la fenêtre Rédaction, choisissez Outils/Options. Dans la boîte de dialogue Options, cliquez Rédaction. Dans la liste Langue, choisissez Français/France. Validez en cliquant OK.

Envoyer du courrier avec Windows Mail

Voici comment envoyer du courrier avec Windows Mail et configurer votre compte de courrier :

1. **Démarrez Windows Mail. Il n'est pas nécessaire d'être connecté.**

   Cliquez l'icône Windows Mail sur votre Bureau, ou dans la barre des tâches, ou trouvez-la dans le menu Démarrer.

2. **Cliquez le dossier Boîte de réception.**

   Il se trouve au-dessous de Dossiers locaux (c'est-à-dire les dossiers stockés sur votre ordinateur) dans la liste Dossiers.

3. **Cliquez le bouton Créer un message dans la barre d'outils, appuyez sur Ctrl+N ou choisissez Message/Nouveau Message.**

   Vous obtenez une fenêtre Nouveau message avec des champs à remplir pour adresser le message (Figure 13.11).

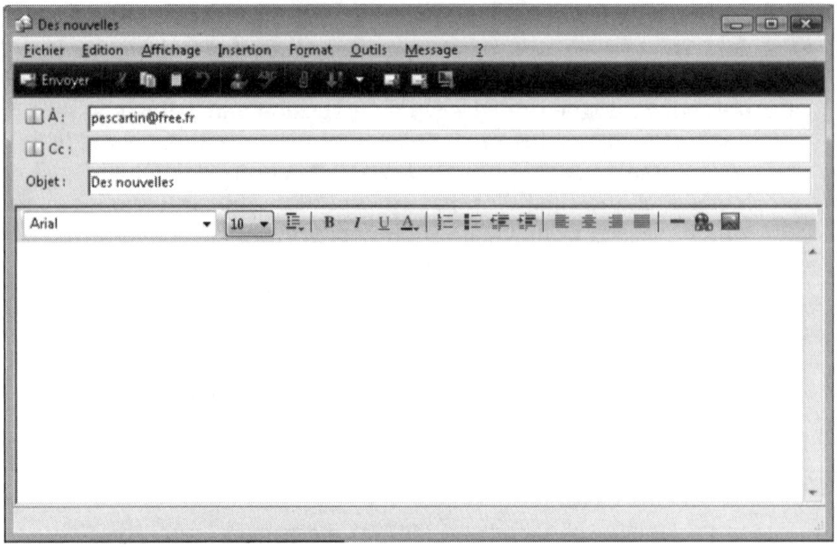

Figure 13.11 : Rédiger et envoyer un message avec Windows Mail.

4. **Dans la case À, saisissez l'adresse d'envoi du message, puis appuyez sur la touche Tabulation.**

   Si vous souhaitez envoyer le même message à plusieurs personnes à la fois, appuyez sur Entrée (au lieu de Tabulation). Vous pouvez envoyer ce message à autant de personnes que vous le souhaitez en pressant la touche Entrée après chaque adresse. Lorsque vous avez fini d'insérer des destinataires dans la case À, appuyez sur Tabulation pour aller dans la case Cc.

5. **Pour envoyer une copie du message à quelqu'un, saisissez l'adresse de cette personne dans le champ Cc. Appuyez ensuite sur Tabulation. Dans le champ Objet, indiquez le sujet du message (ce n'est pas obligatoire mais conseillé). Appuyez de nouveau sur Tabulation.**

   Le pointeur clignote dans la zone de message, la grande zone vide destinée au contenu du message. Si vous voulez envoyer des copies cachées invisibles (Cci), choisissez Affichage/Tous les en-têtes dans la fenêtre Nouveau message.

6. **Dans la grande fenêtre vide, saisissez le texte du message.**

   Lorsque vous avez tapé votre message, appuyez sur F7 ou choisissez Outils/Orthographe afin de vérifier l'orthographe.

Cette vérification peut être automatisée. Dans Windows Mail, cliquez Outils/Options. Dans l'onglet Orthographe de la boîte de dialogue Options, cochez la case Toujours vérifier l'orthographe avant l'envoi.

7. **Pour envoyer le message, cliquez le bouton Envoyer, ou appuyez sur Alt+S (pas Ctrl+S, qui équivaut à Enregistrer) ou encore, choisissez Fichier/Envoyer le message.**

   Windows Mail place le message dans votre dossier Boîte d'envoi, en attente d'expédition. Si vous êtes connecté à Internet, Windows Mail est éventuellement configuré pour envoyer le message immédiatement ; vous pouvez alors sauter les Étapes 8 et 9.

8. **Si vous n'êtes pas connecté à Internet, établissez la connexion.**

9. **Cliquez le bouton Envoyer/Recevoir, appuyez sur Ctrl+M ou choisissez Outils/Envoyer et recevoir/Envoyer et recevoir tout.**

Si vous mettez vos textes en forme, certains destinataires éprouveront peut-être des difficultés à lire le message, en particulier ceux équipés de logiciels de messagerie un peu anciens. Dans ce cas, choisissez Format/Texte brut lors de l'écriture du message dans la fenêtre Nouveau message. Pour savoir dans quelles conditions envoyer des messages mis en forme, lisez l'encadré « Mettre en forme ou pas », plus loin dans ce chapitre.

Envoyer du courrier avec Yahoo! Mail

Débuter avec une messagerie Web comme Yahoo! Mail est encore plus facile. Allez sur `www.yahoo.fr` et cliquez le bouton Mon Mail. Si vous n'y disposez pas encore d'une boîte aux lettres (ou si vous en voulez une nouvelle), vous pouvez dès à présent en ouvrir une gratuitement.

En possession de votre identifiant Yahoo! et d'une boîte aux lettres chez Yahoo! Mail, suivez ces étapes (plus ou moins, car le site Web Yahoo! Mail aura peut-être changé dix fois depuis la rédaction de ce livre) :

1. **Identifiez-vous.**

   Allez sur `http://fr.yahoo.com`, cliquez Mon Mail et entrez votre identifiant Yahoo! ainsi que votre mot de passe (voir plus haut dans ce chapitre).

2. **Cliquez Écrire (ou tout autre lien se rapportant à l'écriture et l'envoi d'un message).**

   Dans le volet gauche apparaît un onglet Écrire comme le montre la Figure 13.12.

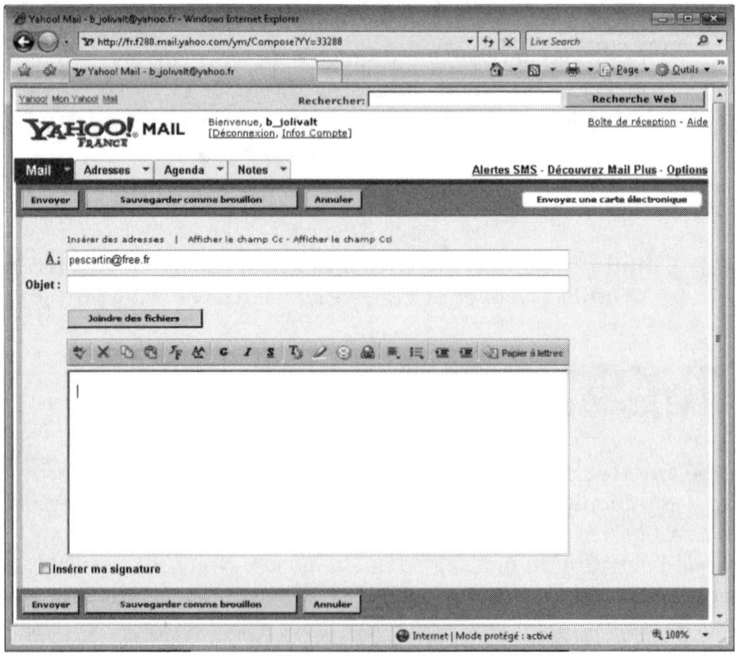

Figure 13.12 : Écrire un message dans Yahoo! Mail.

3. **Saisissez une ou plusieurs adresses dans le champ À.**

   Pour envoyer votre message à plusieurs personnes, séparez chaque adresse par une virgule.

   TRUC

   Vous pouvez aussi saisir des adresses en Cc (copie carbone) et en Cci (copie carbone invisible). Dans ce dernier cas, cliquez préalablement le lien Afficher le champ Cci.

4. **Dans le champ Objet, indiquez l'objet du message.**

5. **Tapez votre message.**

6. **Cliquez le bouton Envoyer (en haut de l'onglet).**

   Pour vérifier l'orthographe, cliquez le premier bouton de la barre d'outils avant de cliquer Envoyer. Et voilà, c'est parti !

Réception de courrier

Si vous envoyez des courriers électroniques, vous finirez par en recevoir (même si vous n'en envoyez pas, d'ailleurs).

Pour relever votre courrier, vous devez être connecté à Internet.

TRUC

Vous pouvez demander à votre ordinateur d'établir une connexion à Internet automatiquement, lorsque vous ordonnez à votre logiciel de courrier d'envoyer ou de relever vos messages. Pour configurer Windows afin d'établir automatiquement la connexion à Internet, reportez-vous au Chapitre 4.

Mettre en forme ou pas

Aujourd'hui, tous les traitements de texte sont capables de mettre en gras et en italique, d'utiliser diverses polices de différentes tailles. C'est dans cet esprit que la mise en forme du courrier a été implémentée dans les logiciels de courrier.

Le problème est que tous les logiciels de courrier ne sont pas capables d'afficher les messages mis en forme. Cette mise en forme est faite, soit au format MIME (le texte est envoyé sous forme de fichier joint au message) soit au format HTML (des codes de mise en forme, identiques à ceux utilisés pour la programmation des pages Web, sont insérés dans le texte). Si votre logiciel ne peut afficher du courrier mis en forme, un méli-mélo de caractères bizarres est affiché en plus du texte du message, ce qui le rend quasiment illisible.

Autre problème : tout courrier mis en forme en HTML peut contenir des virus, des pages Web hostiles qui s'imposeront à l'écran ainsi que d'autres contenus dangereux. Certaines personnes désactivent le courrier HTML pour éviter ces inconvénients.

Si vous savez que la messagerie de votre correspondant gère le courrier mis en forme, ne vous en privez pas. Le gras, l'italique et la couleur permettent de mettre un message en valeur, ce qui ne dispense pas des classiques qualités d'écriture. Si vous recevez des messages avec leur mise en forme, vous en déduisez fort logiquement que leur expéditeur est aussi en mesure de les recevoir. Si vous ne savez pas si la messagerie d'un correspondant peut afficher les messages mis en forme, abstenez-vous. Évitez la mise en forme du texte lorsque vous envoyez des messages à une liste de diffusion (voir le Chapitre 16) car vous ne pouvez pas savoir si tous les abonnés à cette liste pourront les lire.

Lire le courrier avec un logiciel de messagerie

Pour consulter vos courriers électroniques avec Thunderbird, Windows Mail et la plupart des programmes de courrier :

1. **Si vous n'êtes pas connecté à Internet, faites-le.**

   Ignorez cette étape si votre ordinateur est constamment connecté (ADSL) ou s'il le fait automatiquement chaque fois que vous en avez besoin.

2. **Ouvrez votre programme de courrier.**

3. **Si votre programme ne relève pas le courrier automatiquement, cliquez le bouton adéquat pour le recevoir.**

   Si vous avez une connexion permanente à Internet, votre logiciel relève automatiquement vos courriers à intervalle régulier, auquel cas vous n'avez qu'à ouvrir le logiciel pour lire vos messages. La plupart sont même capables de relever le courrier pendant que vous lisez, écrivez ou envoyez des messages.

   Lorsque vous recevez des messages, le programme peut émettre un son, afficher un message ou une petite image de facteur délivrant une lettre. Le courrier apparaît dans votre boîte de réception, habituellement dans une fenêtre ou un dossier appelé In ou Messages reçus ou Boîte de réception, à raison d'une ligne par message. Si vous ne voyez pas de courrier, double-cliquez le dossier de réception, habituellement sur le côté gauche de la fenêtre.

4. **Pour voir le contenu d'un message, double-cliquez ou cliquez la ligne où il est mentionné.**

5. **Lorsque vous avez fini, cliquez le bouton de fermeture (X), dans l'angle supérieur droit de la fenêtre de message, ou appuyez sur Ctrl+W ou Ctrl+F4.**

Voici quelques conseils s'appliquant à des programmes de courrier électronique :

- **Thunderbird :** Pour afficher votre boîte de réception, cliquez votre adresse de courrier électronique ou votre nom de compte dans la liste des dossiers de courriers.

- **Windows Mail :** Si vous ne voyez pas votre boîte de réception, double-cliquez la Boîte de réception, dans la liste des dossiers.

Lire le courrier avec Yahoo! Mail

Pour lire votre courrier Yahoo!, Hotmail ou tout autre système de courrier basé sur le Web :

1. **Établissez, si nécessaire, votre connexion à Internet.**

   Les heureux bénéficiaires d'une connexion haut débit sont constamment connectés.

2. **Démarrez votre navigateur Web.**

3. **Allez sur le site serveur de messagerie et identifiez-vous avec votre nom d'utilisateur et votre mot de passe.**

   Si votre navigateur vous propose de mémoriser votre mot de passe et que vous utilisez un ordinateur public ou une machine à laquelle peuvent accéder d'autres personnes, refusez cette proposition. Cela évitera que quelqu'un puisse facilement se connecter au serveur pour consulter votre courrier électronique.

4. **Cliquez ensuite la Boîte de réception pour afficher la liste des messages reçus.**

5. **Cliquez un message.**

   Le système de courrier basé sur le Web affiche le texte du message ainsi que des boutons pour répondre, faire suivre ou supprimer ce message (Figure 13.13).

Lorsque vous avez fini de lire et d'envoyer des mails sur un serveur de ce type, déconnectez-vous ! Cette action est salutaire si vous utilisez un ordinateur public ou la machine d'un ami. Si vous ne le faites pas, tout un chacun utilisant cet ordinateur pourra consulter vos messages.

Lorsque vous utilisez un site de courrier basé sur le Web, vous gérez tous vos messages sur le serveur lui-même et non pas sur votre ordinateur. Si vous disposez de plusieurs dossiers de courriers, vous pouvez déplacer vos messages de dossier en dossier aussi bien dans un programme de gestion des courriers électroniques que sur un serveur de messagerie Web.

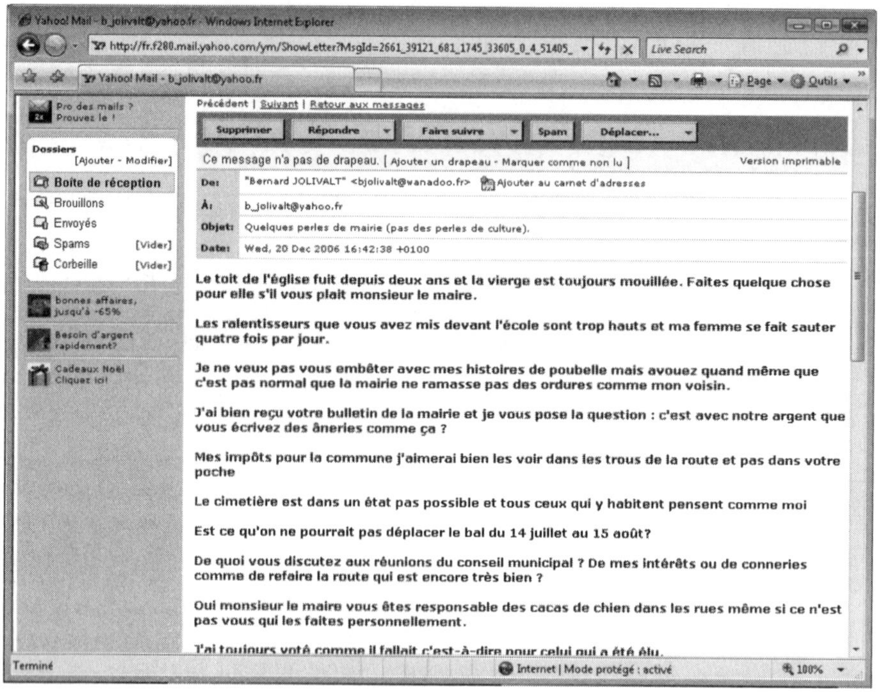

Figure 13.13 : La lecture du courrier sur Yahoo! Mail. Vos amis ne manqueront pas de vous submerger de blagues en tous genres (texte, photos...).

Supprimer des messages

Inutile de lire vos messages avant de les supprimer ! Parfois, il suffit de lire le nom de l'expéditeur et/ou celui de l'objet pour savoir que ce message n'a aucun intérêt. Pour supprimer un message, commencez par le sélectionner parmi tous les messages reçus. Ensuite, dans la plupart des programmes de gestion des courriers électroniques, cliquez le bouton Supprimer. Bien évidemment, vous pouvez faire de multiples choses avec un message, et notamment y répondre ou le transférer à quelqu'un d'autre, ce que nous traiterons au Chapitre 15.

Sur un serveur de messagerie basé sur le Web, vous sélectionnez les messages à supprimer, puis cliquez un bouton ou un lien Supprimer.

Quelques règles de savoir-vivre

TRUC

Les manuels de savoir-vivre qui fleurissaient à la Belle Époque ne sont plus réédités. Et même s'ils l'étaient, ils ne seraient pas à jour. Ne comptez donc pas sur eux pour vous indiquer les quelques règles élémentaires de savoir-vivre qui ont cours sur le Net : ce qu'on appelle la *netiquette* (contraction de *Net* et *étiquette*).

Le courrier électronique est un hybride qui se situe quelque part entre le coup de téléphone et la simple lettre. D'un côté, c'est un moyen d'information rapide et informel ; de l'autre, on ne doit pas oublier que *verba volent, scripta manent* (les paroles s'envolent, les écrits restent ; pour ceux qui n'auraient pas les « pages roses » du *Petit Larousse illustré* sous la main).

TRUC

Aussi est-il recommandé de suivre ces quelques conseils :

- Lorsque vous envoyez un message, surveillez votre langage.
- En dehors de la première lettre de chaque phrase, n'utilisez pas de majuscules ; ce serait comme si vous vous mettiez à CRIER TRÈS FORT.
- Si quelqu'un vous envoie un message particulièrement agressif, voire grossier, gardez-vous bien d'y répondre immédiatement sur le même ton. Regardez tout d'abord s'il ne s'agit pas d'une forme d'ironie déguisée (rare mais possible). Si ça ne vous fait pas rire, vous pouvez dire à ce *!#& de §#'rgngngn de argn&!{##) ce que vous pensez de lui.

Descente en flame

L'usage d'un langage châtié n'est pas fréquent sur le Net où il faut bien reconnaître que l'on côtoie davantage de rustres que de gens civilisés. En outre, beaucoup d'internautes ne savent pas mieux manier leur langue que leur clavier. Il en résulte donc trop souvent des propos peu courtois que votre interlocuteur n'oserait probablement pas tenir en face de vous. Mais le courrier électronique, c'est comme la CB (*Citizen Band*) ou le Minitel, il est facile de s'y comporter en anonymographe, à l'abri du couple clavier-écran.

Pour caractériser cet état d'esprit, un mot a été créé qui, par chance, présente à peu près le même sens en anglais qu'en français, c'est le mot *flame* (avec un seul « m »). Un *flame*, c'est un accès de colère ; être « flamé », c'est être pris à partie avec vigueur (au lance-flamme, en quelque sorte).

ATTENTION !

Lorsque la moutarde vous monte au nez à la lecture d'un message particulièrement odieux ou insultant, suivez le conseil donné plus haut : laissez décanter et gardez-vous bien d'y répondre *illico*. Faites preuve d'indulgence.

Peut-être l'expéditeur ne s'est-il pas rendu compte de la portée de ses mots. Peut-être s'en est-il rendu compte trop tard et se ronge-t-il les ongles en pensant à votre réaction. Depuis une vingtaine d'années que nous pratiquons le courrier électronique, nous n'avons jamais regretté d'avoir laissé refroidir un message avant d'y répondre (mais nous avons parfois regretté d'en avoir envoyé quelques-uns).

N'oubliez pas que, lorsque le destinataire lit votre message, il n'a aucun moyen de connaître vos intentions. Ainsi risque-t-il de prendre vos propos au pied de la lettre. L'art du sarcasme n'est pas donné à tout le monde, et, même si vous le maîtrisez, votre interlocuteur n'a peut-être pas la finesse nécessaire pour le percevoir (si vous avez déjà obtenu un prix littéraire, vous pouvez ignorer cette dernière remarque).

Souriez !

ATTENTION !

Pour que vous puissiez mettre de l'expression dans vos missives, on a créé les *smileys* (appelés aussi *émoticônes* ou *emoticons*, contraction de *emotion icons*) qui servent, en quelque sorte, à marquer l'intonation d'une phrase.

On les appelle parfois en français des *souriards* (les Canadiens disent *souriants*), pour marquer le côté ironique attaché à leur interprétation.

Ce sont de petits graphismes composés de quelques signes de ponctuation et que l'on est censé lire en penchant la tête vers la gauche. En voici un exemple :

```
Les gens ont du mal à croire que nous formons une communauté
qui ne songe qu'à s'aimer et à s'entraider :-)
```

Certes, les souriards ajoutent de l'expression au texte. Mais si une plaisanterie a besoin de l'appui d'un souriard, peut-être manque-t-elle justement de sel ?

Courrier électronique et intimité

Mieux vaut ne pas confier de secret d'État au courrier électronique. Tout destinataire peut faire suivre votre message à qui il veut. Certaines adresses sont en réalité des listes de diffusion qui redistribuent ce qu'elles reçoivent à toute une communauté. Nous avons reçu du courrier qui ne nous était pas destiné dans notre boîte `internet10@gurus.com`. Il comportait des détails sur la vie mouvementée de nos correspondants et leur anatomie, détails qu'ils auraient probablement préféré ne pas divulguer (la hooonte !).

Si vous envoyez du courrier depuis votre bureau ou à quelqu'un sur son lieu de travail, votre courrier n'aura rien de privé. En règle générale, les entreprises et leurs employés ne cherchent jamais à lire les messages privés, mais certaines situations peuvent pousser les dirigeants à « examiner le courrier de l'entreprise ». Par exemple, quelqu'un peut accuser votre entreprise de laisser filtrer des informations confidentielles au point que l'avocat de l'entreprise pourra exiger un examen des échanges électroniques (n'oubliez pas que la scène se passe aux États-Unis). Quelqu'un devra donc lire tous les messages électroniques envoyés et reçus par les employés. Cette situation est arrivée à un de nos amis qui n'était pas très heureux de découvrir que toute sa correspondance amoureuse avait été lue. Le courrier électronique envoyé et reçu est conservé sur votre disque et la plupart des entreprises effectuent des sauvegardes régulières de leurs disques. Lire votre courrier électronique est une tâche aisée pour qui le souhaite vraiment, à moins de le crypter.

La règle non écrite consiste à ne jamais envoyer un message que vous ne voudriez à aucun prix voir rediffusé. On commence à utiliser des procédés de cryptage, et en particulier PGP (système à clé publique et clé privée), ne permettant à personne d'autre que le destinataire de comprendre votre message. Les indiscrets n'y verront qu'une suite de caractères absolument incohérente.

En ce qui concerne la France, il convient de rappeler qu'elle a toujours eu une position très stricte dans ce domaine (assimilant, en 1939, la cryptographie à un matériel de guerre de deuxième catégorie). Toutefois, au fil des années, la législation française s'est quelque peu assouplie (notamment pour faire face à une concurrence commerciale électronique provenant de pays plus libéraux dans ce domaine). La loi du 29 décembre 1990 a modifié le régime institué par le décret-loi du 18 avril 1939. Cette loi a posé comme principe l'autorisation préalable et comme exception la liberté. Elle a depuis été modifiée pour mieux répondre aux attentes des professionnels (notamment en 1996), mais la législation française qui réglemente l'emploi de la cryptologie reste toujours plus stricte que celle des autres pays.

Pour plus de détails sur ces aspects de la législation, consultez le site du Service Central de la Sécurité des Systèmes d'Information sur `www.ssi.gouv.fr/fr` ou celui du cabinet Alexander et associés, avocats au barreau de Marseille, sur `www.alexander.tm.fr`. Vous y trouverez des informations précises sur le droit de l'informatique et des nouvelles technologies, en général, et sur la réglementation applicable à la cryptologie, en particulier.

BTW, que signifie IMHO ? Réponse : RTFM !

Certains habitués du courrier électronique aiment bien employer des abréviations, surtout quand elles sont en anglais (ça fait aussi tarte que ponctuer son langage de mots en anglais pour frimer). Et aussi, moins ils tapent de caractères, *moin il fon de fôte et mieu il se porte.* Voici quelques abréviations ayant traversé l'océan à fond de cale :

Abréviation	En anglais	En français
AFAIK	*As Far As I Know*	À ma connaissance
BTW	*By The Way*	À propos
IANAL	*I Am Not A Lawyer, (but...)*	Je ne suis pas avocat (mais...)
IMHO	*In My Humble Opinion*	À mon humble avis (traduisez : "J'en suis absolument certain !")
ROTFL	*Rolling On The Floor Laughing*	Je me roule par terre de rire
RSN	*Real Soon Now*	Sans doute jamais
RTFM	*Read The Fucked Manual*	Lisez le foutu manuel
TIA	*Thanks In Advance*	Merci d'avance
TLA	*Three Letter Acronym*	Abréviation en trois lettres
YMMV	*Your Mileage May Vary*	Cela peut-être différent pour vous

À qui puis-je écrire ?

Il arrive que le seul obstacle à l'envoi d'un courrier électronique soit tout simplement que vous ne connaissez pas l'adresse de votre destinataire : ce chapitre présente divers moyens de rechercher des adresses. Pour vous épargner peut-être la lecture du reste de ce chapitre, commençons par le moyen le plus efficace pour connaître l'adresse électronique de quelqu'un :

TRUC

Téléphonez-lui et demandez-lui !

Pas très *high-tech*, hein ? Cette technique semble être la dernière chose à laquelle se résolvent les gens (voir l'encadré, "Dix bonnes raisons de ne pas appeler quelqu'un pour obtenir une adresse de courrier électronique"). Essayez cela en premier. Si vous connaissez le numéro de téléphone ou que vous pouvez l'obtenir, cette méthode est beaucoup plus facile que les autres.

Pour trouver l'adresse de courrier électronique de quelqu'un, vous pouvez consulter un annuaire en ligne. L'idéal serait un annuaire recensant les adresses de courrier électronique de tout le monde. Certes, mais cela n'existe pas sur Internet. D'abord, rien ne dit que l'adresse d'une personne a un quelconque lien avec le nom de cette personne. Et puis les gens tiennent à leur confidentialité. Un grand nombre d'annuaires accumulent des adresses électroniques mais aucun n'est complet, la plupart sont dépassés et nombreux sont ceux qui fonctionnent sur le principe que ce sont les gens qui s'y inscrivent de leur propre gré.

Et l'on revient au meilleur moyen : demander directement à la personne son adresse de courrier électronique. Lorsque cette méthode n'est pas envisageable, essayez un de ces annuaires de type "Pages Blanches" :

- **Pages Blanches** sur `www.pagesjaunes.fr`.
- **Annu.com** sur `www.annu.com`.

Une autre démarche est d'ouvrir un moteur de recherche comme Google (`www.google.fr`) ou Yahoo! Search (`www.yahoo.fr`) et d'y taper le nom et le prénom de la personne, entre guillemets. Vous obtiendrez la liste des pages comportant ce nom. Le nombre de pages sera important si le nom est commun. Essayez une recherche sur votre propre nom pour voir ce que cela donne.

TRUC

Dix bonnes raisons pour ne pas appeler quelqu'un pour obtenir son adresse électronique

1. Vous voulez surprendre un vieil ami perdu de vue.
2. Vous voulez surprendre un vieil ex-ami perdu de vue qui vous doit beaucoup d'argent.
3. Le destinataire ne parle pas votre langue.
4. Vous êtes muet (ou c'est le cas du destinataire).
5. Il est trois heures du matin et vous avez besoin d'envoyer un message juste là maintenant sous peine de ne pas trouver le sommeil.
6. Vous ne connaissez pas le numéro de téléphone et, cela remonte à votre enfance, et les renseignements téléphoniques sont devenus hors de prix.
7. La cabine n'accepte que des pièces ; personne autour de vous ne peut faire la monnaie sur votre billet de 500 euros.
8. On vous a installé un nouveau réseau téléphonique, personne n'a encore compris comment s'en servir et, quel que soit le numéro que vous composez, vous tombez toujours sur un marabout de la Porte de la Chapelle, grand initié de la brousse connu dans le monde entier.
9. Vous avez renversé une canette de soda sur le téléphone et devez attendre qu'il sèche.
10. Vous avez appelé hier, n'avez pas noté la réponse ou l'avez oubliée. Oups...

Chapitre 14

Mail sécurisé : virus, spam et sécurité Wi-Fi

Dans ce chapitre :

- Se protéger des virus envoyés par courrier.
- Gérer les courriers indésirables.
- Sécuriser les courriers sur un réseau Wi-Fi.

Savoir envoyer et recevoir du courrier électronique, c'est bien, mais le faire en toute sécurité, c'est mieux. L'utilisation du courrier électronique vous a probablement déjà confronté aux courriers non sollicités, ou *spams,* ainsi qu'aux virus. Pour en savoir plus sur les risques engendrés par le courrier électronique, reportez-vous au Chapitre 2. Pour le moment, voyons comment prévenir de telles attaques.

Je crois avoir chopé un virus

Un virus parvient jusqu'à votre ordinateur sous la forme d'une pièce jointe attachée à un message. En effet, la plupart des logiciels de messagerie – Thunderbird y compris – permettent de recevoir des fichiers joints. Ne cliquez pas sur un de ces fichiers tant que vous n'en connaissez pas l'expéditeur. Le succès de la propagation des virus tient à une caractéristique spécifique du petit animal qui lui permet de s'auto-envoyer à tous les contacts de votre carnet d'adresses.

À cette première précaution, ajoutez-en une autre : la mise en œuvre d'un programme antivirus que vous mettrez à jour régulièrement, pour ne pas dire quotidiennement, pour faire face à l'activité virale, très forte ces dernières années.

Configurer l'antivirus

L'importance de l'installation d'un antivirus est telle que nous allons quelque peu répéter les procédures du Chapitre 4. Il est important d'acheter un antivirus car, même si certains programmes sont gratuits, ils ne sont pas suffisamment puissants. En règle générale, vous achetez une licence d'utilisation limitée à un ou deux ans. Ensuite, pour continuer à profiter de la protection de l'antivirus, vous renouvelez cette sorte d'abonnement. Voici trois bons sites où vous pouvez trouver d'excellents antivirus :

- **McAfee VirusScan**, à `www.mcafee.fr`.
- **Norton AntiVirus**, à `www.symantec.fr`.
- **AVG Anti-Virus**, à `www.avgfrance.com`. L'éditeur propose également une version gratuite de son antivirus, moins performante que la version payante, que vous trouverez sur le site en anglais `www.grisoft.com`.

Une fois l'antivirus installé, veillez à programmer sa routine de mise à jour automatique. Il s'agit d'une programmation très simple qui va permettre au logiciel de démarrer la connexion Internet et d'aller chercher sur le site de son éditeur les dernières définitions de virus afin de vous protéger efficacement contre les programmes nuisibles les plus récents. Bien évidemment, vous pouvez procéder à une mise à jour manuelle. Le problème est qu'il faut impérativement y penser, alors que la programmation le fait pour vous.

La majorité des antivirus recherche les virus :

- À l'arrivée des messages.
- Pendant l'analyse complète de l'ordinateur.

Nous vous conseillons d'activer ces deux fonctionnalités.

Les programmes antivirus gèrent les virus décelés de plusieurs manières. Nous recommandons ici d'indiquer au programme de supprimer tous les virus découverts. En effet, comme les virus sont généralement contenus dans des fichiers non vitaux pour votre ordinateur – dont vous n'avez de surcroît pas besoin –, nous ne voyons aucune raison objective de les conserver sur votre disque dur.

Configurer Thunderbird pour contrer les virus

Thunderbird a été conçu pour résister aux virus. En effet, il n'utilise pas les fonctionnalités de mise en forme d'Internet Explorer pour afficher le contenu des courriers électroniques. De plus, il n'ouvre pas automatiquement les pièces jointes. La configuration est très simple :

1. **Dans Thunderbird, cliquez Outils/Options.**

   Vous accédez à la boîte de dialogue Options qui définit plusieurs catégories de paramètres.

2. **Cliquez la catégorie Confidentialité (Figure 14.1).**

3. **Si le contenu de cette rubrique n'est pas visible, cliquez le signe + placé à sa gauche.**

4. **Laissez cochée la case Bloquer le JavaScript dans le courrier (Figure 14.1).**

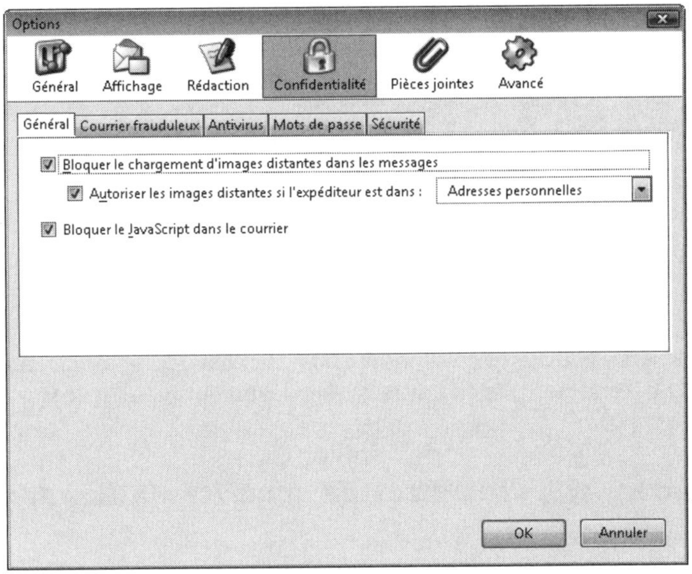

Figure 14.1 : Vous pouvez empêcher l'exécution des programmes JavaScript ou l'affichage des images provenant d'expéditeurs inconnus.

JavaScript est un langage de programmation utilisé dans les pages Web. Il est conseillé de ne pas l'activer pour les courriers électroniques.

5. **Cliquez l'onglet Antivirus.**

6. **Cochez l'option Permettre aux logiciels antivirus de mettre individuellement en quarantaine les messages entrants (Figure 14.2).**

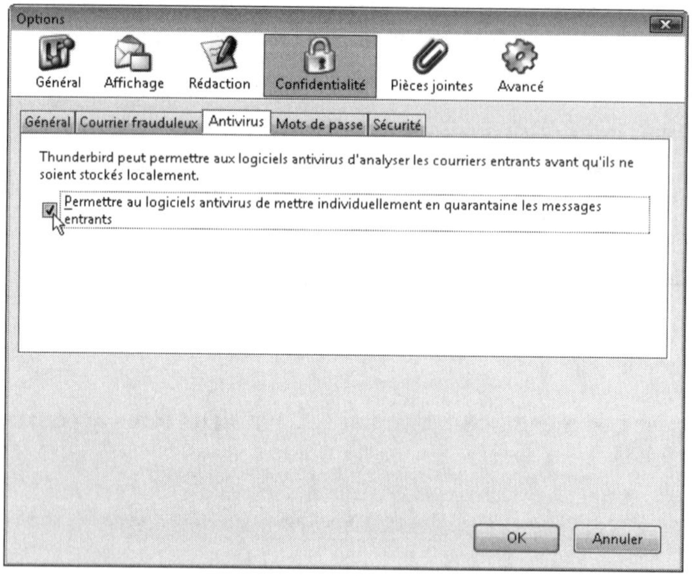

Figure 14.2 : Pour que Thunderbird et votre antivirus fonctionnent main dans la main.

7. **Cliquez OK.**

Configurer Windows Mail pour vous protéger des virus

Certains logiciels de messagerie ouvrent les pièces jointes d'un message, ce qui est extrêmement risqué. Windows Mail dispose d'un emplacement où il affiche le contenu des pièces jointes. Heureusement, vous n'êtes pas prisonnier de ce procédé.

Configurer les paramètres de sécurité de Windows Mail

Voici comment paramétrer Windows Mail :

1. **Dans Windows Mail, cliquez Outils/Options.**

2. **Cliquez l'onglet Sécurité.**

   Vous ouvrez l'onglet éponyme représenté à la Figure 14.3.

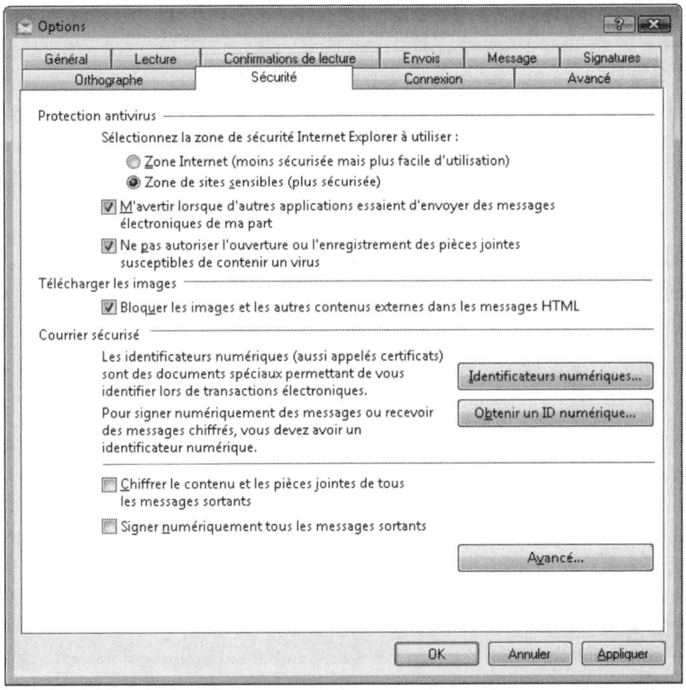

Figure 14.3 : Windows Mail peut se protéger des virus.

Examinez les sections Protection antivirus et Télécharger les images.

3. **Activez l'option Zone de sites sensibles (plus sécurisée).**

   Si vous travaillez dans une entreprise où vous recevez des courriers de vos collègues, vous devez modifier ce paramètre en accord avec l'administrateur réseau. Pour tous les autres utilisateurs, cette option est particulièrement sécurisante.

4. **Cochez la case M'avertir lorsque d'autres applications tentent d'envoyer des messages de ma part.**

   Si votre ordinateur est infecté de virus ou d'espiogiciels, cette option empêche ces derniers d'envoyer des spams à tous les contacts de votre carnet d'adresses.

5. **Cochez l'option Ne pas autoriser l'ouverture ou l'enregistrement des pièces jointes susceptibles de contenir un virus.**

   Si vous pensez recevoir des fichiers Excel, Word ou Access, vous ne devez pas désactiver cette option, car ces types de documents sont susceptibles de contenir des virus. Ils seraient alors systématiquement bloqués, vous empêchant de les enregistrer sur votre ordinateur.

6. **Cochez l'option Bloquer les images et les autres contenus externes dans les messages HTML.**

   Les images intégrées dans ces messages ne transmettent pas de virus mais peuvent être d'un contenu indésirable.

7. **Cliquez OK.**

Les chaînes

Déjà présentes autrefois sous forme papier, les chaînes – vous vous souvenez, ces lettres reçues que vous deviez faire suivre sous peine de subir d'horribles malheurs et calamités – se sont mises à l'heure des nouvelles technologies et transitent désormais par le courrier électronique. Ne jouez pas le jeu de ces âneries.

Il existe tous types de chaînes dont certaines ne sont pas si simples à éradiquer :

- **Les chaînes censées faire gagner de l'argent.** Il s'agit de lettres dans lesquelles figure une liste de noms et d'adresses. L'idée est par exemple d'envoyer 10 euros à la première personne inscrite, de la supprimer de cette liste et de vous y inscrire en dernière position. Puis, vous envoyez cette lettre à autant de contacts que possible. Sachez que ces chaînes sont illégales car elles cachent une arnaque. En effet, très rapidement, tout le monde se retrouve avec davantage de lettres qu'il n'y a d'argent à distribuer (à supposer qu'il y ait jamais eu d'argent à répartir !). Donc le système se bloque, et ceux qui ont payé sont escroqués car jamais ils ne récupéreront leur mise.

- **De grandes sociétés vous payent pour que vous lisiez leurs courriers électroniques.** Ce genre de message indique généralement que la société fait une étude de marché. Si vous répondez, vous pouvez gagner, par exemple, un séjour dans un village de vacances. Certains messages prétendent même que vous recevrez de l'argent si vous transmettez le courrier à d'autres personnes. Il semblerait que le fait de répondre à ces messages fasse en fait bien pire que ce qu'ils promettent : ces courriers sont inutiles, dangereux et représentent une sacrée perte de temps.

- **Des virus cachés détruisent votre ordinateur.** Ceci est parfois vrai, mais c'est très souvent faux. En d'autres termes, c'est de l'intox ! Ne vous laissez pas impressionner par ce genre de message alarmiste, souvent truffé d'ânerie (« un virus contre lequel même Microsoft ne peut rien »). Mettez à jour votre antivirus et lancez une analyse complète. Je suis quasiment certain qu'aucun virus (du moins du type annoncé dans le courrier) n'est présent dans votre ordinateur. Sachez que certains messages, censés avertir de la présence de virus, en contiennent eux-mêmes !

Éloignez ces spams !

Les spams – le terme est entré dans le langage courant – sont ces courriers électroniques non sollicités et de ce fait indésirables, décrits au Chapitre 2.

Pour contrer les spams, il faut indiquer à l'ordinateur ce qu'il doit considérer comme tel, mais aussi ce qu'il doit en faire : les supprimer ou les stocker dans un dossier spécifique. Le problème est de savoir comment faire en sorte que l'ordinateur puisse différencier les spams des autres messages. Plusieurs techniques sont envisageables, mais aucune n'est parfaite. Voici les plus communes :

- **Les listes noires :** Des organismes sur le Web ont établi des listes d'adresses qui semblent être celles des éditeurs et des diffuseurs de spams. Ces listes sont mises à la disposition des fournisseurs d'accès Internet (FAI). Nombre d'entre eux y souscrivent. Il suffit alors d'activer le filtre antispam du FAI pour que ces messages soient bloqués quand ils arrivent sur le serveur de messagerie. Ainsi, ils ne parviennent jamais jusqu'à votre ordinateur.

- **Les filtres de contenu :** Ces identificateurs recherchent des mots ou des phrases-clés qui sont relativement récurrents dans la plupart des messages de spam. Ils repèrent également des erreurs de mise en forme assez répandues chez les auteurs de spams. L'analyse de chaque message conduit à l'attribution d'une valeur. Si cette valeur atteint ou dépasse un certain seuil, le message est considéré comme un spam et va directement à la poubelle. Par exemple, des messages comportant le mot « Viagra » ou « Crédit » ont bien plus de chances d'être des spams qu'autre chose.

- **Le filtre bayésien :** Tom Bayes, mathématicien britannique connu pour avoir formulé le théorème qui porte son nom, est mort deux cent huit ans avant l'arrivée d'Internet. Cependant, ses travaux en statistique servent aujourd'hui à identifier ce qui est un spam ou ce qui ne l'est pas. De nombreux logiciels de messagerie comportent un filtre bayésien. Avec ce filtre, dès que vous considérez un courrier électronique comme spam, vous l'indiquez au programme d'un simple clic sur un bouton spécifique. Ce message servira d'élément statistique pour l'identification d'autres spams. Bien que rendant de sérieux services, le filtre bayésien n'est pas infaillible. Pour cette raison, consultez régulièrement le dossier où sont stockés les spams car vous y trouverez certainement quelques messages tout à fait honnêtes (des « faux négatifs », en jargon technique).

Toutes ces techniques présentent le risque de considérer comme spam un message des plus innocents, ou « faux positif ». Pour réduire ce problème, vous pouvez définir des exceptions, comme une liste d'expéditeurs dont les courriers ne doivent jamais être bloqués.

Filtrer les spams dans Thunderbird

Thunderbird comporte un filtre bayésien qui fonctionne très bien à partir d'exemples de messages qui sont de vrais spams.

Activer le filtre de Thunderbird

Voici comment configurer le filtre de Thunderbird :

1. **Cliquez Outils/Gestionnaire des indésirables.**

   Cliquez OK dans le message qui s'affiche. Vous accédez à la boîte de dialogue éponyme, illustrée à la Figure 14.4.

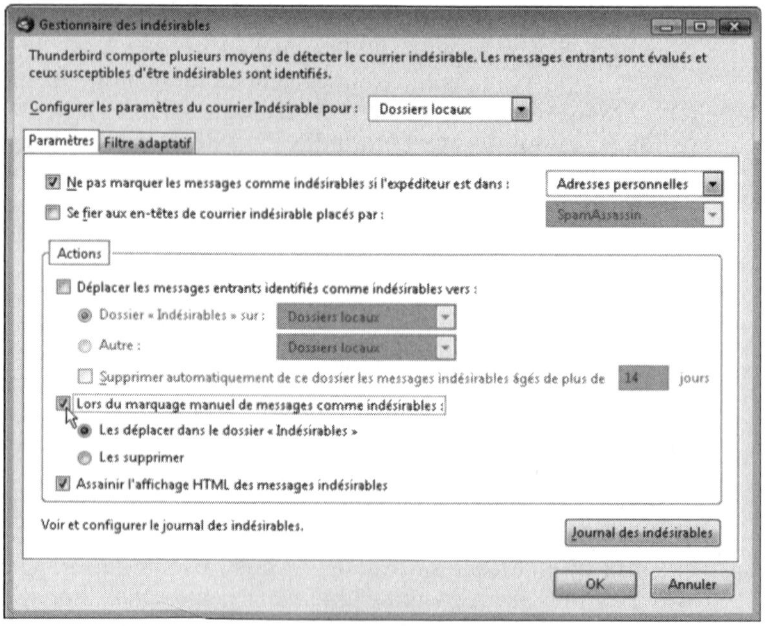

Figure 14.4 : Interceptez les spams avec Thunderbird.

2. **Cliquez l'onglet Paramètres s'il n'est pas actif.**

3. **Laissez les options actives par défaut.**

En effet, par défaut, Thunderbird est optimisé pour éliminer les spams.

4. **Cochez l'option Lors du marquage manuel de messages comme indésirables, puis l'action Les supprimer.**

   L'autre option est de les déplacer dans le dossier Indésirables. Puisque vous jugez ces messages indésirables, pourquoi ne pas les supprimer ?

   De plus avec l'option active par défaut Assainir l'affichage HTML des fichiers indésirables, Thunderbird s'assure qu'aucun code HTML des messages en question ne va s'exécuter sur votre ordinateur.

5. **Cliquez OK.**

Voilà ! Thunderbird est prêt pour son apprentissage des spams. Dès que vous recevez un spam, il vous suffit de cliquer le bouton Indésirable. Le message disparaît des courriers entrants, et Thunderbird en fait l'analyse. Plus vous identifierez manuellement de spams, plus Thunderbird sera capable de les détecter automatiquement, et moins vous aurez de contrôle manuel à réaliser.

Vérifier les courriers indésirables

De temps en temps, contrôlez le contenu du dossier Indésirables. Il se situe en bas des Dossiers locaux. Cliquez Indésirables pour vérifier les messages qui sont et ne sont pas des spams.

Si vous découvrez un message correct, sélectionnez-le et cliquez le bouton Acceptable qui se substitue à Indésirable. Glissez-déplacez ensuite ce message dans le dossier Courrier entrant du destinataire. Pour récupérer ainsi plusieurs messages, sélectionnez-les avec la touche Maj ou Ctrl+clic et glissez-déplacez-les en groupe dans le dossier Courrier entrant adéquat. En revanche, pour supprimer des spams, sélectionnez-les et appuyez sur la touche Suppr du clavier ou cliquez le bouton Supprimer.

Filtrer les spams avec Windows Mail

Windows Mail ne comporte pas de filtre bayésien. C'est une des raisons pour laquelle nous préférons Thunderbird.

Windows Mail sait néanmoins filtrer les spams :

- **Les règles :** C'est le nom que Microsoft donne aux filtres. Windows Mail identifie les messages répondant à des règles définies et les redirige vers le dossier de votre choix, la corbeille par exemple.

- **Bloquer l'expéditeur :** Si vous recevez un message d'un expéditeur bloqué, il termine sa course dans la corbeille.
- **La liste d'expéditeurs autorisés :** Les messages provenant de ces contacts ne sont pas bloqués comme des spams, même s'ils ressemblent à du courrier indésirable.

Bloquer les messages d'un expéditeur

Voici comment bloquer les messages provenant d'une adresse spécifique :

1. **Ouvrez un message provenant de ladite adresse.**
2. **Dans la fenêtre qui affiche le message, choisissez Message/Courrier indésirable/Ajouter l'expéditeur à la liste des expéditeurs bloqués.**

   Un message peut vous demander confirmation.
3. **Si un message de confirmation apparaît, cliquez OK.**

   Windows Mail bloquera les futurs messages de cet expéditeur. Supprimez le message actuellement dans votre Boîte de réception.

Afficher la liste des expéditeurs bloqués

Vous pouvez modifier à tout moment la liste des expéditeurs bloqués. Ceci est indispensable lorsque, par erreur, vous avez inclus un de vos amis dans cette liste. Pour récupérer un expéditeur, ou plutôt le débloquer, cliquez, dans la fenêtre de Windows Mail, Outils/Options du courrier indésirable et, dans la boîte de dialogue qui apparaît, cliquez l'onglet Expéditeurs bloqués.

Pour supprimer un expéditeur, il suffit de sélectionner son nom dans la liste et de cliquer le bouton Supprimer.

Pour ajouter un expéditeur, cliquez le bouton Ajouter. Remplissez la boîte de dialogue qui apparaît, notamment – et surtout – en saisissant l'adresse électronique de la personne à bloquer.

Bloquer des messages provenant de domaines

La liste des expéditeurs bloqués peut comporter un domaine (la partie de l'adresse située après le @). Par exemple, si vous ne souhaitez pas recevoir de courrier de la Maison Blanche, vous saisissez simplement `whitehouse.gov`. Voici comment bloquer un domaine :

1. **Ouvrez un message provenant de ladite adresse.**

2. **Dans la fenêtre qui affiche le message, choisissez Message/Courrier indésirable/Ajouter le domaine à la liste des expéditeurs bloq**ués.

Créer un dossier pour vos spams

Si vous appliquez des règles pour filtrer les spams et les empêcher ainsi de polluer la Boîte de réception, je vous invite à créer un dossier du style Courriers indésirables. Il recevra les messages répondant aux critères édictés dans vos règles. Voici comment procéder :

1. **Dans la liste des dossiers de Windows Mail, sélectionnez celui dans lequel vous désirez placer le dossier des courriers indésirables.**

   C'est généralement celui nommé Dossiers locaux, en amont de tous les autres.

2. **Cliquez Fichier/Nouveau/Dossier ou appuyez sur Ctrl+Maj+E.**

   Vous ouvrez la boîte de dialogue Créer un dossier.

3. **Saisissez le nom du dossier, en l'occurrence Courriers indésirables.**

4. **Cliquez OK.**

Votre nouveau dossier apparaît dans la liste des Dossiers locaux (si vous avez choisi ce dossier). Pour supprimer ce nouveau dossier, cliquez dessus du bouton droit de la souris. Dans le menu contextuel, cliquez Supprimer. Vous pouvez également renommer le dossier en suivant cette dernière procédure, mais en choisissant Renommer au lieu de Supprimer.

Créer des règles pour supprimer les spams

Vous pouvez créer un ensemble de règles pour indiquer sur quels types de messages Windows Mail doit porter son attention et ce qu'il doit en faire. Le programme applique la règle à chaque message parvenant jusqu'à la Boîte de réception. Dès lors qu'il correspond à une règle, Windows Mail l'envoie vers le dossier spécifié.

Il est possible de fixer des règles assez simples. Par exemple, vous indiquez que tout message contenant le mot « crédit » ou encore « réduisez vos crédits » doit être supprimé. Vous pouvez définir de nombreuses règles, c'est-à-dire une pour chaque type de spam. Les auteurs de spams, loin d'être des imbéciles, font évoluer leurs messages si vite qu'une règle peut rapidement devenir obsolète.

Créer une nouvelle règle dans Windows Mail

Pour créer des règles, cliquez Outils/Règles de message/Courrier. Vous ouvrez la boîte de dialogue Règles de message illustrée à la Figure 14.5. Si aucune règle n'a été définie, la boîte de dialogue de la Figure 14.6 est directement affichée.

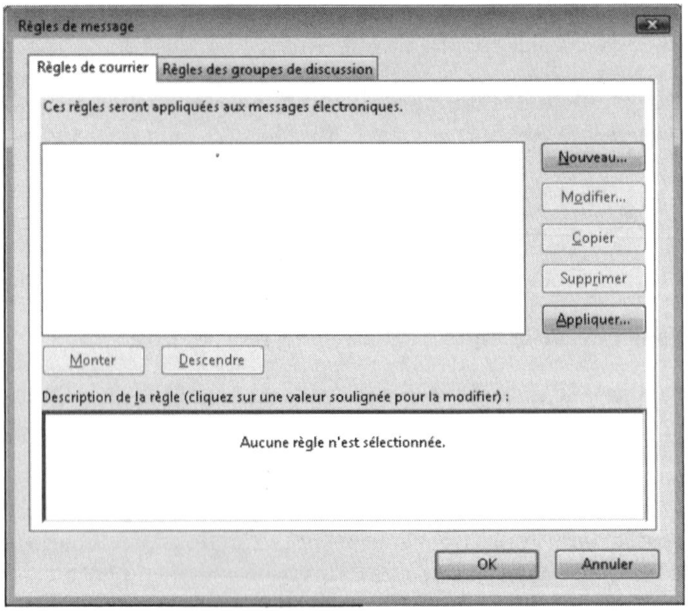

Figure 14.5 : Créez, modifiez et supprimez des règles de filtrage dans Windows Mail.

Pour définir une nouvelle règle, cliquez le bouton Nouveau. Vous accédez à la boîte de dialogue représentée à la Figure 14.6 (mais peut-être êtes-vous parvenu directement à cette boîte de dialogue).

La boîte de dialogue Nouvelle règle de courrier contient quatre sections :

- **Sélectionnez les conditions pour votre règle :** Vous spécifiez la partie du message que doit analyser Windows Mail pour appliquer la règle. Vous pouvez sélectionner la ligne De, Objet, le corps du message, la ligne À, Cc, le message marqué en priorité, le compte de courrier, la taille du message, la pièce jointe, la sécurité, ou encore l'application de la règle à tous les messages.

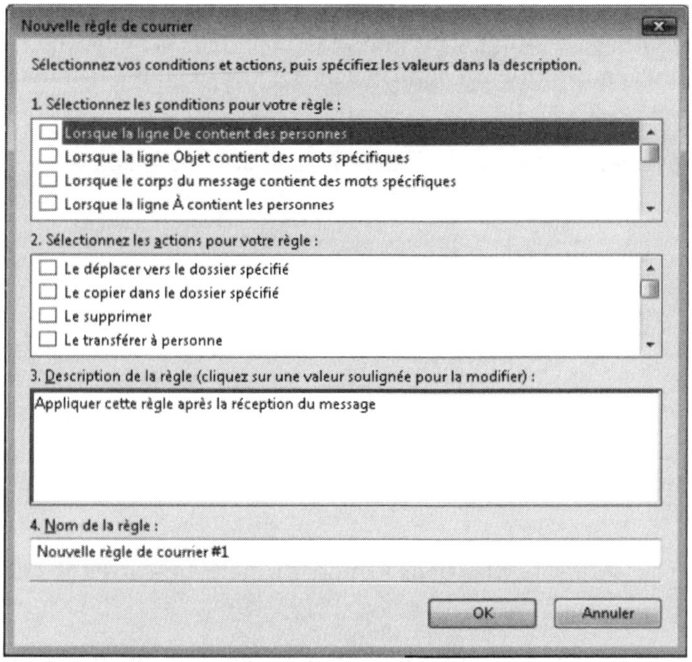

Figure 14.6 : Pour créer une règle de filtrage des courriers, indiquez les critères que doivent réunir les messages à éliminer.

- **Sélectionnez les actions pour votre règle :** Vous indiquez ce que Windows Mail doit faire du message quand il répond aux critères. Vous pouvez le déplacer vers un dossier spécifié, l'y copier, le supprimer, le transférer à quelqu'un, le mettre en surbrillance, le marquer, le marquer comme lu, comme suivi, comme ignoré, *etc*. Vous pouvez aussi demander à Windows Mail de ne pas télécharger le message depuis le serveur, voire de l'y supprimer.

- **Description de la règle :** Ce champ récapitule les fonctions de la règle édictée. Elle reprend tout ce que vous avez coché dans les deux précédentes listes.

- **Nom de la règle :** Vous pouvez donner un nom à la règle. Si vous ne le faites pas, Windows Mail l'appelle par défaut Nouvelle règle de courrier #1.

Suivez ces étapes pour créer une règle qui filtre les spams :

1. **Dans la liste 1. Sélectionnez les conditions pour votre règle, cochez la partie du message qui l'identifiera comme étant un spam.**

Par exemple, si vous souhaitez bloquer tous les messages contenant la phrase « crédit taux d'intérêt faible » dans la ligne Objet, cochez la deuxième option Lorsque la ligne Objet contient des mots spécifiques.

2. **Dans la liste 2. Sélectionnez les actions pour votre règle, cochez la première option Le déplacer vers le dossier spécifié.**

   La liste 3 affiche un texte reprenant ces deux choix, en l'occurrence :

Appliquer cette règle après la réception du message

Lorsque la ligne Objet contient des mots spécifiques

Le déplacer vers le dossier spécifié

3. **Dans la zone 3. Description de la règle, cliquez le lien « contient des mots spécifiques », afin de les saisir dans une nouvelle boîte de dialogue.**

   Saisissez les termes dans la boîte de dialogue Entrer des mots spécifiques.

4. **Saisissez les mots qui apparaissent dans le spam que vous désirez mettre à la poubelle et cliquez le bouton Ajouter.**

   Par exemple, tapez **taux d'intérêt faible**.

5. **Si vous désirez que cette règle recherche d'autres mots ou phrases, répétez l'Étape 4.**

   Vous souhaiterez peut-être que cette même règle recherche d'autres messages dont l'objectif est de vous faire souscrire crédit sur crédit. Ainsi, saisissez **réduisez vos crédits** ou encore **regroupez vos crédits**. Chaque fois, cliquez le bouton Ajouter. La liste Mots regroupe tous les termes analysés par Windows Mail.

6. **Cliquez OK pour revenir à la boîte de dialogue Nouvelle règle de courrier.**

   La zone 3 affiche la liste des phrases servant de critères à votre antispam. Il vous reste à préciser ce que Windows Mail doit faire de ces messages.

7. **Cliquez le lien spécifié de la zone 3.**

   La boîte de dialogue Déplacer apparaît.

8. **Sélectionnez le dossier de destination de ces spams et cliquez OK.**

   L'intérêt est de diriger le spam vers le dossier Courriers indésirables que vous avez probablement créé (sinon, je vous conseille d'en créer un). Une alternative à l'utilisation de ce dossier consiste à déplacer les messages vers le dossier Éléments supprimés.

9. **Dans la zone 2, activez Ne plus traiter de règles, tout en bas de la liste.**

   Lorsque vous sélectionnez cette option, la phrase apparaît en bas de la zone 3. Description de la règle. Elle indique à Windows Mail qu'une fois le message traité et analysé, il n'a plus de règle à lui appliquer. Il peut passer au message suivant.

10. **Dans la zone 4. Nom de la règle, donnez un nom à cette règle.**

    Donnez un nom significatif, comme **crédit spam**.

11. **Cliquez OK.**

    Windows Mail stocke la règle et vous renvoie à la boîte de dialogue Règles de message.

TRUC

Certains programmes de balisage des spams ajoutent un en-tête à chaque message qui indique s'il s'agit ou non d'un spam. Si votre FAI, ou votre programme antispam tiers, ajoute ces balises, vous pouvez créer une règle qui cible ces messages et qui les place dans votre dossier Courriers indésirables.

Retrouver les messages indésirables

Il est important de consulter la liste des messages indésirables car il est possible qu'un courrier contenant certains des termes retenus, mais en définitive tout à fait convenable, y ait été déplacé.

Pour afficher ces spams mis à l'écart, ouvrez le dossier Courriers indésirables (ou tout autre dossier que vous aurez créé pour les y placer). La liste des messages de ce dossier apparaît. Parcourez les messages. Les courriers non lus sont en gras.

Si vous y voyez un message qui semble correct, glissez-déplacez-le dans le dossier Boîte de réception. Puis, analysez bien votre message et le contenu de la règle pour la modifier de manière à ne plus considérer comme indésirable ce type de courrier.

Trouver un logiciel antispam

Si vous utilisez Thunderbird, vous disposez déjà d'un antispam intégré basé sur un filtrage bayésien. Inutile de lui adjoindre un autre programme de ce type. Si vous utilisez Windows Mail (ou un autre logiciel de messagerie), il se peut qu'il n'ait pas de filtre antispam. Vous pouvez installer et utiliser des filtres qui agiront sur la messagerie.

Voici une sélection de logiciel antispam fonctionnant conjointement avec une messagerie. Beaucoup sont gratuits et la plupart en anglais :

- **Death2Spam** (`http://death2spam.com/`) : Vous pouvez tester ce logiciel pendant trente jours. Ensuite, il vous en coûtera 35 dollars par an.
- **K9** (`www.keir.net/k9.html`) : Ce programme gratuit utilise des filtres bayésiens. Il ne fonctionne pas avec les comptes de courrier basés sur le Web (le courrier résidant en permanence chez votre fournisseur d'accès Internet).
- **MailWasher et MailWasher Pro** (`www.mailwasher.net`) : MailWasher existe en versions gratuite et payante. La version payante prend en charge les comptes Hotmail.
- **POPFile** (`http://popfile.sourceforge.net/manual/fr/manual.html`) : Ce logiciel gratuit retrouve vos courriers et les marque avec un filtre bayésien. Il ne fonctionne pas avec les comptes de courrier basés sur le Web.
- **Spamihilator** (`www.spamihilator.com`) : Ce logiciel gratuit est structuré autour de filtres bayésiens.
- **SpamPal** (`www.spampal.fr`) : Ce logiciel gratuit se base sur des listes noires pour déterminer ce qui est du spam.

Que puis-je encore faire ?

Pour plus d'informations sur les spams, vous pouvez visiter un certain nombre de sites dont voici quelques adresses :

- `www.cypango.net/spam/`
- `http://fr.wikipedia.org/wiki/Spam`
- `www.cnil.fr/index.php?id=1266`
- `www.spamanti.net/fr/news/news200508.php`
- `www.secuser.com`

Nous pensons que le problème des spams n'est pas exclusivement technique. À long terme, nous pouvons tous nous attendre à une législation plus ferme qui évitera le *spamming* à outrance. Déjà, les FAI permettent d'activer un filtre antispam pour les différentes adresses électroniques que vous avez définies chez eux. En conséquence, votre première protection consiste à activer le système antispam de votre FAI.

Surfer en un clic, mais sans hameçonnage

La plupart des logiciels de messagerie convertissent les URL (adresses des sites Web) en liens. Cliquez-les pour ouvrir le site dans votre navigateur Web.

Cette fonction, à la fois séduisante et pratique, est utilisée abusivement par les cyberdélinquants utilisant la technique de l'hameçonnage. Elle consiste à envoyer un faux courrier – qui semble provenir de votre banque, par exemple – de manière à collecter illégalement des informations privées, comme cela est expliqué au Chapitre 2. Si l'un de ces liens vous renvoie vers une page Web où vous devez indiquer un mot de passe, un numéro de carte bancaire, ou d'autres choses de ce genre, ne communiquez aucune information et quittez le site.

Sécuriser un courrier électronique

Si vous utilisez votre ordinateur pour lire vos courriers à des points d'accès Wi-Fi, vous êtes confronté à un gros problème de sécurité (le Chapitre 5 explique ce que sont les points d'accès et le Wi-Fi). Les accès Wi-Fi publics permettent potentiellement de vous espionner. On déniche vos mots de passe, vos noms d'utilisateur et bien évidemment le contenu de vos courriers.

Heureusement, la plupart des programmes et serveurs de messagerie vous laissent utiliser une connexion sécurisée du même type que celle qui sécurise les pages Web lorsque vous consultez les courriers entrants et les courriers sortants. La configuration d'une connexion sécurisée est un peu complexe, mais vous n'avez à la faire qu'une seule fois.

Courriers sécurisés avec Thunderbird

Voici la procédure à suivre :

1. **Cliquez Outils/Paramètres des comptes.**

Vous ouvrez la boîte de dialogue du même nom, illustrée Figure 14.7.

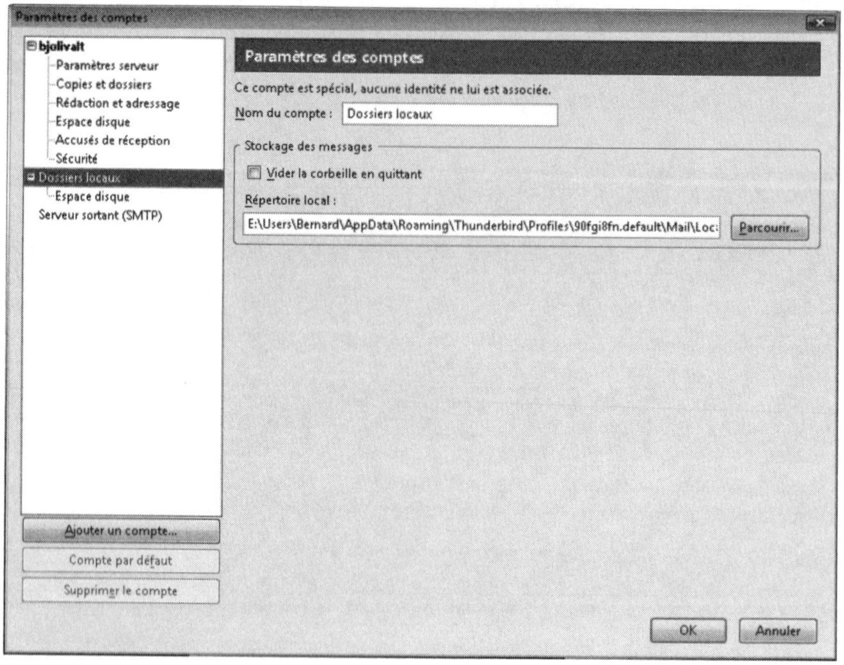

Figure 14.7 : Sécurisation des courriers dans Thunderbird.

2. **Dans votre compte de courrier, cliquez Paramètres serveur.**

   Vous serez peut-être obligé de cliquer le signe + pour afficher ces options.

3. **Cochez l'option Utiliser une connexion sécurisée (SSL).**

4. **Tout en bas de la colonne de gauche, cliquez Serveur sortant (SMTP).**

   Si vous avez plusieurs comptes de courrier, il est fort possible que vous soyez contraint de faire défiler le contenu de cette colonne.

5. **Cliquez le bouton Modifier (volet de droite).**

6. **Dans la section Utiliser une connexion sécurisée, activez SSL.**

7. **Cliquez OK.**

Testez votre adresse électronique en vous envoyant un message. Si cela ne fonctionne pas, c'est que votre fournisseur d'accès ne propose pas de courrier sécurisé, ou du moins celui-ci n'est pas standard. Vous devez le contacter pour trouver une solution.

Courriers sécurisés avec Windows Mail

Pour configurer un courrier sécurisé :

1. **Cliquez Outils/Comptes.**
2. **Cliquez le nom de votre compte, puis le bouton Propriétés.**
3. **Dans la fenêtre qui s'ouvre, cliquez l'onglet Avancé.**

   Eh oui, pas l'onglet Sécurité !

4. **Cochez l'option Ce serveur nécessite une connexion sécurisée (SSL), aussi bien pour le courrier entrant que sortant (Figure 14.8).**

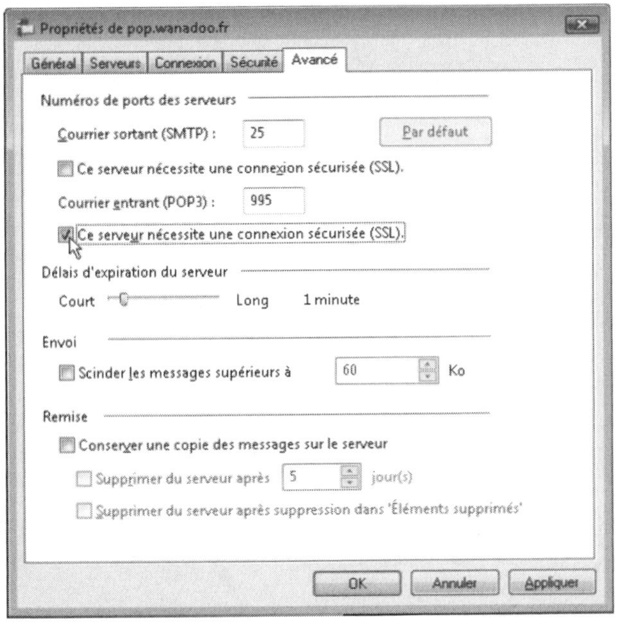

Figure 14.8 : Sécurisation des courriers dans Windows Mail.

5. **Cliquez OK.**

Vérifiez le bon fonctionnement de ces paramètres en vous envoyant un courrier. Si cela ne fonctionne pas, c'est que votre fournisseur d'accès Internet ne propose pas de courrier sécurisé, ou du moins pas standard. Vous devrez le contacter pour trouver une solution.

Chapitre 15

Une place pour chaque chose

Dans ce chapitre :

- Supprimer du courrier.
- Répondre au courrier.
- Créer un carnet d'adresses de vos contacts.
- Faire suivre et classer le courrier.
- Envoi et réception de courrier exotique et de pièces jointes.

Maintenant que vous savez comment envoyer et recevoir du courrier électronique, nous approfondirons certains détails pour vous transformer en véritable *aficionado.* Nous détaillerons Thunderbird, Windows Mail et le serveur de courrier basé sur le Web, Yahoo! Mail (voir leur présentation au Chapitre 13).

Après avoir lu un message, qu'en faire ? Plusieurs possibilités sont envisageables :

- Le jeter.
- Y répondre.
- Le faire suivre à quelqu'un d'autre.
- Le classer.

À la différence du courrier papier, vous pouvez faire subir plusieurs de ces traitements à chacun de vos messages. Si vous ne dites pas à votre logiciel de messagerie ce qu'il doit faire d'un courrier que vous venez de lire, en général, il le conservera.

Supprimer du courrier

Au tout début, le courrier électronique, c'est tellement merveilleux que l'on n'ose pas le jeter après l'avoir lu. Mais il faut très vite se décider à prendre une attitude responsable vis-à-vis des messages lus. Commencez tôt. Jetez-en beaucoup.

Il est tellement facile de supprimer des messages inutiles que vous avez sans doute déjà découvert comment procéder. Affichez le message ou sélectionnez-le dans la liste des messages d'un dossier. Cliquez ensuite la corbeille, le gros *X* ou toute autre icône à cet usage dans la barre d'outils, ou appuyez sur Ctrl+D ou sur Suppr (sur Mac, appuyez sur Commande+D ou Suppr). Dans Yahoo! Mail nouvelle version, les choses se déroulent exactement comme dans un logiciel de messagerie.

Vous pouvez aussi supprimer des messages que vous n'avez même pas lus. Si vous êtes abonné à des listes de diffusion (nous y viendrons au Chapitre 16), rien que la lecture du sujet peut vous suffire pour deviner que le courrier ne va pas vous intéresser.

Lorsque vous supprimez un message, la majorité des logiciels de messagerie ne le détruisent pas immédiatement. Ils le déplacent dans le dossier Corbeille ou Éléments supprimés, ou encore ils le marquent pour effacement. De temps à autre, généralement lorsque vous quittez le logiciel, le programme vide la corbeille, ce qui détruit réellement les messages.

Répondre au courrier

Répondre à un message reçu, c'est l'enfance de l'art : cliquez l'icône Répondre à l'expéditeur de Windows Mail ou le bouton Répondre de la barre d'outils de Thunderbird, ou bien appuyez sur Ctrl+R.

Notez deux points importants :

- **Vers qui doit aller la réponse ?** Examinez attentivement le champ À, ou Pour, que votre logiciel de courrier a automatiquement rempli. Est-ce bien à cette adresse – donc à cette personne – que vous souhaitez répondre ? En particulier, si le message venait d'une liste de diffusion, est-ce bien à toute la communauté abonnée à la liste que vous désirez adresser votre message ? Peut-être serait-il préférable d'envoyer la réponse au seul auteur du message ? Si le message était adressé à une petite communauté dont la liste est détaillée, vérifiez bien que vous ne voulez exclure ni ajouter personne. Si cette liste d'adresses n'est pas correcte, vous pouvez y placer le curseur et la modifier.

- **Voulez-vous inclure le texte complet du message auquel vous répondez ?** C'est presque toujours par paresse, manque de réflexion, sans-gêne ou laisser-aller que certains collent leur réplique au bas du message original sans prendre la peine d'en élaguer ce qui est accessoire (formules de politesse, signature, propos météorologiques ou considérations sur les causes de la grandeur des Romains et leur décadence). Et certains répondent *en tête* du message. Quelle absurdité ! Résultat, le réseau est inutilement encombré. Cela porte un nom : la pollution de la bande passante. Si votre interlocuteur a posé plusieurs questions dans son message, insérez vos réponses entre chaque question. Ne tombez pas dans l'excès contraire, consistant à répondre à un message sans rien reprendre du tout de son contenu original. Dites-vous bien que votre interlocuteur a sans doute envoyé depuis d'autres messages et qu'il ne se souvient sans doute pas avec précision de ce qu'il vous a écrit.

Lorsque vous répondez à un message, votre logiciel de courrier ajoute le préfixe « Re : » devant l'objet du message.

Il se peut que vous receviez un message qui a été envoyé à de nombreuses personnes, dont les adresses sont visibles dans la section À du message. Lorsque vous répondez à un tel message, regardez dans la section À pour vous assurer que vous n'adressez pas la réponse à toute la liste des destinataires.

Garder trace de vos amis

Une fois que vous aurez pris l'habitude du courrier électronique, vous réaliserez que vous échangez souvent des messages avec les mêmes correspondants. Plutôt que de vous remémorer les adresses électroniques parfois ésotériques, placez-les dans le Carnet d'adresses virtuel que chaque logiciel de courrier est capable de gérer. Pour les repérer, vous leur donnerez un pseudonyme, sorte de raccourci facile à mémoriser. Par exemple, l'adresse électronique de votre ami Jules qui est `markwyuwoch@machin.univ-2.tourcoing.fr` sera repérée plus simplement par **jules**. Quand vous voudrez lui envoyer un message, il vous suffira de taper **jules** dans le champ À, Pour, ou encore Adresse du message, après avoir signalé au logiciel qu'il s'agissait d'un pseudo. Vous pouvez également créer des listes d'adresses pour envoyer du courrier à des groupes de personnes spécifiques dont les coordonnées sont répertoriées dans votre Carnet d'adresses.

Tous les logiciels de messagerie permettent de copier dans votre Carnet d'adresses, l'adresse électronique d'un message que vous venez de lire, d'utiliser des adresses que vous avez enregistrées et de modifier le Carnet d'adresses.

Le Carnet d'adresses de Thunderbird

Pour utiliser le Carnet d'adresses lorsque vous créez un message dans Thunderbird, cliquez le bouton Adresses ou cliquez Outils/Carnet d'adresses. Une dernière méthode encore plus rapide consiste à appuyer sur Ctrl+2. Vous accédez à la fenêtre illustrée Figure 15.1. Pour ajouter un nouveau contact, cliquez le bouton Nouvelle fiche. Pour définir un groupe de destinataires, cliquez Nouvelle liste.

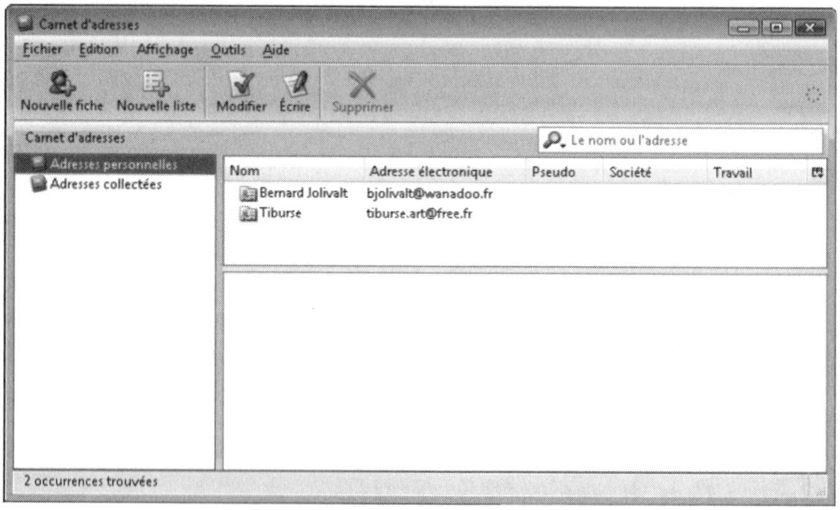

Figure 15.1 : Le Carnet d'adresses de Thunderbird.

Pour modifier votre Carnet d'adresses, ouvrez-le. La fenêtre Carnet d'adresses contient deux carnets, le Carnet d'adresses personnel, où vous placez vos entrées ordinaires, et les adresses collectées à partir des courriers que vous avez envoyés. Cliquez le Carnet d'adresses sur lequel vous voulez travailler.

TRUC

Si vous avez déjà utilisé Windows Mail et que vous décidez de passer à Thunderbird, vous avez probablement importé dans ce dernier tous vos contacts établis avec Windows Mail. Dans ce cas, un troisième Carnet d'adresses est présent : Carnet d'adresses de Windows Mail.

Lorsque vous lisez un message dans Thunderbird, vous pouvez ajouter l'adresse de l'expéditeur à votre Carnet d'adresses en cliquant du bouton droit de la souris sur le nom ou l'adresse de l'expéditeur dans la ligne De et en choisissant Ajouter l'adresse au Carnet d'adresses dans le menu local (Figure 15.2). Cela ouvre une fenêtre Nouvelle fiche pour <nom du contact> où vous entrez le pseudonyme à utiliser et cliquez OK pour ajouter le pseudonyme au Carnet d'adresses.

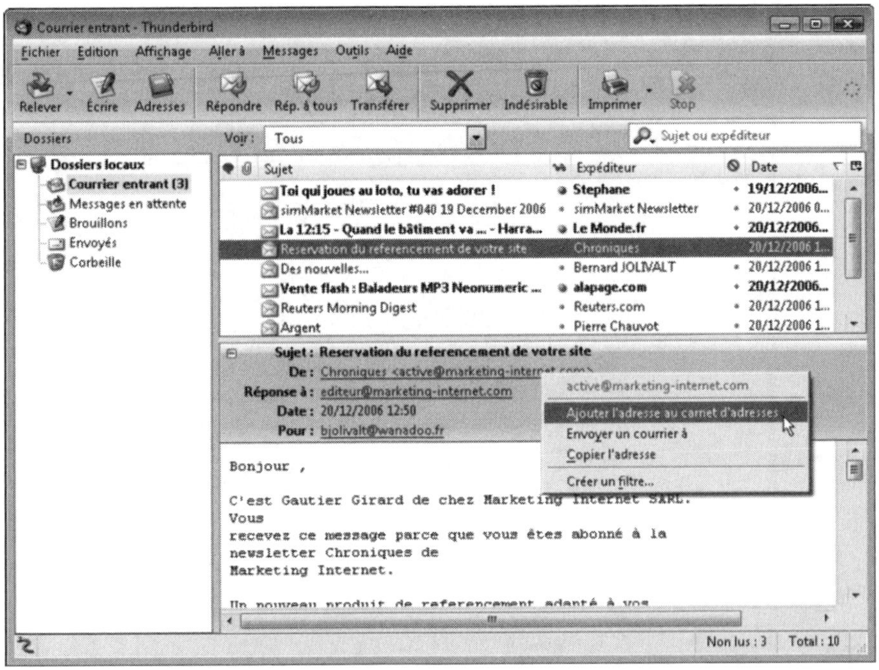

Figure 15.2 : Ajoutez facilement un expéditeur à votre carnet d'adresses Thunderbird.

Le Carnet d'adresses de Windows Mail

Le processus pour copier l'adresse d'un correspondant dans le Carnet d'adresses est facile mais pas intuitif : double-cliquez un message de votre correspondant pour l'ouvrir dans sa propre fenêtre. Puis double-cliquez le nom de la personne dans la ligne De, puis Ajouter au Carnet d'adresses dans la fenêtre de propriétés qui apparaît. Modifiez l'entrée du Carnet d'adresses si vous le souhaitez, puis cliquez OK. Autre possibilité : cliquez du bouton droit sur le nom de l'expéditeur dans la liste des messages dans la fenêtre de Windows Mail, puis choisissez Ajouter l'expéditeur au Carnet d'adresses dans le menu obtenu (Figure 15.3).

Pour afficher et modifier le Carnet d'adresses, cliquez le bouton Contacts dans la barre d'outils.

Pour utiliser une entrée du Carnet d'adresses lorsque vous créez un message, cliquez le petit livre à gauche de À ou Cc dans la fenêtre Nouveau message. Dans la fenêtre Sélectionner les destinataires, double-cliquez l'entrée du Carnet d'adresses à employer (éventuellement plusieurs), puis cliquez OK.

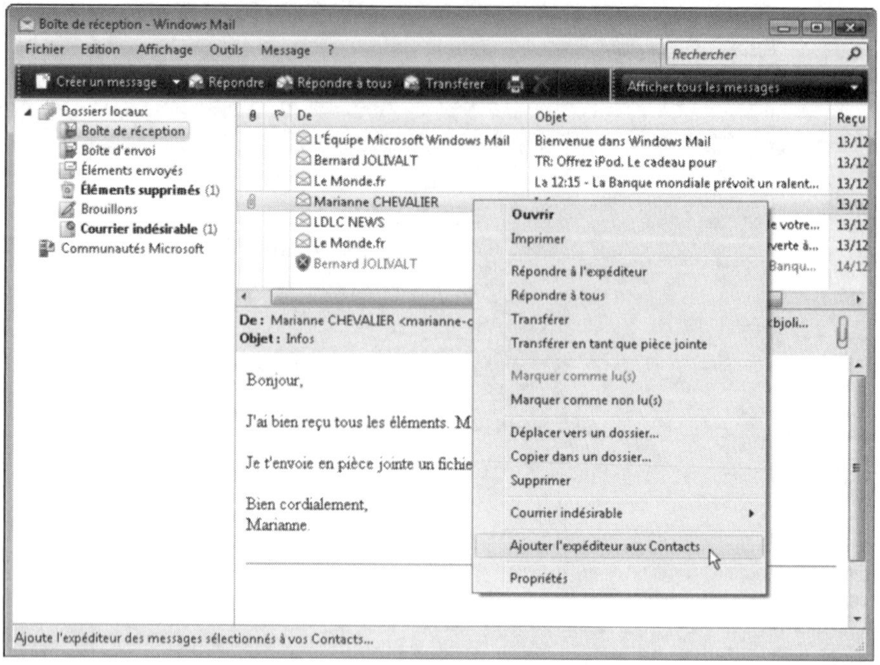

Figure 15.3 : Ajoutez rapidement un expéditeur à votre carnet d'adresses Windows Mail.

Le Carnet d'adresses de Yahoo! Mail

Une fois connecté à Yahoo! Mail, cliquez l'onglet Adresses pour accéder au Carnet d'adresses. Pour ajouter un nom, cliquez le bouton Ajouter un contact. Remplissez le formulaire qui apparaît comme à la Figure 15.4. Veillez à entrer un *alias* (pseudonyme) pour cette personne : c'est le nom que vous pourrez taper pour adresser un message au lieu d'avoir à saisir toute l'adresse électronique. Le formulaire contient des champs pour l'adresse postale et les numéros de téléphone de la personne, mais vous pouvez les laisser vides. Cliquez ensuite OK.

Une fois que vous avez entré un contact dans votre Carnet d'adresses, Yahoo! Mail fournit deux moyens pour lui adresser un message. Le premier : lors de l'écriture du message, saisissez l'alias de la personne dans le champ À. Le second : cliquez À et, une fois dans la boîte de dialogue Ajouter des destinataires, sélectionnez celui ou ceux qui devront recevoir votre message, puis cliquez le bouton OK. La Figure 15.5 montre la boîte de dialogue qui apparaît lorsque vous cliquez le lien Insérer des adresses lors de la rédaction d'un message.

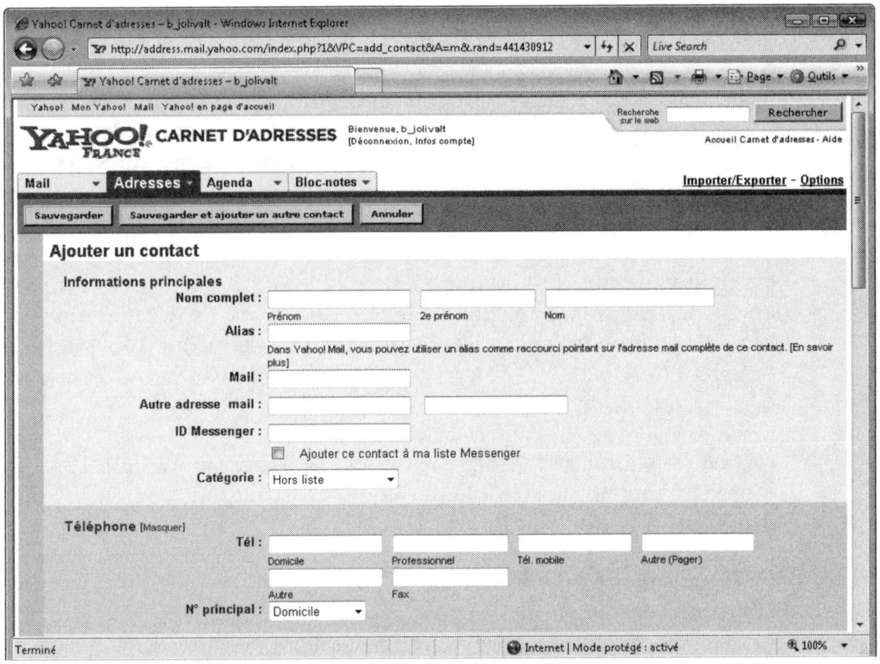

Figure 15.4 : Une fiche de création de contact dans Yahoo! Mail.

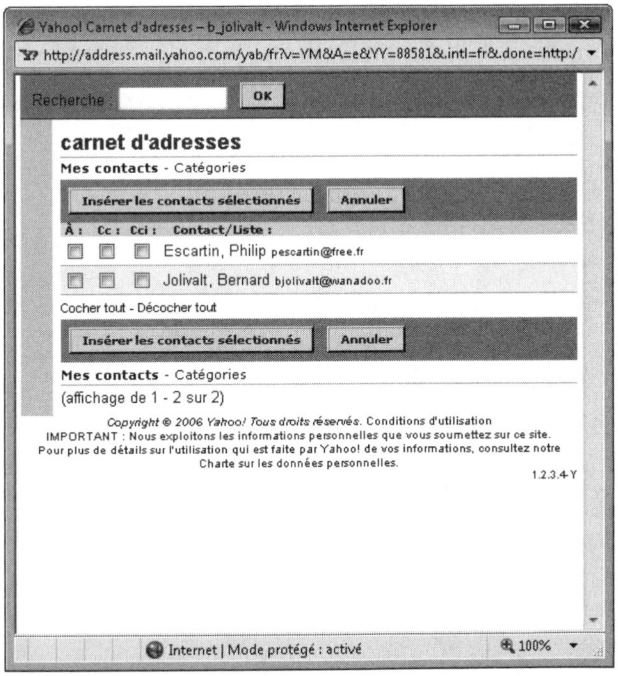

Figure 15.5 : Sélectionnez les destinataires de votre courrier.

Faire suivre du courrier

Vous pouvez faire suivre un message à qui vous voulez. C'est facile et ça ne coûte pas cher (et ça ne rapporte rien). Mais, comme la langue d'Ésope, c'est à la fois la meilleure et la pire des choses. La meilleure, parce que vous pouvez ainsi faire circuler facilement une information vers ceux que cela peut intéresser. La pire, parce que, si chacun de vos destinataires fait de même, vous allez inonder Internet avec des propos qui risquent de rester lettre morte pour une bonne partie de l'auditoire. Ne vous transformez pas en agence de presse ! Réfléchissez un peu avant de décider si vous devez ou non faire suivre un message. Ce message améliorera-t-il la qualité de vie du nouveau destinataire ? Si la qualité de vie n'est pas votre tasse de thé, trouvez un autre critère de décision.

Par « faire suivre un message », on entend l'englober à l'intérieur d'un autre message qui peut servir à le présenter en situation, ou une sorte de Post-it que vous colleriez sur le texte original.

Faire suivre du courrier est presque aussi simple que d'y répondre. Sélectionnez le message et cliquez le bouton Transférer ou choisissez Message/Transférer. Ctrl+L fonctionne dans Thunderbird ; Ctrl+F dans Windows Mail. Le logiciel de courrier compose un message contenant le texte du message que vous désirez transférer. Il ne vous reste plus qu'à adresser le message, à ajouter quelques commentaires pertinents et à l'envoyer. Dans Yahoo! Mail, le fait de cliquer Faire suivre envoie le message d'origine sous forme de pièce jointe au nouveau message. Vous pouvez aussi choisir En texte inclus à droite du bouton Faire suivre, puis cliquer Faire suivre.

Sauvegarder le courrier

En général, vous ne jetez pas *tout* le courrier que vous recevez une fois que vous l'avez lu. Professionnellement, s'entend. De la même façon, il peut être utile d'archiver le courrier électronique qui vous est parvenu. Pour cela, il existe plusieurs façons de procéder :

- Sauvegarde dans un dossier commun de messages conservés.
- Sauvegarde dans un fichier ordinaire.
- Impression et classement dans un véritable classeur à papiers.

TRUC

De l'art de la coupure

Lorsque vous voulez faire suivre un message, il est généralement bon de le débarrasser d'un certain nombre de scories comme tous les renseignements d'acheminement ajoutés dans son en-tête. Le plus délicat, c'est d'intervenir ensuite dans le corps du message lui-même. S'il est court, mieux vaut sans doute le laisser tel quel. En voici deux exemples :

```
>J'ai consulté notre service de recherche et j'ai constaté
>que les garnitures de pizza les plus demandées par les
>clients dans la tranche d'âge 18-34 ans sont le poivron,
>la saucisse, la tomate, le jambon, le pamplemousse,
>les olives, les champignons et les brocolis.
>Je lui ai demandé d'examiner plus particulièrement le
>cas des prunes et on m'a répondu qu'il n'existait pas
>de réponse statistiquement significative pour cette
>catégorie.
```

Si le texte est particulièrement long et qu'une partie seulement est réellement significative, vous devriez, par politesse envers votre lecteur, ne conserver que celle-ci. Notre expérience nous a montré que les gens prêtaient davantage attention à un message d'une seule ligne qu'à une douzaine de pages dans lesquelles ils doivent séparer le bon grain de l'ivraie (et le poivron des brocolis).

Il est même parfois bon de pratiquer des coupes plus franches dans le texte original, histoire de mieux mettre en valeur les passages les plus intéressants. Ce faisant, gardez-vous cependant de dénaturer les propos de celui que vous citez ou de modifier le sens de ses conclusions, comme dans le raccourci ci-dessous :

```
>J'ai consulté notre service de recherche au sujet des
>garnitures de pizza...
>et on m'a répondu qu'il n'existait pas de réponse
>statistiquement significative pour cette catégorie.
```

Voilà un excellent moyen de vous faire de nouveaux ennemis. Mais il peut y avoir une bonne raison de paraphraser une partie du texte. Dans ce cas, mettez votre résumé entre crochets :

```
>[Lorsque j'ai posé la question des prunes dans les
>pizzas aux gens du service de recherche]
```

>on m'a répondu qu'il n'existait pas de réponse

```
>statistiquement significative pour cette catégorie.
```

De même que vous pouvez pratiquer des coupures dans le texte mais qu'il est bon, dans ce cas, de les marquer par des points de suspension entre crochets :

```
>En réponse à votre question, j'ai consulté notre service
>de recherche [...] pour le cas des prunes et on
```

De l'art de la coupure (*suite*)

```
>m'a répondu qu'il n'existait pas de réponse
>statistiquement significative pour cette catégorie.
```

Tout cela est une question de bon sens et de mesure. À vous de peser le pour et le contre selon le sujet abordé, de la personnalité du premier expéditeur et de celle du destinataire final.

La façon la plus simple est sans doute de placer le message dans un dossier, c'est-à-dire dans un répertoire où vont s'accumuler les messages que vous désirez conserver. Bien entendu, ils restent séparés les uns des autres et vous pouvez toujours retrouver celui qui vous intéresse.

Deux types de classement sont envisageables : par auteur ou par sujet. C'est affaire de goût. À vous de décider. Certains courriers ont une préférence marquée pour le classement par auteur, aussi, lorsque votre ami Fred (`fred@nimportou.fr`) vous envoie un message que vous voulez sauvegarder, votre courrier vous proposera de le classer dans le dossier fred. Dans ce cas, pas de problème. Mais si vous recevez un message de `z921h8n@bizarre.chose.be`, ce système de classement risque de laisser à désirer. Alors, mieux vaut choisir vous-même le nom du dossier.

Pour le classement par sujet, c'est à vous de décider des sujets qui vous intéressent. Dans tous les cas, prévoyez un classeur fourre-tout appelé « divers ». Choisissez des noms de dossiers en rapport avec votre activité habituelle : comptabilité, assurances, sécurité, banque, escroquerie, vampirisme...

TRUC

Si vous utilisez un Macintosh ou un PC sous Windows, vous pouvez sauvegarder tout ou partie d'un message en le copiant dans un fichier texte ou un document de traitement de texte. Sélectionnez le texte du message avec votre souris et faites un copier/coller (Ctrl+C suivi de Ctrl+V sous Windows, faut-il le rappeler ?).

Le classement avec Thunderbird

Thunderbird fournit un certain nombre de dossiers : Courrier entrant, Brouillons, Modèles, Messages en attente, Envoyés, et Corbeille. Cependant, vous pouvez créer vos propres dossiers. Si vous avez de nombreux messages à classer, vous pouvez également mettre en place des sous-dossiers de manière à bénéficier d'une super organisation. Voici comment créer un nouveau dossier :

1. **Cliquez Fichier/Nouveau/Dossier.**

   Vous ouvrez la boîte de dialogue Nouveau dossier.

2. **Dans le champ Nom, dénommez le dossier.**

   Par exemple, appelez-le Privé.

3. **Dans la liste Créer comme sous-dossier de, choisissez le dossier dans lequel prendra place ce nouveau dossier.**

   Généralement, votre dossier sera un sous-dossier des Dossiers locaux. Par conséquent, choisissez Dossiers locaux dans cette liste et cliquez Choisir celui-ci comme racine. Ainsi, en racine des Dossiers locaux, vous aurez un dossier nommé Privé où vous rangerez tous les messages à caractère privé que vous recevrez de vos correspondants.

4. **Cliquez OK.**

Le nouveau dossier apparaît dans la liste des dossiers situés sur le côté gauche de l'interface de Thunderbird. Pour afficher le contenu d'un dossier, il suffit de cliquer ce dernier.

Pour classer un message dans un dossier, glissez-déposez-le sur le nom du dossier de destination. Le plus souvent, vous effectuerez cette opération à partir du dossier Courrier entrant. Une autre méthode consiste à cliquer du bouton droit de la souris le message. Dans le menu contextuel, choisissez Déplacer vers/<nom du compte>/<nom du dossier>.

Pour enregistrer un ou plusieurs messages sous forme de fichier texte, sélectionnez le ou les messages et choisissez Fichier/Enregistrer comme/Fichier. Dans le champ Type de la boîte de dialogue Enregistrer le message sous, choisissez Fichier texte. Donnez un nom au fichier, puis cliquez le bouton Enregistrer.

Le classement avec Windows Mail

Pour enregistrer un message dans Windows Mail, vous le placez dans un dossier. Vos dossiers par défaut sont les habituels Boîte de réception, Boîte d'envoi, Brouillons, Éléments envoyés et Éléments supprimés. Pour créer un nouveau dossier, choisissez Fichier/Nouveau/Dossier dans la barre de menus. Indiquez le nom que vous désirez donner à ce dossier dans la fenêtre qui s'affiche et cliquez OK. Le nouveau dossier apparaît parmi la liste des dossiers proposés à gauche de la fenêtre.

Pour placer un message dans un dossier, il suffit de cliquer son en-tête et de le faire glisser sur le dossier voulu. Vous pouvez également passer par la commande Édition/Déplacer vers un dossier. Pour afficher la liste des en-têtes de messages d'un dossier, cliquez simplement le nom de ce dossier. Si vous devez stocker une grande quantité de messages, pensez à créer des sous-dossiers à l'intérieur des dossiers existants.

Pour sauvegarder un message sous forme de fichier texte, cliquez-le, puis cliquez Fichier/Enregistrer sous. Dans la fenêtre d'enregistrement qui apparaît, choisissez Texte (`*.txt`) dans le champ Type. Déterminez ensuite le disque et le répertoire de rangement comme pour n'importe quel fichier, saisissez un nom de fichier et cliquez le bouton Enregistrer.

Le classement avec Yahoo! Mail

Pour enregistrer un message dans un dossier, cliquez Déplacer, puis choisissez le dossier où vous voulez classer le message. Cliquez ensuite le bouton OK. Pour créer un nouveau dossier, choisissez Nouveau dossier dans la liste Déplacer. Donnez un nom à ce dossier et cliquez OK.

Pour afficher la liste de vos dossiers, cliquez le nom du dossier situé dans la section Mes dossiers de la partie gauche de la page Yahoo! Mail. Vos dossiers sont notamment ceux nommés Boîte de réception, Envoyés, Corbeille. Pour voir les messages dans un dossier, cliquez ce dernier.

Pour créer de nouveaux dossiers, il suffit de cliquer le lien Ajouter, situé en haut de Mes dossiers (volet de gauche), comme le montre la Figure 15.6. Les dossiers personnels sont créés en bas, dans la rubrique Mes dossiers.

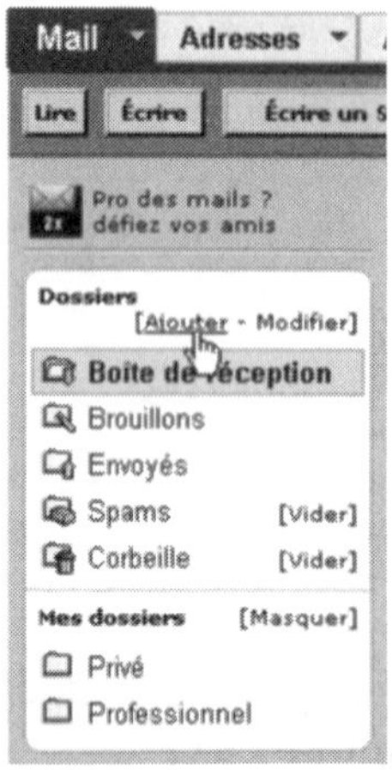

Figure 15.6 : Besoin de classement ? Ajoutez des dossiers à votre Yahoo! Mail.

Courriers atypiques et pièces jointes

Tôt ou tard vous découvrirez que l'envoi pur et simple d'un message ne comble pas tous vos désirs. Par exemple, si vous avez reçu d'une façon ou d'une autre une photo (sous forme de fichier graphique) qui vous plaît particulièrement, vous aimerez peut-être faire partager votre plaisir à un de vos amis résidant à San Francisco. Pour envoyer des éléments autres que du texte par courrier, un message utilise des formats de fichier spéciaux. Parfois, la totalité du message est dans un format spécial ; parfois on *joint* des éléments à un courrier qui est du texte brut. Le format le plus largement utilisé pour joindre des fichiers aux messages est MIME (*Multipurpose Internet Mail Extensions*, extensions du courrier Internet à usages multiples). Tous les programmes décrits dans ce chapitre sont capables d'envoyer et de recevoir des fichiers joints à l'aide de MIME, mais il existe encore quelques logiciels de messagerie qui ne le sont pas.

L'envoi d'une pièce jointe se fait sans difficulté avec l'un des logiciels de courrier que nous avons étudiés. Vous commencez par rédiger votre message, puis vous choisissez la commande spécifique au programme utilisé pour joindre un fichier ; ensuite, vous envoyez le message à l'aide des commandes habituelles.

Lorsque vous recevez un document attaché à un message, c'est votre logiciel de messagerie qui doit se charger de le décoder et de lui restituer son aspect normal, ou alors de le sauvegarder en tant que fichier autonome dans un répertoire ou disque que vous spécifiez. Une fois enregistré, vous pouvez utiliser ce fichier comme n'importe quel autre fichier.

Vous pouvez, par exemple, envoyer les types suivants de fichiers en tant que fichiers joints :

- des photos (sous forme de fichiers graphiques) ;
- des documents issus de traitements de texte ;
- des sons (sous forme de fichiers audio) ;
- des films (sous forme de fichiers vidéo) ;
- des programmes (sous forme de fichiers exécutables) ;
- des fichiers compressés (tels que des fichiers ZIP).

ATTENTION !

Les virus se présentent habituellement sous forme de pièce jointe. Lorsque vous recevez un message accompagné d'une pièce jointe inattendue, même de quelqu'un que vous connaissez bien, **NE L'OUVREZ PAS** avant d'avoir vérifié auprès de l'expéditeur qu'il vous l'a bien envoyée délibérément. Les virus récupèrent souvent toutes les adresses du Carnet d'adresses de la victime de façon à pouvoir se transmettre eux-mêmes par courrier aux correspondants du malheureux. Certaines pièces jointes ne peuvent pas transporter de virus, notamment les images GIF et JPG.

Votre FAI, ou le serveur de courrier Web, peut limiter la taille de votre boîte de réception. Par exemple, il peut vous être impossible de stocker voire d'envoyer des messages de plus de 10 Mo. Certains FAI permettent de stocker jusqu'à 1 Go de messages tout en limitant la taille des courriers que vous pouvez envoyer. La meilleure manière d'économiser de l'espace dans votre boîte d'envoi et/ou de réception consiste à zipper les pièces jointes. Elles perdront quelques kilo-octets. Sous Windows XP, utilisez la fonction Dossier compressé ou bien un programme plus performant comme WinZip. (Reportez-vous à la section « Installation, décompression, dézippage », au Chapitre 12.)

Pièces jointes dans Thunderbird

Pour joindre un fichier au message que vous êtes en train de composer, cliquez le bouton Joindre ou bien choisissez Fichier/Joindre. Dans le sous-menu qui apparaît, choisissez le type d'élément à joindre, par exemple Fichier(s). Vous pouvez également placer directement une image dans le message. Il suffit de positionner le curseur là où vous souhaitez faire apparaître l'image, puis de cliquer Insérer/Image. Spécifiez ensuite le chemin d'accès à ce fichier graphique.

Pour le courrier entrant, Thunderbird affiche n'importe quelle pièce jointe qu'il est normalement capable de représenter lui-même (les pages Web et les fichiers GIF et JPEG). Pour tous les autres types de fichiers, il affiche un message qui en décrit la nature. Vous pouvez cliquer ce message. Si Thunderbird identifie la pièce, il l'ouvre dans le programme approprié, sinon il vous demande de le choisir. Bien sûr, vous avez la possibilité d'enregistrer le fichier sur votre disque dur.

Pièces jointes dans Windows Mail

Avec Windows Mail, pour joindre un fichier à un message, cliquez Insertion/Pièce jointe dans la barre de menus de la fenêtre Nouveau message ou sur l'icône Joindre de la barre d'outils. Sélectionnez ensuite le fichier à joindre et envoyez le message comme à l'accoutumée.

Lorsqu'un message contenant une pièce jointe arrive, un trombone s'affiche à côté du message dans la liste des messages reçus et dans le coin supérieur droit du message lorsque celui-ci est affiché. Cliquez ce trombone pour afficher le nom du fichier et double-cliquez pour afficher son contenu.

Microsoft a « résolu » certains problèmes de sécurité chroniques de Windows Mail en lui faisant carrément refuser d'afficher les pièces jointes, y compris les bénignes telles que les messages joints au format texte et les fichiers PDF. Vous pouvez corriger cela en choisissant Outils/Options dans la fenêtre principale de Windows Mail, puis en cliquant l'onglet Sécurité et en décochant la case Ne pas autoriser l'ouverture ou l'enregistrement des pièces jointes susceptibles de contenir un virus. Windows Mail vous autorisera alors à ouvrir les pièces jointes. Notez que, si quelqu'un vous a *vraiment* envoyé un virus, Windows Mail se fera aussi un plaisir de l'ouvrir.

Pièces jointes dans Yahoo! Mail

Pour joindre des pièces à un courrier Yahoo!, commencez par créer un message comme d'habitude. Puis, cliquez le bouton Joindre des fichiers. Une nouvelle fenêtre s'affiche où vous devez indiquer le nom du fichier à joindre (Figure 15.7). Cliquez le bouton Parcourir pour trouver le fichier sur votre ordinateur (vous devrez choisir Tous les fichiers dans la liste Fichiers de type pour voir tous vos fichiers). Cliquez ensuite le bouton Ouvrir. Vous pouvez ajouter autant de pièces jointes que vous le désirez dans la limite de 10 Mo. Une fois les pièces sélectionnées, cliquez Joindre des fichiers. La liste des pièces s'affiche dans la troisième zone de la boîte de dialogue. Pour enlever celles que vous auriez ajoutées par erreur, cliquez-les, puis le bouton Retirer. Cliquez OK. Votre navigateur Web envoie le fichier de votre disque dur vers Yahoo! Mail pour l'inclure dans votre message. Vous êtes ensuite ramené à la page Web Yahoo! Mail. Le nom de fichier apparaît à côté de la mention Pièces jointes. Envoyez le message comme d'habitude.

Hé, monsieur le robot !

Il n'y a pas nécessairement une personne physique derrière chaque adresse électronique. On peut y trouver des listes de diffusion (dont nous allons parler au Chapitre 16) et des *robots*, c'est-à-dire des programmes chargés de répondre automatiquement aux messages reçus. Les robots de courrier servent principalement à consulter des bases de données. Vous envoyez un message au robot (considéré comme serveur de courrier) et il entreprend telle ou telle action selon le contenu de votre message. Puis, il vous renvoie la réponse qu'il a trouvée. Si, par exemple, vous envoyez un message à `internet10@gurus.com`, le message que vous recevrez en réponse contiendra votre propre adresse électronique. Certaines entreprises les utilisent pour envoyer des réponses toutes prêtes à des demandes d'informations reçues par courrier électronique.

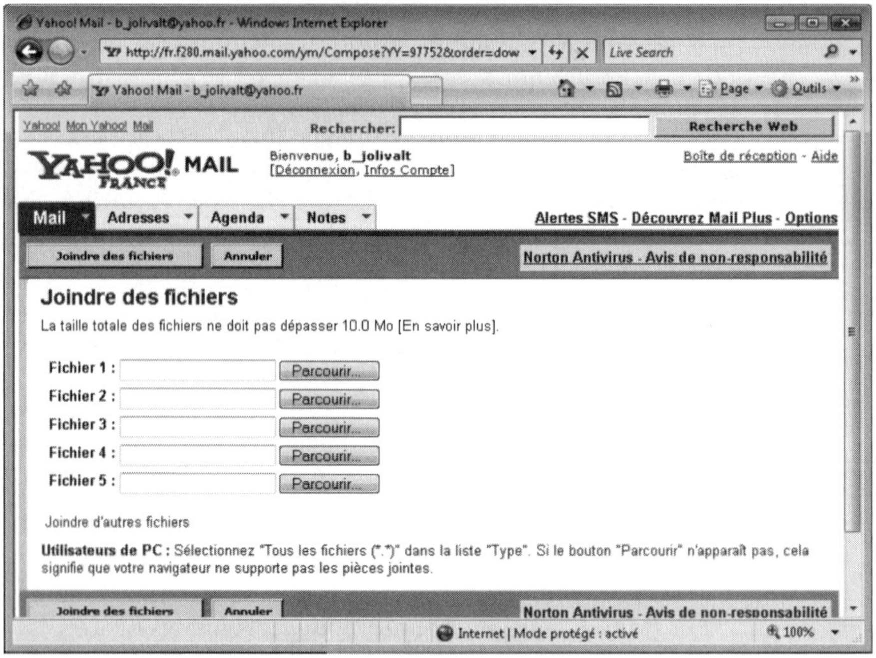

Figure 15.7 : Envoyer une pièce jointe avec Yahoo! Mail.

Lorsque vous recevez un message avec pièces jointes, une case apparaît en bas du message, avec le nom et la taille de la pièce jointe. Cliquez le bouton de téléchargement pour stocker le fichier sur votre ordinateur.

Les options de filtrage

Dès l'instant où vous commencez à envoyer du courrier électronique, vous allez en recevoir en retour. Tout spécialement si vous vous êtes abonné à une liste de diffusion (voir le Chapitre 16), au point que vous serez bientôt submergé !

Par bonheur, la plupart des systèmes de courrier électronique permettent d'endiguer le flot et d'éviter d'être inondé. Les utilisateurs de Thunderbird peuvent créer des *filtres*, qui testent automatiquement les messages entrants, d'après une liste d'expéditeurs et de sujets, et effectuent une répartition automatique dans les dossiers appropriés. Windows Mail propose son Assistant de boîte de réception à cet effet. La plupart des autres programmes de courrier électronique disposent de fonctions de filtrage similaires. Si vous triez le courrier dans des boîtes séparées pour chaque liste de diffusion ou d'autres catégories de messages, vous pourrez les gérer beaucoup plus efficacement.

Par exemple, il est possible de créer des filtres qui indiquent à votre programme de courrier : « Tout message qui vient de la liste de diffusion

PHOTO doit être automatiquement classé dans tel dossier de courrier ». La Figure 15.8 présente ce type de filtre dans Thunderbird. Vous pouvez également créer des filtres pour mettre en valeur des messages parvenant d'amis particuliers ou supprimer certains messages avant même de les apercevoir.

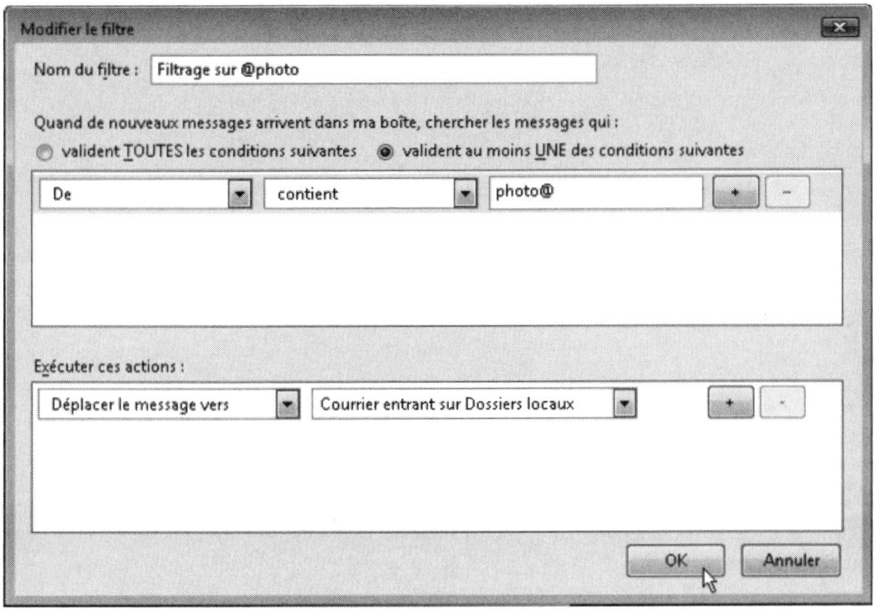

Figure 15.8 : Filtrage de messages.

- **Thunderbird :** Choisissez Outils/Filtres de messages pour ouvrir la fenêtre Filtres de messages, où vous pouvez afficher, créer, modifier et supprimer des filtres. Pour définir un filtre, cliquez le bouton Nouveau. Vous pouvez aussi cliquer, du bouton droit de la souris, l'adresse De ou Pour dans un message et choisir Créer un filtre pour construire un filtre s'appliquant au courrier envoyé à ou de cette adresse.
- **Windows Mail :** Choisissez Outils/Règles de message/Courrier.
- **Yahoo! Mail :** Cliquez le bouton Options/Options Mail dans la page Web Yahoo! Mail. Dans la nouvelle page qui apparaît, cliquez Filtres. Définissez les adresses à filtrer.

Tout cela doit vous paraître bien compliqué et fort ennuyeux. Si vous ne recevez pas plus de cinq à dix messages par jour, vous n'avez pas à vous en préoccuper. Mais si le nombre de messages que vous recevez se chiffre par dizaines, voire par centaines, la gestion de votre courrier risque fort de vous prendre une bonne partie de votre temps. D'où l'intérêt d'utiliser des procédures automatisées pour purger les messages inintéressants ou hors de propos.

Chapitre 16

Messagerie instantanée, chat et communautés : causons un peu

Dans ce chapitre :

- Introduction au chat et aux messageries instantanées.
- Culture, étiquette et sécurité du chat.
- Votre premier salon de conversation.
- Téléphoner par Internet.
- Les communautés en ligne (listes de messagerie, forums et groupes de discussion).

Le courrier électronique est un mode de communication très rapide. Il permet généralement de faire parvenir des messages en moins d'une minute. Mais parfois ce n'est pas encore assez rapide. Les *messages instantanés* vous permettent de faire apparaître un message sur l'écran d'un correspondant en quelques secondes. Ce type de programme propose également une liste de contacts, c'est-à-dire des personnes dont vous connaissez les pseudonymes ou adresses électroniques. Il vous avise dès que l'un d'eux est en ligne, de sorte que vous pouvez lui envoyer instantanément un message qui apparaît aussitôt sur son écran et commencer ainsi une véritable conversation.

L'intérêt des messages instantanés est la rapidité de communication qu'ils proposent : vous contactez des personnes aussi rapidement que si vous les appeliez au téléphone. Le revers de la médaille, évidemment, c'est qu'ils créent de nouveaux moyens très efficaces d'ennuyer les gens. Le programme Instant Messenger d'AOL (*AIM* en abrégé), que nous aborderons plus loin dans ce chapitre, offre deux fonctions permettant d'envoyer et de recevoir des messages, et une douzaine pour rejeter, dénoncer, effacer et traiter d'une manière ou d'une autre des messages indésirables, ce qui en dit peut-être davantage sur les utilisateurs d'AOL que sur la technologie elle-même…

De son côté, le *chat* (« dialogue en ligne », rien à voir avec le félin, cela se prononce avec un « t » au début et à la fin, comme « tchatte ») permet de communiquer avec des interlocuteurs connectés à Internet en tapant des messages. Si le chat passe parfois pour une version plus rapide du courrier électronique, c'est en réalité une activité tout à fait différente. À la différence du courrier électronique, ou même de la messagerie instantanée, le chat se déroule souvent entre groupes d'étrangers dans des *salons de chat* (miaou !). Bien que les enfants utilisent parfois le chat pour parler à des amis, un de ses aspects importants est la capacité qu'il offre de dialoguer avec quelqu'un de nouveau – et supposé intéressant – quand ça vous chante.

Le chat a conduit à des mariages et des divorces, à de nouvelles amitiés et à quelques horribles faits divers qui ont fait la une des journaux à scandale. Nous vous expliquerons dans ce chapitre comment fonctionne le chat et prodiguerons quelques conseils.

Tout ce qu'il faut pour être présent

Cette section décrit l'utilisation des systèmes de MI (ou *IM* en anglais pour *Instant Messaging*, c'est-à-dire messagerie instantanée) les plus connus : AOL Instant Messenger, MSN Messenger et Yahoo! Messenger.

TRUC

Les programmes de messagerie instantanée ouvrent une fenêtre permettant de savoir si vos contacts sont en ligne. Vous avez alors le choix de converser avec eux ou non. Si vous utilisez une application qui bloque les *popups* de votre navigateur Web, sachez que la fenêtre de votre MI ne sera pas affectée. Seuls les *popups* destinés aux navigateurs Web sont concernés par ces petits utilitaires de blocage.

AOL Instant Messenger (AIM)

AOL Instant Messenger (AIM) est un des systèmes les plus simples. Tout ce qu'il permet de faire est de taper des messages et d'en recevoir. Mais il est plus facile à configurer qu'ICQ et permet de converser directement avec les utilisateurs AOL. Cette section décrit AIM version 5.5 que vous pouvez télécharger à cette adresse `http://aim.aol.fr/` en cliquant le lien Télécharger. Après avoir fourni quelques informations dans la page d'accueil (choix du pseudo et du mot de passe, adresse électronique…), vous êtes invité à télécharger le logiciel de messagerie (Figure 16.1).

TRUC

Quel logiciel utiliser ?

Malheureusement, les systèmes de messagerie instantanée ne communiquent pas entre eux. Dans la mesure où l'objectif de tous ces systèmes est de vous permettre de rester en contact avec vos amis, optez pour le programme qu'ils utilisent. Si vous n'avez aucune idée du logiciel qu'ils ont adopté, essayez AIM (le programme d'AOL) : il est facile à installer et fonctionne automatiquement avec tous les abonnés d'AOL, puisque c'est son système interne. Nous apprécions Yahoo! Messenger car il est gratuit, gère le texte, la voix et la vidéo et permet à plus de deux personnes de converser. Nous avons tenu des réunions sur Yahoo! Messenger avec six personnes en audio, deux en vidéo, tout le monde tapant en même temps comme sur son clavier. Windows Messenger était préinstallé dans Windows XP, mais sous Windows Vista, vous devez le télécharger comme nous l'expliquons plus loin dans ce chapitre.

Si vous n'imaginez plus la vie sans courrier électronique, si vous vous dopez aux messages électroniques dès le réveil, alors vous voudrez probablement faire tourner plusieurs systèmes en même temps pour être certain d'étendre au maximum votre champ d'action. Lors de la rédaction de ce chapitre, nos ordinateurs exécutaient en simultané Windows Messenger, AOL Instant Messenger et le programme Messenger de Yahoo!. Certes, sans poser aucun problème de compatibilité, mais nous ne nous sommes jamais vraiment habitués à toutes ces petites incursions sonores et visuelles, aussi inesthétiques qu'intempestives.

Il existe d'autres programmes de messagerie instantanée comme ICQ (voir l'encadré « D'où vient la messagerie instantanée ? ») et CUworld (qui s'appelait CUSeeMe) sur `www.cuworld.com`.

Parler avec AIM

Si vous êtes un utilisateur AOL, vous êtes déjà prêt pour les messages instantanés. Si ce n'est pas le cas, vous devez installer le programme AIM. Les abonnés AOL peuvent également ouvrir le programme AIM et utiliser leur pseudonyme AOL lorsqu'ils sont connectés à un autre type de compte Internet.

America OnLine, organisation au marketing hyperagressif, s'est débrouillé pour qu'AIM soit intégré à de nombreux *packages* de logiciels. En particulier, si vous avez téléchargé Netscape, vous avez AIM. Si vous ne l'avez pas, allez sur `http://aim.aol.fr/` et suivez les instructions pour le télécharger. Avant de pouvoir télécharger le programme, vous devez choisir un pseudonyme, comportant jusqu'à seize lettres (soyez créatif pour ne pas tomber sur l'un des quelques millions de noms déjà pris) et un mot de passe. Vous devez aussi entrer votre adresse électronique. AOL – et c'est plutôt bien – ne réclame aucune autre information personnelle. L'adresse électronique déclarée doit être valide : AOL envoie un message de confirmation à cette adresse et vous devez y répondre sous peine de voir votre pseudonyme annulé.

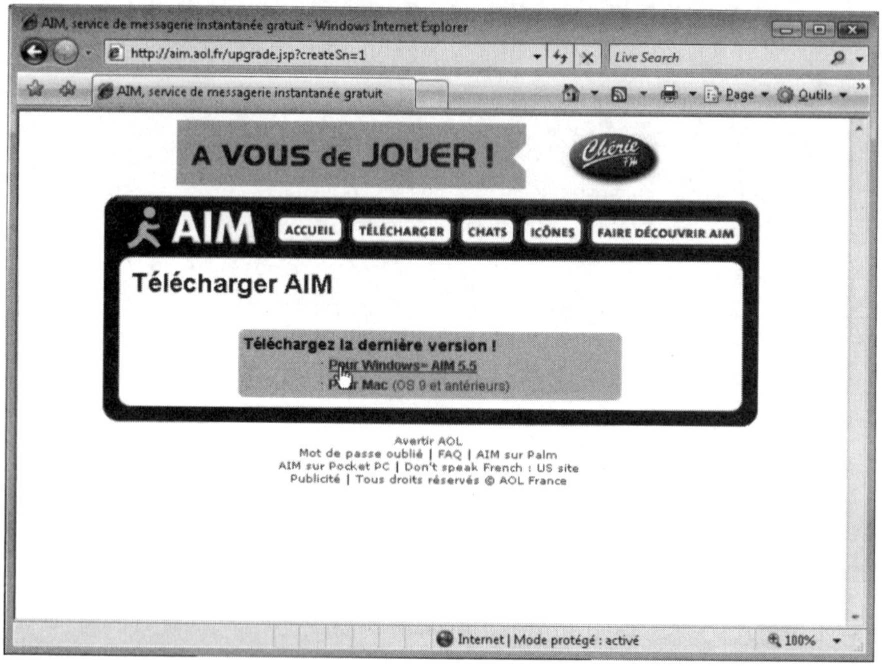

Figure 16.1 : Après avoir créé votre compte, téléchargez AIM 5.5.

Enregistrez le fichier téléchargé quelque part sur votre ordinateur. C:\Windows\Temp est un bon endroit si vous n'employez pas un dossier particulier pour vos téléchargements. Exécutez le programme téléchargé (dont le nom était dernièrement Install_aim.exe) pour installer AIM. Il s'exécute à l'arrière-plan tandis que vous êtes en ligne. Si ce n'est pas le cas, double-cliquez l'icône AIM placée sur votre Bureau.

La première fois que vous utilisez AIM, vous devez entrer votre pseudonyme AIM ou AOL. Saisissez votre pseudonyme et votre mot de passe et cliquez Connexion. Si vous voulez utiliser AIM chaque fois que vous êtes en ligne, cochez les cases Enregistrer le mot de passe et Connexion automatique au lancement avant de vous connecter : AIM se connectera ensuite automatiquement. Une fois connecté, la fenêtre AIM apparaît, dans Vista, à l'emplacement du volet Windows (Figure 16.2) qu'elle évince purement et simplement. Il est cependant possible de la repositionner et revoir ainsi le volet Windows et ses gadgets.

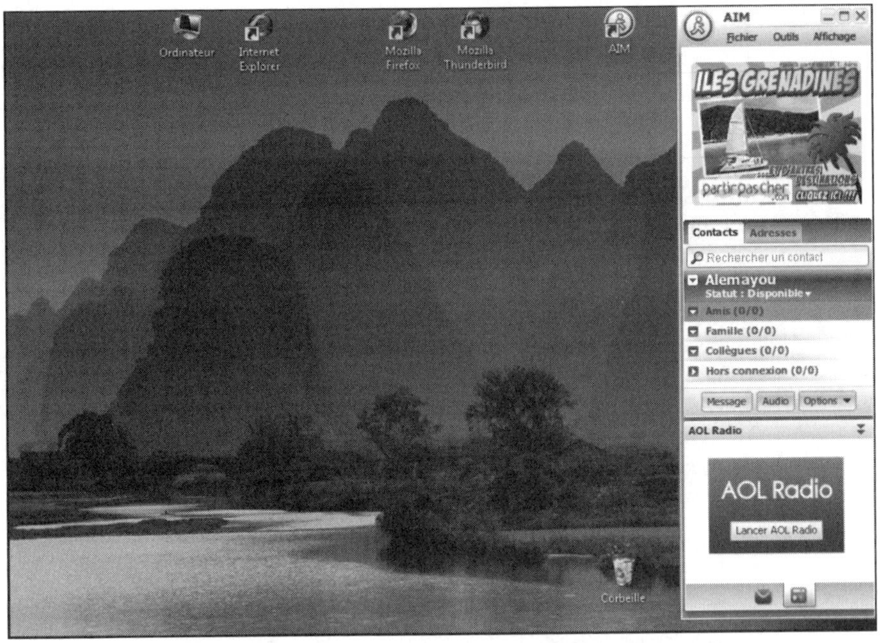

Figure 16.2 : Prêt à converser avec AOL Messenger ?

D'où vient la messagerie instantanée ?

ICQ (prononcez *ail sic you, I seek you, pour* "je te cherche"), premier module de messagerie instantanée, est encore employé par des millions d'utilisateurs. Il est disponible sur le site Web www.icq.com. Pour vous enregistrer plus facilement en français, allez sur le site `www.angelfire.com/biz/probio/icq.html`. ICQ existe en dix-huit langues et possède de nombreuses fonctions. Pour résumer, vous devez le télécharger et l'installer, puis le configurer pour obtenir un numéro ICQ, un peu comme un numéro de téléphone, qui vous servira à vous identifier. Vous recherchez ensuite vos contacts et leur envoyez des messages instantanés ou chattez avec eux. Le programme ICQ fonctionne sous toutes les versions de Windows, sur Mac, Palm Pilot et, il semblerait, avec certaines machines à café.

AOL a acquis ICQ il y a plusieurs années et nous supposons que tôt ou tard, il sera intégré à AIM. AIM permet de contacter les personnes inscrites sur ICQ.

Organiser vos contacts

Vous devez d'abord créer votre liste de contacts avant de pouvoir envoyer des messages.

Votre liste de contacts apparaît dès l'ouverture d'AIM. La fenêtre montre qui, parmi vos contacts, est actuellement en ligne. Si aucun contact n'apparaît, il faut ajouter à votre liste de contacts les pseudonymes de vos correspondants AOL ou AIM.

Par défaut, la liste des contacts est toujours visible. Si vous ne la voyez pas, ou si vous désirez que ces contacts ne soient pas systématiquement affichés, cliquez Affichage/Liste des contacts toujours visible. La fenêtre d'AIM affiche quatre groupes de contacts : Amis, Famille, Collègues, et Hors connexion. Vous pouvez créer d'autres groupes en cliquant le bouton Options. Dans le menu qui apparaît, choisissez Nouveau groupe comme à la Figure 16.3.

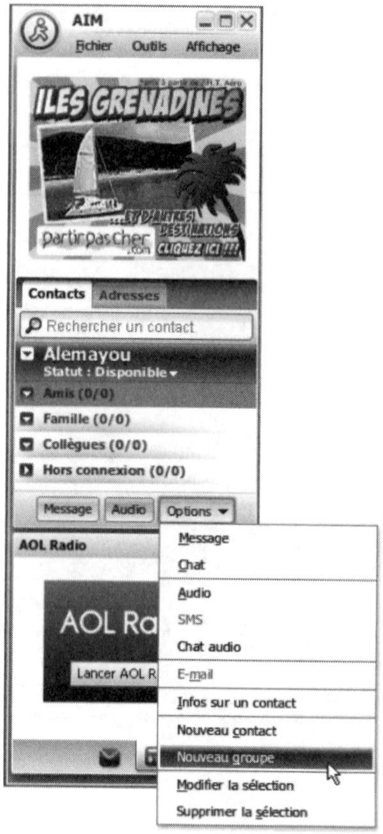

Figure 16.3 : Créez et gérez vos contacts dans AOL Messenger.

Entrer en contact

L'envoi d'un message par un simple clic sur le bouton Message ouvre une fenêtre de conversation. Cette fenêtre permet non seulement de communiquer avec le clavier, mais aussi de vive voix (Figure 16.4). Il suffit, si vous disposez d'un micro, de cliquer le bouton Audio puis Démarrer. Vous allez établir une connexion avec le contact sélectionné.

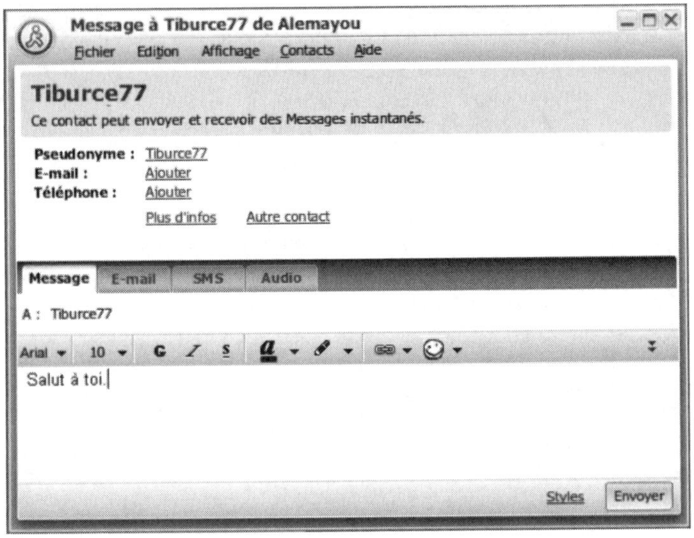

Figure 16.4 : Parlez, vous êtes lu !

TRUC

Il est même possible, si vous et votre contact disposez d'une webcam, d'établir une conversation vidéo par un clic sur le bouton Vidéo.

Bloquer les intrus

À l'évidence, il existe sur AOL de nombreuses personnes aux mauvaises manières puisque AIM dispose d'un système pour bloquer les utilisateurs que vous n'aimez pas. Lorsque vous dialoguez avec quelqu'un et que vous recevez un message insultant ou ennuyeux, vous pouvez bloquer cette personne en cliquant Contacts/Bloquer.

TRUC

Quelques règles de savoir-vivre évidentes

Envoyer un message instantané dans le cyberespace revient à aborder quelqu'un dans la rue et à lui parler. Si vous le connaissez, c'est envisageable, sinon, c'est généralement considéré comme une intrusion.

À moins d'avoir une bonne raison, n'envoyez aucun message instantané à des personnes que vous ne connaissez pas et qui ne vous y ont pas invité. N'envoyez rien que vous ne prononceriez dans une situation similaire dans la rue. Si vous tentez d'envoyer un message à un utilisateur qui autorise uniquement la réception de messages urgents, assurez-vous que le vôtre soit vraiment important, sinon mettez-le de côté ou envoyez-le par courrier électronique.

On trouve hélas sur AOL une foule d'utilisateurs infantiles et irresponsables qui envoient des messages grossiers à des inconnus ; c'est pourquoi AIM propose ses options de filtrage. Cette attitude est non seulement inconvenante, mais aussi stupide dans la mesure où les salons de conversation proposés par AOL sont beaucoup plus à même de satisfaire les personnes qui cherchent à converser sur toutes sortes de sujets plus ou moins vulgaires.

La majorité des programmes de messagerie instantanée permet d'envoyer et de recevoir des fichiers. Nous recommandons de désactiver cette fonction à moins de vouloir réellement l'exploiter. Les fichiers non sollicités de personnes que vous ne connaissez pas sont généralement du spam, des virus ou les deux. La majorité des antivirus ne surveille pas les transferts de fichiers par programme de messagerie instantanée.

Les messages que vous envoyez avec AIM et d'autres programmes de chat sont éphémères. Mais il est facile à quiconque participe à la conversation de stocker les messages. La majorité des programmes de messagerie instantanée a une fonction de journalisation qui enregistre les séries de messages dans un fichier texte, ce qui peut se révéler embarrassant.

Enfin, si quelqu'un vous demande de réaliser une série de commandes ou de télécharger et d'installer un programme, ne le faites jamais. Et ne révélez jamais vos mots de passe à quiconque.

Windows Live Messenger, alias MSN Messenger

Windows Vista n'est plus fourni avec le programme de messagerie instantanée Windows Live Messenger. Vous devez à présent le télécharger en procédant comme suit :

1. **Cliquez le bouton Démarrer.**

2. **Dans le champ Démarrer, tapez Messenger et appuyez sur Entrée.**

   Windows ouvre automatiquement la page d'accueil du site Windows Live Messenger (voir Figure 16.5) dans Internet Explorer. Vous avez aussi la possibilité d'aller directement sur le site en tapant `http://messenger.msn.com` dans votre navigateur Web.

3. **Cliquez le bouton Télécharger gratuitement Windows Live Messenger.**

   Windows affiche la boîte de dialogue proposant, soit d'exécuter le programme, soit de l'enregistrer.

4. **Cliquez le bouton Enregistrer puis téléchargez le programme Install_Messenger.exe dans le dossier de votre choix.**

5. **Retrouvez le programme Install_Messenger.exe dans le dossier où vous l'avez téléchargé puis double-cliquez-le.**

6. **Suivez les instructions qui se succèdent à l'écran.**

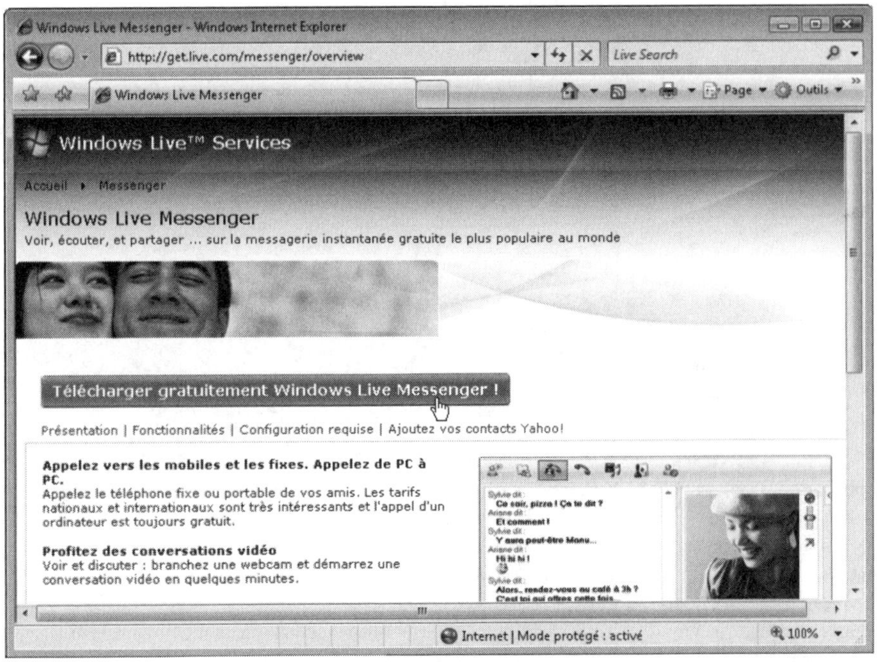

Figure 16.5 : Gardez un contact instantané avec Windows Live Messenger !

Contrairement aux versions précédentes de Messenger, l'obligation de souscrire au Passeport Microsoft.NET n'est plus exigée. C'est une bonne chose car Microsoft revendait sans vergogne les données à des partenaires et à des sites marchands, et cela sans l'accord express des intéressés.

Yahoo! Messenger

Yahoo! possède son propre programme de messagerie instantanée, Yahoo! Messenger. C'est notre préféré car il permet non seulement de taper des messages et de parler à l'aide d'un microphone mais aussi d'organiser une visioconférence à plus de trois personnes, si elles sont toutes équipées d'une webcam. Il nous est arrivé de tenir avec Yahoo! Messenger une session à six personnes avec vocal et vidéo, tout cela gratuitement.

Pour obtenir le logiciel Yahoo! Messenger, allez sur `http://fr.messenger.yahoo.com` et suivez les instructions pour télécharger et installer le programme (Figure 16.6). Il existe de nombreuses versions pour Windows, Mac OS, UNIX et Palm Pilot ; une version s'exécutant sous forme d'*applet* Java dans votre navigateur Web sur tout système équipé d'un navigateur compatible Java est également disponible.

Figure 16.6 : Téléchargez et installez Yahoo! Messenger 8.1.

Pour vous connecter, vous devez vous créer un identifiant Yahoo! C'est gratuit.

Yahoo! Messenger 8.1 permet de contacter les membres de Windows Live Messenger !

La voix et le visage en plus

Si vous n'avez pas particulièrement envie d'entendre ou de voir vos interlocuteurs, c'est-à-dire si cela ne vous gêne pas d'être limité à converser uniquement en tapant au clavier, ignorez cette section.

Qu'est-ce que vous dites ? Montez le son !

Presque tous les ordinateurs sont fournis avec des enceintes, branchées sur la carte son à l'intérieur de l'ordinateur. Ces enceintes permettent d'entendre les divers sons émis par vos programmes (comme le « Vous avez des courriers électroniques ! » d'AOL). La majorité des cartes son sont dotées d'une prise pour microphone ; consultez le manuel de votre ordinateur ou demandez à un ado de vous aider. Si vous n'avez pas de microphone, il faut vous en procurer un. Vous en trouvez pour moins de 20 euros dans les boutiques d'informatique.

Pour tester votre micro et vos enceintes sur un PC Windows, ouvrez le programme Magnétophone, faites un essai d'enregistrement de votre voix, puis de lecture.

1. **Choisissez Démarrer/Tous les programmes/Accessoires/Magnétophone.**

   La fenêtre Magnétophone apparaît comme à la Figure 16.7.

Figure 16.7 : Testez votre microphone.

2. **Cliquez le bouton rouge rond Enregistrer pour débuter l'enregistrement.**

   Parlez, chantez ou émettez des bruits incongrus (c'est comme vous le sentez...). Un vumètre vert, à droite du magnétophone, visualise le niveau d'enregistrement. Veillez à ce que son bord droit reste toujours à peu près au milieu de la fenêtre.

3. **Cliquez le même bouton, devenu bleu et carré, pour arrêter l'enregistrement.**

   Windows Vista propose d'enregistrer le fichier au format WMA dans le dossier Documents. Si c'est pour un test, il est inutile de nommer le fichier.

4. **Dans le dossier Documents, double-cliquez le fichier Sans titre.wma.**

   Windows Vista démarre le Lecteur Windows Media. Si vous entendez le son, c'est parfait, vous êtes prêt pour les appels par Internet ou pour les conversations (chats). Sinon, assurez-vous que le microphone est branché à la bonne prise.

Vous pouvez régler les périphériques audio en cliquant le bouton Démarrage, puis Panneau de configuration/Matériel et audio/Son.

Vu !

Si vous souhaitez être vu pendant les conversations en ligne, procurez-vous une webcam. C'est une petite caméra numérique qui se branche sur l'ordinateur. Il existe différents types de webcams, de diverses tailles et formes, à des prix allant de 25 à plus de 1 000 euros. Les webcams les plus onéreuses produisent des images de meilleure qualité, plus rapidement et sont fournies avec de meilleurs logiciels, une télécommande et sont même capables de suivre un sujet en mouvement ; elles peuvent également servir à la télésurveillance.

La majorité des webcams se branchent sur le port USB, une petite prise rectangulaire située au dos ou en façade de l'ordinateur. Les ordinateurs qui datent un peu n'ont pas de port USB. Les caméras les plus sophistiquées se branchent sur des cartes d'acquisition vidéo spéciales, dont l'installation demande d'ouvrir votre ordinateur.

TRUC

Si vous possédez un caméscope, il est possible de le connecter à votre ordinateur pour l'utiliser comme webcam. Consultez le manuel fourni avec le caméscope.

Qui veut chatter ?

Les conversations en ligne permettent de communiquer avec d'autres personnes assises devant leur ordinateur connecté à Internet. Les chats ressemblent donc aux messageries instantanées. Toutefois, il s'agit d'une expérience très différente. Les chats ouvrent la porte à des inconnus. Vous pouvez donc être sollicité par n'importe qui. Il est par conséquent déconseillé aux enfants de chatter sur des chats. Il faut préférer des systèmes comme Windows Live Messenger qui permettent de communiquer uniquement avec des personnes autorisées, avec lesquelles vous avez échangé préalablement vos courriers électroniques, et que vous avez autorisées à vous contacter *via* une messagerie instantanée.

Cette forme de téléconférence ressemble à la radio CB (*Citizen Band*) et à l'ancien système de lignes téléphoniques partagées qui a eu son heure de gloire aux États-Unis, avant guerre, particulièrement dans les zones rurales, et dans les années 1970 en France.

On commence un chat en entrant dans un *salon de conversation* électronique, ou *canal*. Lorsque vous entrez dans un salon, l'écran affiche l'échange de conversation entre les participants. Vous pouvez intervenir dans la conversation en tapant vos messages et en cliquant Envoyer. Bien que les participants puissent tous taper en même temps, leurs propos s'affichent sur l'écran dans l'ordre de réception, accompagnés de l'identification de l'émetteur. Sur certains systèmes de chat comme AOL, chaque participant peut sélectionner une police de caractères et une couleur de texte pour ses commentaires.

Si une des personnes dans le salon vous intéresse particulièrement, vous pouvez demander à créer un *salon privé* ou *connexion directe*, pour une conversation privée entre vous et l'autre personne (guère différent de la messagerie instantanée). Il est aussi possible d'y être invité par un membre du salon. Il n'est pas rare que quelqu'un soit dans un salon de chat tout en tenant plusieurs conversations directes en même temps, bien que ce soit assez difficile à faire.

On peut aussi vous demander de rejoindre un salon de chat privé avec plusieurs autres personnes. Nous ne savons pas trop ce qui se passe dans ces salons car nous n'y avons jamais été invités.

Qui l'utilise ?

Les groupes de chat disponibles dépendent en partie de votre abonnement à Internet. Si vous êtes sur AOL, vous pouvez chatter avec d'autres utilisateurs AOL. Les groupes MSN (sur `http://groups.msn.com`) et Yahoo! (sur `http://fr.groups.yahoo.com`) comportent chacun un salon de chat. Il existe aussi de nombreux sites de chat basés Web qui proposent des salons accessibles à quiconque a accès au Web.

Chaque salon de chat a un nom. En général, le nom donne une indication des sujets abordés par les participants ou de ce qu'ils ont en commun.

N'oubliez pas aussi d'aller sur la page d'accueil de votre FAI. Il y a de grandes chances pour que vous y trouviez un lien Chat qui regroupe en général les abonnés de ce fournisseur d'accès, comme le montre la Figure 16.8 sur le site du fournisseur Free.

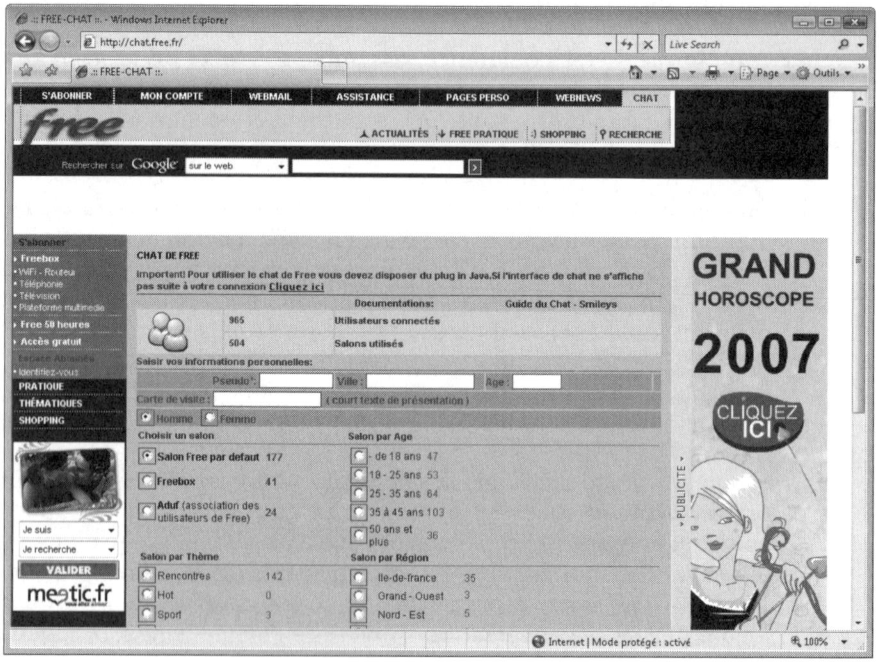

Figure 16.8 : Les FAI propose aussi des chats !

Qui suis-je ?

Quel que soit le moyen que vous utilisez, sachez qu'il faut adopter ici un pseudonyme avant de s'incorporer à un groupe. Les autres membres du groupe ne vous connaîtront que sous ce pseudo. Il doit, naturellement, être unique et éventuellement pittoresque. Sa durée de vie est souvent d'une seule session. Si, au cours d'une conversation, vous avez eu d'intéressants échanges avec *Concombre masqué*, rien ne vous garantit que, la prochaine fois, ce sera la même personne qui se présentera sous ce pseudo.

Cet anonymat doit vous inciter à certaines précautions. D'un autre côté, l'un des attraits de ces échanges anonymes est la possibilité d'y rencontrer des personnages nouveaux, parfois intéressants. Bien des amitiés sont nées d'une de ces rencontres.

Lorsque vous rejoignez un groupe, vous voyez quels sont les noms des participants déjà présents et une fenêtre contient le texte de la conversation en cours. Si le groupe est amical, quelqu'un vous envoie généralement un message de bienvenue, car tout le monde est prévenu de votre entrée dans le groupe.

Comme dans la vie courante, dans un « salon » rempli d'étrangers, il peut s'y trouver des gens qui ne vous plaisent pas. Certains tirent parti de cet anonymat pour adopter une attitude qu'ils n'oseraient pas afficher s'ils agissaient à découvert. Aussi, par prudence, ne laissez pas vos enfants s'aventurer inconsidérément dans ces lieux pas toujours bien famés. Lorsque vous ferez vos premiers pas dans cet univers, sans doute découvrirez-vous un certain nombre de ces salons peu fréquentables mais, d'un autre côté, vous en trouverez peut-être bien d'autres recommandables à plus d'un titre.

Les moyens de chatter

Les premiers salons de chat étaient composés de personnes tapant des messages adressés les uns aux autres. Les systèmes de chat plus récents intègrent le chat vocal, qui nécessite d'avoir un microphone et des enceintes branchés sur l'ordinateur, et même le chat vidéo.

Votre premier salon de conversation

Votre première entrée dans un salon de conversation peut vous sembler dépourvue d'intérêt, frustrante ou décevante. Voici quelques-unes des choses que vous devez savoir avant de vous y aventurer :

- Souvenez-vous qu'au moment où vous entrez dans ce salon, une conversation est probablement déjà en cours.
- Attendez une minute ou deux avant de vous présenter. Vous aurez ainsi pu voir sur votre écran le type de conversation qui est en cours et comprendre de quoi on parle avant d'entrer vous-même dans le débat.
- Commencez par suivre ce que « dit » un seul des participants. Puis regardez ce que « disent » ceux qui lui répondent.
- Une fois que vous aurez suivi le cours d'un échange, intéressez-vous à un autre.
- Certains services, parmi lesquels AOL, vous permettent d'afficher d'une façon particulière (en surbrillance, par exemple) les messages d'un ou de plusieurs participants. De cette façon, il est plus facile de suivre ce qui se dit.

- Vous pouvez également indiquer les pseudos des participants dont vous voulez ignorer les propos. Leurs messages ne seront plus affichés sur votre écran, mais les répliques des autres participants continueront de l'être.
- En faisant défiler votre écran vers le haut, vous pouvez prendre connaissance des messages plus anciens. Les nouveaux messages ne seront affichés que lorsque vous reviendrez à la position initiale de votre écran.

L'étiquette à observer

TRUC

L'étiquette qui a cours ici n'est pas tellement différente de celle qui prévaut pour le courrier électronique. Le bon sens doit être votre guide. Voici quelques particularités :

- La première règle à observer est de ne blesser quiconque. À l'autre bout de la connexion, il y a une vraie personne, avec de vrais sentiments.
- La deuxième règle est d'être prudent. Vous n'avez aucune idée de la personnalité de votre interlocuteur. Lisez la section suivante, « Sécurité d'abord », pour comprendre ce que nous voulons dire.
- Avant d'envoyer un message, commencez par lire quelques échanges. Comme pour les groupes de discussion, s'informer et observer sans rien dire porte un nom : *lurking*.
- Faites des messages courts et précis.
- N'insultez personne et ne vous exprimez pas de façon grossière, voire ordurière.
- Créez un *profil* qui vous situe. La plupart des logiciels ont une fonction pour créer ce profil (sorte de carte de visite à laquelle les autres membres peuvent accéder). Mais attention, restez réservé et n'y indiquez ni votre patronyme, ni votre adresse, ni votre numéro de téléphone. Cette précaution est particulièrement indispensable pour les enfants qui, en outre, ne doivent pas non plus indiquer leur âge, la ville où ils habitent et l'école et les lieux qu'ils fréquentent.
- Si vous n'avez pas à tout dire sur vous, tout ce que vous dites doit être véridique. L'unique exception est le chat « jeu de rôle » où chacun agit en tant que personnage imaginaire.

- Si vous voulez parler à quelqu'un en privé, envoyez-lui un message lui disant qui vous êtes et ce que vous lui voulez.
- Si le ton d'un de ces salons de conversation vous offusque, quittez-le et essayez-en un autre. De même que, dans la vie courante, il y aura des personnes que vous souhaiterez éviter et d'autres avec lesquelles vous vous sentirez à l'aise.

Sécurité d'abord

ATTENTION !

Voici quelques indications utiles pour avoir des conversations sûres et chaleureuses :

- Beaucoup d'habitués de ces groupes mentent au sujet de leur travail, de leur âge, de l'endroit où ils résident et – mais oui ! – même de leur sexe. Certains trouvent cela malin, d'autres réalisent leurs fantasmes. Mais il existe aussi des gens qui ont seulement l'esprit un peu dérangé.
- Méfiez-vous des propos qui pourraient en révéler un peu plus que vous ne le souhaitez sur votre personnalité réelle (lieu de travail, résidence, numéro de téléphone, par exemple).
- Ne communiquez votre mot de passe à personne. D'ailleurs, personne ne devrait vous le demander. Si quelqu'un le fait, avertissez-en votre fournisseur d'accès. Nous avons reçu une fois un message disant : « Il y a eu un gros problème de sécurité et nous avons besoin de votre mot de passe pour nous aider à déterminer l'origine de ce problème. » Si vous recevez un message de ce genre, quelle que soit votre activité sur le Net à ce moment – *chat room* ou quoi que ce soit d'autre –, informez-en immédiatement les responsables de votre fournisseur d'accès. Personne n'a le droit de vous demander votre mot de passe.
- Si le système de causerie que vous utilisez offre des profils et que quelqu'un qui n'en a pas créé un à son usage demande à vous parler, méfiez-vous.
- Les enfants ne doivent **jamais** accepter de rencontrer quelqu'un hors de la présence de leurs parents et ne doivent pas divulguer d'informations sur les membres de leur famille, même et surtout si on leur promet une récompense.
- Si un de vos enfants utilise le chat, comprenez bien que n'importe qui peut tenter de lui proposer une rencontre. Informez-le des dangers potentiels que cela peut présenter pour lui.

Si vous décidez de rencontrer en chair et en os un de vos interlocuteurs du Net, soyez prudent et agissez comme vous le feriez si vous deviez rencontrer quelqu'un que vous avez connu par les petites annonces de la presse écrite :

- N'acceptez pas de le (la) rencontrer avant de lui avoir parlé plusieurs fois et de lui avoir téléphoné auparavant.
- Choisissez un lieu public bien éclairé pour cette rencontre.
- Amenez un ami avec vous, si c'est possible. Sinon, informez au moins quelqu'un de votre entourage de ce que vous allez faire et convenez de l'appeler au téléphone à une certaine heure.
- Si vous devez faire un voyage pour rencontrer quelqu'un, prenez une chambre dans un hôtel. N'acceptez pas une invitation à son domicile.

Abréviations courantes et smileys

Il n'y a pas trente-six sortes d'abréviations et ce sont les mêmes que l'on utilise pour le courrier électronique ou dans les salons de conversation. Tout au plus, le caractère dynamique de ces derniers incite-t-il à en créer de nouvelles, plus spécifiques. Le Tableau 16.1 vous propose une liste d'abréviations courantes et de *smileys*. Rappelons que, pour interpréter ces derniers, il faut pencher la tête du côté gauche et... avoir quelques notions d'anglais.

Tableau 16.1 : Abréviations et smileys.

Abréviation	Signification anglaise	Traduction française
AFK	*Away From Keyboard*	Loin du clavier
A/S/L	*Age/Sex/Location*	Âge/Sexe/Résidence (une réponse pourrait être 35/m/Paris)
BAK	*Back At Keyboard*	De retour au clavier
BBIAF	*Be Back In A Flash*	Je reviens dans un court instant
BBL	*Be Back Later*	Je reviendrai plus tard
BRB	*Be Right Back*	Je reviens tout de suite
CYBER	*cyber*	Conversation de nature lascive (raccourci de cybersexe)
GMTA	*Great Minds Think Alike*	Les grands esprits se rencontrent
IC	*In Character*	Dans un rôle
IGGIE		Ignorer une personne, par exemple « J'ai iggié SmartMouthSam »
IM	*Instant Message*	Message rapide

Tableau 16.1 : Abréviations et smileys (*suite*).

Abréviation	Signification anglaise	Traduction française
J/K	*Just Kidding*	C'était pour rire
LTNS	*Longtime No See*	Il y a longtemps que je ne vous ai vu
LOL	*Laughing Out Loud*	J'en rigole encore
M4M	*Men For Men*	Hommes recherchant d'autres hommes
MDR	-	Mort de rire
NP	*No Problem*	Ça baigne !
OOC	*Out Of Character*	Hors du personnage
PM	*Private Message*	Message privé (même chose que messagerie instantanée)
RL	*Real Life*	Vie réelle (inverse de RP)
ROTFL	*Rolling On the Floor Laughing*	Je suis écroulé de rire
RP	*Role Play*	Jeu de rôle (jouer un personnage)
TOS	*Term Of Service*	Conditions générales (par exemple concernant la souscription d'un abonnement à un fournisseur d'accès)
TTFN	*Ta-Ta For Now*	À la prochaine ! (Généralement remplacé, en France, par « A + » : à plus tard.)
WAV	*Wave file*	Fichier audio
WB	*Welcome Back*	Bienvenue à nouveau
WTG	*Way To Go*	La bonne voie
:D		Large sourire
:) ou :-)		Autres formes de sourires
;)		Clin d'œil
{{{{bob}}}}		Dans mes bras, Bob !
:(ou :-(		Froncement de sourcils
:'(		Pleurs
:~~(		En larmes
0:)		Un ange
}:>		Le diable
:P		J'en ai l'eau à la bouche
:P~~		J'en bave de convoitise
*** ou xox		Baisers
<---		Marque une action (<--- manger une pizza, par exemple)

D'autres abréviations courantes n'ont de sens que dans des phrases en anglais. Elles sont généralement basées sur des équivalents phonétiques : "2" pour *to* ou *too*, « 4 » pour *for*, « u » pour *you*, « r » pour *are*, « rdy » pour *ready*, *etc.*

En cas de problèmes

Certains profitent de l'anonymat pour agir de façon répréhensible. Si cela vous arrive, vous avez le choix entre plusieurs attitudes, cinq bonnes et une... moins bonne :

- Allez dans un autre salon de conversation. Certains sont désagréables, pour ne pas dire plus. Inutile de vous y attarder.
- Ne prêtez pas attention aux fauteurs de troubles et continuez de bavarder avec les autres interlocuteurs.
- Faites disparaître les gêneurs de votre écran. Avec AOL, par exemple, double-cliquez le nom d'écran de « l'empêcheur de causer en rond » puis la boîte Ignorer ses messages. La méthode est quasi identique sur tous les systèmes (autre exemple : sur le chat de Wanadoo, cliquez le nom de la personne, puis le bouton Ignorer).
- Faites une réclamation auprès de votre fournisseur d'accès. Cette technique est plus efficace pour les fournisseurs de contenu comme AOL.
- Si vous pensez que quelqu'un est physiquement en danger ou que des enfants sont exploités, vous devez rapporter le fait à la police comme vous le feriez pour n'importe quelle autre activité criminelle.
- La mauvaise option : répondez sur le même ton. Cela aura pour effet d'attirer l'attention sur le gêneur, ce qui est précisément ce qu'il cherchait et vous risquez d'être celui qui sera éjecté du groupe.

Causons

Il est facile de démarrer un chat sur un service en ligne comme AOL. Cette section aborde le chat sur AOL et le chat basé Web.

Chat sur AOL

Lorsque vous chattez sur AOL, la conversation se tient avec d'autres utilisateurs AOL. Pour chatter sur AOL, vous devez télécharger AIM (voir plus haut). Ensuite, connectez-vous au site `http://www.aim.aol.fr/chats.htm`. Cliquez le nom d'un chat qui vous intéresse. Comme le montre la Figure 16.9, les chats sont classés par catégories, c'est-à-dire centres d'intérêt.

Figure 16.9 : Choisissez le chat AOL dans lequel vous désirez discuter.

Figure 16.10 : Pénétrez facilement dans un chat.

Dès que vous cliquez le lien correspondant à un salon de discussion, vous affichez une nouvelle page où l'on vous invite à télécharger AIM. Si vous possédez déjà ce logiciel de messagerie instantanée, cliquez Entrer dans le Chat <nom du chat sélectionné>, comme à la Figure 16.10.

Pour envoyer un message, cliquez dans la case vide en bas de la fenêtre, tapez votre message et appuyez sur Entrée ou cliquez Envoyer. Votre message apparaît dans la zone de conversation, comme le montre la Figure 16.11. Lorsque vous avez fini de chatter, refermez simplement la fenêtre de chat.

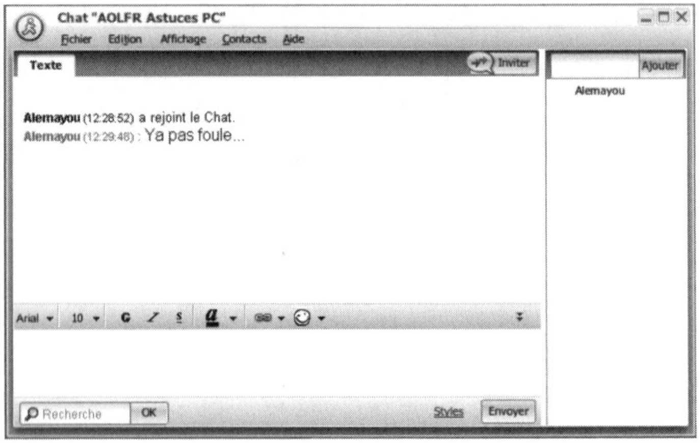

Figure 16.11 : Et la conversation peut commencer !

Voyons qui est là

Si vous voulez apprendre quelque chose sur les autres occupants de la pièce, effectuez un clic-droit sur leur nom dans la liste des participants (à droite). Dans le menu contextuel, choisissez Infos sur un contact. Ceci ouvre une fenêtre d'informations. Bien entendu, vous ne disposez que de données saisies par l'utilisateur. Rien ne prouve qu'elles sont exactes. Cette fenêtre vous permet également d'envoyer à cette personne un courrier électronique ou un message instantané, de bloquer ses courriers électroniques ou ses messages instantanés, ou de l'ajouter à votre carnet d'adresses AOL ou votre liste de contacts AIM. Si vous ne voulez pas voir les messages de chat de cette personne, faites un clic-droit sur le pseudonyme, puis sur la commande Ignorer. Cette technique est un bon moyen pour arrêter de recevoir des messages de personnes ennuyeuses.

Qui suis-je et que fais-je ici ?

Vous êtes identifié par votre pseudonyme qui est normalement le *pseudonyme principal*, celui que vous avez créé lors de votre inscription à AOL.

Pour des raisons de confidentialité, de nombreuses personnes utilisent un pseudonyme différent lorsqu'elles chattent. Pour chaque compte AOL, vous avez le droit de créer sept pseudonymes différents. Un des pseudonymes est le pseudonyme principal, qui ne peut pas être changé. Pour ajouter ou changer des pseudonymes, vous devez vous connecter à AOL avec votre pseudonyme principal. Une fois que vous avez défini d'autres pseudonymes et mots de passe, vous pouvez vous connecter à AOL en utilisant les autres noms. Chaque pseudonyme possède sa propre boîte aux lettres. Vous pouvez utiliser des pseudonymes pour les différents membres de votre famille ou vos différentes personnalités (par exemple, côté professionnel et côté privé).

Cessez de m'importuner !

Supposons que, lorsque vous chattez sur AOL, un message instantané de sexygirl2546787 s'affiche toutes les trente secondes et que vous n'ayez pas envie de parler avec cet individu. Voici comment vous débarrasser de cet intrus :

1. **Dans la fenêtre de la messagerie instantanée, cliquez Edition/Préférences.**

2. **Dans la fenêtre Préférences, cliquez Confidentialité comme à la Figure 16.12.**

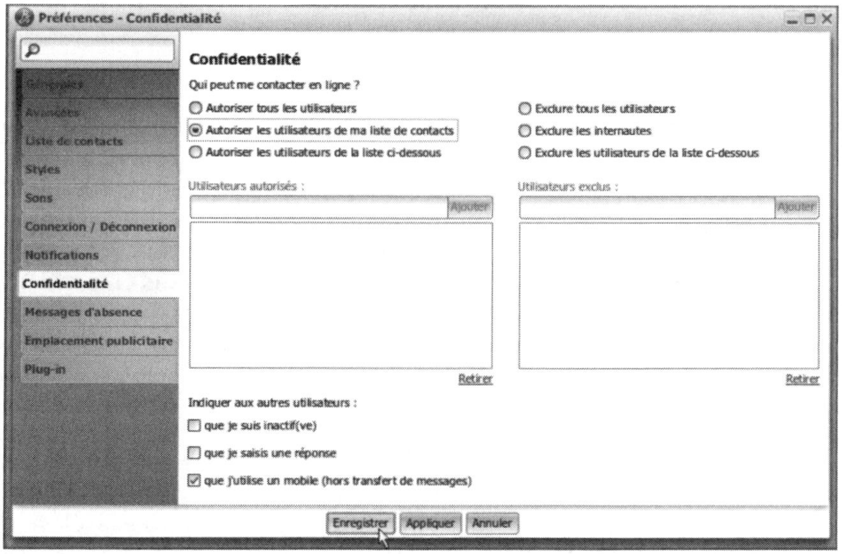

Figure 16.12 : Protégez-vous des chatteurs inopportuns.

3. **Activez l'option Autoriser les utilisateurs de ma liste de contacts.**

4. **Enfin, cliquez Enregistrer et fermez la fenêtre Préférences.**

Salons créés par les membres

Dans la page Web `www.aim.aol.fr/chats.htm`, cliquez le lien Créez votre chat privé. Puis tapez le nom du salon privé à créer, et cliquez OK. Invitez des personnes à vous y rejoindre, par messagerie instantanée.

Chats privés

Les noms des salons privés ne sont pas révélés. Pour y entrer, vous devez connaître son nom. En d'autres termes, quelqu'un doit vous inviter à vous y rendre.

Les salons privés permettent de parler plus intimement, il y a peu de risques qu'un étranger s'immisce. Plusieurs personnes peuvent se mettre d'accord pour créer un salon privé et s'y rencontrer.

Les salons privés ont mauvaise réputation. Si vous y êtes invité, veillez à rester anonyme. Rappelons que ce que les autres personnes disent d'elles-mêmes n'est pas forcément vrai. Si vous entrez dans un salon de chat privé avec quelqu'un que vous ne connaissez pas, ne soyez pas surpris si le ton change vite et que la conversation prend une mauvaise tournure.

Appeler la flicaille d'AOL

Le lien Avertir AOL est visible dans l'angle inférieur droit de la page Web `www.aim.aol.fr/chats.htm`. Si vous pensez que quelqu'un viole les conditions d'utilisation d'AOL en vous demandant votre mot de passe ou numéro de carte bancaire, par son langage peu révérencieux ou tout autre comportement déplacé, vous pouvez en avertir AOL (passer du chat au clavier à la plume du corbeau ne tient qu'à un clic). Lorsque vous cliquez le lien Avertir AOL, une fenêtre s'affiche pour recueillir les informations nécessaires : par exemple, la catégorie de chat et le salon où vous vous trouvez, l'extrait de chat offensant (à coller dans la zone adéquate) et le pseudonyme de la personne à signaler. Cliquez ensuite Avertir AOL.

En raison de cette politique et du pouvoir d'AOL à fermer (de façon définitive) les comptes des personnes ne respectant pas les règles, les salons de chat AOL ont bonne réputation. Le nombre d'abonnés AOL est si élevé qu'il est fort probable que vous trouverez un salon de chat répondant à vos besoins.

« Tchatcher » sur le Web

De nombreux sites Web offrent un moyen de converser en direct *via* votre navigateur. Certains exigent que vous téléchargiez un *plug-in* ou un contrôle ActiveX pour permettre à votre navigateur de tchatcher (reportez-vous au Chapitre 7 pour en savoir plus sur ces *plug-ins*). D'autres disposent de programmes de chat de type Java que votre navigateur peut exécuter directement.

Parmi les sites serveurs de chat figurent :

- Yahoo! Tchatche sur `http://fr.chat.yahoo.com`.
- Le serveur de chat de Wanadoo sur `www.orange.fr` (cliquez ensuite le lien t'Chat dans la catégorie Communiquer).
- Groupes MSN à `http://groups.msn.com`.

Bien entendu, de nombreux autres sites Web proposent d'autres salons de discussion ; à vous de faire votre marché.

Un réseau de communautés ou une communauté de réseaux

Certains sites Web ont créé leur propre quartier dans le grand village d'Internet. Il suffit de vous inscrire, puis de localiser d'autres personnes qui ont effectué la même démarche que vous, et bien entendu que vous connaissez. Chaque site indique le nombre de personnes appartenant au réseau. Bien que tous ces sites fassent à peu près la même chose, voici ceux que nous avons testés :

- `www.orkut.com` est un site en français qui fait partie de l'empire Google. Pour participer à Orkut, vous devez être parrainé par un de ses membres.
- `www.friendster.com` est parmi les plus populaires ; il permet de rester en contact avec des personnes de tous horizons (site en anglais).
- `www.viaduc.com` est destiné aux professionnels qui cherchent à nouer des contacts.

Téléphoner par Internet et chatter vocalement

Longtemps, nous avons attendu le vrai téléphone par Internet, et cette fois nous l'avons. Votre fournisseur d'accès Internet permet de connecter votre téléphone à son modem ADSL, et vous ne payez plus vos communications à France Télécom. Ceci n'est possible que sur les lignes dites *dégroupées*.

Avec le *dégroupage total*, les choses vont encore plus loin puisque vous n'êtes même plus abonné à France Télécom. Aujourd'hui, la majorité des opérateurs alternatifs proposent cette solution fort séduisante. Pour le montant d'un abonnement mensuel unique, vous avez à la fois Internet en haut débit et le téléphone gratuit (avec parfois la télévision).

La grande différence qui existe entre le téléphone et le chat vocal est que vous pouvez téléphoner ordinateur éteint, et surtout que tout le monde peut vous appeler sans attendre que vous soyez connecté à AOL Messenger, Yahoo! Messenger, Windows Live Messenger, et j'en passe. Le chat vocal exige un ordinateur, une carte son et un micro. De plus, pour communiquer, les deux interlocuteurs doivent être connectés en même temps. Le paradoxe est que, souvent, les gens – notamment les enfants – se téléphonent pour dire à leurs amis qu'ils vont sur le chat !

Enfin, il est également possible de téléphoner avec un système VoIP, c'est-à-dire *Voice Over IP*, « voix au travers du protocole Internet ». Le principe consiste à faire circuler sur Internet des paquets de données correspondant à des échantillons de voix numérisées.

Voici une liste de logiciels de voix IP :

- Annatel à `www.annatel.net/voip`.
- GnomeMeeting à `www.gnomemeeting.org`.
- Teamspeak à `www.goteamspeak.com`.
- Skype à `www.skype.com/intl/fr`.
- Wengo à `www.wengo.fr`.

À propos de Skype

Skype est un *freeware* luxembourgeois qu'il suffit de télécharger à l'adresse `www.skype.com/intl/fr` puis d'installer. Vous le configurez en toute gratuité et pouvez ainsi communiquer avec d'autres utilisateurs de Skype. Vous avez besoin d'un casque, d'un micro, ou mieux d'un micro-casque connecté à votre ordinateur. Si vous avez une connexion haut débit, la qualité de la voix sera excellente, meilleure que sur un téléphone classique. Enfin, si vous possédez une webcam, vous pourrez converser en vidéophonie avec correspondant, si bien sûr il est lui aussi équipé de cet accessoire.

Il est possible d'étendre les possibilités de Skype en payant une somme supplémentaire. Cela permet alors de communiquer avec d'autres personnes, notamment en les appelant sur leur téléphone fixe. Le prix de la communication est de 0.017 euro par minute partout dans le monde. Des offres de Skype proposent des crédits d'heures à partir de 10 euros. Bien sûr, ce tarif est invariable, quel que soit le pays vers lequel vous appelez.

Vous pouvez parler avec jusqu'à cinq personnes simultanément, combinant aussi bien des utilisateurs de Skype que des interlocuteurs téléphoniques. Skype a sa version personnelle de chat appelée Skype Me. Vous définissez un profil, configurez votre état en ligne et invitez des personnes à communiquer. Il existe des utilisateurs de Skype partout dans le monde. Avec de la chance, vous vous ferez de nouveaux amis.

Les communautés virtuelles

Le courrier électronique est un excellent moyen pour communiquer sur Internet – et c'est de loin le plus populaire. D'autres programmes Internet vous permettent de communiquer plus rapidement (en temps réel, c'est-à-dire en direct), à deux ou en groupe, comme nous l'avons vu avec les messageries instantanées. Si vous branchez un microphone et des enceintes sur votre ordinateur, vous pouvez même discuter *via* Internet, comme si vous téléphoniez – et presque gratuitement ! (Je rappelle que c'est une toute autre démarche que de téléphoner gratuitement avec les possibilités des boîtiers de connexion haut débit de nos FAI français.)

Il existe de nombreux moyens pour échanger en groupe sur Internet :

- Les listes de messagerie, où vous échangez des messages par courrier électronique.
- Les forums Web, où les messages sont affichés sur une page Web.

- Les groupes de discussion Usenet (*newsgroups*), que vous lisez avec un *lecteur de news*.

Listes de diffusion

Le principe de ces listes est très simple. La liste possède sa propre adresse électronique et tout ce qui est envoyé à cette adresse est transmis aux abonnés de la liste. Comme, à leur tour, ceux-ci répondent au courrier qu'ils reçoivent, il en résulte une véritable conversation.

Les listes ont chacune leur style propre. Certaines sont assez formelles, ne s'écartant pas du thème officiel de la liste. D'autres ont tendance à virevolter çà et là, abordant souvent des sujets bien étrangers au thème officiel de la liste. Pour en avoir une idée, le mieux est de lire ce qu'elles vous envoient pendant un petit moment.

On peut classer les listes de diffusion en trois catégories :

- **Discussions.** Chaque abonné peut « poster » un message. Ces listes permettent d'entretenir des discussions libres et peuvent même contenir certains messages hors sujet.
- **Modérées.** Un « modérateur » est une personne qui relit chaque message avant de le mettre dans le circuit de distribution. Il a le droit d'arrêter tout message sans rapport avec l'objet de la liste, redondant ou inutile, évitant ainsi aux abonnés à la liste toute perte de temps.
- **Annonces.** Seul le modérateur peut poster ce type de messages. C'est de cette façon que peuvent être diffusés par exemple des bulletins périodiques.

Inscription et désinscription

Une entité doit gérer les inscriptions ainsi que la distribution des messages à tous les abonnés. Cette tâche étant bien trop rébarbative pour être exécutée par un être humain, ce sont généralement des programmes qui s'en acquittent. Quelques listes sont encore gérées par des êtres humains et nous compatissons ! De nos jours, il est bien plus fréquent de recourir à une gestion automatisée, réservant l'attention d'un être humain aux cas difficiles. Les programmes de gestion automatique d'abonnement les plus utilisés s'appellent LISTSERV, Majordomo et ListProc. Nous étudierons chacun d'eux dans les sections suivantes.

S'abonner à une liste de diffusion ou s'en désabonner est extrêmement simple : il suffit d'envoyer un message par courrier électronique au programme serveur de la liste. Dans la mesure où c'est un programme qui lit le message, ce dernier doit être correctement formulé et formaté.

Gestion humaine

Il existe une convention largement respectée concernant l'adresse des listes gérées « manuellement ». Supposons que vous souhaitiez être au courant de tout ce qui concerne James Buchanan, quinzième président des États-Unis, le seul qui soit resté célibataire, et que le nom de la liste consacrée à sa célébration soit `buchanan-lovers@gurus.com`. L'adresse électronique du gestionnaire de la liste est très probablement `buchanan-lovers-request@gurus.com`. Autrement dit, il vous suffit d'ajouter *request* précédé d'un tiret, juste avant le @, au nom de la liste elle-même pour avoir l'adresse de son gestionnaire. Dans la mesure où la liste est gérée par un être doté d'intelligence (du moins, on peut le supposer), point n'est besoin de respecter un formalisme étroit pour souscrire votre abonnement. Le seul détail important, c'est de rester poli. Pour la liste qui nous concerne (en version anglaise), une formule du genre : *Please, add me to the buchanan-lovers list* fera l'affaire. Et pour demander à être rayé du nombre des destinataires, vous enverrez le message : *Please, remove me from the buchanan-lovers list.*

Les messages de ce genre sont lus et traités par des êtres humains à qui il arrive de manger, de boire, de dormir, parfois de travailler et souvent de faire encore d'autres choses dont la description n'a pas sa place dans un ouvrage d'une aussi haute tenue que celui que vous avez entre les mains. Tout cela pour que vous compreniez que ces gens-là n'ont pas que cela à faire et qu'il peut s'écouler plusieurs jours avant que votre requête soit examinée et prise en considération. En particulier, lorsque vous vous désabonnez, vous pouvez continuer à recevoir plusieurs messages de la liste avant que ne cesse cette diffusion.

S'inscrire aux listes

Pour savoir comment s'inscrire à une liste, ou comment se désinscrire, étudiez les instructions qui, avec un peu de chance, vous ont été fournies avec les informations reçues lors de votre inscription à la liste de diffusion.

Souscrire depuis le Web

Les programmes serveurs de listes récents permettent de s'inscrire, de se désinscrire et de modifier les paramètres de souscription depuis le Web. Par conséquent, ne soyez pas surpris qu'une liste de diffusion vous demande d'aller sur une page Web pour gérer votre abonnement. En cas de souscription en ligne, vous remplissez un formulaire dont vous validez les informations en cliquant le bouton Send, Envoyer ou encore Submit, voire Valider ou Soumettre.

ATTENTION !

Avant de vous inscrire, vérifiez qu'il est possible de se désinscrire.

Souscrire par mail

Pour les listes de messagerie qui répondent aux commandes par courrier électronique, vous vous inscrivez en envoyant un courrier à l'adresse du serveur de listes, quelque chose comme `listserv@nom.de.machine` ou `majordomo@nom.de.machine`, `nom.de.machine` étant le nom de l'ordinateur sur lequel se trouve la liste de diffusion. Pour vous inscrire, envoyez une commande comme celle-ci à l'adresse du serveur de listes :

```
subscribe nomdeliste votrenom
```

ou

```
subscribe nomdeliste
```

Lisez les instructions concernant la liste – certaines réclament votre nom, d'autres ne fonctionnent pas si vous l'incluez. Remplacez *nomdeliste* par le nom de la liste et *votrenom* par votre nom (pas votre adresse de courrier électronique). Tapez la commande sur la première ligne du message, pas dans la ligne du sujet.

Supposons que le nom de la liste qui vous intéresse soit LOUISXIV-L (les noms de listes gérées par LISTSERV se terminent généralement par -L) et que vous vous appeliez Pierre Kiroule. Pour vous abonner, vous enverrez le message :

```
subscribe LOUISXIV-L Pierre Kiroules
```

Vous n'avez pas besoin d'indiquer un sujet. La ligne ci-dessus suffit amplement.

Peu après avoir accompli cette formalité, vous allez recevoir un message de bienvenue, généré automatiquement, qui vous signale que vous avez rejoint la liste, accompagné de la description de quelques-unes des commandes que vous pouvez utiliser pour manipuler la liste. Il peut arriver que ce message vous demande de confirmer que vous l'avez bien reçu. Suivez alors les instructions données. C'est un moyen pour le programme de vérifier que votre adresse est correcte. Si vous n'envoyez pas la confirmation qui vous est demandée, votre inscription ne sera pas validée.

TRUC

Gardez ce message, et même imprimez-le, car vous risquez d'en avoir besoin plus tard, lorsque vous voudrez vous désabonner, par exemple. Nous avons un dossier intitulé Listes de diffusion dans lequel nous rangeons les messages de bienvenue de toutes les listes de diffusion auxquelles nous nous abonnons.

Une fois que vous êtes inscrit, vous pouvez envoyer un message à la liste en l'adressant à `LOUISXIV-L@machin.chose.truc`. Cette adresse est l'*adresse de la liste* et ne doit recevoir que les messages destinés aux membres de la liste. N'oubliez pas d'indiquer un sujet précis et évocateur de manière à ce que tous les destinataires de la liste sachent tout de suite si cela les intéresse ou non.

Se désinscrire des listes

Pour vous désinscrire d'une liste, il faut écrire à l'adresse du serveur de la liste, cette fois en envoyant cette ligne dans le texte du message (pas la ligne du sujet) :

```
signoff nomdeliste
```

ou

```
unsubscribe nomdeliste
```

Utilisez le véritable nom de la liste. Vous n'avez pas à indiquer votre nom.

L'inscription et la désinscription à certaines listes sont plus difficiles. Généralement, il suffit de demander à s'inscrire à une liste pour être effectivement inscrit. Dans certains cas, cependant, la liste n'est pas ouverte à tous, et l'humain qui gère la liste étudie les demandes d'inscription, auquel cas vous recevrez éventuellement un message du gestionnaire de liste pour parler de votre demande d'inscription.

Commandes pour listes de diffusion

La majorité des serveurs de listes reconnaissent d'autres commandes, notamment des commandes pour suspendre votre courrier pendant un temps, pour vous envoyer un message quotidien regroupant tous les messages du jour et pour recevoir la liste des abonnés. Pour les commandes exactes, qui varient selon le logiciel serveur de listes, voyez les instructions reçues lors de votre inscription à la liste. Mais peut-être n'avez-vous pas conservé le message de bienvenue... ?

Envoyer des messages à des listes de diffusion

Bien. Vous voilà abonné à une liste de diffusion. Qu'allez-vous faire ? Attendez une petite semaine pour voir quelles sortes de messages circulent sur la liste. De cette façon, vous aurez une juste idée de ce qu'on peut envoyer et de ce qu'il faut éviter d'écrire. Lorsque vous penserez que vous en avez assez vu pour éviter de vous trouver en porte-à-faux, essayez de *poster* quelque chose. C'est très facile : il n'y a qu'à utiliser votre logiciel de courrier pour écrire un message. L'adresse de la liste est la même que le nom de la liste, `chickens@gurus.com` par exemple. N'oubliez pas que des centaines – voire des milliers – de gens vont lire vos perles de sagesse. Aussi, essayez au moins d'éviter les fautes d'orthographe. Sur les listes les plus fréquentées, vous aurez peut-être une réponse dans les minutes qui suivront l'envoi de votre message.

Il existe des listes où il est d'usage que le nouvel abonné envoie un message pour se présenter et indiquer brièvement quels sont les domaines qui l'intéressent. Cette coutume n'est pas universelle, alors attendez d'y être invité. Une fois que vous serez dans le bain depuis quelque temps, tout cela vous paraîtra évident.

Dans certaines listes de diffusion, il existe des règles déterminant qui a le droit d'envoyer des messages : ce n'est pas parce que vous figurez sur la liste que les messages que vous envoyez seront diffusés à la communauté. Certaines listes sont dites *modérées*. Tout message que vous envoyez parvient d'abord à un *modérateur* qui décide souverainement si votre message peut ou non être diffusé. Cela peut paraître un peu fasciste, mais dans la pratique, cela rend la liste mille fois plus intéressante parce qu'un bon modérateur peut facilement en retirer ce qui n'est pas intéressant ou hors sujet. On peut d'ailleurs noter que ceux qui se plaignent le plus de cette modération sont précisément ceux qui envoient des messages inutiles, peu dignes d'intérêt ou hors sujet.

Il y a une autre règle qui stipule que seuls certains membres dont l'adresse apparaît sur la liste ont le droit d'envoyer des messages. Cela évite le *spamming*. Si votre adresse de *mailing* change, vous devez souscrire un nouvel abonnement, sinon vous ne pourrez pas poster de message.

Les finesses de la dialectique

Il peut vous arriver de recevoir, dans le flot d'une liste, un message spécialement intéressant auquel vous souhaiteriez apporter une réponse ou un commentaire. Mais, lorsque vous allez poster votre texte, devez-vous l'adresser à l'auteur ou à la communauté ? Autrement dit, à quelle adresse électronique devez-vous l'envoyer ? La moitié des « maîtres de liste » font en sorte que la réponse aille directement à l'auteur du message original ; l'autre moitié la dirige vers l'ensemble des destinataires de la liste.

ATTENTION !

Boing !

Les comptes utilisateur et les adresses électroniques vont et viennent. Il s'en crée de nouveaux, certains disparaissent quelquefois et nombreux sont ceux qui changent fréquemment. Si vous envoyez un message à une liste, il risque d'être acheminé vers une adresse électronique qui n'est plus valable, ce qui donnera lieu à un message signalant l'erreur. Normalement, les gestionnaires de listes (les personnes physiques et les ordinateurs) essaient de repérer ce type d'erreur pour pouvoir les rectifier à temps, mais il arrive néanmoins que tel ou tel système de liste, particulièrement borné, continue à vous faire parvenir ces messages d'erreur. Contentez-vous de les ignorer ; ils sont hors de propos et vous ne pouvez rien y faire de toute façon.

Il se peut que vous receviez un message du type « *I'm away on vacation*" (je suis en vacances) ou "*Click here if you're not a spammer*" (cliquez ici si vous n'êtes pas un *polluposteur*) en réponse à un message envoyé à la liste. N'y répondez pas car les programmes répondeur en cas d'absence et les programmes antispam ne sont pas censés répondre aux messages de listes : transmettez au gestionnaire de liste pour qu'il suspende l'inscription des utilisateurs concernés jusqu'à ce qu'ils reprennent le contrôle de leur logiciel.

Par bonheur, vous avez le choix. Lorsque vous rédigez une réponse, votre logiciel de courrier vous indique à quelle adresse il compte l'envoyer. Vous avez toujours la possibilité de modifier cette adresse. Vérifiez aussi l'adresse du destinataire en copie s'il y en a une.

Pendant que vous y êtes, il serait peut-être bon de modifier le sujet original du message. Après quelques tours de réponses et de réponses aux réponses, le sujet de la discussion est souvent bien loin de l'objet de départ. Aussi, une petite mise à jour, décrivant plus précisément le sujet en cours, est souvent la bienvenue.

Comment éviter d'avoir l'air idiot

Une fois inscrit à une liste, ne postez rien avant de l'avoir lue pendant une semaine. Faites-nous confiance : la liste a longtemps vécu sans vos considérations, elle peut encore faire sans vous pendant une semaine.

Vous découvrirez ainsi les sujets réellement débattus, le ton de la liste, *etc.* Cela vous donne aussi une bonne idée des sujets usés. La gaffe classique du nouveau venu est de s'inscrire et d'envoyer immédiatement un message posant une question idiote, assez éloignée du sujet et qui a été débattue à mort trois jours plus tôt. Prenez votre temps, ne laissez pas cette situation vous arriver.

La gaffe numéro deux du nouveau venu est d'envoyer un message directement à la liste pour s'inscrire ou se désinscrire. Ce type de message doit être adressé au gestionnaire de liste ou au programme serveur de listes, *pas* à la liste elle-même.

Une dernière chose à ne pas faire : si vous n'appréciez pas les messages d'un participant (par exemple, un nouveau poste, des messages vides ou des messages « désinscrivez-moi), ne gaspillez pas le temps des autres en postant une réponse sur la liste. La seule chose plus stupide qu'un message stupide est un message de plainte. Envoyez plutôt un courrier électronique à la personne *en privé* et demandez-lui d'arrêter ou envoyez un courrier électronique au gestionnaire de liste lui demandant d'intervenir.

Discussions sur le Web : participer aux forums

Les listes de messagerie conviennent lorsque vous voulez recevoir les messages par courrier électronique, mais certaines personnes trouvent plus pratique de lire les messages de la communauté sur le Web. Les *forums* sont des groupes de discussion basés Web, qui postent leurs messages sur un site Web. On les appelle aussi *forums de discussion* ou *communautés*. Comme les listes de messagerie, certains forums ne sont consultables que par les abonnés, certains autorisent uniquement les abonnés à participer et certains sont modérés (c'est-à-dire qu'un modérateur doit approuver les messages avant qu'ils n'apparaissent sur le forum). D'autres forums sont totalement ouverts, n'importe qui peut poster à tout moment et il n'existe pas de réelle continuité dans les messages, ni de sentiment de communauté entre les personnes qui participent.

De nombreux sites Web hébergent des forums. Certains sites Web sont dédiés à l'hébergement de forums sur de nombreux sujets. Certains forums peuvent vous envoyer les messages par courrier électronique, ce sont des sortes d'hybrides de forums et de listes de messagerie.

Quelques sites de discussion

Voici deux sites parmi nos préférés :

Yahoo! Groupes sur http://fr.groups.yahoo.com

Yahoo! Groupes abrite des forums et des bibliothèques de fichiers, vous pouvez lire les messages soit sur le site Web, soit par courrier électronique – au choix lorsque vous vous inscrivez à un groupe (la Figure 16.13 montre la page d'accueil de Yahoo! Groupes). Les groupes Yahoo! proposent également une fonction d'agenda pour les événements liés au groupe et des salons de chat sur le site. Pour vous inscrire, vous devez d'abord obtenir un ID Yahoo! (gratuit), qui donne aussi droit à une boîte aux lettres et un espace Web gratuits. Vous pouvez créer votre propre groupe Yahoo! : soit un groupe public ouvert à tous, soit un groupe privé pour votre association ou votre famille.

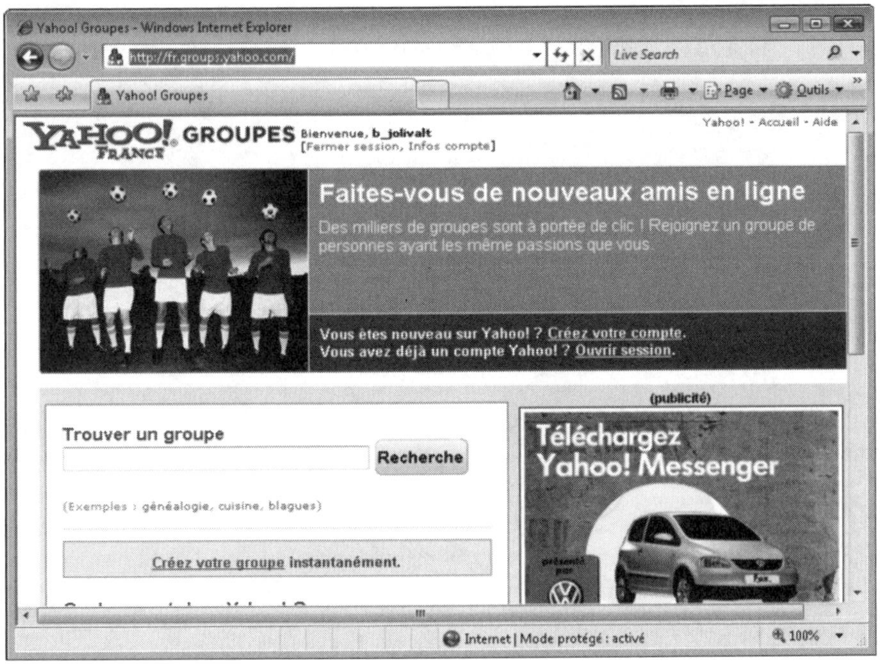

Figure 16.13 : Les groupes Yahoo! proposent des forums et salons de chat sur une stupéfiante variété de sujets.

MSN Groupes sur http://groups.msn.com

MSN Groupes propose des forums, des salons de chat et autres informations (Figure 16.14). Pour vous joindre à un groupe, ou en trouver un, vous pouvez effectuer une recherche à partir d'un mot ou d'une phrase. L'adhésion à un groupe passe par la souscription à un Passeport .NET gratuit, comme nous l'expliquons plus haut dans ce chapitre.

Inscription et participation

Pour vous inscrire à une communauté sur un de ces sites Web, suivez tout simplement les instructions indiquées sur le site. Certains sites Web communautaires permettent de lire les messages postés sur leurs listes sans y être inscrit. La lecture se fait en cliquant sur des liens pour afficher les messages dans votre navigateur Web.

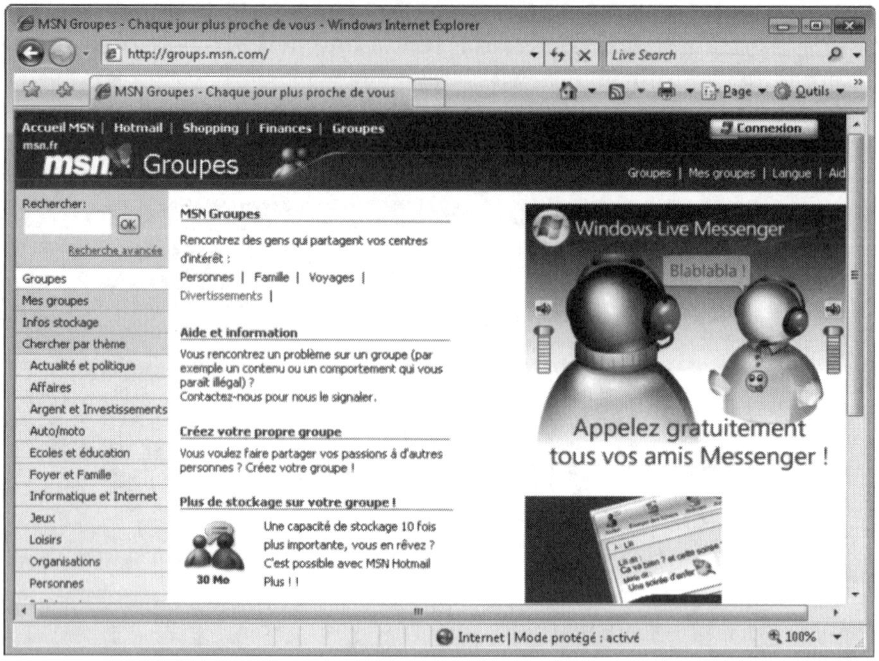

Figure 16.14 : Les groupes de discussion de MSN.

Il est aussi possible de créer vos propres listes de messagerie ou forums. La gratuité vient du fait que ces sites affichent des publicités dans les pages Web, certains insèrent des publicités dans les messages postés vers la liste. Si vous avez une caractéristique (travail, intérêt, maladie) inhabituelle, vous aurez peut-être envie de créer votre propre liste, ou de créer une liste que votre association ou votre famille utilisera pour des échanges en ligne.

Quelques listes intéressantes

Des dizaines de milliers de communautés – sous forme de listes de messagerie ou de forums – existent sur le Net. C'est en partie dû au fait que de très nombreuses listes sont destinées uniquement à des groupes de particuliers.

Vous trouverez des communautés en recherchant sur le Web (Chapitre 8) les mots *liste de messagerie* (ou *mailing list*), *communauté* (ou *community*), *forum* (ou *message board*). Vous pouvez également vous rendre sur `http://fr.groups.yahoo.com`, `http://forums.voila.fr` ou `http://groups.msn.com` et faire une recherche sur votre sujet.

Cinquième partie

Autres aspects essentiels d'Internet

"Parfait pour la page d'accueil du site de la clinique. Tire un peu plus... encore un peu..."

Dans cette partie...

Il reste certaines activités du Web que nous n'avons pas su placer ailleurs que dans une partie qui leur est réservée. Vous y découvrirez notamment comment créer un site Web et développer un blog de manière à participer à cette pléthore d'informations vaillamment véhiculée par le Web.

Chapitre 17

Créer une page Web

Dans ce chapitre :

- Les bases de toute page Web.
- Utiliser Mozilla Composeur ou Microsoft Word pour créer des pages.
- Le pied à l'étrier.
- Publier ou périr.
- Blogs et wikis : l'édition Web simplifiée.
- Faire connaître vos pages.

Les utilisateurs du Web finissent toujours par rêver de posséder leur propre site Web. Il se compose en général d'un ensemble de pages dont la première est appelée *page d'accueil.* Beaucoup de particuliers, d'associations et d'entreprises ont leur page d'accueil. Qui, de nos jours, n'a pas la sienne ? Vous pouvez visiter celle de Carol à l'adresse `www.carolbaroudi.com`, celle de John à `www.johnlevine.com`, celle de Margy à `www.gurus.com/margy`, celle d'Internet Gurus Central à `http://net.gurus.com` et celle des éditions First Interactive à `www.efirst.com`. Vous voulez avoir la vôtre ? Lisez ce qui suit !

Bien qu'il ne soit guère sorcier de créer une page Web, cela peut sembler compliqué aux nouveaux venus en informatique. Vous savez utiliser un traitement de texte ? Alors vous pouvez créer une page d'accueil simple avec Word ou n'importe quel autre traitement de texte !

NOTE TECHNIQUE

Quelques mots sur le langage HTML (si ça vous intéresse)

Que signifie *HTML* ? Ce sont les initiales de *HyperText Markup Language* (langage hypertexte à balises), la langue native du World Wide Web. Les pages Web se composent de texte et d'images mélangés et mis en forme à l'aide de balises (ou marqueurs) HTML. Dans votre infinie sagesse, vous avez bien fait d'attendre qu'apparaissent des programmes suffisamment "intelligents" pour vous permettre de créer des pages Web sans avoir à apprendre l'usage des balises HTML.

Toutefois, si vous projetez d'écrire de nombreuses pages Web, vous devrez apprendre le langage HTML. Si la création de pages interactives complexes exige une bonne connaissance de la programmation en HTML et d'autres langages plus complexes, comme DHTML, XML, JavaScript ou encore ActionScript, les bases ne sont pas très compliquées. Tenez, le code HTML pour mettre le terme "compliquées" en italiques est </I>compliquées</I> (<I> signifiant "Italique") ! Si vous décidez de vous lancer professionnellement dans la création de pages Web, sachez que des livres entiers ont été écrits sur ce sujet. Toutefois, nous vous recommandons de choisir des ouvrages récents, car ce domaine évolue très vite.

La création de pages Web

Si une page d'accueil est toujours une page Web, l'inverse n'est pas vrai. Nous allons donc vous montrer comment créer une page Web, qu'il s'agisse ou non d'une page d'accueil, et comment être rapidement et facilement présent sur le Web.

Avez-vous besoin d'une simple page d'accueil ou de beaucoup plus ?

Un site Web est un enchaînement de pages auxquelles l'internaute accède en cliquant des liens hypertextes. La question qui se pose lorsque l'on veut créer un site est de savoir si une seule page peut suffire ou non à votre existence sur la toile.

Lorsque l'on a peu d'informations à communiquer, une simple page d'accueil peut remplir la fonction que vous attendez, à votre niveau, du Web. La page d'accueil est toujours la première page qui s'affiche sous les yeux des visiteurs. Soit elle distille toutes les informations que vous désirez exposer, soit elle sert à envoyer l'internaute vers les autres pages de votre site. Par exemple, si vous avez écrit un essai sur les tomates farcies, vous pouvez créer un site composé de quatre pages :

- La page d'accueil qui affiche les liens vers les autres pages du site, c'est-à-dire les autres rubriques.
- Une page sur l'histoire de la tomate.
- Une page sur la préparation de la farce.
- Une page sur la recette elle-même.

ATTENTION !

Ne présumez jamais que tous les visiteurs accéderont à votre site depuis la page d'accueil. Certains y arriveront après une recherche sur Google et peut-être seront-ils directement dirigés sur la page de la recette. Vous devez considérer chaque page comme une page d'accueil potentielle à partir de laquelle chacun trouvera des liens vers les autres pages du site.

Les grandes étapes

Les principales étapes de la création d'un site Web sont très simples :

1. **Créez quelques pages Web.**

   Soyez simple et modeste : commencez par une seule page. Si n'importe quel éditeur ou traitement de texte peut faire l'affaire, de nombreux outils spécialement conçus à cet effet sont disponibles, pour la plupart gratuitement, alors n'hésitez pas à les utiliser. Enregistrez ensuite les pages sur votre disque dur.

2. **Testez vos pages localement, sur votre propre navigateur.**

   Avant d'exposer votre œuvre au public, assurez-vous qu'elle apparaît comme il faut. Ouvrez les pages créées sur votre navigateur (appuyez sur les touches Ctrl+O, cherchez le dossier où se trouve votre fichier et tapez son nom). Une autre technique consiste à double-cliquer le fichier `.htm` ou `.html` généré par le logiciel de mise en page Web que vous avez utilisé.

3. **Publiez-les sur l'ordinateur de votre fournisseur d'accès Internet.**

   Si vous conservez vos pages Web sur votre disque dur, personne ne pourra les admirer. Vous devez donc les copier sur la machine de votre fournisseur d'accès pour que son *serveur Web* les mette à la disposition des internautes du monde entier. C'est sans doute la phase la plus complexe à appréhender pour le profane.

La plupart des éditeurs de pages Web contiennent une commande Publier (ou tout autre nom similaire) dans le menu Fichier, permettant d'envoyer directement votre création sur l'ordinateur – le serveur, en jargon technique – de votre fournisseur. Si votre programme n'en possède pas, vous pouvez toujours recourir au service FTP (*File Transfer Protocol*). Quelle que soit la méthode choisie, vous devez connaître préalablement quelques détails.

- **L'adresse de l'ordinateur vers lequel vous téléchargez vos fichiers.** Cette adresse est généralement la même que celle du serveur Web, mais précédée de `ftp` au lieu de www. Chez l'un de nos fournisseurs d'accès locaux, par exemple, le serveur Web se nomme `www.lightlink.com`, et le serveur FTP `ftp.lightlink.com`.
- **Le nom d'utilisateur et le mot de passe pour effectuer des échanges FTP.** Ce sont généralement les mêmes que ceux que vous utilisez pour vous connecter au Net.
- **Le nom du répertoire du serveur vers lequel vous êtes autorisé à télécharger vos pages.** Sur le serveur de Lightlink, par exemple, ce dossier est /www/*nomd'utilisateur*.
- **Le nom de fichier correspondant à votre page d'accueil.** Il s'agit habituellement d'`index.html` ou `index.htm`. Vous pouvez appeler vos pages Web comme bon vous semble, mais cette page est celle que les internautes voient en premier.
- **L'URL (l'adresse Web) de vos pages.** Le plus souvent `http://www.votrefai.fr/~nomd'utilisateur` ou `http://www.votrefai.fr/nomd'utilisateur`, voire `http://nomd'utilisateur.votrefai.fr`.

Vous pouvez généralement trouver ces infos sur le site Web de votre fournisseur. Dans le cas contraire, contactez-le par téléphone ou par courrier électronique et posez vos questions.

TRUC

Si vous ne voulez pas utiliser le serveur Web de votre fournisseur d'accès Internet, vous trouverez facilement un autre hébergement. Certains sont même gratuits, si vous n'êtes pas dérangé par les publicités qui s'afficheront par-dessus les pages Web que vous créez. Citons Lycos sur `www.multimania.lycos.fr` dont la page d'accueil est illustrée Figure 17.1.

Figure 17.1 : Un site où vous créez des pages Web à l'aide d'un assistant.

Prenez votre crayon

De même qu'il y a plusieurs façons, plus ou moins sophistiquées, d'avoir accès à Internet, il y a, pour l'essentiel, deux niveaux d'approche de la création de pages Web : la méthode compliquée, dans laquelle vous écrivez vous-même les codes HTML, et la méthode simple, ou *WYSIWYG*, dans laquelle vous laissez à un programme spécifique le soin de les écrire pour vous. WYSIWYG est l'acronyme de *What you see is what you get*, ce que l'on traduit chez nous par *Vous obtenez ce que vous voyez* ou plus brièvement par *Tel écrit, tel écran*. Ce que vous obtiendrez sera conforme à ce que vous voyez dans l'éditeur HTML. Croyez-nous, cette façon de faire est nettement plus agréable que d'entrer des codes HTML un par un. Les puristes affirmeront que ces éditeurs créent un code HTML dénué d'élégance, mais pour ce que vous voulez faire, cela n'a aucune importance. Le jour où vous devrez créer un site complexe, vous pourrez adopter d'autres méthodes, mais pour quelques pages simples, un éditeur WYSIWYG (aussi appelé *éditeur graphique*) convient parfaitement.

Il existe de nombreux logiciels entièrement dévolus à la création de sites Web. Les plus performants coûtent très cher, tandis que ceux qui suffiront normalement à vos premiers besoins sont souvent gratuits. Vous en trouverez à l'adresse suivante : www.01net.com/telecharger/windows/Internet/editeur_de_site/gra_index.html. Un conseil : avant de savoir si la création Web vous plaira autant que vous l'espérez, testez des utilitaires gratuits ou peu onéreux.

Dans ce chapitre, nous utiliserons Mozilla Composeur, livré gratuitement avec le navigateur Mozilla. Mozilla est le prédécesseur de Firefox que nous vous conseillons d'utiliser comme navigateur Web à la place d'Internet Explorer. Mozilla est une suite logicielle dont le navigateur ressemble beaucoup à Firefox (décrit au Chapitre 6), qui propose un gestionnaire de messagerie identique à Thunderbird (voir le Chapitre 13), un programme de « chat » et un éditeur Web.

TRUC

N'oublions pas que des traitements de texte comme Word pour Windows (version 97 et ultérieures) et WordPerfect (version 8 et ultérieures) offrent des possibilités d'édition HTML. Les éditeurs graphiques HTML sont toutefois bien plus appropriés. Si vous utilisez le tableur Microsoft Excel ou le gestionnaire de bases de données Access, vous pourrez exporter des rapports sous forme de pages Web.

Mozilla Composeur

Pour créer vos pages Web, vous pouvez utiliser un éditeur gratuit comme Mozilla Composeur. Si vous utilisez Netscape 7.0 ou supérieur, un autre navigateur Web, vous disposerez de Composeur, un logiciel dont les commandes sont très proches de celles de Mozilla Composeur.

Installer et configurer Mozilla Composeur

Pour télécharger Mozilla, allez sur le site http://www.mozilla-europe.org/fr/products/mozilla1x/ et cliquez Mozilla 1.7.12 (FR) correspondant à votre système d'exploitation c'est-à-dire Windows si vous avez un PC, et Mac OS X si vous utilisez un ordinateur Macintosh récent. Dans la nouvelle page qui apparaît, cliquez un des liens *Download* du serveur sur lequel vous souhaitez télécharger le programme. Aucun conseil particulier à vous donner ici...

Enregistrez le fichier sur votre disque dur. Le téléchargement terminé, double-cliquez le fichier et suivez la procédure d'installation.

Dès que l'installation est terminée, le navigateur Web Mozilla apparaît. Un message vous propose d'en faire votre navigateur par défaut. À vous de décider. Si Firefox vous convient, cliquez Non. Dès que vous êtes dans la fenêtre de Mozilla, vous allez pouvoir facilement créer une première page Web.

Ouvrir Composeur

Dans Mozilla, il suffit de cliquer Fenêtre/Composeur ou sur l'icône représentée ci-contre située dans le coin inférieur gauche de Mozilla. Le programme s'affiche comme à la Figure 17.2.

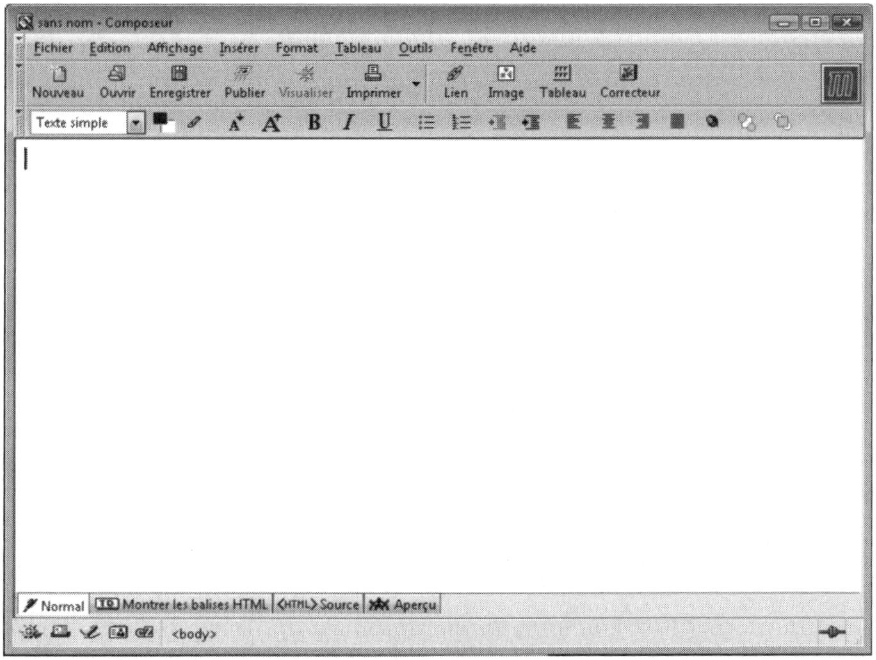

Figure 17.2 : Mozilla Composeur est prêt à créer une page Web.

Si vous désirez que Mozilla ouvre Composeur plutôt que son navigateur – notamment si vous en utilisez un autre –, cliquez Edition/Préférences dans Mozilla. Dans la liste Catégorie, sélectionnez Apparence. Dans la section Au démarrage, dans la partie droite de la boîte de dialogue, cochez Composeur et décochez Navigateur (Figure 17.3). Validez en cliquant OK.

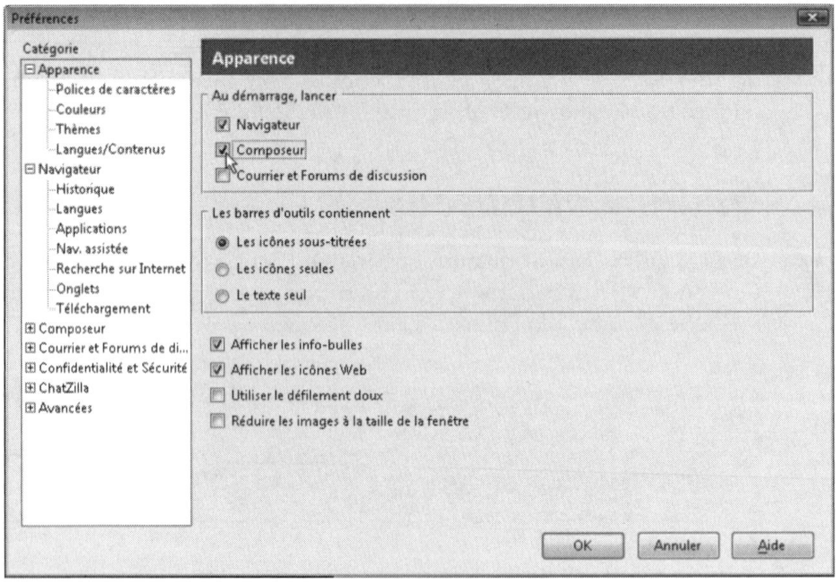

Figure 17.3 : Pour démarrer Composeur par défaut.

Créer des pages Web avec Word

Il n'est guère conseillé de créer vos pages Web avec les fonctions HTML de Microsoft Word. En effet, ce logiciel de traitement de texte ajoute une quantité phénoménale de balises et de codes souvent inutiles qui alourdissent et compliquent considérablement vos pages. Heureusement, il est possible de télécharger un petit programme auprès de Microsoft qui assagit Word dans ce domaine. Il ne conservera que les balises HTML indispensables à un bon affichage de la page dans un navigateur.

Le filtre HTML pour Office 2000 est gratuit. Pour télécharger ce filtre, connectez-vous à la page `www.microsoft.com/downloads/details.aspx?FamilyID=209adbee-3fbd-482c-83b0-96fb79b74ded&displaylang=fr`, ou bien saisissez **Filtre HTML Microsoft Office** dans un moteur de recherche comme Google.

À l'heure où nous écrivons ce livre, il ne semble pas y avoir de filtre HTML pour des versions postérieures d'Office.

Créer votre première page Web

Une page Web est un fichier, comme un document de traitement de texte ou une feuille de calcul. Vous commencez donc en créant vos pages Web directement sur votre disque dur. Vous contrôlez leur aspect en demandant à votre navigateur de les charger à partir de votre disque dur. Modifiez et visionnez les pages jusqu'à être satisfait, puis téléchargez-les vers le serveur de votre fournisseur d'accès Internet (FAI).

Nommez votre page

Le nom du fichier devient partie intégrante de l'adresse de la page Web dès que vous l'aurez téléchargée sur le serveur qui va permettre sa consultation sur le Web. Il faut donc assigner un nom significatif. Les noms de fichier des pages Web portent l'extension `.htm` ou `.html`. Par exemple, si vous créez une page sur les chats, vous nommerez votre page `meschats.html` ou `chats.html`. N'utilisez ni espace, ni ponctuation, ni majuscules. Vous pouvez insérer un signe de soulignement (_) pour rendre le nom plus lisible.

Il est indispensable, ou fortement recommandé, de nommer votre page d'accueil `index.html`. Ainsi, lorsque quelqu'un tente d'accéder au site sans spécifier le nom de la page, si le fichier est `index.html`, la page d'accueil apparaîtra. C'est une sécurité pour vous : sans cette page, de nombreux hébergeurs retournent une page d'erreur. Évitez cela en pensant à nommer votre page d'accueil `index.html`.

La création d'une page s'effectue sur votre disque dur. Vous la verrez se constituer sous vos actions éclairées et pourrez la tester à loisir dans vos divers navigateurs avant de la publier sur le Web, c'est-à-dire avant de la télécharger sur le serveur de votre FAI.

Créez votre page

Voici une démarche pas à pas qui fonctionne aussi bien avec Word que Mozilla Composeur, voire le Composer de Netscape, ou encore Word (97 à 2004). Si vous préférez utiliser un autre programme, ou Word 2007, ne vous gênez pas, les commandes seront cependant légèrement différentes :

1. **Démarrez Mozilla (ou Netscape). Si vous préférez utiliser votre propre traitement de texte, sautez cette étape.**

   Si Mozilla n'est pas installé sur votre ordinateur, consultez la section "Trouver Mozilla Composeur" plus haut dans ce chapitre.

2. **Ouvrez le Composeur de Mozilla ou votre traitement de texte.**

   Pour travailler avec Composeur (Figure 17.2), ouvrez Mozilla, puis choisissez Fenêtre/Composeur, ou appuyez sur Ctrl+4 (le 4 des touches alphanumériques, pas celui du pavé numérique).

3. **Créez une nouvelle page ou ouvrez une page existante.**

   Pour modifier une page Web existante, appuyez sur Ctrl+O ou cliquez Fichier/Ouvrir une page Web. Choisissez ensuite le fichier à modifier.

   Si vous désirez modifier une page actuellement affichée dans le navigateur Mozilla, cliquez Fenêtre/Navigateur, puis sur Fichier/Editer la page (ou appuyez sur Ctrl+E).

   Si vous avez démarré Word, vous êtes face à la fenêtre de traitement de texte habituelle. Pour modifier une page existante, ouvrez-la comme vous ouvrez un fichier Word ordinaire.

4. **Créez une nouvelle page Web ou modifiez celle qui est affichée (Figure 17.4).**

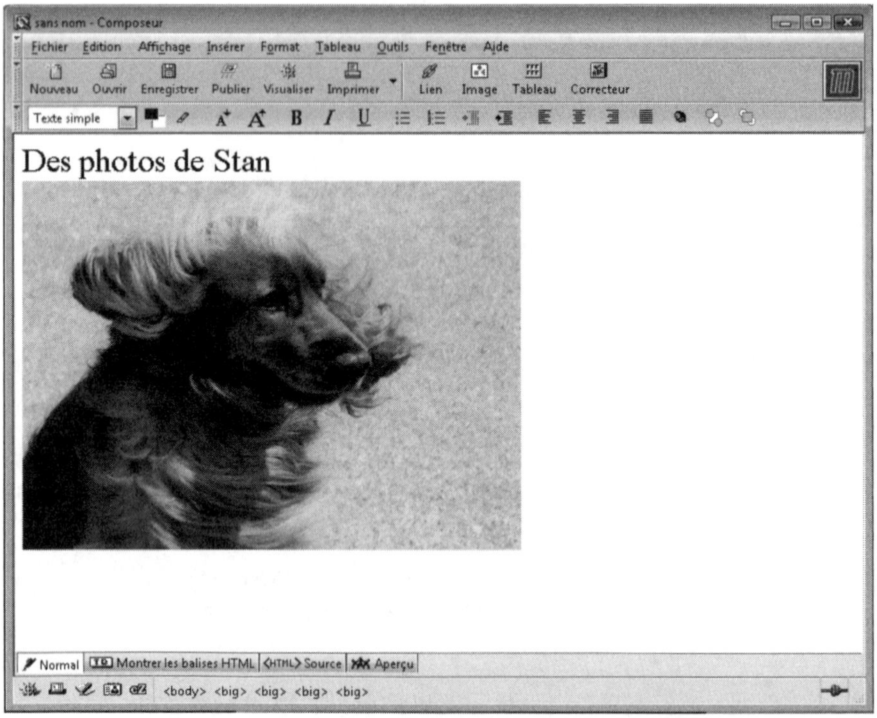

Figure 17.4 : Titre de la page et insertion d'une photo dans Composer.

Dans Mozilla Composeur : Vous êtes en présence d'une page vide. Construisez votre page comme dans un traitement de texte, en tapant des titres et des paragraphes de texte. Vous manquez d'idées pour débuter ? Construisez une page sur vos loisirs, votre auteur ou musicien préféré.

Dans Word : Choisissez Fichier/Nouveau ou bouton Office/Nouveau dans Word 2007, cliquez l'onglet Page Web vide dans la boîte de dialogue ou le volet d'exploration (selon la version de Word). Vous pouvez aussi choisir un modèle. Dans la boîte de dialogue des modèles, cliquez l'onglet Pages Web et là, lancez l'Assistant Pages Web qui vous guidera dans la création d'une page.

Lorsque vous devez indiquer un nom de fichier, nommez le document `index.html` ou `index.htm` s'il s'agit de votre page d'accueil. Ces noms sont ceux utilisés par la plupart des serveurs Web et des moteurs de recherche pour répertorier les pages Web.

5. **Enregistrez votre travail.**

   Dans Mozilla Composeur, le premier enregistrement ouvre une boîte de dialogue, illustrée à la Figure 17.5, qui vous invite à saisir le titre de la page. Exécutez-vous et cliquez OK. Dans la boîte de dialogue Enregistrer le document sous, Composeur déduit que vous désirez donner au fichier HTML le même nom que la page du document. Rien ne vous y oblige ! Bien au contraire. Le nom du document est un nom de travail, tandis que le nom du fichier HTML est le nom sous lequel la page sera identifiée sur le Web. Par conséquent, le nom du document peut très bien être **mon chien**, mais la page se nommer `index.html`. Saisissez le nom du fichier et cliquez Enregistrer.

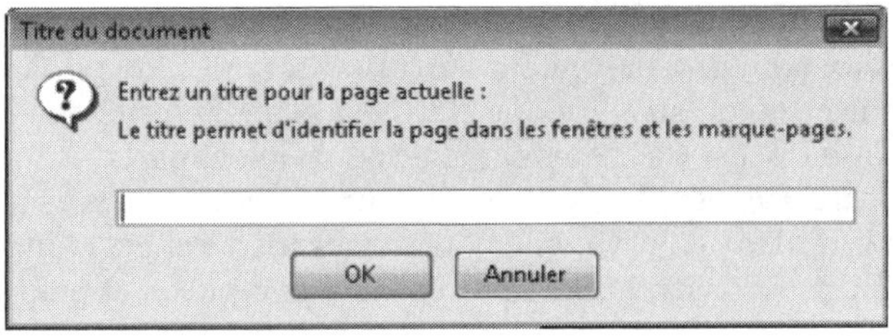

Figure 17.5 : Donnez un nom au fichier HTML, qui s'affichera dans la barre de titre des navigateurs Web.

De temps à autre, pour ne pas perdre votre travail, choisissez Fichier/Enregistrer. La création de la première page Web est plutôt facile. Choisir quoi placer sur la page est plus difficile. Quel est le rôle de la page ? Qui la verra ? Est-elle destinée à votre famille, à vos amis, à des correspondants potentiels à travers le monde ou comptez-vous faire la promotion en ligne de votre activité ? Si votre page est une page personnelle, n'insérez pas votre adresse ou numéro de téléphone à moins de vouloir que diverses personnes visionnant votre page vous appellent. Si c'est une page professionnelle, il faut inclure votre adresse et votre numéro de téléphone. Nous ne nous attarderons pas ici sur le contenu véritable de votre première page, nous voulons que vous sachiez plutôt comment la publier sur Internet. Vous pourrez toujours l'améliorer. Vous n'êtes d'ailleurs pas obligé de donner l'adresse de votre page à quiconque avant d'en être satisfait.

Soyez prudent dans l'insertion d'informations sur vos enfants dans votre page Web. Le simple fait de connaître vos loisirs et le nom de vos enfants, quelle école ils fréquentent, sera suffisant pour certains individus mal intentionnés pour se faire passer pour un ami de la famille et les prendre à la sortie des classes.

Ajouter des images à la page Web

Presque toutes les pages Web contiennent des images d'un style ou d'un autre. Chacune est conservée dans un fichier à part. Pour ajouter une image à une page Web, vous ajoutez une *balise HTML* (une commande) qui inclut le nom du fichier contenant l'image, les dimensions d'affichage, une légende qui s'affichera dans une bulle et la position (à gauche, centrée, à droite, et si le texte doit l'habiller).

Les formats d'image

Il existe des dizaines, voire des centaines de formats d'image. Par bonheur, trois seulement sont communément utilisés sur le Web. Ils ont pour noms GIF, PNG et JPEG. D'interminables discussions ont eu lieu sur les mérites de chacun de ces formats. John en étant l'un des experts officiels, et ayant réussi à persuader deux éditeurs, par ailleurs fort respectables, de publier les livres qu'il a écrits sur ce sujet, suggère que JPEG est le meilleur format pour les photos, alors que PNG et GIF conviennent mieux aux cliparts, icônes et animations. Le format GIF est limité à 256 couleurs ce qui le réserve aux dessins comportant des aplats ; en revanche, il gère la transparence, commode pour placer un dessin à bords irréguliers sur un fond complexe, et peut être animé. Les fichiers JPEG sont généralement moins volumineux et se téléchargent plus rapidement. Le format PNG est un remplaçant plus évolué du format GIF, le seul inconvénient étant que les anciens navigateurs Web (Netscape 3.0 et antérieurs, par exemple) ne le reconnaissent pas, et qu'il ne peut pas être animé.

Si vous disposez d'une image dans un autre format tel que BMP, PCX ou TIFF, vous devez commencer par la convertir au format GIF, PNG ou JPEG avant de pouvoir l'utiliser dans une page Web. Il existe pour cela de nombreux programmes comme LView Pro ou XnView. Consultez le site `www.01Net.com`. Vous n'aurez que l'embarras du choix.

Le dernier format en date est JPEG2000, une évolution spectaculaire du JPEG. Son avantage marquant est le décodage progressif. L'image est compressée résolution par résolution, sans redondance, ce qui permet ensuite la transmission ou le décodage direct de la résolution la plus adaptée au système d'affichage. Avec ce format, il est possible d'atteindre des taux de compression très élevés tout en gardant une très bonne précision dans les zones de l'image les plus importantes aux yeux de l'utilisateur. Contrairement au JPEG, le JPEG2000 compresse sans perte de qualité. Si ce format est plein d'avenir, peu nombreux sont les programmes qui permettent de compresser les images en JPEG2000. De plus, ce format n'est pas supporté par les anciens navigateurs.

D'où proviennent les images ?

C'est une bonne question. Vous pouvez toujours les faire vous-même à l'aide d'un éditeur graphique, scanner des photos ou utiliser ce super appareil photo numérique que vous avez reçu à Noël. Mais, à moins d'être bon dessinateur ou photographe, le résultat risque de ne pas être à la hauteur de vos espérances.

Heureusement, il existe beaucoup de sources d'images :

- Le Net renferme quantité d'images et de cliparts disponibles en *freeware*, en *shareware* ou à acheter. La liste de l'Open Directory Project se trouve sur `www.dmoz.org/Computers/Graphics/Clip_Art`.
- Le roi des sites de cliparts est Clipart.com (`http://www.clipart.com/fr/index?clc=`, membre du réseau ArtToday). Sachez toutefois qu'une contribution annuelle vous sera demandée. Si vous êtes friand d'images, cela en vaut la peine.
- Si vous rencontrez une image qui vous plaît sur une page Web, vous devez demander à son auteur l'autorisation de l'utiliser. C'est une obligation avec laquelle la loi française ne badine pas.
- Il existe beaucoup d'anciens programmes sans aucun rapport avec Internet comme les logiciels de dessin, les programmes de présentation et même les traitements de texte, qui sont fournis avec des collections de cliparts.

- Vous pouvez acquérir des CD-ROM remplis de cliparts qui sont généralement de meilleure qualité que les images gratuites. Leur coût n'est pas trop élevé, surtout si on considère le nombre d'images – des milliers – qui peuvent tenir sur un CD-ROM.

Comme toute création artistique, les cliparts sont protégés par le droit d'auteur. Qu'ils aient déjà été utilisés dans d'autres pages Web ou que la mention de copyright n'apparaisse pas clairement, n'implique pas que leur usage soit libre de tout droit. Avant d'utiliser une œuvre protégée – elles le sont toutes du seul fait de leur publication, que ce soit sur papier ou sur le Web –, vous devez obtenir de son auteur l'autorisation d'en faire usage. Quelle que soit sa destination, y compris l'usage personnel ou à but non lucratif, cette formalité est obligatoire, faute de quoi vous risquez des poursuites judiciaires.

Si l'image que vous désirez utiliser n'est pas accompagnée d'une déclaration stipulant que son utilisation est libre de toute contrainte et/ou paiement de droits, vous devez prendre contact avec son propriétaire et obtenir son autorisation écrite avant de l'incorporer à votre page Web. De plus, cette autorisation n'est accordée que pour l'usage pour lequel vous l'avez sollicitée. Elle ne vous permet pas de la réutiliser, et ne fait évidemment pas de vous le propriétaire de l'œuvre.

Ajout d'une photo à une page

Une fois que vous avez le fichier de l'image à employer, vous pouvez l'insérer dans votre page Web. Voici comment procéder avec Mozilla Composeur :

1. **Placez le pointeur à l'emplacement où vous voulez que l'image apparaisse et cliquez le bouton Image dans la barre d'outils.**

2. **Dans la boîte de dialogue Propriétés des images, cliquez le bouton Choisir un fichier de l'onglet Image pour localiser le fichier sur votre disque. (Figure 17.6.)**

3. **Tapez une légende dans le champ Texte alternatif.**

   Le texte alternatif n'apparaît jamais sous l'image. Ce n'est pas une légende. Il s'affiche sous le pointeur de la souris quand l'utilisateur le positionne sur l'image. Les programmes d'aide à l'affichage des pages Web pour les malvoyants permettent un grossissement de ce texte qui vient alors préciser à cette personne la nature de la photo présente sur la page.

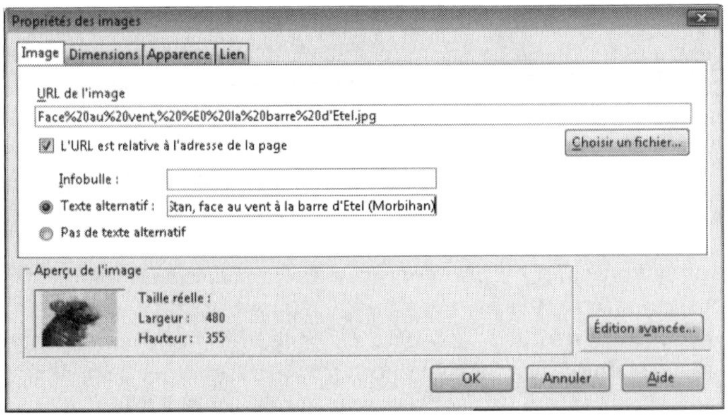

Figure 17.6 : Ajoutez une photo à votre page Web.

4. **Effectuez toutes les mises en forme nécessaires.**

   Si vous voulez que l'image soit affichée dans une taille supérieure ou inférieure à sa taille réelle, cliquez l'onglet Dimensions et fixez une taille personnalisée (Figure 17.7). Cliquez l'onglet Apparence si vous voulez ajouter de l'espace autour de l'image ou modifier la façon dont elle est alignée avec le texte adjacent.

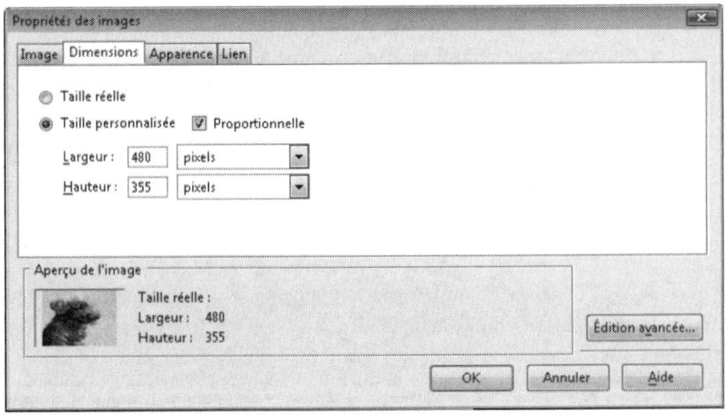

Figure 17.7 : Si la taille de la photo est trop grande il est judicieux de la redimensionner.

5. **Cliquez ensuite OK pour terminer.**

   Vous pouvez aussi faire glisser le fichier du Poste de travail dans Composeur, puis cliquer du bouton droit et sélectionner Propriétés de l'image si vous souhaitez en changer la taille ou l'aspect.

Dans Word, choisissez Insertion/Image/À partir du fichier et choisissez une image. Cliquez le bouton Insérer.

Après insertion, l'aspect d'une image peut sembler terrible. La taille est mauvaise ou le texte est totalement décalé. Dans ce cas, supprimez l'image. Pour cela, cliquez dessus et appuyez sur la touche Suppr de votre clavier. Modifiez votre image dans un programme de retouche photo comme Paint Shop Pro, Photoshop Elements, ou autre. Vous y trouverez notamment des outils pour modifier la taille de l'image et l'adapter ainsi aux dimensions de la page et du texte environnant.

TRUC

Vous pouvez contrôler ce que l'on appelle l'*habillage du texte*, c'est-à-dire la manière dont le texte entoure l'image. Dans Mozilla Composeur, cliquez l'image du bouton droit de la souris. Dans le menu contextuel, cliquez Propriétés de l'image. Là, activez l'onglet Apparence et choisissez une option d'habillage dans la liste Aligner le texte par rapport à l'image. Dans Word, cliquez l'image du bouton droit de la souris et choisissez Format de l'image. Puis, cliquez l'onglet Habillage et testez les différentes manières dont le texte peut se positionner par rapport à l'image.

Créer un album photo en ligne

Si vous désirez placer sur le Web des photos pour vos amis et votre famille, inutile de passer du temps à créer un site pour cela. Il existe sur Internet des dizaines de services gratuits qui permettent de créer des albums photo en ligne. Connectez-vous par exemple sur La Galerie à `http://www.kodakgallery.fr/Welcome.jsp` (anciennement `Ofoto`).

Vous y ouvrez gratuitement un compte d'utilisateur pour profiter d'un espace Web où vous créerez un véritable album photo en ligne. Une fois cet album constitué, seules les personnes habilitées par vos soins pourront le consulter.

Elles pourront même récupérer les photos ou, encore mieux, en commander des tirages sur papier, comme le révèle la Figure 17.8, qui montre la page d'accueil de la création d'albums en ligne sur Kodak EasyShare Gallery.

Liens avec d'autres pages

Dans hypertexte, c'est le préfixe « hyper » qui rend le Web si agréable et si pratique à utiliser. Un *lien hypertexte* (ou plus communément, un *lien*) est l'astuce qui vous permet de « surfer » sur le Web, c'est-à-dire d'aller de page en page par de simples clics. Une page Web n'est pas une page Web digne de ce nom si elle ne contient pas de lien.

Figure 17.8 : Kodak se charge de tout, de la mise en ligne de vos albums jusqu'au tirage des photos, si vous le désirez.

L'immense richesse du Web provient précisément des liens que les auteurs ont placés dans leurs pages. Vous pouvez contribuer à cette richesse en plaçant dans la vôtre (ou les vôtres) des liens vers les endroits susceptibles d'intéresser vos visiteurs. Essayez d'éviter les liens les plus utilisés que l'on rencontre déjà dans trop de pages et que chacun connaît, vers les index ou les moteurs de recherche, par exemple. En revanche, si votre page traite d'un sujet assez pointu qui vous intéresse particulièrement comme la sculpture sur pierre, les techniques de peinture à l'ancienne ou la vinification, vous pouvez y placer des liens vers vos sites préférés dans ce domaine.

Pour insérer un lien dans votre page Web :

- **Mozilla Composeur :** Sélectionnez le texte à transformer en lien et cliquez le bouton Lien dans la barre d'outils (Figure 17.9). Dans la boîte de dialogue Propriétés des liens, saisissez l'URL – l'adresse Internet – dans le champ Lier à, ou cliquez le bouton Choisir un fichier pour choisir une autre page Web que vous aurez créée.

- **Word :** Commencez par sélectionner le texte à transformer en lien. Choisissez Insertion/Lien hypertexte (ou appuyez sur Ctrl+K) et tapez l'URL dans le champ Adresse.

Figure 17.9 : Transformation d'un texte en lien hypertexte.

TRUC

Tous les éditeurs Web facilitent l'insertion des liens en créant pour vous le code nécessaire. Si vous créez plusieurs pages, vous pouvez placer des liens parmi vos pages. Veillez à télécharger toutes les pages pour garantir le bon fonctionnement des liens.

Des pages bien conçues

Après avoir créé une page Web toute simple, appliquez les conseils de cette section pour éviter certaines erreurs courantes chez les *webmasters* débutants.

Polices de caractères et styles

Ne tombez pas dans le défaut classique des débutants du traitement de texte qui est d'utiliser toutes les couleurs du spectre dans leur texte et d'abuser du **gras**, de l'*italique*, du `soulignement` ou même d'une `combinaison` des trois. Les professionnels de l'édition disent que ça rappelle le texte des lettres anonymes confectionnées en découpant des mots dans un journal. Quant au clignotement du texte, il est bien rare qu'il plaise aux visiteurs.

Images d'arrière-plan

Les images d'arrière-plan affichées en mosaïque peuvent ajouter de l'agrément à une page à condition qu'elles restent discrètes. Mais, la plupart du temps, leur effet le plus visible est de rendre le texte qui les recouvre difficile à lire. On utilise depuis des centaines d'années du texte de couleur noire sur un fond uni de couleur blanche (comme les pages de ce livre) et tout le monde trouve ça bien.

Pour régler la couleur d'arrière-plan de votre page Web :

- **Mozilla Composeur :** Choisissez Format/Couleurs et fond de page. Cliquez Utiliser des couleurs personnalisées pour choisir d'autres couleurs que celles par défaut, puis cliquez les boutons colorés pour régler les couleurs de texte normal, texte de lien et autre texte. Si vous avez une image à afficher comme arrière-plan de page (en mosaïque, c'est-à-dire répétée jusqu'à remplir la page), entrez son nom dans le champ Image de fond, ou utilisez Choisir un fichier pour sélectionner un fichier sur votre disque.

- **Word :** Choisissez Format/Arrière-plan et sélectionnez une couleur. Pour créer une mosaïque à l'arrière-plan, choisissez Format/Arrière-plan/Motifs et textures.

Images de grande taille

Trop de pages sont remplies d'images de grande taille dont l'effet le plus notable est d'allonger considérablement le temps de chargement de la page. Tellement, parfois, que le visiteur, impatienté, interrompt la transmission et part explorer un autre lien. Tout le monde ne dispose pas d'une connexion à haut débit.

Quelques recettes existent pour accélérer le chargement d'une page. La principale, naturellement, est de limiter la taille des images utilisées. Une image de 20 kilooctets met deux fois plus de temps à se charger qu'une image de 10 Ko, qui elle-même demande deux fois plus de temps qu'une image de 5 Ko. Vous pouvez estimer le temps de chargement des images à 1 Ko par seconde sur une connexion par modem téléphonique, ce qui fait qu'une image de 5 Ko ne demande que cinq secondes, ce qui est parfaitement acceptable. En revanche, une image de 120 Ko demandera deux minutes ; autant dire qu'il faut vraiment qu'elle en vaille la peine.

Vous pouvez placer une image de petite taille dans votre page (une *vignette*) et proposer par exemple à vos visiteurs de charger, en cliquant dessus, une version plus grande de cette même image. Nous savons bien que vous êtes très fier de votre chien et qu'il mérite une place d'honneur dans votre page, mais tous vos visiteurs risquent de ne pas partager votre amour pour la race canine.

Si vos images sont au format GIF, sachez que moins elles contiennent de couleurs, plus leur chargement est rapide. Si, à l'aide d'un logiciel graphique, vous réduisez le nombre de couleurs d'une image de 256 à 32 ou même à 16, son aspect n'aura guère changé, mais sa taille sera réduite dans de notables proportions. Si vous choisissez de sauvegarder vos images en mode *entrelacé*, les navigateurs pourront rapidement afficher un aperçu grossier de l'image, qui s'affinera progressivement au fur et à mesure qu'elle se chargera.

TRUC

Si vos images sont au format JPEG, vous pouvez choisir leur niveau de qualité. Plus il est faible et moins l'image est volumineuse. Vous pouvez définir une qualité assez réduite sans trop perdre de la qualité.

Enfin, vous pouvez également tirer parti du *cache* dont dispose la plupart des navigateurs. Ce cache sert à conserver une copie des pages précédemment chargées. Si l'image d'une nouvelle page est la même qu'une image déjà placée dans le cache, elle ne sera pas réellement chargée : c'est la copie du cache qui sera transférée sur l'écran. Lorsque vous utilisez la même icône à plusieurs endroits d'une page ou de plusieurs pages, son fichier n'est chargé qu'une seule fois. Lorsque vous créez vos pages Web, pensez à cette astuce et réutilisez le plus possible d'icônes identiques. Ce faisant, non seulement vous accélérerez le téléchargement, mais vous donnerez également de la cohérence à vos pages.

Observez et apprenez

En visitant d'autres pages Web, vous aurez l'occasion de voir des présentations qui vous plairont particulièrement. Vous pourrez alors regarder de près le code HTML de ces pages pour voir comment elles ont été construites. Dans Mozilla, choisissez Affichage/Source HTML ou en cliquant l'onglet éponyme situé en bas de la fenêtre de Composer ; dans Internet Explorer, choisissez Affichage/Source.

Publier sur le Web

Lorsque vous serez satisfait de l'aspect de votre page, il sera temps de la montrer au reste du monde. Pour cela, il est nécessaire de la placer sur un *serveur Web* accessible à n'importe quel internaute.

Télécharger depuis votre éditeur Web

Pour télécharger vos fichiers, il faut un logiciel FTP. Les programmes de conception Web comme Netscape Composer disposent, en interne, d'un programme FTP. Ils enregistreront le nom d'hôte, le nom d'utilisateur et le mot de passe de votre serveur Web la première fois que vous téléchargerez votre page Web vers le serveur. Ainsi vous n'aurez pas à entrer de nouveau ces informations. Voici comment employer Mozilla Composeur pour télécharger vos pages Web et les fichiers graphiques contenant les images affichées sur les pages :

1. **Cliquez le bouton Publier dans la barre d'outils pour afficher la boîte de dialogue illustrée à la Figure 17.10.**

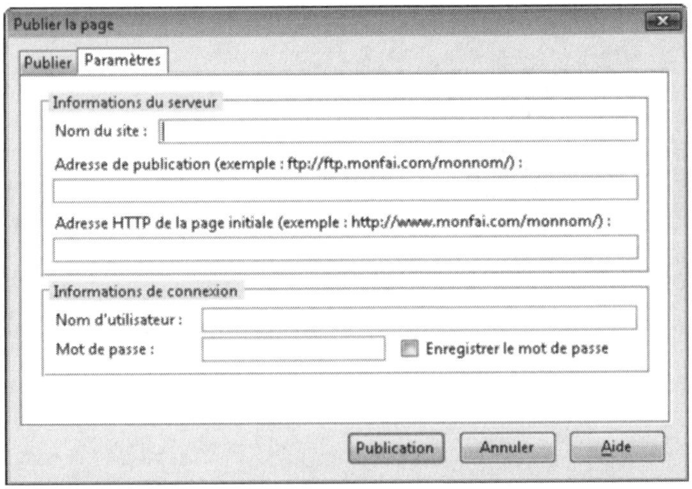

Figure 17.10 : Un certain nombre d'informations doivent être indiquées au Composeur.

2. **Pour remplir les champs de l'onglet Paramètres, saisissez un nom de site (que vous utiliserez lorsque vous modifierez ces pages plus tard), l'adresse de publication (l'adresse FTP que votre FAI vous a indiquée pour télécharger vos pages) et votre nom d'utilisateur et votre mot de passe.**

   L'adresse HTTP est facultative. Vous avez déjà collecté la majorité de ces informations plus haut dans ce chapitre. Pour améliorer la sécurité de votre site Web, ne cochez pas la case Enregistrer le mot de passe. Par exemple, les utilisateurs de Free publieront systématiquement leur page sur `ftpperso.free.fr`. Ils donneront ensuite le nom d'utilisateur, c'est-à-dire celui utilisé pour se connecter à Free ou celui de l'adresse de messagerie correspondant à l'emplacement du serveur où ils désirent publier leur page, puis leur mot de passe.

3. **Cliquez ensuite le bouton Publication.**

Pour tester la page il suffit de saisir son adresse dans votre navigateur Web, comme le montre la Figure 17.11 affichant la même page mais depuis le serveur d'un FAI, c'est-à-dire directement depuis Internet.

Figure 17.11 : Ça marche !

Certaines versions de Word incluent un accès FTP, d'autres non. Si vous êtes dans ce dernier cas :

1. **Choisissez Fichier/Enregistrer sous.**

2. **Cliquez la liste Enregistrement dans, en haut de la boîte de dialogue Enregistrer sous, puis choisissez Adresse Internet (FTP).**

3. **Indiquez à Word le serveur Web vers lequel vous voulez télécharger vos pages Web. Cliquez Ajouter/Modifier des adresses FTP. Saisissez le nom d'hôte du serveur Web, votre nom d'utilisateur (cliquez Utilisateur) et votre mot de passe. Cliquez le bouton Ajouter.**

   Lorsque vous cliquez OK, vous revenez à la boîte de dialogue Enregistrer sous. L'adresse de votre serveur Web apparaît.

4. **Double-cliquez le serveur pour vous y connecter.**

   Les fichiers et dossiers du serveur apparaissent.

5. **Cliquez Enregistrer pour télécharger votre page.**

Télécharger avec un programme FTP

Certains programmes d'édition Web n'incluent pas de programme FTP, il faudra donc vous débrouiller pour télécharger vos pages Web. Si vous disposez des détails sur le serveur, voici comment faire :

1. **Lancez votre programme FTP.**

   Pour notre part, nous utilisons WS_FTP mais n'importe quel programme de ce type fera l'affaire.

2. **Avec ce programme, connectez-vous au serveur Web de votre fournisseur d'accès sous votre nom d'utilisateur, en donnant votre mot de passe.**

   Vous devrez entrer le nom du serveur FTP, votre identifiant (habituellement identique à votre nom de compte) et votre mot de passe (généralement identique à celui qui vous sert pour vous connecter à votre fournisseur).

3. **Placez-vous dans le répertoire (dossier), dont le nom vous a été indiqué par votre fournisseur d'accès, pour accueillir vos pages Web.**

   Ce nom se présentera souvent sous une forme comme /pub/dupont, /www/dupont (votre nom d'utilisateur étant dupont).

4. **Téléchargez vos pages.**

   Dans la mesure où les pages Web sont stockées sous forme de fichiers texte, vous devez utiliser le mode ASCII et non le mode binaire pour la transmission de vos pages Web. Pour le téléchargement des fichiers graphiques, utilisez le mode binaire.

Mais où est donc ma page ?

Une fois le téléchargement terminé, si votre page sur le serveur s'appelle `mapage.htm`, son URL est semblable à celle-ci :

```
http://www.gorgonzola.net/~elvis/mapage.htm
```

Les URL varient selon le fournisseur d'accès Internet. Certains ne respectent pas la convention du tilde (~) précédant le nom d'utilisateur.

TRUC

Il est souvent recommandé aux auteurs d'appeler leur page d'accueil `index.htm` ou `index.html`. L'avantage de cette astuce est de permettre à vos visiteurs d'ignorer le nom de votre page d'accueil et de n'avoir donc pas à le taper, car ces deux types de noms de fichier font partie des noms par défaut à charger lorsqu'une URL est incomplète.

Tester la page

N'oubliez pas de vérifier comment se présente votre page après l'avoir publiée sur le Web. Opérez à partir d'un autre ordinateur que le vôtre. Vous vous assurez ainsi qu'elle ne contient pas de références vers des fichiers graphiques stockés sur votre propre ordinateur que vous auriez oublié de télécharger sur le serveur. Si vous êtes du genre tatillon, vérifiez également le rendu de votre page à partir de plusieurs navigateurs différents (Firefox, Mozilla, Internet Explorer, AOL...).

TRUC

Peu de temps après avoir téléchargé vos pages, vous remarquerez probablement une affreuse erreur (cela nous arrive à tous les coups). Pour mettre à jour une de vos pages, éditez sa copie d'abord localement, sur votre disque dur, puis transférez le nouveau fichier sur le serveur Web de votre fournisseur d'accès, où il viendra remplacer la précédente version. Si vous ne modifiez qu'une partie de vos pages, il est inutile de recharger les pages qui n'ont pas été modifiées.

TRUC

En matière de pages Web, le présent ouvrage ne peut donner que des directives génériques. Je vous conseille d'approfondir le sujet en lisant l'excellent *Créer des pages Web pour les Nuls*, publié par First Interactive.

Soyez maître de votre domaine

Une adresse Web comme :

```
www.jeune.acteur-de-cinema-americain.com/~JamesCameron/
TwentiethCenturyFox/Titanic/index.html
```

est beaucoup moins attrayante que :

```
www.DiCaprio.com
```

Quelques autres éditeurs de pages Web

Si vous n'aimez pas Mozilla Composeur ou Word pour l'édition Web, vous disposez de nombreuses autres possibilités :

- **CoffeeCup Web Page Wizard** (www.coffeecup.com/software) : Cet éditeur Web pour Windows permet de choisir les éléments de page dans une liste, vous n'aurez donc pas à gérer les codes HTML. Les options de formatage sont limitées mais c'est un bon moyen pour débuter. Il comporte un programme FTP pour le téléchargement en voie montante – vers le serveur de votre FAI – des pages terminées. Ce programme n'est plus gratuit.

- **Microsoft FrontPage** (http://www.microsoft.com/france/office/frontpage/prodinfo/) : FrontPage fait partie de Microsoft Office. Attention ! FrontPage et FrontPage Express ont la malheureuse habitude d'insérer des codes propres à Microsoft qui ne fonctionnent que si votre FAI exécute un serveur Web Microsoft.

- **Programmes pour Mac** : Visitez www.apple.fr pour récupérer des modèles de pages d'accueil Mac et trouver des liens vers des éditeurs HTML gratuits.

- **Programmes de la famille Macromedia** : La référence sur PC avec les célèbres Flash 8, Dreamweaver 8 et Fireworks 8, que vous découvrirez sur le site http://www.adobe.com/fr/products/studio/.

Le choix et la validation d'un nom de domaine sont devenus très faciles en France. Voici les étapes génériques à suivre :

1. **Choisissez un nom.**

   Optez pour un nom facile à mémoriser et à orthographier. N'utilisez jamais des variantes de noms de grande notoriété (marques comme Sony, Kodak, Coca-Cola...), au risque d'avoir de sérieux problèmes avec la justice. Allez sur le site www.afnic.fr ou www.e-zone.fr pour vérifier l'existence ou non d'un nom de domaine qui vous intéresse.

   Sachez qu'un nom de domaine libre peut être enregistré, moyennant finances, même si vous ne l'utilisez pas !

2. **Demandez à votre FAI d'héberger votre nom de domaine.**

   Cela signifie que votre FAI fera en sorte que la page Web s'affiche dans les navigateurs lorsque l'on saisira votre nom de domaine. Dans la mesure où les fournisseurs d'accès offrent un espace Web gratuit intégrant leur nom, ils risquent de vous faire payer ce service en plus car, au lieu de se connecter par exemple à `http://minamata.free.fr` – donc site hébergé sur Free – on se connectera à `www.minamata.fr`, même si le site est toujours sur Free. Cela a un coût, et c'est même parfois totalement impossible.

3. **Si votre FAI n'y procède pas, répertoriez vous-même l'adresse de votre site.**

Pour être bien visible, il faut être bien répertorié. Être visible vous permet d'être facilement trouvé dans un moteur de recherche. Cela aussi peut avoir un coût.

Si votre FAI vous demande trop pour héberger votre site sous son nouveau nom de domaine (disons, plus de 10 euros par mois), adressez-vous à une société d'hébergement. Elle vous demandera une somme annuelle pour protéger le nom de votre domaine et publier vos pages Web.

Blogs

Après avoir créé quelques pages Web, vous constaterez que gérer un site Web page par page est plutôt pénible. Si vous avez mieux à faire, vous emploierez un système automatisé qui s'occupe de gérer un formatage standard tandis que vous n'aurez plus qu'à fournir votre brillant contenu.

Un *weblog*, que l'on abrège en *blog*, est une sorte de journal public en ligne, où un individu écrit plus ou moins régulièrement. Les meilleurs blogs offrent des articles et commentaires pertinents, alors que les pires réfutent la théorie selon laquelle un million de singes devant un million de machines à écrire finiraient par produire les œuvres de Shakespeare. Ces blogs naissent et meurent à une telle rapidité que cela ne vaut pas la peine de citer ceux que nous préférons. Faites une recherche Google sur le mot *blog* ou *weblog* suivi d'un sujet qui vous intéresse. Pour débuter votre propre blog, essayez `http://20six.fr` ou `http://skyblog.com` pour disposer gratuitement d'un hébergement de blog.

Pour en savoir plus sur la *blogosphère*, rendez-vous au Chapitre 18.

Wikis

Alors qu'un blog est un exercice de publication personnelle, un *wiki* permet à un groupe de personnes de collaborer à un site Web. Un wiki peut avoir un nombre illimité d'auteurs, chacun pouvant ajouter et modifier des pages sur le site Web du wiki. Si ce concept paraît *a priori* plutôt anarchique, la plupart des wikis ont des règles de base qui font que le groupe avance à peu près dans la même direction. Un des meilleurs wikis est `www.wikipedia.org`, une encyclopédie qui, avec plusieurs centaines de milliers d'articles, est en bonne voie pour intégrer une bonne partie du savoir humain. Le volet français du projet se trouve sur `http://fr.wikipedia.org`.

Ouvrir une boutique en ligne

Créer un vrai site marchand coûte une fortune. Comme là n'est pas votre désir, sachez qu'il existe des sites qui permettent de créer une boutique à moindres frais. Ainsi, nous aimons bien le système proposé par Amazon.fr à l'adresse `www.amazon.fr`. Il suffit de cliquer le lien Vendre sur Amazon.fr pour que vos objets neufs ou d'occasion fassent partie des produits affichés par Amazon.fr lorsque quelqu'un cherche quelque chose.

Si l'idée de la boutique en ligne dans une boutique en ligne ne vous séduit guère, il est possible de créer son petit magasin virtuel sur un site d'enchères comme eBay que vous trouverez à `www.ebay.fr`. Là, comme partout ailleurs, vous achetez et vendez à discrétion.

Vendre un article sur eBay est une tâche très simple à réaliser. Vous ouvrez un compte gratuit. Ensuite, vous allez dans la rubrique Vendre, puis Mettre un objet en vente. Là, vous décrivez l'objet, ajoutez si vous le souhaitez une photo, fixez un prix de départ et validez la mise en vente. Des options, payantes, permettent de mettre votre article en vitrine pour qu'il apparaisse en priorité. Les enchères durent dix jours, au-delà desquels vous pouvez prolonger la vente si votre bien n'a pas trouvé acquéreur.

Faites-vous connaître

Une fois votre page en ligne, vous voudrez sans doute que l'on vienne la visiter. Voici quelques moyens de vous faire un peu de pub :

- Contactez vos moteurs de recherche et index favoris (Yahoo! AltaVista et Google, par exemple) et déclarez l'URL de votre page. Tous ont une option à cette fin, proposée sur leur page d'accueil. Les index automatisés tels qu'AltaVista ajoutent ces informations à leurs petites tablettes très rapidement. En revanche, les répertoires gérés manuellement tels que Yahoo! peuvent carrément les refuser. Ne payez pas pour faire insérer votre site : tout moteur de recherche ou répertoire respectable propose la possibilité d'ajouter gratuitement un site non commercial, même s'il faut être patient.

- Faites un tour sur le site `www.submit-it.com`, destiné à vous faire référencer par tout un ensemble d'index et de moteurs de recherche. Il s'agit d'un service Microsoft pour lequel vous devrez payer une certaine somme.

- Découvrez et visitez d'autres sites traitant du même sujet que le vôtre et proposez-leur d'échanger mutuellement vos liens.

Il vous faudra attendre un certain temps pour que votre site soit connu et régulièrement visité. S'il propose quelque chose de différent et présente un réel intérêt pour certains amateurs, il deviendra peut-être connu.

Chapitre 18

La blogosphère

Dans ce chapitre :

- Qu'est-ce qu'un blog ?
- Lire un blog.
- La gestion des blogs.
- Créer votre blog.

Aux premières années d'Internet, il y a maintenant quinze ans, l'idée d'un monde où tous les gens pourraient communiquer prévalait. Le *World Wide Web* transformait la planète en un village virtuel accessible à chacun (ou presque). Ce n'est pas exactement ce que nous avons obtenu au regard d'expériences telles que Yahoo! qui présente davantage le Net comme un immense centre commercial que comme un lieu d'échanges humains et humanistes. Néanmoins, certains internautes ont su réagir, et des développeurs conscients de la mondialisation imminente du Web ont lancé le concept du *weblog* qui représente une formidable opportunité pour... perdre du temps (il faut bien être critique).

Qu'est-ce qu'un blog ?

Un blog n'est rien de plus qu'un site Web qui exécute un programme facilitant l'ajout d'un contenu souvent textuel. À l'origine, le blog se présentait davantage sous la forme d'un journal intime publié sur Internet. Côté intimité, on peut dire que le blog n'est pas le lieu idéal pour cacher les aspects les plus secrets de sa vie ! Dans ce cadre particulier, le blog est tenu par une seule personne qui permet ou non aux lecteurs de réagir sur ce qu'elle y écrit. Désormais, les blogs sont partout, traitent de tout, et notamment de sujets d'actualité, ou comme celui illustré à la Figure 18.1, de littérature.

Figure 18.1 : Le blog littéraire de l'écrivain Pierre Assouline.

Les meilleurs blogs, comme souvent, sont ceux qui haussent le niveau intellectuel de leur contenu, donc de leurs participants, en abordant des sujets graves, en orientant la réflexion, la critique, donc la construction. Et si un monde meilleur nous venait du blog ? Si vous cherchez des blogs, tapez **blog** ou **weblog** dans Google. Vous y verrez même un lien renvoyant directement vers Blogger, un site où il faut moins de quinze minutes pour créer son blog.

Force est de constater qu'il n'y a pas une différence énorme entre une page personnelle Web et un blog. Seule la conception est simplifiée, et les éléments que vous pouvez y publier sont parfois plus limités. D'ailleurs, nous constatons que des services gratuits comme Mon Yahoo! ne sont ni plus ni moins que des blogs.

En utilisant un flux RSS (*Really Simple Syndication*), c'est-à-dire un format d'agrégation de contenu Web, il est possible de créer un blog réunissant l'ensemble des ressources disponibles sur le Web.

Comment lire un blog

La lecture d'un blog est facile puisqu'il s'agit d'une page Web. Avec votre navigateur Web, rendez-vous sur l'URL de ladite page. Pour connaître le contenu d'un article (c'est-à-dire une histoire, une réflexion, *etc.*), cliquez le lien hypertexte qui y renvoie.

NOTE TECHNIQUE

Un peu plus sur le RSS et Atom

Le RSS permet de gérer de nombreux blogs. Le RSS est une version très structurée de page Web destinée à être lue non pas par des internautes mais par d'autres ordinateurs. L'idée est qu'un ordinateur travaillant pour vous peut analyser la version RSS d'un blog afin d'y découvrir des changements. Ensuite, il remet en forme le contenu pour réaliser un affichage combiné de plusieurs autres blogs.. Le RSS est génial car, si un blog vous intéresse, vous pouvez être automatiquement informé de toutes les nouveautés qui y sont publiées.

Comme le RSS est une sorte de page Web, il possède sa propre URL. Cette page se trouve généralement sur le même serveur Web que le matériel dont il se nourrit. Toutefois, il existe de nombreux RSS localisés sur des serveurs indépendants de l'endroit où ils vont piocher des informations.

Le RSS n'est pas complètement illisible. Néanmoins, son format est très technique. En voici un exemple :

```
<rss version="0.91"
<channel>
<title>CAUCE Newsletters</title>
<link>http://www.cauce.org/newsblog</link>
<description>Lettres d'information contre les e-mails commerciaux
forcés</description>
<language>fr</language>
<item>
<title>Rapport de la force de frappe des spams</title>
<link>http://www.cauce.org/newsblog/2005/50/30#canada</link>
<description>
<p>L'industrie canadienne utilise les spams comme force de frappe
commerciale depuis l'année dernière.</p>
```

Cet extrait montre les codes qui définissent les titres, les liens vers le blog, vers le sujet, *etc.*

Ce serait trop simple qu'une seule version de RSS existe. Il y en a donc des dizaines. La version d'origine portait le numéro 0.91. Elle a évolué doucement en 0.92, puis 0.93. Puis, un groupe dissident inventa le RSS 1.0 (parfois appelé RDF), et le groupe initiateur des versions 0.9x passa directement au RSS 2.0. Le IETF (*The Internet Engineering Task Force*), un groupe qui tente de définir les standards d'Internet, a travaillé sur le projet Atom. Il est conçu pour devenir un successeur totalement neutre de toutes les versions du RSS. Le bon côté des choses est que les différentes versions du RSS sont suffisamment similaires pour qu'un programme capable de gérer une de ces versions puisse gérer également toutes les autres.

Pour résumer, disons que le RSS est le procédé qui permet de mettre à la disposition de tous (ou presque) le contenu de votre blog.

Les blogs sont faits pour évoluer. Par conséquent, marquez-les en tant que favoris ou marque-pages. Plus vous consulterez et marquerez de blogs, plus vos dossiers de sites préférés vont grossir au point de friser l'explosion. Vous n'êtes pas la seule personne exposée à ce problème, et il existe heureusement d'excellents outils d'organisation de blogs dont vous pourrez tirer profit.

Comment gérer tous ces blogs

Le blog, c'est comme un paquet de cacahuètes. Si vous mettez le nez dedans, vous ne pouvez plus vous arrêter. Quand vous trouvez un blog, vous trouvez d'autres liens vers d'autres blogs.

Pour éviter de vous éparpiller – et de consulter des blogs qui ne vous intéressent pas –, passez par un système qui, basé sur un RSS, permet de vous tenir informé uniquement du contenu des blogs qui ont un intérêt pour vous. Ces systèmes sont basés soit sur le Web (un site qui suit et affiche vos blogs préférés), soit sur votre ordinateur sous la forme d'un programme qui assure la gestion de vos blogs favoris.

Les systèmes basés sur le Web présentent deux avantages : d'une part, vous n'avez pas besoin d'installer un programme ; d'autre part, vous pouvez consulter vos blogs avec n'importe quel ordinateur. Bien évidemment, vous comprenez que les systèmes basés sur un programme présentent les inconvénients inverses.

Les blogs sur le Web

Voici trois sites Web parmi nos préférés et qui sont de surcroît gratuits :

Bloglines

`www.bloglines.com/?Lang=french`

Bloglines est le premier site destiné aux utilisateurs qui souhaitent suivre de nombreux blogs. Commencez par y ouvrir un compte gratuit que vous confirmerez après avoir reçu un courrier électronique. Vous pourrez alors ajouter un RSS au compte. Si vous connaissez l'URL du RSS, vous pouvez la saisir directement, mais il est généralement plus simple d'utiliser le moteur de recherche intégré. Saisissez quelques mots pour décrire les blogs que vous aimeriez consulter, puis choisissez ceux qui semblent s'en rapprocher le plus. De nombreux blogs proposent un bouton Bloglines sur lequel vous pouvez cliquer pour ajouter le blog parcouru à votre compte ouvert sur Bloglines. La Figure 18.2 montre la page d'accueil du site.

Figure 18.2 : Tous les blogs en même temps avec Bloglines.

Bloglines suit les items de chaque blog et mémorise ceux que vous avez consultés. Les blogs non lus sont placés entre parenthèses. Il est donc facile de distinguer les nouveautés du reste. Les blogs qui vous intéressent peuvent être ajoutés à votre dossier Clippings. Vous gérez ces blogs comme bon vous semble grâce aux multiples options proposées par Bloglines.

NewsGator

`http://fr.newsgator.com/home.aspx`

NewsGator propose *grosso modo* les mêmes fonctions que Bloglines. Son orientation est davantage économique. Il est très facile de souscrire à d'autres blogs, à des journaux ou des services comme Reuters, et à bien d'autres sujets d'actualité.

NewsGator propose également un dossier de classement (*Clipping*) avec la possibilité d'éditer un blog classé.

Mon Yahoo!

`http://fr.my.yahoo.com/`

Si votre objectif est simplement de lire des blogs, Mon Yahoo! n'est pas l'emplacement idéal pour le faire. En revanche, si vous utilisez déjà Mon Yahoo! pour l'intérêt de son contenu, il est très facile d'ajouter quelques éléments RSS. Vous cliquez le lien Contenu, puis saisissez l'URL du contenu RSS dans le champ Rechercher. Dès qu'un contenu de ce type est ajouté, Mon Yahoo! l'affiche comme un contenu Yahoo! typique.

Si vous utilisez un *agrégateur* RSS différent et que vous désirez inclure quelques sections de Mon Yahoo!, visitez `http://news.yahoo.com/rss`. Vous y trouverez des contenus RSS sur la plupart des rubriques Yahoo! que vous pouvez alors ajouter à votre agrégateur. Il est même possible de créer votre propre contenu de nouveautés RSS en saisissant des mots-clés.

Le trackback

Les *bloggers* commentent les blogs des uns et des autres. Parfois les commentaires sont intéressants, parfois ils sont nuls. La plupart des personnes laissent un commentaire, mais les discussions sérieuses se déroulent généralement entre deux ou trois blogs qui contiennent chacun des commentaires sur les deux autres. Tout lecteur d'un commentaire peut connaître les références du blog d'origine. En revanche, pour celui qui lit l'original, il n'y a guère de moyen de trouver les commentaires. C'est ici qu'intervient le *trackback*.

Prenons un exemple. Un *blogger* appelé Jean publie des propos provocateurs sur son blog. Puis, un deuxième *blogger*, Marie, réagit sur ce blog et établit un lien entre son blog et celui de Jean. Si le blog de Jean est configuré pour gérer les *trackbacks*, le système de blog de Marie peut indiquer à celui de Jean l'existence de ce lien. Jean peut alors ajouter une note de type *trackback* avec un lien vers ce commentaire, établissant ainsi une connexion bidirectionnelle entre deux blogs.

Le *trackback* est une évolution majeure du lien hypertexte traditionnel du Web. Le *trackback* nous met davantage en relation avec la vie réelle, en ce sens où la communication n'est pas unilatérale.

Les blogs sur votre bureau

Pour vous sentir plus proche de votre blog, vous opterez pour un programme installé sur votre ordinateur. Nous avons trois suggestions à vous faire : un superbe programme nommé BlogExpress ; un logiciel de messagerie comme Thunderbird qui donne à votre blog l'aspect d'un dossier de messagerie ; et un navigateur Web comme Firefox qui fait de votre blog un dossier de vos marque-pages.

Lire des blogs avec BlogExpress

BlogExpress, est un excellent petit programme que vous téléchargez gratuitement sur le Net. Si le programme vous séduit, ses créateurs ne vous en voudront pas de leur faire parvenir une petite donation. Visitez le site Web `www.usablelabs.com`. Cliquez le lien BlogExpress, puis sur la grosse flèche verte Download BlogExpress. Exécutez ce petit installateur pour que BlogExpress fasse partie des nouveaux programmes de votre ordinateur.

Au démarrage, BlogExpress vous aide à sélectionner des blogs qui vous intéressent. Si vous connaissez l'URL du contenu RSS, saisissez-le directement dans une boîte de dialogue spécifique. Par la suite, le programme affiche chaque blog comme une page comportant des liens sur lesquels vous cliquez. BlogExpress intègre un navigateur Web (en l'occurrence Internet Explorer). De ce fait, quand vous cliquez un lien, il s'ouvre sous la forme d'un onglet dans la fenêtre de BlogExpress. Pour fermer cet onglet, cliquez le bouton Close.

Si vous cliquez le bouton de réduction de BlogExpress, une petite icône symbolisant deux personnes apparaît dans la zone de notification de Windows. De temps à autre, une petite fenêtre surgit dès qu'un nouveau contenu est trouvé. La facilité d'utilisation de ce programme est telle qu'il suffira à bon nombre d'entre vous.

Lire des blogs avec Thunderbird

Au Chapitre 13, nous vous encourageons vivement à installer et à utiliser Thunderbird pour assurer la gestion de vos courriers. Il est très facile de lui indiquer comment suivre des blogs et de les afficher comme s'il s'agissait de dossiers de courriers. Cependant, Thunderbird n'est pas approprié au suivi d'un trop grand nombre de blogs.

Vous devez configurer un dossier pour vos blogs dans Thunderbird :

1. **Dans la fenêtre principale de Thunderbird, cliquez Fichier/Nouveau/Compte.**

2. **Dans la première fenêtre de l'Assistant de création de compte, sélectionnez Nouvelles RSS et Blogs (Figure 18.3), puis cliquez Suivant jusqu'à ce que vous arriviez au bouton Terminer, que vous devez également cliquer.**

   Vous avez maintenant un dossier Nouvelles et Blogs.

3. **Cliquez ce dossier du bouton droit de la souris. Dans le menu contextuel, choisissez Gérer les abonnements.**

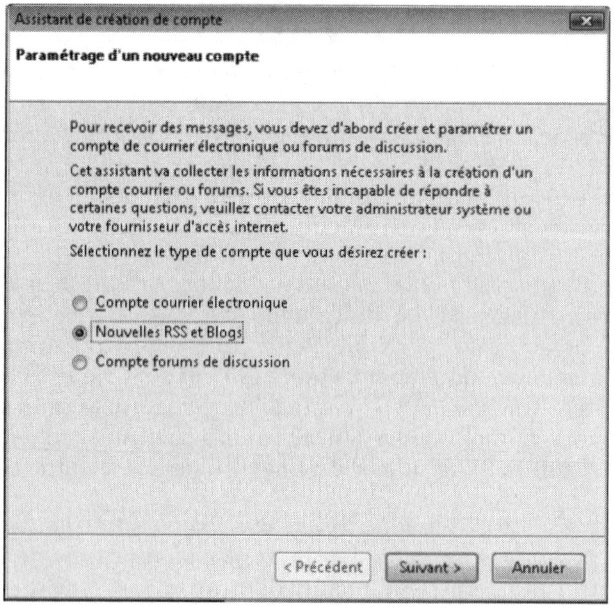

Figure 18.3 : Création d'un compte RSS et blogs dans Thunderbird.

4. **Cliquez le bouton Ajouter, pour ajouter un blog. Saisissez ou collez l'URL du contenu RSS du blog et cliquez OK (Figure 18.4).**

Si l'URL saisie ou collée n'est pas un RSS, l'assistant vous avertit.

Voilà ! Thunderbird ne propose malheureusement pas de synchronisation automatique du contenu RSS. Pour le mettre à jour, vous devez aller sur le site Web proposant ledit contenu, puis cliquer le lien RSS du bouton droit de la souris. Dans le menu contextuel, vous choisissez Copier l'adresse du lien (pour ce qui est de Firefox). Revenu dans Thunderbird, ajoutez un nouvel abonnement et collez l'adresse dans le champ URL du fil. Oui, cette procédure est lourde ! C'est pour cela que nous la déconseillons aux bloggers fous qui gèrent des dizaines de blogs.

Pour trouver et gérer plus facilement vos contenus RSS, téléchargez le plug-in RSS Panel à l'adresse `https://addons.mozilla.org/firefox/635`.

Quand vos blogs sont définis, chacun d'eux apparaît sous la forme d'un dossier de courriers dans le dossier Nouvelles et Blogs. Vous voyez la liste des titres et lisez les entrées des blogs exactement comme s'il s'agissait de messages électroniques. Vous pouvez enregistrer ceux qui vous intéressent comme vous le faites de vos courriers électroniques. La seule chose impossible est la réponse aux blogs, car il n'y a pas d'adresse de retour.

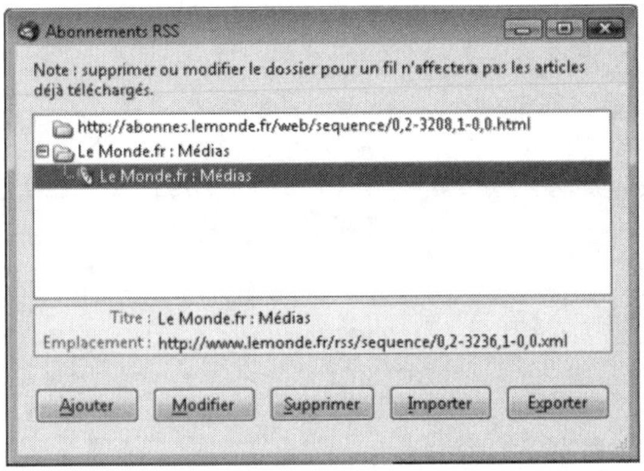

Figure 18.4 : Ajout d'un contenu RSS.

Lire des blogs avec Firefox

Si vous utilisez Firefox comme navigateur Web, quelques clics suffisent pour marquer vos blogs préférés. Ils prennent alors l'aspect d'un dossier dans le menu Marque-pages. Ce dossier contient tous les éléments du blog. L'avantage est que le contenu du blog s'actualise dans Firefox dès qu'un changement est décelé.

Chaque fois que vous visitez une page Web et que Firefox y voit un contenu RSS, une icône orange s'affiche dans le coin inférieur droit de la fenêtre. Pour créer un lien dynamique sur cette page, cliquez ce bouton. À cet instant, Firefox liste tous les contenus RSS disponibles. Choisissez celui qui vous convient. S'ouvre alors la boîte de dialogue Ajouter un marque-page. Elle reprend le nom du lien RSS et indique dans quel dossier il va être créé, en l'occurrence le menu racine Marque-pages. Rien ne vous empêche de créer un nouveau dossier en cliquant la petite flèche, ou d'en choisir un autre dans la liste des dossiers de vos marque-pages. Cliquez OK.

Pour lire le contenu du blog, il suffit de cliquer Marque-pages/<dossier où est le blog>/<Nom du blog>/<Nom du contenu RSS>. Vous accédez au contenu RSS comme le montre la Figure 18.5.

Écrire votre blog

Maintenant que vous connaissez toutes les méthodes de consultation d'un blog, voyons comment écrire le vôtre.

Blog à part

Si vous envisagez de créer un blog, trouvez quelque chose d'intelligent à y dire, ou alors faites preuve de poésie – ce qui est à peu près la même chose.

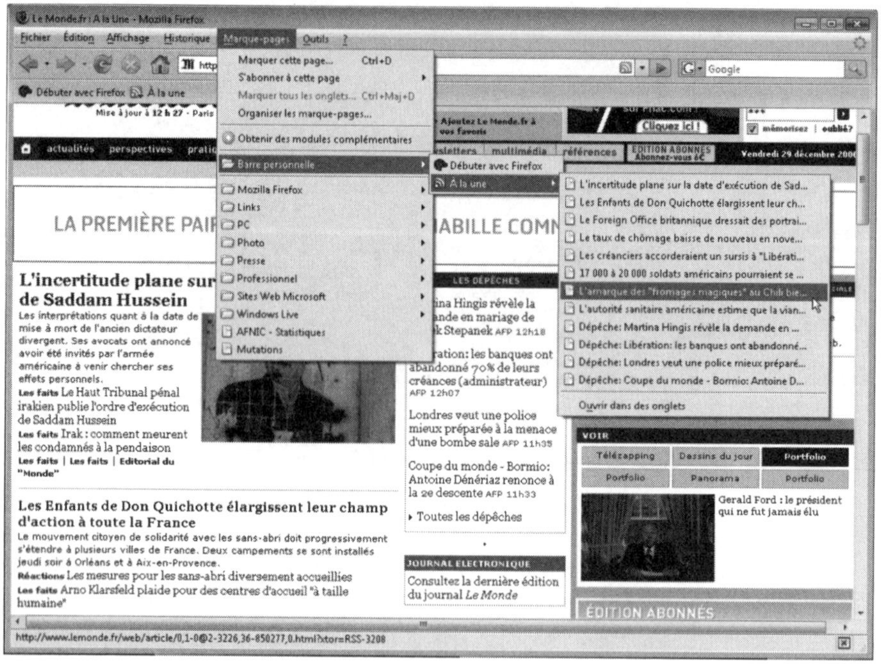

Figure 18.5 : Le contenu RSS d'un site Web affiché dans Firefox.

Où créer votre blog ?

Il y a probablement une bonne dizaine de milliers d'endroits où vous pouvez publier votre blog. Toutefois, nous nous limiterons à présenter les trois plus importants. Nous encourageons les débutants à créer directement un blog sur le Web plutôt que de passer par un logiciel spécifique et une publication à distance. En règle générale, les sites qui permettent de créer un blog en ligne le font gratuitement. Certains vous proposeront de verser une somme d'argent peu conséquente pour que vous utilisiez quelques modules supplémentaires. Pour des raisons assez évidentes de simplicité, nous vous conseillons de créer un blog sur Blogger.

Blogger

`www.blogger.com`

Blogger fait désormais partie de l'empire Google. Une fois que vous y avez créé un compte, vous pouvez ajouter et modifier des entrées sur le site Web, le personnaliser de multiples façons et le publier sans aucune difficulté. Blogger gère les blogs mobiles (*moblogs*) qui permettent de publier des images et du texte à partir d'un téléphone mobile.

Est-ce que je peux me faire du fric avec mon blog ?

Vous commencez bien mal. Nous disons plutôt : « Puis-je envisager de faire fructifier mes capitaux avec un blog ? » Quelle que soit la manière de poser la question, la réponse sera la même : probablement pas ! La richesse d'un blog est intrinsèque. Votre expression vous rend plus riche. Qu'est-ce que l'argent sinon un moyen supplémentaire d'avoir des problèmes, des envies, une vision de la société limitée à une vaste émission de gaz anxiogène, basés sur la consommation d'objets si souvent illusoires (ouf !) ?

Certains blogs ont tenté, sans succès, l'expérience de la publicité. Personne n'a vu entrer suffisamment d'argent pour se vanter de vivre grâce à son blog. En fait, la question à se poser est simple : « Ne te demande pas ce que ton blog peut faire pour toi, mais demande-toi ce que tu peux faire pour ton blog ! » (Comme c'est moi, traducteur de cet ouvrage, qui ai trouvé cette formule, je me permets de la revendiquer dans cette parenthèse que je ferme instantanément.)

Il reste néanmoins possible de créer un blog contenant des publicités auprès de Blogger à l'adresse `www.blogger.com`. Sinon votre temps, je ne vois pas ce que vous avez d'autre à perdre. Un conseil : si vous créez un blog, ne remettez pas tout de suite votre démission à votre patron.

Blogger ne vous demande pas d'argent. C'est un système performant où les pubs sont entièrement facultatives.

LiveJournal

`www.livejournal.com`

L'utilisateur type de LiveJournal est un collégien qui cherche à divulguer des tonnes d'informations à ses cent mille amis les plus proches sur des sujets allant de la musique aux soirées techno, en passant par la philosophie politique. Si vous vous reconnaissez dans ce profil, créez un blog sur LiveJournal. Ici, le blog de base est gratuit et un compte payant permet d'inclure des fonctions supplémentaires comme des sondages et des enquêtes.

Over-Blog

`www.over-blog.com`

Blog éclectique, plutôt réservé à l'adulte qui souhaite exposer ses voyages, ses tracas, ses joies, ses désirs, ses images, ses poésies, et j'en passe. Bien évidemment, il est gratuit, et la création du blog est un jeu d'enfant.

Over-Blog suit la périodicité à laquelle vous apportez des modifications à votre blog. Si vous le laissez vacant un trop grand nombre de semaines, un courrier électronique vous avertit de sa prochaine disparition. À vous de réagir !

Cinq bonnes raisons de ne pas créer votre blog

1. Vous travaillez sur votre blog au bureau et perdez ainsi toute productivité. En d'autres termes, vous ne tarderez pas à être viré !
2. Plutôt que de vivre vos conversations et vos expériences dans la vie réelle, elles se réduisent à de simples messages dans le blog.
3. Vous cultivez l'excentricité uniquement pour avoir quelque chose à raconter sur votre blog.
4. Tout devient nature à blogger.
5. Vous n'avez décidément rien à dire, et en plus ça vous fatigue.

Nous pratiquons ce que nous préconisons ici. Aucun d'entre nous ne possède de blog !

Silence, moteur, weblog !

Le texte semble de plus en plus faire partie du passé. Si un blog vous fait penser à un Minitel amélioré, enrichissez-le d'images. Les blogs mobiles (ou moblogs) permettent de télécharger des photos depuis un téléphone mobile.

Si vous désirez créer un blog entièrement fait de photographies, allez faire un tour sur Tutoshop à l'adresse `www.tutoshop.com`. On vous explique ce qu'est un *photoblog*, comment créer et publier le vôtre gratuitement, *etc*.

Enfin, si vous désirez emprunter la route du multimédia – et si vous possédez un appareil photo numérique ou un téléphone capable d'enregistrer des vidéos –, allez sur `www.vidblogs.com`, le *vidéoblog* du Web. Dans la mesure où les fichiers vidéo sont plus volumineux que le texte ou les images fixes, seuls les utilisateurs d'une connexion haut débit pourront en profiter. Créez donc des vidéos brillantes et originales pour figurer sur ce site. Bonne chance !

Sixième partie

Les dix commandements

"Ouah, cool – une webcam ! Tu devrais la diriger sur un truc intéressant. L'aquarium ! L'aquarium !"

Dans cette partie...

Certains sujets importants n'entrant pas dans la classification adoptée pour ce livre, nous les avons regroupés ici sous forme de listes. Par une étrange coïncidence, il se trouve qu'il y en a exactement dix dans chaque liste. *Remarque à l'attention des esprits tatillons :* il faudra peut-être vous couper quelques doigts ou vous en coller un ou deux de plus pour que votre conception du nombre dix colle avec la nôtre. Peut-être vaut-il mieux nous croire sur parole...

Chapitre 19

Dix problèmes et dix solutions

Dans ce chapitre :

- Mon ordinateur est perturbé par quelque chose que j'ai attrapé sur Internet.
- Un programme refuse de fonctionner sans publicité.
- Puis-je me protéger des voleurs d'identifiants ?
- Comment mémoriser tous mes mots de passe ?
- Comment protéger ma vie privée sur le Web ?
- Que faire lorsque surgit le message « 404 not found » ?

Internet est très excitant. Cependant, les choses peuvent devenir telles qu'un jour vous sentirez monter en vous cette pulsion irrépressible de lancer votre ordinateur par la fenêtre et de revenir aux bonnes vieilles méthodes de communication.

Ne laissez pas tomber à la moindre difficulté ! Ce chapitre donne des solutions aux problèmes les plus communément rencontrés par les utilisateurs d'Internet.

Mon ordinateur met du temps à démarrer, des popups publicitaires envahissent mon écran et ma machine est très lente

Tous ces symptômes indiquent que votre ordinateur est envahi de *logiciels malicieux,* c'est-à-dire de petits programmes qui ne font que des bêtises dans votre machine. Il s'agit donc d'espiogiciels qui arrivent par votre navigateur Web et de virus qui arrivent par le courrier électronique. Le Chapitre 2 présente ces deux types de logiciels malfaisants, que les Américains appellent des *malware* parce qu'ils se font mal voir (oui bon... c'est Nul, ceci expliquant cela et inversement). Le Chapitre 4 conseille vivement d'installer un programme antivirus et anti-espiogiciel, et le Chapitre 14 explique comment configurer l'antivirus. Veillez toujours à télécharger les derniers correctifs de votre système d'exploitation et vérifiez que votre antivirus et votre anti-espiogiciel sont bien à jour. Si vous utilisez Internet Explorer pour naviguer sur le Web, nous vous suggérons de passer à Firefox.

Voici les programmes anti-espiogiciel gratuits et en version française que nous utilisons :

- Spybot - Search & Destroy, que vous trouverez à `www.safer-networking.org/fr/spybotsd/index.html`.
- Ad-Aware, de Lavasoft que vous trouverez à `http://www.lavasoftusa.com/french/software/adaware/`.

Téléchargez ces programmes, installez-les, exécutez-les et, surtout, mettez-les à jour régulièrement.

L'option radicale

Si vous avez installé et exécuté un antivirus et un anti-espiogiciel et que vos problèmes persistent, vous n'avez guère d'autres solutions que de tout reprendre à zéro.

Avant de réinstaller Windows, vous **devez** opter pour un pare-feu qui protégera votre ordinateur. Les versions de Windows sont si peu sécurisées que vous n'aurez pas le temps d'installer toutes les mises à jour et correctifs que déjà vous serez assailli de virus et autres vers. En effet, ces installations demandent des heures, tandis qu'une infection ne prend que quelques secondes. L'option du routeur que nous décrivons au Chapitre 5 permet de raccorder plusieurs ordinateurs à une seule connexion Internet. Les routeurs incluent des pare-feu.

Avant de réinstaller Windows, effectuez une copie de sauvegarde de tous vos fichiers. Effectuez au moins une copie sur un support optique de type CD ou DVD, plutôt que sur un support magnétique comme un disque dur. Vérifiez que vous avez bien le CD d'installation de Windows, la licence, la clé d'installation, et tous les codes et licences de vos programmes.

Avant de réinstaller Windows, je vous conseille d'acheter un exemplaire de *Windows Vista pour les Nuls* publié aux éditions First Interactive. Vous aurez besoin du CD d'origine livré avec votre PC. Insérez le CD de Windows XP dans votre lecteur de CD ou de DVD, et redémarrez votre ordinateur. Suivez les instructions qui apparaissent à l'écran. Indiquez si vous désirez réinstaller ou carrément formater le disque dur de manière à procéder à une installation sur un support propre. Prenez une grande bouffée d'oxygène, et répondez « oui », « oui » et encore « oui » à tout ce que l'on vous propose.

Insérez votre CD ou DVD de sauvegarde dans votre lecteur et faites-en analyser le contenu par votre logiciel antivirus. Nous conseillons d'installer uniquement les fichiers dont vous avez réellement besoin.

Pour finir, créez des comptes d'utilisateurs protégés par mots de passe. Ces comptes seront tous « limités » de manière à ce que vous seul, administrateur de l'ordinateur, fassiez des interventions spécifiques sur la machine. Prévenez tous les utilisateurs du PC des risques encourus lors de téléchargements gratuits, de visite de sites de jeux, ainsi que de sites pornographiques qui recèlent quantités de logiciels malicieux.

Changer de machine

Le « plan B » consiste à abandonner le PC pour le Mac. Comme nous l'avons expliqué, il existe très peu de virus et d'espiogiciels sur Macintosh car les pirates préfèrent dépenser leur énergie dans le développement de logiciels malicieux destinés au système d'exploitation le plus répandu, c'est-à-dire Windows. Vous pouvez imaginer l'utilisation d'un Mac pour Internet, et celle d'un PC pour toutes les autres applications, mais sans aucune connexion à Internet.

Ce super programme ne fonctionne pas si je désactive les pubs

De nombreux programmes gratuits n'existent que grâce à la publicité. C'est le *deal* ! Vous pourrez trouver des programmes équivalents sans publicité, ou alors désactiver les pubs du programme actuel, mais en payant une certaine somme d'argent. Nous déconseillons l'utilisation de programmes qui vous assaillent de *popups* publicitaires. Bien que les développeurs et les éditeurs de ces programmes prétendent qu'aucune information personnelle vous concernant n'est délivrée à d'autres sociétés et qu'aucun espiogiciel n'est tapi dans leurs applications, nous avons beaucoup de mal à les croire.

Je ne peux pas envoyer de pièces jointes volumineuses

Certains fournisseurs d'accès Internet ou administrateurs système limitent la taille des fichiers joints à un courrier électronique. Si ce problème vous arrive au travail, vous devez en parler à l'administrateur réseau. En revanche, si le problème provient de votre FAI, il ne sera pas possible de lever cette limitation. Heureusement, il existe d'autres solutions pour transférer des fichiers volumineux qui ne peuvent pas transiter par courrier électronique.

Pour le transfert local d'un ordinateur à un autre, utilisez une clé USB. Chaussé d'une bonne paire de baskets, vous transférerez vos données d'une machine à une autre. Cette clé est identifiée comme un lecteur externe sur les machines équipées de Windows XP ou Vista. Vous l'insérez dans un port USB, et elle est immédiatement reconnue comme une sorte de disque dur sur lequel vous copiez vos gros fichiers. Ensuite, vous indiquez *via* une petite icône que vous désirez ôter la clé. L'autorisation accordée par le système d'exploitation, retirez-la et insérez-la dans le port USB de l'ordinateur de destination. Là, ouvrez Windows Explorer et copiez-collez les fichiers de la clé USB dans un dossier du disque dur de cet ordinateur. Sur Mac, avant de retirer la clé, faites glisser son icône jusqu'à la poubelle.

Je crains les voleurs d'identifiants

L'identifiant est un code personnel octroyant l'accès à certains sites, par exemple bancaires, afin d'y procéder à des opérations qui n'intéressent que vous et surtout, qui peuvent mettre vos économies en péril si vous ne réalisez pas vos opérations dans un environnement sécurisé.

Pour éviter le vol d'identifiant, méfiez-vous avant tout des courriers électroniques pratiquant l'*hameçonnage :* vous recevez un courrier électronique d'un site où vous avez l'habitude d'aller, comme eBay. Or, ce courrier ne provient pas du tout d'eBay mais de voleurs d'identifiants. Il vous incite à cliquer un lien afin de mettre à jour vos données personnelles (avec souvent, pour mieux pousser mémé dans les orties, une menace de clôture du compte et de la perte de l'argent qui s'y trouve). Cliquer ce lien envoie vers une page identique à une page Web d'eBay, mais qui est en réalité une contrefaçon. Là, vous êtes invité à fournir votre identifiant et votre mot de passe. Dès que vous validez, les informations tombent aux mains de voleurs qui ne manqueront pas de les exploiter. Le Chapitre 2 vous en dit plus sur l'hameçonnage. Cette pratique par laquelle vous consentez à collaborer à votre insu à votre propre perte porte le joli nom d'*ingénierie sociale*.

Prenez l'habitude de contrôler fréquemment vos relevés bancaires pour identifier des opérations qui ne seraient pas de votre fait. Si vous en découvrez, contactez la banque sans attendre et portez plainte.

Je ne peux pas mémoriser tous les mots de passe de mes sites Web

Le conseil habituel est de créer des mots de passe contenant des chiffres et des lettres, et ne répondant à aucune logique commune. Il est fortement recommandé d'utiliser un mot de passe par compte d'utilisateur quelle que soit son utilité : courrier électronique, compte gratuit sur des sites Web, compte eBay, *etc*.

C'est certes compliqué. Au-delà de trois mots de passe, tout le monde s'y perd. Nous suggérons donc un compromis : créez un seul mot de passe particulièrement complexe et utilisez-le partout. En revanche, pour des sites aussi sensibles que les sites bancaires, utilisez un autre mot de passe, lui aussi difficile à découvrir par hasard. Voilà, en gros – et au pire –, vous aurez deux mots de passe complexes à créer. Ce n'est quand même pas la mer à boire quand on connaît les risques encourus à utiliser des mots de passe comme votre numéro de sécurité sociale, votre nom inversé, le prénom d'un de vos enfants, le sobriquet de votre femme, j'en passe et des meilleurs.

Je reçois des messages indiquant que mon courrier n'a pas pu être délivré alors que je n'ai rien envoyé !

De nombreux virus se répandent en se copiant et en s'envoyant les uns vers les autres, à votre insu, les coordonnées des contacts de votre carnet d'adresses. Ce comportement vise à détourner votre attention quant à une éventuelle infection de votre propre ordinateur, laissant croire que c'est une autre machine qui envoie ces messages alors que c'est la vôtre qui est en réalité à l'origine du problème. Pour éviter cette infestation, empêchez toute possibilité de mise en place de ce système. Pour cela, procédez à la mise à jour de votre antivirus, utilisez un routeur avec pare-feu intégré (voir le Chapitre 5) et désactivez votre connexion Internet lorsque vous ne l'utilisez pas.

Des gens semblent en savoir long sur moi

La vitesse à laquelle notre vie privée se réduit comme une peau de chagrin est inquiétante. Voici néanmoins quelques conseils :

Éliminez les espiogiciels qui peuvent se tapir dans votre machine

Un espiogiciel fait exactement ce pour quoi il a été conçu : espionner votre activité. Vous pensiez que tout ce que vous faisiez sur Internet restait dans le domaine privé ? Que non ! Les espiogiciels tentent de s'infiltrer partout, et seul un PC qui en est exempt peut limiter la divulgation de vos habitudes sur Internet, convoitées par les officines de *marketing*. Faites par exemple des achats dans une pharmacie en ligne (une démarche fortement déconseillée si vous tenez à votre santé, voire à votre vie) et vous verrez le nombre de sollicitations que vous recevrez d'autres sites Web du même genre. Un espiogiciel a sans aucun doute enregistré ce que vous avez saisi au clavier. Débarrassez-vous de ce fouineur. Personnellement, lorsque nous utilisons Internet Explorer – car certains sites ne peuvent s'afficher que dans ce navigateur –, nous nettoyons notre machine après chaque session Internet car Internet Explorer est une véritable auberge espagnole pour les vers, virus, et autres espiogiciels. Cela tient au fait que c'est le navigateur le plus utilisé au monde, donc « rentable » pour les malfaisants de tous poils. Tant que faire se peut, préférez-lui Firefox.

Ne soyez pas naïf !

Ne communiquez aucune information personnelle sur votre page Web, et surtout pas votre adresse postale et votre numéro de téléphone. Pour vous contacter depuis votre site, indiquez simplement une adresse électronique autre que celle habituellement utilisée. Créez-en une spécifiquement pour le site Web.

Ne commandez rien depuis un ordinateur public

Normalement, acheter sur Internet, que ce soit par le biais d'un site Web ou par courrier électronique, est une opération sécurisée. Le problème est que certains sites conservent des informations vous concernant comme votre adresse postale et votre moyen de paiement. Ceci n'est pas un problème lorsque vous effectuez la commande depuis votre ordinateur, mais cela le devient si cette même commande est réalisée sur un ordinateur dans un lieu public (cybercafé, médiathèque, voire même au travail). Cela permet à quiconque passe juste après vous d'aller sur le site marchand et d'acheter des produits en utilisant vos propres informations. Il lui suffit alors d'indiquer une adresse de livraison différente et de changer d'adresse électronique de manière que vous n'en soyez jamais averti.

Je ne peux éloigner mes enfants et mon conjoint de l'ordinateur

Les jeux et les messageries instantanées peuvent devenir de véritables drogues. Steve Balmer, le président de Microsoft, reconnaît la dépendance aux jeux que sa compagnie développe et vend et, d'un petit sourire narquois, affirme qu'il ne laisserait pas ses enfants y jouer.

Vous devez définir des règles claires sur l'utilisation d'un ordinateur. Il n'est pas sain de laisser des enfants ou votre conjoint utiliser un ordinateur pendant des heures alors qu'il y a tant d'autres choses intéressantes ou utiles à faire dans le monde réel. Il semble raisonnable de limiter la messagerie instantanée à une heure par jour maximum aux enfants de moins de seize ans, et de l'interdire à ceux de moins de dix. Il n'est pas rare aujourd'hui de voir, dans un salon, l'homme regarder la télévision, la femme lire un livre et l'enfant chatter sur MSN (et ceci dans l'ordre que vous voulez, et en permutant les rôles à votre guise). Internet est certes un loisir, mais certainement pas un mode de vie accaparant celui qui y cède.

Du côté de votre femme, faites attention. En moins de cinq minutes, elle est capable de dépenser 500 euros sur Internet (honte à cet odieux sexisme sans doute attribuable à l'unique co-auteur mâle de cet ouvrage à trois). Pour en savoir plus sur les astuces de connexion, consultez le Chapitre 5

Lorsque je clique un lien, la page Web affiche une « erreur 404 »

Les pages Web naissent, vivent et meurent. Si vous saisissez une URL que vous lisez dans un livre, il se peut qu'elle soit incomplète. Il suffit souvent de se limiter à `www.nomdusite.com` pour retrouver la page d'accueil du site.

Si vous cliquez un lien hypertexte et que vous obtenez une page avec une « erreur 404 », il se peut que les données du site aient été réorganisées. Modifiez l'ordre de saisie du contenu de l'adresse. Par exemple si le lien indique l'adresse :

```
www.fliberty.com/~smith/recipes/cookies/chocolatechip.htm
```

essayez ceci :

```
www.fliberty.com/~smith/recipes/cookies
www.fliberty.com/~smith/recipes
www.fliberty.com/~smith
www.fliberty.com
```

Une fois que vous aurez atteint la page valide, il restera à trouver le lien renvoyant désormais aux informations que vous souhaitez consulter. Une alternative consiste à effectuer une recherche dans votre moteur préféré.

Une page disparue peut parfois être retrouvée sur le site `www.archive.org`. Il s'agit d'un site gratuit qui prend périodiquement des instantanés du vaste *World Wide Web*.

Je souhaite placer mon adresse électronique sur ma page Web

C'est le meilleur moyen d'attirer les *spams* ! En effet, les spammers recourent à des programmes qui analysent le Web pour trouver des adresses électroniques à polluer. Donc, si vous désirez laisser un contact sur votre site, créez une nouvelle adresse sur un serveur d'adresses comme Hotmail (`www.hotmail.com`) ou Yahoo! (`http://fr.yahoo.com`). Si la quantité de spams est trop importante, vous abandonnerez ce compte de courrier et en créerez un autre.

Une astuce consiste à demander aux visiteurs du site d'inclure un mot spécial dans la ligne d'objet de leur message. Par exemple, si votre page Web traite de la collection de boucles de ceinture, vous pouvez demander de placer « boucles » dans l'objet du message. Ensuite, vous définissez un filtre n'autorisant que les messages contenant le mot « boucles » dans leur objet (ou leur sujet). Les autres seront automatiquement déroutés vers une corbeille où ils ne vous gêneront pas trop.

Chapitre 20

Dix types de fichiers et ce qu'on peut en faire

Dans ce chapitre :

- Fichiers documents.
- Compression et décompression de fichiers.
- Fichiers graphiques, audio et vidéo.
- Comment tirer parti de ces fichiers.

Maintenant que le Web, le FTP et le téléchargement n'ont plus de secrets pour vous, votre ordinateur regorge de fichiers divers et variés provenant d'un peu partout. Comme vous l'avez sans doute rapidement découvert, un éditeur de texte n'ouvre pas tous les types de fichiers. Dans ce chapitre, nous passerons en revue les différents types de fichiers que l'on peut trouver sur le Net, puis nous apprendrons à les reconnaître et à en tirer le meilleur parti.

Combien existe-t-il de types de fichiers ?

Des milliers assurément. Heureusement, ils peuvent être répartis en cinq catégories :

- **Texte :** Fichiers qui, curieusement, contiennent du texte.
- **Exécutables :** Fichiers que vous pouvez exécuter ou lancer, autrement dit des programmes.
- **Compressés :** Archives, fichiers ZIP, SIT et autres formats compactés.

- **Graphiques, audio, vidéo :** Ce sont des fichiers qui contiennent des images ou des sons codés en différents formats. Sur le Web, les images sont généralement aux formats GIF, PNG ou JPEG et les fichiers audio aux formats WAV (Windows), RM (RealMedia) ou MP3 (musique). Les fichiers vidéo contiennent des séquences numérisées. Dans ce domaine, le format DivX – en encodage spécifique de fichiers AVI standard – occupe une place de choix dans la diffusion des vidéos sur le Net, tandis que le MPEG-2 intéresse la création de DVD vidéo.

- **Données :** Tout autre type de fichiers. Les fichiers de documents Word (fichiers DOC) en sont des représentants bien connus.

Nous les passerons en revue dans ce chapitre.

Le nom d'un fichier – et en particulier son extension (ce qui est situé à droite du point) – donne déjà une indication sur ce qu'il peut contenir. En général, la personne qui a créé le fichier a cherché à lui donner un nom significatif. Au bon vieux temps du MS-DOS, les noms de fichiers étaient limités à huit caractères et leur extension à trois, et le point ne pouvait être utilisé que comme séparateur du nom et de l'extension. Mais, avec Unix, Linux et les versions actuelles de Windows, on peut aussi trouver un point dans le nom proprement dit du fichier, ce qui rend d'autant plus difficile l'identification d'après le seul nom. Windows utilise des extensions pour indiquer le programme à ouvrir de manière à modifier ou consulter le fichier. Par exemple, si vous double-cliquez un fichier portant l'extension `.doc`, il s'ouvrira dans Microsoft Word si, et seulement si, Word est installé sur votre ordinateur. Si vous modifiez cette extension, Word ne sera plus capable d'identifier le fichier donc de l'ouvrir.

ATTENTION !

Les fichiers joints aux e-mails ne portent pas forcément l'extension correcte. Il arrive qu'un fichier joint à un courrier porte l'extension `.gif` ou `.jpg` – une image inoffensive, pensez-vous – alors qu'il s'agit d'un virus. Comme nous l'avons déjà dit à plusieurs reprises dans ce livre, soyez plus que circonspect lorsque vous recevez un fichier joint que vous n'attendiez pas.

Du texte pur

Les fichiers texte contiennent du texte (qu'est-ce que vous espériez ?). Parfois, ce texte est du texte directement lisible, comme celui d'un manuscrit, par exemple. D'autres fois, c'est le code source d'un programme d'ordinateur écrit en PHP ou en Visual Basic. Du texte peut aussi représenter des données pour un programme. Les fichiers destinés à être imprimés sur une imprimante PostScript constituent une espèce à part. Sur les PC, les fichiers texte portent généralement l'extension `.txt`. Vous pouvez voir ce qu'ils contiennent grâce à un utilitaire Windows comme Bloc-notes ou WordPad. Avec un Macintosh, utilisez SimpleText ou BBEdit Lite. Vous pouvez aussi, dans les deux cas, utiliser un traitement de texte.

Certains fichiers texte ne sont pas réellement des fichiers texte. C'est notamment le cas des fichiers codés au format Unicode, une façon différente de stocker du texte sur un ordinateur. Tandis que la norme ASCII autorise uniquement 94 caractères différents, Unicode peut en représenter jusqu'à 65 000 et s'efforce de couvrir tous les systèmes de langue en usage aujourd'hui, dont les idéogrammes chinois, japonais et coréens.

Les documents de texte formaté sont fréquemment stockés au format Microsoft Word (DOC) ou en format de texte enrichi (RTF, *Rich Text Format*). Nous y reviendrons plus loin dans ce chapitre dans la section «Rien de tout ça».

Quelles sont les dernières volontés avant l'exécution ?

Les *fichiers exécutables* sont des programmes que vous pouvez lancer sur un ordinateur. On en trouve sur toutes les machines. Un fichier exécutable destiné à un certain type de machine ne peut être exécuté sur une autre machine. Un fichier exécutable pour Macintosh est inutilisable sous Windows et réciproquement.

Les programmes exécutables que l'on trouve en plus grand nombre sont destinés à Windows. Ils sont dotés d'extensions `.exe`, `.com` ou `.dll`. Pour les lancer, double-cliquez leur icône ou leur nom dans l'Explorateur Windows.

Lorsque l'on télécharge un nouveau programme pour Mac ou pour PC, on court toujours le risque qu'il soit infecté par un virus informatique. Avec Unix ou Linux, ce risque est beaucoup moins grand. Les gestionnaires de sites FTP font de leur mieux pour éviter ce danger et certains sont particulièrement scrupuleux à cet égard. Si vous allez pêcher un programme sur un site peu connu, le risque augmente.

Si vous recevez par courrier un fichier exécutable que vous n'attendiez pas, même s'il semble parvenir de quelqu'un que vous connaissez, **ne l'ouvrez pas**. Tout d'abord, vérifiez que c'est bien la personne en question qui vous l'a envoyé. Le programme peut être un virus qui s'est auto-envoyé à toutes les adresses électroniques du Carnet d'adresses de votre correspondant, à son insu.

Le téléchargement et l'exécution des programmes depuis Internet sont expliqués au Chapitre 12.

Emballage et déballage

De nombreux programmes requièrent l'emploi de fichiers apparentés. Pour être sûr de n'en perdre aucun, on les regroupe sous la forme d'une *archive*. Lorsqu'on récupère une archive, il faut la *désarchiver* pour récupérer ses composants.

Certains fichiers sont aussi *compressés*, ce qui signifie qu'ils sont codés d'une façon spéciale afin d'occuper moins de place. Ils ne peuvent être *décompressés* (ou *décompactés*) que par un programme spécifique, symétrique de celui qui a été utilisé pour la compression. La plupart des fichiers disponibles par FTP sont compactés de façon à demander moins de temps pour leur transfert. Dans le monde des PC, ils portent le plus souvent une extension `.zip` et peuvent être manipulés avec un programme appelé WinZip. Dans le monde des Macintosh, le programme de compression le plus connu s'appelle StuffIt. Dans l'univers de Linux et Unix, les deux procédures (compression et archivage) sont habituellement réalisées séparément : les programmes tar et cpio opèrent l'archivage et les programmes compress, bzip et gzip réalisent la compression.

WinZip

Le programme le plus utilisé pour compresser des fichiers sous Windows est WinZip, qui est un logiciel *shareware*. Les fichiers obtenus portent l'extension `.zip`. Voici des programmes utilisables pour créer des fichiers ZIP contenant un ou plusieurs fichiers, ou pour extraire des fichiers de fichiers ZIP :

- Windows Vista intègre une fonction de compression et décompression. Les fichiers ZIP sont appelés *dossiers compressés*. Cliquez simplement le nom du fichier ZIP dans Ordinateur ou Windows Explorer.
- Les autres utilisateurs Windows peuvent utiliser l'excellent programme WinZip (mentionné au Chapitre 12). Il gère non seulement les fichiers ZIP, mais sait aussi extraire le contenu de la plupart des autres types de fichiers compressés rencontrés sur le Net. Vous pouvez le télécharger sur `www.avanquest.fr/france/`. Nous aimons aussi ZipMagic, téléchargeable sur `www.allume.com/win/index.html`, qui donne aux fichiers ZIP l'apparence de dossiers dans Windows Explorer et dans Ordinateur.
- Les utilisateurs de Mac téléchargeront le programme ZipIt sur `www.maczipit.com`.

- Les programmes de compression et de décompression zip et unzip, compatibles Unix/Linux, sont disponibles sur `ftp.uu.net`, entre autres. La Free Software Foundation, qui mène le projet de logiciel libre GNU, propose gzip. Les fichiers compressés avec gzip portent l'extension de fichier `.gz` et peuvent aussi être décompressés par WinZip.

De plus en plus de fichiers proposés sur Internet sont dits *auto-extractibles* (ou *autodécompactables*), ce qui signifie qu'ils portent une extension `.exe`. Ils se décompactent d'eux-mêmes, sans l'intervention d'un programme externe. WinZip lui-même est bien entendu distribué de cette façon, sinon nous serions en face de l'angoissant problème de l'œuf et de la poule.

Et pour les Mac ?

L'utilitaire des «macophiles» est un programme diffusé en *shareware* écrit par Raymond Lau et qui porte le doux nom de StuffIt. Il en existe diverses versions et même une version commerciale appelée StuffIt Deluxe. Les fichiers ainsi traités ont généralement une extension `.sit`.

Pour la décompression, on emploie UnStuffIt ou StuffIt Expander, ou encore DropStuff avec Expander Enhancer, que vous n'aurez aucun mal à découvrir , notamment sur le site `www.01net.com/telecharger/mac/Utilitaire/compression_et_decompression/`.

Les autres archiveurs

Il existe des dizaines d'autres programmes de compression/décompression connus sous les noms de ZOO, Lharc, ARC... Les utilisateurs Windows et Mac pourront les télécharger sur de nombreux sites tels que `www.01net.com` et `www.anshare.com`.

Là où l'art est

Internet est progressivement envahi par une foultitude de fichiers d'images numérisées. 99,44 % de ces fichiers concernent des jeux, des paris ou bien pis. Mais nous sommes certains que vous appartenez au 0,56 % des gens sérieux qui ont besoin de ce type de fichiers pour leur travail. C'est pourquoi nous nous attarderons sur ce sujet.

Les formats graphiques les plus utilisés sur le Net sont GIF, JPEG et PNG. Les fichiers GIF et JPEG ne seront presque jamais compressés, car il s'agit là de formats exploitant déjà un algorithme de compression efficace.

Une paire de GIF

Le format sans doute le plus utilisé est le format GIF (*Graphics Interchange Format*, format d'échange de fichiers graphiques) créé par CompuServe. Même s'il n'autorise pas plus de 256 couleurs, il convient bien pour des images pas trop fouillées et pouvant comporter de grands à-plats. Il en existe deux versions : GIF87 et GIF89. Les différences sont minimes, si bien que tout logiciel est généralement capable de lire indifféremment l'un ou l'autre de ces formats (le second autorise la transparence et l'animation). Comme il s'agit d'un format standardisé, vous n'aurez jamais de difficulté pour manipuler les fichiers GIF.

Il existe des dizaines de programmes commerciaux et *sharewares* pour Macintosh et PC, capables de lire et d'écrire des images GIF. Firefox et Internet Explorer les affichent à l'aide de la commande Ouvrir du menu Fichier. Les boutons et petites images des pages Web sont aussi généralement des fichiers GIF.

PNG

Les fichiers GIF reposent sur une technique de compression brevetée. En 1995, Unisys a réclamé des *royalties* à CompuServe et à tout autre éditeur vendant des logiciels utilisant cette technique. En raison de ces problèmes, un groupe d'utilisateurs d'images a proposé un format de remplacement non breveté baptisé PNG, destiné à supplanter, à plus ou moins brève échéance, le format GIF. Le format PNG peut traiter le même type d'images que le format GIF, en millions de couleurs au lieu de seulement 256 couleurs, et la plupart des programmes qui utilisaient le format GIF sont en cours de mise à jour pour accepter le format PNG.

La naissance du JPEG

Il y a quelques années, un groupe d'experts en imagerie de synthèse a décidé qu'il était temps de créer un format standard officiel pour les photos numérisées, car aucun des formats existants n'était satisfaisant. C'est ainsi qu'ils formèrent le *Joint Photographic Experts Group* (JPEG). Leurs travaux aboutirent à la création du format actuellement connu sous ce nom. C'est un format conçu spécialement pour les images photographiques et non pour des dessins ou des images créées par ordinateur. Il convient très bien pour les premières et se révèle moins bon pour le reste.

La taille d'un fichier JPEG contenant une photo numérisée est environ le quart de celle du fichier GIF contenant la même image, mais elle peut varier car elle dépend du compromis qui sera adopté entre l'encombrement du fichier et la qualité de l'image. Le principal inconvénient de ce format est qu'il est nettement plus long à décoder que les autres. Mais, étant donné la réduction de taille obtenue, le jeu en vaut la chandelle. Les fichiers JPEG ont le plus souvent une extension `.jpeg` ou `.jpg`.

D'autres formats, encore

Bien que les formats GIF et JPEG soient, de loin, les plus courants sur le Net, il existe bien d'autres formats d'images, parmi lesquels on peut citer :

- **PCX.** En voie d'obsolescence, il est cependant utilisé par de nombreux programmes de dessin et convient bien à des photos à faible résolution.
- **TIFF.** C'est un format très technique dont il existe de très nombreuses variantes. Au point qu'une image créée par un programme peut rarement être lue par un autre (pour assurer une compatibilité totale, désactivez l'option de compression de ce format dans votre logiciel graphique. Vous n'aurez plus aucun problème).
- **PICT.** Format graphique natif du Macintosh.
- **BMP.** Format d'image natif de Windows. Quasiment inutilisé sur le Net en raison des fichiers volumineux qu'il produit.

Prêtez l'oreille

Texte, programmes, images fixes ou animées, que reste-t-il d'autre ? Tout simplement le son. Les fichiers son (également appelés *fichiers audio*) ont le plus souvent des noms dont l'extension est `.wav`, `.au`, `.wma`, `.mp3` ou `.aif`. Pour écouter de tels fichiers, consultez le site de NPR, à l'URL `www.npr.org`, ou le site français `www.delamusic.com`.

Pour en savoir plus sur la musique sur le Web, consultez le Chapitre 9. La section «Avec quoi écoutez-vous ?» dresse la liste des types de fichiers audio les plus répandus et des programmes permettant de les exploiter.

Côté film

Les réseaux devenant plus rapides et les disques plus gros, les utilisateurs commencent à stocker des films numérisés entiers, au lieu de courts métrages, jusqu'à présent. Grâce aux connexions Internet plus rapides, vous pouvez télécharger des clips vidéo ou regarder de la vidéo en téléchargement continu, c'est-à-dire des fichiers vidéo qui commencent à être lus sur votre ordinateur alors que le reste du fichier est encore en cours de téléchargement.

La brigade des mœurs vous parle

Sans doute vous demandez-vous où l'on peut trouver des archives publiques contenant des images disons... exotiques, mais vous n'osez pas poser la question. Eh bien, on va vous répondre : nulle part ou presque.

Pour deux raisons. La première est économique. Les entreprises et les universités qui financent les serveurs FTP ne veulent pas risquer d'être accusées de faire du trafic d'images pornographiques ou de saturer leurs disques durs avec des images graveleuses. Dans les fichiers d'archives d'une certaine université, les images extraites de *Playboy* ont été remplacées par une note stipulant qu'à moins de justifier l'utilisation de ces images dans le cadre d'une recherche scientifique – laquelle ? Laquelle ? –, l'accès était interdit. L'autre raison est de nature pratique. De temps en temps, un généreux donateur télécharge sur un serveur FTP sa collection d'images classées X. Dans les minutes qui suivent, le serveur est littéralement assiégé par de très nombreux (a)mateurs. Pour qu'il puisse reprendre du service, il faut donc faire disparaître au plus vite ces images, ce qui se fait en moins de temps qu'il n'en faut pour le dire. Pour vous en convaincre, lisez donc *Le Sexe pour les Nuls*, dans la même collection et chez le même éditeur.

Il existe une quantité de sites Web qui se feront un plaisir de vous présenter des images à caractère pornographique pour peu que vous leur communiquiez le numéro de votre carte de crédit. Comme nous sommes d'un naturel plutôt radin, nous n'avons jamais voulu nous y risquer. Et puis, ça ne nous intéresse pas ! ... enfin, c'est ce que tout le monde prétend. À se demander comment il se fait que ces sites sont les plus visités d'Internet. Il faut peut-être chercher du côté de quelques extraterrestres lubriques...

Pour apprendre à trouver, télécharger et lire de la vidéo depuis le Web, consultez le Chapitre 9. La section «Vidéos sur Internet» liste les formats de fichiers vidéo les plus répandus ainsi que les programmes permettant d'en tirer parti.

Les animations Flash

Les animations Flash, développées par Macromedia, ont fait leur apparition sur le Web pour produire de petites séquences animées de faible poids qui pouvaient être lues même avec des connexions bas débit. Aujourd'hui, on les utilise de plus en plus pour concevoir des interfaces Web ou diffuser des annonces publicitaires.

Les systèmes de carte bancaire virtuelle fonctionnent majoritairement sur le principe du Flash.

Généralement, les animations Flash s'exécutent dans un navigateur Web. De ce fait, elles sont visibles aussi bien sous Windows que Mac OS, dès lors que le module Flash Player, c'est-à-dire le lecteur Flash, est installé sur l'ordinateur.

Les fichiers Flash sont reconnaissables à leur extension `.swf`.

Rien de tout ça

Certains fichiers ne correspondent à rien de ce que nous venons de voir. Voici quelques types de fichiers que vous pourriez télécharger :

- **Les documents :** Vous pouvez rencontrer des fichiers contenant du texte formaté par un traitement de texte, tel que WordPerfect (extension `.wpd`) ou Word (extension `.doc`, ou `docx` pour Word 2007), ainsi que le format de texte enrichi standard, *Rich Text Format* (extension `.rtf`). Si vous trouvez l'un de ces fichiers et ne disposez pas du logiciel qui l'a créé, vous ne pourrez généralement pas l'ouvrir. La plupart des traitements de texte sont capables d'importer des fichiers d'un autre type que le leur et de les afficher, tant bien que mal. Aussi, essayez à tout hasard de les lire avec votre traitement de texte habituel.

  Windows est livré en standard avec un programme appelé WordPad. Il est capable d'ouvrir la majorité des documents Word. Microsoft propose également une visionneuse Word gratuite qui permet de lire et d'imprimer le contenu de fichiers Word (sauf ceux de Word 2007). Vous la trouverez à l'adresse `www.microsoft.com/downloads/details.aspx?FamilyID=95e24c87-8732-48d5-8689-ab826e7b8fdf&DisplayLang=fr`.

- **Les fichiers PDF (*Portable Document Format*) :** Le format PDF d'Adobe dont les fichiers portent l'extension .pdf, constitue un autre moyen d'envoyer des documents formatés sur le Net. Malheureusement, PDF est un format propriétaire, ce qui signifie que vous devez faire l'acquisition du programme Adobe si vous voulez créer des fichiers PDF. En revanche, Adobe Reader, le programme permettant d'afficher et d'imprimer des fichiers PDF est gratuit et fait généralement partie de la dotation de base d'un PC ou d'un Mac. Pour les dernières versions pour PC, Linux ou Mac, visitez le site www.adobe.fr/products/acrobat/readermain.html. Il existe plusieurs programmes gratuits de création de fichiers PDF. Nous conseillons Pdf995 que vous trouverez à l'adresse www.pdf995.com.

- **Les fichiers de feuille de calcul :** Microsoft Excel enregistre ses feuilles de calcul au format .xls ou .xlsx (Excel 2007) Les feuilles de calcul OpenOffice Calc portent l'extension .sxc. Vous pouvez ouvrir une feuille Excel dans OpenOffice, mais pas l'inverse.

- **Les fichiers base de données :** Microsoft Access est le programme de gestion de bases de données livré avec Microsoft Office. Les fichiers de base de données Access portent l'extension .mdb ou .accdb (Access 2007) Ils peuvent être très volumineux.

- **Les fichiers de présentation :** PowerPoint est le programme de présentation livré avec Microsoft Office. Ses fichiers portent l'extension .ppt ou .pptx (PowerPoint 2007) Les fichiers de présentation OpenOffice Impress ont l'extension .sxi. OpenOffice peut ouvrir les fichiers PowerPoint, mais la réciproque est impossible. Il existe également une visionneuse permettant d'afficher les présentations réalisées avec PowerPoint (disponible à l'adresse www.microsoft.com/downloads/details.aspx?FamilyID=428d5727-43ab-4f24-90b7-a94784af71a4&DisplayLang=fr).

- **Les pages Web :** Les pages Web portent l'extension .html ou .htm. Si elles contiennent des programmes, leur extension peut devenir .php, .asp ou .aspx. Vous pouvez ouvrir des fichiers HTML et HTM dans votre navigateur Web. Les fichiers PHP, ASP et ASPX doivent être stockés sur un serveur Web qui exécute les scripts de ces pages.

WORLD WIDE WEB

Si vous rencontrez des extensions de fichier inconnues, allez sur le site http://fr.wikipedia.org/wiki/Liste_d'extensions_de_fichiers.

Chapitre 21

Dix choses plaisantes à faire sur le Net

Dans ce chapitre :

- Envoyer gratuitement des cartes de vœux pour toutes occasions.
- Participer à la rédaction d'une encyclopédie.
- Envoyer des photos à la famille et aux amis.
- Regarder des bandes-annonces et des publicités.
- Jouer.
- Webcams, journaux intimes et lieux à visiter.

Il existe des centaines de moyens d'exploiter Internet pour travailler et gagner de l'argent. Dans ce chapitre, nous nous concentrons sur les loisirs.

Envoyer des cartes de vœux

La prochaine fois que vous vous souviendrez d'un anniversaire au tout dernier moment, pensez à envoyer une carte virtuelle. En général, les cartes virtuelles sont gratuites et acheminées en quelques minutes. Une carte virtuelle est un message orné de belles images ou d'une animation et parfois d'un petit air de musique. Il en existe pour toutes les occasions et vous pouvez ajouter un message personnel.

Voici quelques sites à tester :

- `http://cartesvirtuelles.infinit.com`
- `www.cybercartes.com`
- `http://carte2.dromadaire.com/fr`

Publier dans une encyclopédie

Wikipédia (`http://fr.wikipedia.org/wiki/Accueil`) n'est pas seulement une encyclopédie gratuite. C'est également un lieu d'échanges et d'enrichissement des connaissances où vous pourrez vous-même rédiger des articles. Si vous découvrez des erreurs dans un article ou pensez qu'il est nécessaire d'y apporter des informations complémentaires, cliquez l'onglet Modifier cet article. Si aucun article n'existe sur un sujet précis, Wikipédia vous permet d'en créer un. Pour en savoir plus sur la communauté des éditeurs de Wikipédia, consultez le Chapitre 17.

Partager des photos avec vos amis et votre famille

Les pièces jointes aux e-mails sont un bon moyen d'envoyer des tirages gratuitement n'importe où dans le monde. Vous n'avez même pas besoin d'un appareil photo numérique. De nombreux services de développement de pellicules numérisent vos photos et vous les fournissent en ligne ou sur une disquette. D'autres services comme Photoreflex (`www.photoreflex.com`) développent vos photos et vous donnent la possibilité de les organiser en album sur leur site Web. Vous donnez ensuite à vos amis l'adresse Web de votre album, et ils pourront ainsi voir les photos en ligne et commander des tirages s'ils le désirent.

La photographie en ligne est encore plus simple si vous avez un appareil photo numérique. Les appareils sont devenus abordables, particulièrement si vous considérez l'argent économisé en pellicules et frais de développement et que vous choisissiez d'imprimer uniquement les photos que vous aimez. Voici deux sites Web à visiter pour la photo numérique : `www.megapixel.net` et `www.digital-shopping.fr`.

Regarder des courts métrages et des pubs TV

Internet a créé un nouveau moyen de trouver un public pour les réalisateurs de courts métrages et de films expérimentaux. De nombreux sites présentent de petits films, diffusés gratuitement. IFILM (`www.ifilm.com`) est un bon choix. Vous trouverez une liste de sites sur `http://dmoz.org/Arts/Movies/Filmmaking/Online_Venues`. Sachez que la qualité de ces films est variable. Si vous adorez la publicité télévisée, visitez `www.advertisementave.com`. Les sites de films utilisent divers formats vidéo : QuickTime, Real Network, Lecteur Windows Media, *etc.* Attendez-vous à devoir télécharger quelques modules. Une connexion Internet à haut débit est indispensable.

Écouter les émissions de France Culture

Avez-vous déjà allumé la radio et pris en cours une fantastique émission, dont vous aimeriez bien entendre le début ? Si vous voulez écouter ou réécouter les émissions de France Culture, visitez le site de l'Association des auditeurs de France Culture, sur `aafc.free.fr`.

Jouer aux échecs

Ou aux dames, au bridge, au backgammon, *etc.*, tout jeu de plateau ou de cartes. Les jeux classiques tiennent encore la route face aux jeux électroniques toujours plus sanglants. Il n'est plus nécessaire de réunir chez vous des amis pour jouer, vous trouverez des partenaires à tout moment, jour et nuit, sur des sites comme `fr.games.yahoo.com`.

Regarder le monde

Les webcams sont des caméras vidéo en direct, accessibles *via* Internet. Elles permettent de regarder ce qui se passe quelque part en temps réel : la faune sauvage, la vie de tous les jours, une rue dans une ville, une galerie commerciale, un échangeur d'autoroute, la Slovaquie, et même la salle de séjour d'un particulier ou une maison hantée. L'image est généralement réactualisée à intervalles réguliers, de cinq secondes à une minute. Allez sur `www.dmoz.org/Computers/Internet/On_the_Web/Webcams/` ou faites une recherche sur le mot *webcams* sur `www.google.fr` ou `http://fr.yahoo.com`.

Attention : certaines webcams sont installées chez des exhibitionnistes. Vous voilà prévenu si vous avez des enfants. Généralement, on ne tombe pas par hasard sur ces sites aux noms explicites.

Partager votre journal sur un blog

Publier un journal intime sur Internet peut sembler bizarre, tout comme d'avoir une webcam filmant sa chambre, mais de nombreuses personnes aiment s'exprimer ainsi et obtenir les avis d'autres rédacteurs de journaux personnels. Vous en trouverez sur LiveJournal (`www.livejournal.com`). Les auteurs sont en général assez jeunes et pour les autres, c'est un moyen de s'informer sur ce que les jeunes pensent... ou ne pensent pas.

Blogger est également un site de blogs fort intéressant que vous trouverez à l'adresse `www.blogger.com`.

Visiter des musées dans le monde entier

Les musées sont des endroits intéressants pour passer un après-midi pluvieux. Il est possible de visiter musées et galeries du monde entier *via* votre navigateur. Tous les sites Web de musées ne proposent pas des œuvres en ligne, mais beaucoup le font. Nos préférés sont le Louvre à Paris (`www.louvre.fr`), le Museum of Fine Arts de Boston (`www.mfa.org`), le Metropolitan Museum of Art à New York (`www.metmuseum.org`) et le State Hermitage Museum en Russie (`www.hermitagemuseum.org`). Vous en trouverez bien d'autres sur `http://dmoz.org/Reference/Museums`. Cliquez le lien French dans la section des langues disponibles.

Bâtir votre propre monde

Les mondes virtuels sont des endroits électroniques que vous pouvez visiter sur le Web, une sorte de salons de chat 3D. Au lieu d'un pseudonyme, vous vous créez un personnage, ou *avatar*, qui marche, parle et exprime des sentiments. Lorsque vous êtes dans un de ces mondes, votre avatar interagit avec les avatars des autres personnes connectées, dans des environnements réalistes ou fantastiques. Dans certains mondes virtuels, vous pouvez même construire des lieux : une pièce, une maison, un parc, une ville, ce que vous êtes capable d'imaginer.

La plupart des mondes virtuels exigent le téléchargement d'un *plug-in* ou un logiciel spécial. Voici des endroits où vous pourrez créer ou visiter des mondes virtuels :

- `http://simcity.ea.com/`
- `www.activeworlds.com`
- `www.digitalspace.com/avatars`
- `www.ccon.org/hotlinks/hotlinks.html`

Voyager dans le système solaire

La deuxième moitié du vingtième siècle fut marquée par l'exploration de l'espace. Des sondes sont allées à la rencontre de plusieurs comètes et astéroïdes et de toutes les planètes, sauf Pluton, qui n'est d'ailleurs plus considérée comme une planète depuis 2006 (`www.christinelavin.com/planetx.html`). Elles ont renvoyé de stupéfiantes images de tempêtes sur Jupiter, d'océans sur le satellite Europa, de coulées de boue sur Mars et de photos de la Terre la nuit.

Reste à déterminer quelle génération ira réellement faire du tourisme dans le système solaire. Ce n'est pas demain la veille. Pour l'instant, les visites virtuelles sont possibles sur des sites comme `www.solarviews.com/french/homepage.htm`, `www.seds.org` et `http://sse.jpl.nasa.gov`. Sans compter la photo d'astronomie du jour sur `http://antwrp.gsfc.nasa.gov/apod/astropix.html`. Ne manquez pas cet incroyable montage de la NASA représentant les lumières de la nuit sur la planète Terre (`http://antwrp.gsfc.nasa.gov/apod/image/0011/earthlights_dmsp_big.jpg`).

À la recherche des extraterrestres

SETI@home (http://setiathome.ssl.berkeley.edu et http://setiathome.free.fr/) est un projet scientifique utilisant les ordinateurs de particuliers ou d'entreprises connectés à Internet pour procéder à d'incessants calculs dans l'espoir de déchiffrer un signal envoyé par une intelligence extraterrestre. L'idée est de disposer de milliers de PC, de Mac, *etc.*, pour réaliser les importants traitements de données provenant du bruit de fond intergalactique, auquel pourraient se mêler des signaux radio émis par d'autres civilisations. Vous pouvez participer à cette recherche en exécutant un programme gratuit qui télécharge et analyse les données recueillies par le radiotélescope d'Arecibo, à Porto Rico.

Si écouter aux portes des extraterrestres ne vous enthousiasme pas, vous préférerez peut-être prêter le temps d'inactivité de votre ordinateur à la résolution de problèmes de cryptographie et de mathématiques. Le site Distributed.net (www.distributed.net) gère plusieurs projets de ce type, dont certains offrent une récompense à la personne qui trouve la solution.

Glossaire

404 Not Found Message d'erreur affiché par le navigateur Web lorsqu'il ne trouve pas la page demandée. Vous avez mal tapé l'URL ou vous avez cliqué sur un lien brisé (auquel cas ce n'est pas de votre faute).

abonnement Internet par câble Compte qui connecte votre ordinateur à Internet par le câble TV.

accès à distance Mode de raccordement à un fournisseur d'accès. Il s'agit d'une connexion intermittente établie à l'aide du réseau public (RTC, réseau téléphonique commuté), exigeant au préalable une numérotation.

accueil (page d') Premier écran affiché par un serveur Web lorsque l'on s'y connecte.

ActiveX Standard établi par Microsoft pour réaliser des briques de base de programmes connus sous le nom d'*objets*.

adresse électronique Code au moyen duquel Internet vous identifie et vous permet de recevoir du courrier électronique. Elle se présente généralement sous la forme `utilisateur@site.pays`, « utilisateur » représentant votre nom d'utilisateur, « site » le nom de la machine sur laquelle est ouvert votre compte utilisateur et « pays » un code représentant le pays ou le type d'organisation auquel se rattache votre site (« site » peut lui-même être composé de plusieurs noms séparés par des points).

ADSL (*Asymmetric Digital Subscriber Line*) Technologie permettant des débits très élevés sur ligne téléphonique (beaucoup plus rapide qu'un modem traditionnel de type RTC). Chez nous, France Télécom propose diverses formules qui garantissent un débit de 512 Kbps à 20 Mégabits vers l'utilisateur et de 128 Kbps à 384 Kbps dans l'autre sens.

AIM (*AOL Instant Messenger*) Programme gratuit de messagerie instantanée que les utilisateurs hors AOL peuvent utiliser pour chatter ensemble et avec les abonnés AOL.

America Online (AOL) Fournisseur de contenu (on dit aussi *service en ligne*) bien implanté en France. Revendique le plus grand nombre d'abonnés dans le monde (plusieurs millions). Les abonnés ont une adresse de la forme `utilisateur@aol.com`. Connectez-vous sur `www.aol.fr` pour en savoir plus.

antivirus Programme qui intercepte et détruit les virus lorsqu'ils arrivent sur votre ordinateur.

applet (ou **appliquettes)** Petit programme écrit en langage Java. On télécharge des *applets* sur le Web en même temps qu'une page Web, avec un navigateur. Les *applets* obéissent à des règles précises empêchant certains programmes d'endommager votre ordinateur.

archive Fichier contenant un groupe de fichiers généralement compressés pour occuper moins de place et être transmis en moins de temps. Pour restituer ces fichiers dans leur état d'origine, on doit utiliser le programme de décompression approprié. Sur les PC, on utilise couramment le format ZIP ; StuffIt sur Mac.

badauder Lire une liste de diffusion ou salon de chat sans publier de message, autrement dit sans participer. Celui qui badaude est un *badaud*. Le badaudage n'est pas spécialement incorrect, mais néanmoins assez peu apprécié.

binaire (fichier) Fichier contenant des informations qui ne sont pas du texte pur (images, sons, programmes...).

bit (*binary digit*) C'est la plus petite quantité d'information traitée dans un ordinateur. Un chiffre binaire peut prendre la valeur 1 ou 0. Un ensemble de huit bits est appelé un « octet ».

bitmap Type de fichier d'image dans lequel l'image est décomposée en une matrice de points juxtaposés formant l'image.

BitTorrent Protocole de transfert de fichiers volumineux sur Internet. C'est à la fois un logiciel et un système d'organisation des données.

biz Quand ces lettres apparaissent comme dernière partie d'une adresse (comme `exemple.biz`), cela indique que l'ordinateur hôte est de type commercial.

blog Abréviation de *weblog*, qui identifie un journal intime publié sur Internet. N'importe qui peut créer un blog.

boîte aux lettres Dossier présent sur le serveur de messagerie pour le courrier entrant (POP ou IMAP), où les messages sont stockés jusqu'à ce que vous les téléchargiez avec votre logiciel de messagerie. Certains de ces logiciels possèdent également une *boîte aux lettres* dans laquelle vous stockez vos messages.

bps (bits par seconde) Unité de mesure du débit d'une liaison numérique, caractérisant ce que l'on appelle improprement la « vitesse » d'un modem.

byte *Voir* **octet**.

Cc (*Copie carbone*) Adresse à laquelle est envoyée la copie d'un e-mail. Le destinataire principal est informé de l'existence et de la destination de cette copie.

Cci (*Copie carbone invisible*) Adresse à laquelle est envoyée une copie d'un e-mail sans que le destinataire principal le sache (voir également **Cc**).

chat (bavarder, tchatcher) Anglicisme pour « conversation ».

client Ordinateur d'un réseau, situé à un poste de travail ou chez un particulier, par opposition au **serveur** (voir ce mot) qui gère le réseau.

client/serveur (modèle) Type d'architecture dans lequel le travail est divisé en deux groupes : celui de l'ordinateur qui fournit des données, et celui des ordinateurs qui reçoivent les informations.

code de pays Dernière partie d'une adresse indiquant dans quel pays se trouve l'ordinateur hôte, comme `fr` pour la France. Les codes de pays ont toujours deux lettres.

codec Petit programme complémentaire indispensable pour lire des fichiers audio et vidéo. Il permet donc de coder puis de décoder des fichiers répondant à certains critères de compression. Les codecs sont surtout implémentés dans les lecteurs multimédia des ordinateurs comme le Lecteur Windows Media et RealOne Player pour lire des fichiers MP3, WMA, WMV, DivX, RealMedia, *etc.*

com Suffixe que l'on trouve fréquemment à la fin d'une adresse électronique américaine. Caractérise une entreprise commerciale. Exemple : `www.microsoft.com`.

compression Opération consistant à réduire la taille d'un fichier ou d'un groupe de fichiers (une archive). S'effectue au moyen de logiciels particuliers tels que WinZip, dans le monde PC, ou StuffIt, chez les adeptes du Macintosh.

cookie Petit fichier stocké sur votre disque dur par un site que vous visitez. Il mémorise certaines de vos caractéristiques qu'il retrouvera lors de votre prochaine visite.

courrier HTML Messages mis en forme à l'aide de codes en langage HTML. Tous les logiciels de messagerie ne sont pas capables de les afficher correctement.

cryptographie Technique de chiffrage des messages reposant sur deux clés : l'une publique diffusée librement de manière à ce que vos correspondants puissent vous envoyer des messages codés et une seconde clé, privée, permettant le décodage.

cyber Préfixe indiquant l'emploi des ordinateurs et réseaux qui constituent Internet, comme dans *cyberespace* ou *cyberflic*.

décompression Opération inverse de la compression, grâce à laquelle on restitue leur forme originale aux fichiers compressés d'une archive. Dans le monde PC, le logiciel le plus utilisé est WinZip. Pour les Macintosh, c'est StuffIt.

défaut (par) Informations utilisées par un programme lorsque aucune directive lui est spécifiée.

dégroupage Processus qui permet aux fournisseurs d'accès haut débit d'utiliser les lignes téléphoniques en mettant fin au monopole de l'opérateur historique sur les communications locales et nationales. Ainsi, l'internaute bénéficiant du dégroupage total peut utiliser son boîtier de connexion pour surfer et téléphoner sans être abonné à France Télécom. Cette possibilité n'est offerte qu'à ceux dont la ligne téléphonique est dite *éligible*, c'est-à-dire faisant partie d'une zone où le dégroupage total est possible. Quand ce n'est pas possible, l'utilisateur peut bénéficier d'un dégroupage partiel qui l'oblige à conserver son abonnement France Télécom. La téléphonie peut néanmoins être gratuite, tout en continuant à payer la location de la ligne téléphonique auprès de France Télécom.

DES (*Data Encryption Standard*) Standard de cryptage des données adopté par le gouvernement américain. « Cassable » dans une certaine mesure, mais la version plus récente, triple-DES, est probablement sécurisée.

DHCP (*Dynamic Host Configuration Protocol*) Système qui attribue des adresses IP sur un réseau local ou un réseau à haut débit. *Voir aussi* **PPPoE**.

digest Anglicisme désignant la compilation des messages récemment postés sur une liste de diffusion.

discussion (groupe de) Regroupement de sujets ayant trait à un même thème, organisés en arborescence. On les appelle aussi *forums*.

DNS (*Domain Name Server*) Ordinateur situé sur le Net, chargé de traduire les noms de domaine (`microsoft.com`, `inria.fr`...) en adresses numériques de la forme `140.186.81.2`, appelées *adresses IP*. Parfois appelé *serveur de noms*.

domaine Nom officiel d'un ordinateur relié directement à Internet. C'est ce qui est écrit immédiatement à droite du caractère @. Dans `gerard@monserveur.fr`, le nom du domaine est `monserveur.fr`.

download Mot n'ayant pas de strict équivalent en français qui signifie « télé-chargement en voie descendante », à partir d'un serveur vers l'ordinateur client.

e-commerce Abréviation de commerce électronique. Achats et ventes *via* Internet.

edu Suffixe d'une adresse électronique propre aux États-Unis, réservé aux établissements d'enseignement et aux universités. Exemple : `www.harvard.edu`.

e-mail Anglicisme assez largement utilisé en francophonie pour « courrier électronique ».

émoticône ou ***emoticon*** Petite figure « dessinée » au moyen de divers caractères tels que :-) ou :-(qu'il faut regarder en penchant la tête à gauche. La mimique ainsi esquissée est très utilisée dans le courrier électronique pour ajouter de l'expression à un message. Parfois appelé « souriard » ou « trombine ».

en-tête Début d'un message électronique contenant les adresses de destinataires et d'expéditeurs, le sujet, la date et d'autres informations importantes pour les programmes qui gèrent votre courrier.

espiogiciel Logiciel qui envoie subrepticement des informations personnelles vers un site distant.

Ethernet Le plus connu des types de réseau local. Existe en plusieurs variétés, la plus courante utilisant des câbles à 100 Mbits/s.

FAQ (*Frequently Asked Questions*, foire aux questions) Ensemble des questions les plus fréquemment posées. Ces questions sont regroupées avec leurs réponses, postées et mises à jour dans la plupart des listes de diffusion et groupes de discussion d'Usenet. Avant de poser une question à la cantonade, il est préférable de vérifier si la réponse ne se trouve pas dans le forum FAQ. Faute de quoi, on court le risque de se faire **flamer** (voir ce mot).

favori Terme utilisé par Microsoft pour désigner un **signet** (voir ce mot).

fichier Ensemble de données considéré comme une unité de traitement par un ordinateur.

fichier (transfert de) Méthode utilisée pour échanger des fichiers d'un ordinateur vers un autre au moyen d'une ligne téléphonique ou d'un réseau, et selon un protocole particulier. Sur le Net, le moyen le plus utilisé s'appelle **FTP** (voir ce mot).

fichier joint ou **pièce jointe** Fichier informatique (texte, image...) envoyé en même temps qu'un message électronique.

fil Succession de messages et réponses relatifs à un sujet particulier.

filigrane Message masqué dans un fichier de musique ou de vidéo, pour détecter et empêcher les violations de *copyright*.

Firefox Navigateur Web très populaire, œuvre de Mozilla, devenu un sérieux concurrent de Microsoft Internet Explorer car il contient beaucoup moins de failles de sécurité.

flamer Poster des messages coléreux, enflammés ou insultants. Un comportement à éviter.

Flash Technologie avancée qui permet de créer des animations vectorielles, des jeux, voire des sites complets dynamiques et interactifs.

flux continu audio ou **vidéo** Technique permettant d'acheminer des fichiers audio ou vidéo sur le Net de manière à les entendre ou les voir presque immédiatement, sans attendre que l'intégralité du fichier soit préalablement transmise. Le plus connu des logiciels utilisant cette technique est RealAudio (`www.real.com`).

forum Dans le sens le plus général : groupe de discussion.

fournisseur d'accès (FAI) Entreprise commerciale disposant d'une connexion directe à Internet par l'intermédiaire de laquelle vous devez passer pour vous raccorder vous-même au Net lorsque vous ne disposez pas de ce type de connexion.

fournisseur de contenu Fournisseur d'accès proposant, en plus de l'accès à Internet, des services et des informations qui ne sont accessibles qu'à ses seuls abonnés (AOL, par exemple).

freeware Anglicisme parfois traduit par « graticiel ». Logiciel disponible gratuitement sur le Net.

FTP (*File Transfer Protocol*) Protocole de transfert de fichiers très largement utilisé entre sites raccordés à Internet.

FTP (serveur) Ordinateur raccordé à Internet et conservant un grand nombre de fichiers mis à la disposition d'autres utilisateurs par FTP.

GIF (*Graphics Interchange Format*) Format d'image limité à 256 couleurs, dont une couleur transparente, et susceptible d'être animé (une succession d'images est enregistrée dans un même fichier). Les fichiers de ce format sont dotés de l'extension `.gif` et sont communément appelés *fichiers GIF*.

giga Préfixe signifiant un milliard.

Google Moteur de recherche permettant de trouver des informations sur le Web. Pratiquez-le sur `www.google.fr`.

gov Suffixe d'une adresse électronique propre aux États-Unis et réservé aux organismes gouvernementaux. Exemple : `www.whitehouse.gov`.

habillage Ensemble de boutons, menus et autres éléments affichés par un programme, parfois appelé « peau ». Des programmes comme Opera et Netscape permettent à l'utilisateur de choisir parmi plusieurs habillages.

hameçonnage Utilisation de courriers et de sites contrefaits pour tenter d'extorquer des informations confidentielles, comme des numéros de cartes bancaires.

haut débit Connexion rapide et permanente à Internet, *via* un modem ADSL ou câble. *Voir aussi* **ADSL**.

hôte Désigne un ordinateur auquel il est possible de se connecter.

HTML (*HyperText Markup Language*) Langage de programmation basé sur des balises, utilisé pour mettre en forme les pages Web.

HTTP (*HyperText Transfer Protocol*) Protocole de transfert des pages Web.

HTTPS Variante de HTTP utilisant le chiffrement pour sécuriser un transfert d'informations sur le Web.

hypertexte Système de représentation et de diffusion d'informations par lequel on peut faire apparaître sous forme unitaire des documents éparpillés sur différents sites d'un même réseau.

ICQ Prononcé « aï si kiou » pour *I seek you* (je te cherche). Système de messagerie instantanée qui permet aux utilisateurs de s'échanger des messages en *direct live* sur le Net. Appartient à AOL, mais est différent du programme Messager d'AOL.

IMAP (*Internet Message Access Protocol*) Protocole utilisé pour stocker et délivrer le courrier électronique Internet.

IMAP (serveur) Serveur qui stocke votre courrier entrant pour que votre programme de mail puisse le récupérer et l'afficher.

Internet Explorer Navigateur Web édité par Microsoft.

Internet Interconnexion de réseaux d'ordinateurs répartis dans le monde entier. Lorsque vous connectez votre micro au serveur d'un fournisseur d'accès Internet, votre ordinateur s'intègre à ce réseau planétaire.

intranet Internet limité à un réseau local.

IP (adresse) Numéro en quatre parties, comme 208.31.42.252, qui identifie un ordinateur sur Internet.

IP (*Internet Protocol*) Protocole utilisé sur Internet pour acheminer les informations sur le réseau.

iPod Lecteur multimédia développé par Apple.

IRC (*Internet Relay Chat*) Logiciel permettant de converser en temps réel sur le Net.

iTunes Lecteur multimédia pour écouter de la musique et en acheter auprès du *Music Store* d'Apple.

Java Langage de programmation inventé par Sun Microsystems et totalement portable sur (presque) toutes les plates-formes car semi-compilé.

JavaScript Langage de rédaction de scripts qui permet d'intégrer des instructions Java préprogrammées dans une page Web. Cela permet de contrôler de nombreux éléments, tels que la taille d'une fenêtre d'un navigateur, le type de navigateur utilisé, l'ouverture de *popups*, et j'en passe. C'est un excellent moyen pour créer des pages dynamiques et interactives.

JPEG Format d'image largement utilisé sur le Web pour les photos.

Kazaa Service de partage de fichiers utilisé pour échanger notamment des fichiers de musique MP3 sur Internet. Il en existe beaucoup d'autres, dont l'un des plus connus est eMule.

kilo Préfixe signifiant 1 000.

kilooctet 1 024 octets (car en informatique, les grandeurs se quantifient en puissance de deux). S'écrit également Ko ou K. Sert d'unité de mesure pour la mémoire des ordinateurs, l'espace disque et la taille des fichiers.

lien Plusieurs sens. En ce qui concerne les réseaux, synonyme de connexion. Pour le Web, lien logique entre plusieurs documents qui ne sont pas nécessairement situés au même endroit.

Linux Unix gratuit tournant principalement sur des ordinateurs personnels.

liste de diffusion Envoi automatique de messages à une série de destinataires dont les adresses électroniques sont énumérées dans une liste.

liste (serveur de) Programme qui gère des listes de diffusion.

liste de messagerie modérée Liste de diffusion supervisée par un modérateur.

MacBinary Système de codage de fichiers très répandu parmi les utilisateurs de Macintosh.

mail Anglicisme pour Courrier.

mailbot Anglicisme pour « robot de courrier ». Programme qui envoie des courriers ou répond automatiquement.

méga Préfixe signifiant un million.

MIME (*Multipurpose Internet Mail Extensions*) Procédé permettant d'acheminer des fichiers binaires au moyen d'un codage approprié.

miroir Serveur FTP ou Web sur lequel on trouve les mêmes fichiers que sur un autre site, considéré comme leur distributeur principal.

modem (modulateur-démodulateur) Dispositif électronique chargé de convertir des signaux numériques et analogiques (et inversement) entre un ordinateur et une ligne téléphonique ou le câble télévision.

modem ADSL Boîtier qui connecte l'ordinateur à une ligne ADSL.

modem câble Boîtier qui connecte l'ordinateur au câble TV.

modérateur Personne responsable de la diffusion d'un groupe de *news* ou d'une liste de diffusion et qui est censée lire les messages avant de les rendre publics. Elle peut ainsi exercer une sorte de censure dont le principal bénéfice est de limiter l'encombrement des réseaux par des messages stupides, redondants ou grossiers (ou les trois à la fois).

mot de passe Suite de caractères tenue secrète par un utilisateur au moyen de laquelle il complète son identification lorsqu'il se connecte sur un ordinateur particulier.

Mozilla Fondation qui développe le navigateur Web *open source* Netscape. Mozilla distribue aussi le navigateur Web Firefox, ainsi que le programme de gestion des e-mails Thunderbird.

MP3 Format de fichier de musique disponible sur le Net. C'est un format compressé qui permet de délivrer des fichiers audio jusqu'à dix fois moins lourds que leur équivalent WAV de qualité CD.

MPEG Système de compression de fichiers de sons et d'images élaboré par le *Moving Picture Experts Group*. Les fichiers portent l'extension `.mpg` ou `.mpeg`.

MSN (*Microsoft Network*) Service de contenu en ligne de Microsoft. Propose également MSN Explorer, utilisable pour surfer sur le Web *via* votre compte MSN, et MSN Messenger dont la nouvelle version se nomme Windows Live Messenger, le programme de messagerie instantanée de Microsoft.

MSN TV Service Internet comprenant une sorte de décodeur qui se connecte à un téléviseur. Vous n'avez pas besoin d'un ordinateur.

Napster Ancien service de partage de musique par Internet.

navigateur (brouteur, fureteur, butineur...) Logiciel d'exploration du Web.

.NET Plate-forme de Microsoft pour services Web, qui permet aux applications de communiquer et de partager des données *via* Internet.

Net Raccourci familier désignant Internet.

Netscape Navigateur célèbre qui existe en versions Windows, Macintosh et Unix (visiter `www.netscape.fr/`).

news (lecteur de) Programme permettant non seulement de lire les informations, mais aussi d'y répondre et de composer de nouveaux articles. Sous Windows, les plus utilisés sont Outlook Express et Windows Mail de Microsoft, WinVN et Free Agent. Firefox possède aussi une fonction de lecteur de news.

news (serveur de) Ordinateur raccordé à Internet dont la mission consiste à distribuer les informations.

nick Anglicisme, abréviation de *nickname* (surnom) utilisé sur le réseau **IRC** (voir ce mot) pour s'identifier au cours d'une conversation.

noms (serveur de) *Voir* **DNS**.

Numéris Réseau de transmission de données numérisées. *Voir* **RNIS**.

Opera Navigateur Web petit, rapide, développé par l'éditeur norvégien Opera Software. Disponible sur `www.opera.com`.

org Lettres apparaissant à la fin d'une adresse électronique (`www.uua.org`, par exemple) pour indiquer qu'il s'agit d'une organisation.

page d'accueil Page d'entrée, ou page principale, d'un site Web. Une page d'accueil contient habituellement des liens vers d'autres pages Web.

pages Web (éditeur de) Logiciel servant à programmer les fichiers HTML utilisés comme pages Web.

page Web Document disponible sur le Web pouvant contenir du texte, des fichiers graphiques, du son, des animations, *etc*.

papier à lettres Mise en page de courrier prédéfinie, utilisable pour la composition de messages à envoyer à des destinataires dont le logiciel de messagerie est capable d'afficher les messages au format HTML ou MIME.

paquet Bloc de données envoyées sur un réseau. Chaque paquet contient, entre autres, l'adresse de son destinataire.

pare-feu Périphérique ou logiciel filtrant les communications entrantes et sortantes entre Internet et un ordinateur, et capable de bloquer celles qui correspondent à certaines adresses. Élément important de la sécurité d'un site.

partage de connexion Internet (*Internet Connection Sharing*, ICS) Caractéristique de Windows qui permet à un ordinateur de se greffer à la connexion Internet d'un autre ordinateur.

Passeport Service de Microsoft mémorisant votre identité en ligne pour permettre votre identification par des sites marchands.

PayPal Organisme proposant l'ouverture de comptes temporaires permettant de réaliser des paiements par courrier électronique ou à partir de liens sur des sites Web. Appartient au site de vente aux enchères eBay.

pays (code) Suffixe de deux lettres d'une adresse Internet indiquant le pays d'origine de l'ordinateur hôte (`fr` pour la France, `ch` pour la Suisse, `uk` pour le Royaume-Uni...).

PDF (*Portable Document Format*) Format de fichier créé par l'éditeur Adobe. Le logiciel permettant de lire des fichiers PDF est distribué gratuitement à l'adresse `www.adobe.fr/products/acrobat/readermain.html`.

ping Petit programme de test de liaison mesurant le temps d'acheminement d'un signal entre deux ordinateurs.

plug-in Anglicisme largement utilisé désignant un module de programme ajoutant des fonctionnalités à un logiciel.

POP (*Post Office Protocol*) Protocole grâce auquel un serveur de messagerie d'Internet vous permet de relever vos messages et de les télécharger dans votre ordinateur.

POP (serveur) Serveur qui stocke le courrier entrant jusqu'à ce que vous le téléchargiez avec votre logiciel de messagerie.

popup Anglicisme désignant les fenêtres intempestives – généralement publicitaires – qui surgissent lors de la visite de certains sites.

port (numéro de) Sur un ordinateur connecté à un réseau, nombre qui identifie chacun des programmes gérant une ressource particulière d'Internet.

port série Emplacement à l'arrière de votre ordinateur réservé à des périphériques lents comme la souris, le modem téléphonique ou autres équipements. Également appelé *port de communication* ou *port comm,* il tend à disparaître sur les ordinateurs récents.

portail Site Web conçu pour être un point d'entrée pour les internautes.

poster Envoyer un article sur les news ou les listes de discussion.

PPP (*Point to Point Protocol*) Protocole de connexion de deux ordinateurs par la ligne téléphonique.

PPPoE (*PPP over Ethernet*, PPP au travers d'Ethernet) Moyen de connexion aux comptes haut débit lorsque la connexion nécessite un compte et un mot de passe. *Voir aussi* **DHCP**.

protocole Ensemble de conventions grâce auxquelles des ordinateurs peuvent communiquer entre eux.

proxy (serveur) Programme qui fait la transition entre un réseau local et Internet.

QuickTime Format de fichier audiovisuel créé par Apple, dont il existe des versions pour Windows et d'autres systèmes d'exploitation.

RealAudio Format de codification de fichier audio permettant une transmission et une audition simultanées. *Voir* par curiosité http://`fr.real.com`.

rebond Retour d'un message qui ne peut pas être délivré, ou renvoyé par son destinataire.

recherche (moteur de) Logiciel utilisé pour des recherches sur des bases de données.

réseau local Ordinateurs situés dans un même lieu, connectés par des câbles ou par radio (WiFi), qui peuvent ainsi partager des fichiers, des imprimantes ou une connexion Internet.

réseau sans-fil Réseau utilisant des transmissions radio au lieu de câbles.

RNIS (Réseau numérique à intégration de services) Réseau créé par France Télécom pour assurer des débits supérieurs à ce que l'on peut espérer du réseau téléphonique ordinaire.

routeur Ordinateur destiné à assurer l'interconnexion de plusieurs réseaux utilisant éventuellement des standards différents.

RTC Réseau téléphonique commuté. C'est le réseau utilisé pour téléphoner.

Safari Navigateur Web livré avec le système d'exploitation Mac OS X.

S/MIME (*Secure Multipurpose Internet Mail Extensions*) Extension de MIME, avec chiffrement pour assurer la confidentialité du courrier électronique, et authentification pour prouver qui a envoyé un message.

sécurité informatique Ensemble de règles strictes assurant la sécurité et la confidentialité des logiciels et des fichiers de données.

serveur Ordinateur destiné à fournir un service à d'autres ordinateurs d'un réseau. Un serveur se connecte à un **client** (voir ce mot).

serveur de courrier entrant Serveur qui stocke vos courriers jusqu'à ce que vous les téléchargiez avec votre logiciel de messagerie. *Voir aussi* **POP (serveur)**, **IMAP (serveur)**.

serveur de courrier sortant Serveur par lequel transitent les courriers que vous envoyez sur Internet. *Voir aussi* **serveur SMTP**.

serveur de messagerie Ordinateur connecté à Internet chargé d'assurer les services de courrier.

serveur sécurisé Serveur Web qui utilise le chiffrement pour empêcher les intrus de lire les données dirigées vers votre navigateur ou en sortant. Les sites marchands utilisent généralement des serveurs sécurisés afin que les autres internautes ne puissent pas intercepter vos informations personnelles, lorsque vous passez vos commandes d'articles.

serveur SMTP Serveur par lequel transitent les courriers que vous envoyez sur Internet.

serveur Web Programme qui stocke des pages Web et répond aux requêtes des navigateurs Web.

shareware Anglicisme parfois traduit par « partagiciel ». Logiciel que l'on peut essayer avant de l'adopter et payer une redevance à son auteur.

Shockwave Standard multimédia interactif utilisé sur le Web. *Voir* le site `http://www.adobe.com/shockwave/download/index.cgi?Lang=French`.

signet Adresse d'une page Web qui est mémorisée par le navigateur, facilitant ainsi une exploration ultérieure du même site Web. Pour une obscure raison, Microsoft a choisi de traduire le terme original *bookmark* par « favori ».

site Web Ensemble de pages Web stockées sur un serveur Web, appartenant à un particulier ou à une organisation.

smiley Anglicisme souvent utilisé pour émoticône (*Voir* ce mot).

SMS (*Short Messaging System*) Texte concis – souvent au mépris de l'orthographe – envoyé sous forme de courriers et de messages instantanés vers et en provenance de téléphones mobiles.

SMTP (*Simple Mail Transfer Protocol*) Protocole assurant le service du courrier électronique à des ordinateurs non reliés en permanence à Internet.

souriard *Voir* **émoticône**.

spam Mot servant à désigner toute tentative de publicité déguisée. Comparable au flot des prospectus qui encombrent régulièrement votre boîte aux lettres postale. Une croyance ancrée veut que ce terme provienne d'un célèbre sketch des *Monty Python,* mais ce mot désigne aussi une soupe en boîte américaine pas très ragoûtante.

SSL (*Secure Socket Layer*) Technique utilisée sur le Web pour sécuriser certaines connexions.

streaming Anglicisme largement utilisé pour « flux continu de données ».

StuffIt Programme de compression utilisé sur les Macintosh.

surfer Se promener nonchalamment et sans but précis sur le Web.

T1 Standard de télécommunications acheminant 24 communications vocales ou de données à 1,544 Mbits/s, sur une paire de lignes téléphoniques.

TCP (*Transmission Control Protocol*) Protocole employé par des ordinateurs pour synchroniser les données. Habituellement utilisé avec IP dans TCP/IP pour gérer les connexions sur le Net. *Voir aussi* **IP**.

TCP/IP (*Transmission Control Protocol/Internet Protocol*) Protocole de connexion utilisé sur le Net.

telnet Programme qui permet d'ouvrir une session sur certains autres ordinateurs sur le Net.

terminal Ensemble écran-clavier connecté à un ordinateur. De nos jours, on utilise plutôt un micro-ordinateur sur lequel tourne un émulateur.

texte (fichier de) Fichier ne contenant que du texte pur, sans codes de mise en forme.

Thunderbird Logiciel de messagerie très populaire créé par Mozilla.

Unicode Système de codage des caractères permettant de représenter presque toutes les polices typographiques du monde.

Unix Système d'exploitation soulevant les passions à défaut des montagnes. On peut, en toute objectivité, lui reprocher d'utiliser un langage de commande particulièrement abscons. Difficile, voire impossible, à utiliser par des profanes.

uploading Mot n'ayant pas d'équivalent strict en français qui signifie « télé-chargement en voie montante », de l'ordinateur client vers un serveur.

URL (*Uniform Resource Locator*) Adresse électronique d'une page Web. Le préfixe dépend du type de ressource concernée. Les navigateurs font largement usage des URL.

Usenet Ensemble de forums thématiques. Sorte de place publique électronique où chacun peut poser des questions, apostropher et apporter des réponses que tous les participants peuvent entendre.

ver Virus qui se diffuse par le courrier électronique.

virus Programme autorépliquant, dont les effets sont souvent destructeurs.

visionneuse Logiciel servant à afficher des images numériques.

VoIP (*Voice over IP*, Voix sur IP) Anglicisme parfois utilisé pour la téléphonie par Internet.

WAV Format de fichier audio, utilisé par Windows.

Web Littéralement « toile ». En réalité, il s'agit d'un raccourci de *World Wide Web*, la « vaste toile mondiale », reposant sur les liens hypertextes et hypermédias.

webcam Caméra vidéo numérique branchée à l'ordinateur capable de transmettre de la vidéo *via* Internet. L'image peut apparaître sur une page Web, ou dans un « chat » ou lors d'une vidéoconférence.

Wi-Fi Le plus répandu des types de réseau sans-fil. Également connu sous le nom 802.11b, qui est le numéro du standard qui le définit.

wiki Abréviation de « wikiwiki », terme hawaïen qui signifie « rapide ». Technologie permettant de créer et de modifier rapidement des pages Web avec votre navigateur.

WiMax Un accès sans-fil haut débit qui espère fournir une alternative au câble et à l'ADSL.

WinSock Abrégé de *Windows Sockets*. Interface standard avec TCP/IP des programmes tournant sous Windows.

WinZip Programme de compression/décompression de fichiers sous Windows.

WMA Format de fichier audio compressé développé par Microsoft pour concurrencer le format MP3.

WMV Format de fichier vidéo compressé développé par Microsoft pour concurrencer les formats MPEG et le RealVideo.

World Wide Web *Voir* **Web**.

zip Fichier ou ensemble de fichiers compressés à l'aide du programme WinZip. Le décompactage s'effectue avec le même programme.

Index

J

L

M

N

O

P

Q

R

Y

Z

Achevé d'imprimer en février 2008 par Aubin Imprimeur - Ligugé, Poitiers
D.L. octobre 2007 / Impr. : L 71889 / Imprimé en France